Wolfgang Vater

Frühförderungs- und Entwicklunghilfen für behinderte Kinder

Entwicklungsorientierter Übungsaufbau für behinderte Kinder im Entwicklungsalter von 0–3 Jahren

gewidmet den Kleinkindern und ihren Familien
des Neckar-Odenwald-Kreises:

Andreas
Anke
Bärbel
Jürgen
Manuela
Melanie
Michael
Nadine
Petra

Reha-Verlag GmbH · 53141 Bonn

CIP-Kurztitelaufnahme der Deutschen Bibliothek

Vater, Wolfgang:
Frühförderungs- und Entwicklungshilfen für behinderte Kinder: entwicklungsorientierter Übungsaufbau für behinderte Kinder im Entwicklungsalter von 0-3 Jahren / Margarete Bondzio; Wolfgang Vater. — Bonn: Reha-Verlag, 1979.

ISBN 3-88239-019-0
NE: Bondzio, Margarete

Verlag Reha-Verlag GmbH, 53141 Bonn, Roonstr. 30
Druck: Chudeck Druck Service, Brühl

ISBN 3-88239-019-0

Inhaltsverzeichnis:

EINFÜHRUNG

Das *Lehrprogramm* wendet sich vornehmlich an Eltern und Erzieher mit behinderten und entwicklungsverzögerten Kleinkindern, die dem Entwicklungsalter von 0–3 Jahren entsprechen. Es lehnt sich an den normalen Entwicklungsverlauf an und berücksichtigt die einzelnen Phasen und Leistungsschritte. Das Programm ist ebenso geeignet für ältere schwerer behinderte Kinder, die sich auf der entsprechenden Entwicklungsstufe befinden.

Die Entwicklung bis zum dritten Lebensjahr ist in acht Entwicklungsniveaus (0–3 Monate, 4–6 Monate, 7–9 Monate, 10–12 Monate, 13–15 Monate, 16–20 Monate, 21–29 Monate, 30–36 Monate) aufgeteilt. Für jedes Entwicklungsniveau werden gemäß den Entwicklungsschwerpunkten eine Mehrzahl von Übungen für die Förderbereiche Sehen, Hören, Greifen, Sprechen, Bewegen aufgezeigt und beschrieben.

Jedes höhere Entwicklungsniveau setzt das Beherrschen oder zumindest den Teilvollzug der Übungen der nächst tieferen Ebene voraus. Die Leistungshöhe in den einzelnen Förderbereichen kann recht unterschiedlich sein. Nicht bei jedem Kind wird die Entwicklungslinie harmonisch und waagerecht verlaufen. Es gibt Spitzen und Senken. Die Eltern und Erzieher üben in jedem Bereich. Es wäre auf lange Sicht nicht sinnvoll, wenn die Kinder nur dort gefördert würden, wo sie sowieso schon leistungsstärker sind.

Das Lebensalter kann am Anfang mit dem Entwicklungsalter übereinstimmen. Je älter das behinderte Kind wird, desto größer kann die Differenz sein.
Alle hier beschriebenen Übungen sind auf das Entwicklungsalter bezogen, das Lebensalter dient nur als Richtschnur und zum Vergleich mit dem nichtbehinderten Kind. Es ist durchaus möglich, daß ein 11 Monate altes behindertes Kind die Übungen eines 6 Monate alten nichtbehinderten Kindes ausführt, weil es sich eben auf diesem Entwicklungsniveau befindet.

Vor jedem Entwicklungsniveau ist Raum für persönliche Bemerkungen und Beobachtungen und Platz für ein Lichtbild des Kindes. Die auf diesen Seiten jeweils angegebenen Entwicklungsdaten sollen einen groben Überblick über die anzustrebende Leistungshöhe geben und den Eltern den Vergleich ermöglichen.

Das gesamte „Lehrprogramm" ist durchzogen mit alten und traditionellen Kinderliedern und Kinderreimen. Nichts ist für die Förderung und Entwicklung behinderter Kinder förderlicher, als eine sie umgebende lustige, frohe Atmosphäre. Singen, Reimen, Liebkosen, Springen, Tanzen sind genau so wichtig wie die tägliche Nahrung und die tägliche Übung.

Beim Durchführen des „Lehrprogramms" ist daran gedacht, daß die Eltern und Erzieher sich jeden Tag zu bestimmten festgesetzten Zeiten mit dem Kind beschäftigen. Wenn es anfangs nur fünf Minuten sein können, werden es nach einem Jahr vielleicht schon dreißig sein. Vor und nach jeder Fördereinheit geben die Eltern und Erzieher dem Kind vermehrt Zuwendung, das erhöht die Lernbereitschaft.

Beim Zusammenstellen und der Auswahl der Übungen wurden alle bis dahin vorhandenen Erfahrungen und Erkenntnisse verwendet und beachtet. Das „Lehrprogramm" ist entstanden aus der jahrelangen Arbeit mit behinderten Kindern und der ambulanten Förderung behinderter Kinder im Elternhaus. Die Beobachtungen und Anregungen der Eltern wurden dankbar aufgenommen und verwertet.

Zur leichteren Orientierung wird bei jeder Seite angegeben, welcher Förderbereich hauptsächlich angesprochen wird. Je älter das Kind wird, desto komplexer und umfassender werden die angesprochenen Fähigkeiten, so daß eine eindeutige Zuordnung nicht immer möglich und sinnvoll ist.

Sprechen – Verstehen 

Hören 

Sehen 

Handmotorik 

Bewegung 

Denken 

Wollen und Fühlen 

Die für das „Lehrprogramm“ verwendete und den Eltern empfohlene Literatur wird im Anhang dieses Buches angegeben.

0–3 Monate
Entwicklungsalter

Hier können Sie eine Fotografie Ihres Kindes einkleben!

Im ersten Lebensmonat schläft das Kind noch die meiste Zeit. Es ist zufrieden, wenn es Ruhe hat, wenn es satt und trocken ist. Die Eltern werden sein Schlafbedürfnis respektieren und es nicht wecken, um mit ihm zu spielen. Die beste Beschäftigungszeit ist die Zeit des Stillens, Fütterns, Badens und Wickelns. Hier wird gelacht, geschmust und gescherzt.

In den nächsten Monaten ist das Kind schon aktiver. Es lächelt die Mutter an, reagiert auf Hell–Dunkel, hält bei einem leisen, bedeutungsvollen Ton in seinen Bewegungen inne, kann eine in die Hand gegebene Rassel bewegen und sieht einem hin- und herbewegten Gegenstand nach.

Das Kind reagiert vor allen Dingen auf das WIE und nicht auf das WAS des Gesprochenen.

Es produziert Vokallaute ä – hä – ähä und Kehllaute e – chke – grr, ekche – okch, cha usw. Beim Juchzen ist ein Tonhöhenwechsel, der den Grad des Wohlbefindens angibt, zu beobachten.

Gegen Ende dieser Entwicklungsperiode sind lange R-Ketten zu hören: e – rrre – e – rre.

Beobachtungen und Fragen

Saugt das Kind kräftig und ausdauernd? ....

Schaut das Kind die Mutter an, wenn es gestillt oder gefüttert wird? ....

Hat das Kind einen Grund, wenn es schreit? ....

Wann hat das Kind die Mutter zum erstenmal angelächelt? ....

Wie hören sich die ersten Laute an? ....

Hat das Kind es gern, wenn es am Bauch, Rücken, an der Stirn usw. gekrault, gebürstet und massiert wird? ....

Im warmen Badewasser fühlt es sich bestimmt am wohlsten? ....

Merkt es auf, wenn die Mutter ihm auf dem Arm eine Melodie ins Ohr summt? ....

Wendet es die Augen, den Kopf der am Bettrand hängenden Spieluhr zu? ....

Reagiert es auf Hell – Dunkel – (Schwarz-Weiß) Figuren? ....

Freut sich das Kind, wenn die Mutter ans Bett kommt? ....

Wann hat es zum erstenmal etwas in der Hand behalten? ....

Öffnet es die Fäustchen bei den ersten Hand- und Faustkitzlern? ....

Steckt das Kind Dinge in den Mund? ....

Lutscht es an den Fingern und am Handrücken? ....

Wann konnte das Kind seinen Kopf beim Hochziehen zum erstenmal mit hochnehmen? ....

Stützt es sich schon auf die Unterarme in Bauchlage? ....

Persönliche Anmerkungen:

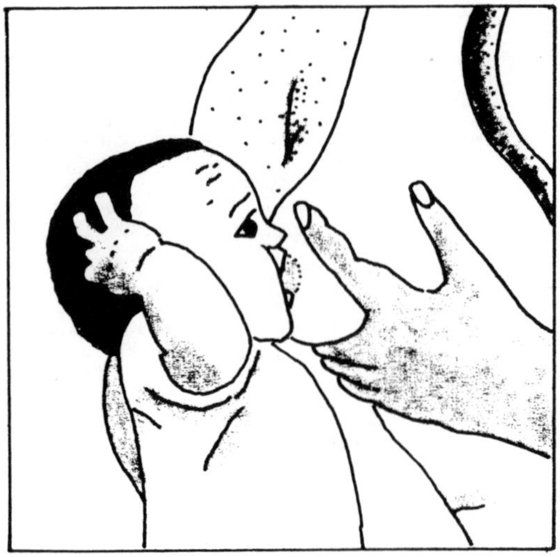

Über die Mutter das Vertrauen in die Welt finden

Der Kinderarzt Conestrini hat schon vor vielen Jahren beobachtet, daß zwischen Mutter und Kind eine Beziehung eigener Art besteht:

> Die Muter kann ihr Kind viel schneller als alle anderen Menschen beruhigen.

Beide, Mutter und Kind beeinflussen sich gegenseitig. Sie lernen die Bedürfnisse und Wünsche des anderen wahrzunehmen und zu erfüllen. So lernt die Mutter die feinen Signale des Kindes zu verstehen, und das Kind lernt, sich bei der Mutter wohlzufühlen.

NICHTS IST FÜR DAS SPÄTERE LEBEN DES KINDES WICHTIGER, ALS DIESE ERFAHRENE UND ERLEBTE INNIGE „ZWIESPRACHE" ZWISCHEN MUTTER UND KIND

Die Situationen des Fütterns bieten willkommene Gelegenheiten, dem Kind ausreichend Kontakte und Anregungen zu bieten.

Beim Trinken an der Brust befriedigt das Kind nicht nur sein Nahrungsbedürfnis, es verleibt sich die Mutter und die Welt gleichsam ein.

- Es erlebt das Gefühl des Gesättigtwerdens.
- Es fühlt das zärtliche Streicheln.
- Es hört die beruhigende Stimme der Mutter.
- Es spürt die wärmende, beziehungstiftende und angenehme Hand des anderen.
- Es blickt in die Augen der Mutter.

Viele nichtstillende Mütter nehmen aus diesem Grunde ihr Kind liebevoll in den Arm, drücken es an ihr Gesicht und legen es an die entblößte Brust während des Gebens des Fläschchens. Sie möchten auf diese Weise dem Bedürfnis des Kindes nach Hautkontakt nachkommen.

Das Kind möchte nicht nur die Haut, sondern auch die Stimme der ersten Bezugsperson fühlen. Auch wenn es noch nicht den Inhalt der Wörter und Sätze versteht, empfindet es die ruhige, beruhigende Stimme als angenehm. Es lernt, den Ton der Stimme zu beachten und aufmerksam auf sie zu hören.

„Katrinele, mein Schatz,
hat Härle wie Flachs,
hat Härle wie Seide,
mag's gar zu gut leide!"

Mutter und Kind sehen sich beim Stillen bzw. beim Füttern an. Die Mutter wird immer wieder versuchen, die Augen des Kindes auf ihr Gesicht, auf ihre Augen zu richten.

- Sie steckt sich eine leuchtend rote Spange ins Haar, damit der Blick des Kindes von diesem Farbfleck gefesselt und angezogen wird.
- Sie wird dem Kind etwas aus dem Alltag erzählen: „Weißt du, heute nachmittag werden wir zwei . . . . !"
- Sie neigt ihr Gesicht zum Kind hinab, bis das Kind sie anschaut.
- Sie singt ihm ein lustiges, fröhliches Kinderlied vor.

Bei diesem Liedchen, das nur eines von vielen ist, stehen dem Erwachsenen eine Vielzahl von Anregungsmöglichkeiten offen:

- Die Stimmlage kann verändert werden.
- Das Liedchen kann schneller und langsamer gesungen werden.
- Das Kind wird während des Singens angeschaut und angelacht.
- Während des Singens kann das Kind noch zusätzlich rhythmisch bewegt werden.
- Die Mutter kann ihr Gesicht dem Gesicht des Kindes nähern und wieder entfernen.

DIE FÄHIGKEIT, MIT DER ERSTEN BEZUGSPERSON AUGENKONTAKT HERZUSTELLEN, IST FÜR DIE SPÄTERE GEFÜHLSLAGE EINES MENSCHEN VON AUSSCHLAGGEBENDER BEDEUTUNG.

Nur Kontaktgestörte suchen nicht den Blick des anderen oder weichen ihm aus.

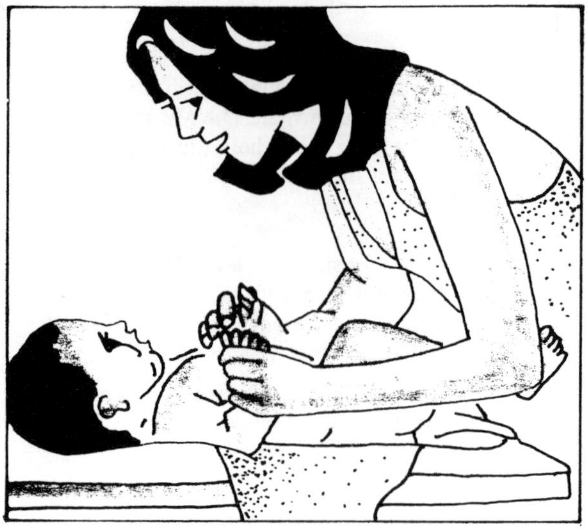

Anschauen, fühlen heißt, die Welt erobern

Die Zeit des Windelwechselns ist eine gute Gelegenheit, das Kind sinnvoll körperlich und seelisch anzuregen und zufriedenzustellen.

Der Wickelplatz selbst wird attraktiv gestaltet:

- große, flächige und bunte Bilder werden an der Wand aufgehängt,
- ein Mobile, in dem die Farben weiß und rot vorkommen, bewegt sich,
- auf der Kommode liegt ein großgemustertes Tuch.

Körpersensibilisierung:

Das Bedürfnis des Kindes nach Hautfühlung soll durch eine leichte, zärtliche „Körpermassage" befriedigt werden. Dadurch erhöht sich nicht nur sein Wohlbefinden, es werden gleichzeitig seine Muskeln gestärkt und der Blutkreislauf angeregt.

- Das Kind wird auf den Rücken gelegt, mit Babypuder eingepudert oder mit Babyöl eingeölt. Die weiche, warme Hand der Mutter massiert leicht die Ärmchen, Händchen, Brust, Bauch, Beine und Füßchen.
  Puder oder Öl erhöhen die Gleitwirkung der Hände.
  Danach wird das Kind auf den Bauch gelegt und dasselbe wiederholt.
- Das leichte Kneten und Streichen des Körpers wird die Mutter mit Sprache begleiten. Die mütterliche Stimme übt einen beruhigenden, wohltuenden Einfluß auf das Kind aus: „Dein Ärmchen! Mama streichelt dein Ärmchen. Spürst du dein Ärmchen? Das ist dein Ärmchen!"
- Anstelle der Hände nimmt die Mutter angewärmte Tücher, einen sehr weichen Pinsel oder einen Schwamm und läßt die Materialien sanft über den Körper des Kindes gleiten.

Bei all dem soll das Kind sich wohlfühlen. Es ist von entscheidender Bedeutung, daß die Mutter sich Zeit nimmt und eine ruhige, entspannte Atmosphäre entstehen läßt. Hast, Hektik, Unlust übertragen sich auf das Kind.

- *„Mein Schätzle ist fein,*
  's könnt feiner nit sein,
  es hat mir's versprochen,
  sein Herzle gehör mein."

- *„Eia, baia, Wiegestroh,*
  schläft mein Kindlein,
  bin ich froh.
  Eia, baia, Wiegelstoß,
  übers Jahr ist's Kindlein groß."

Körpererfahrungen

- Kinder sollen ihren Körper entdecken. Sie sehen liegend ihren Händchen zu, die sich noch etwas ruckartig und ungeschickt bewegen.

  Einmal streift die eine Hand mehr zufällig die andere Hand. Sie wird kurz festgehalten und dann wieder losgelassen. Die Mutter schaut diesem Spiel freudig zu und sagt: „Ja, das sind deine Hände. Mami streichelt die Hände. Faß deine Hände!“

- Die Mutter beugt sich so tief zum Kind hinab, daß seine Hände ihr Gesicht berühren. Kleine Kinder können nicht von Anfang an scharf sehen, weil die Augenmuskeln die Linse im Auge nur so weit krümmen, daß es durchschnittlich auf eine Entfernung von ca. 20 cm scharf sieht.
  Instinktiv nähern sich die Mütter ihrem Kind, wenn sie Zwiesprache halten möchten.
  Das Gesicht der Mutter soll für das Kind interessant sein und werden. Aus dem Gesichtsausdruck lassen sich später Stimmungen und Gefühle ablesen. Der Mund bewegt sich. Laute sind zu hören. Die Augen können erstaunt, freundlich, ernst, verärgert das Kind anschauen.
  Faßt das Kind nicht von selbst in das Gesicht der Mutter, wird diese die Händchen an ihr Gesicht führen und einzelne Gesichtspartien betasten.
  „Das ist Mamis Nase! Spürst du Mamis Nase?
  Wir streichen noch einmal über Mamis Nase.“

- Mutters Stimme klingt noch lieblicher, wenn sie leise und sanft das Lied anstimmt:

Die Erweiterung der „Mundwelt" durch Hören und Sehen

Im ersten Lebensjahr eines Menschen entwickelt sich das Gehirn viel schneller als der übrige Körper. Das bedeutet für die Förderung, daß das Kind in diesem Zeitraum besonders empfänglich für die unterschiedlichsten Eindrücke ist.

- Die günstigste Zeit für die ersten Spiele und Gespräche ist die Zeit nach dem Füttern und Wickeln. Das Kind liegt einmal im Arm und wird leicht gewiegt, ein anderesmal setzen sich Mutter oder Vater mit dem Kind in einen Schaukelstuhl und schaukeln sanft. Die schaukelnden Bewegungen beruhigen und üben einen harmonischen Einfluß aus.

- Eine weitere sehr günstige Position für Mutter und Kind ist die sog. „Schwester-Lieselotte-Stellung" (s. Abbildung Seite 24) Mutter und Kind können sich anschauen und haben die Hände zum Spielen frei.

Diese gemeinsame Beschäftigung wird nach und nach auf 10 bis 15 Minuten ausgedehnt.

Die Verse, Lieder und kleinen Geschichten, die dem Kind hierbei vorgetragen und erzählt werden, sollen durch Mimik und Gestik unterstützt und begleitet werden. Die zappelnden Finger und der Wortrhythmus sind oft die ersten Bedeutungsträger, nicht der Inhalt der Wörter ter.

„Sälzchen,	Leichtes Streichen über die Stirne,
Schmälzchen,	kreisende Bewegung entlang der Schläfen,
Butterchen,	klopfendes Berühren der Wangen,
Brötchen,	leichtes Streichen entlang der Nase,
Kribbelkrabbelkrötchen!"	kitzeln und kribbeln am Kinn.

- Das Kind wird auf dem Arm durch die Wohnung getragen und auf die natürlichen Geräusche aufmerksam gemacht, indem die Bezugsperson den Finger hebt, auf die Geräuschquelle deutet und bedeutungsvoll sagt: „Horch, klingelingeling! Horch, die Tür macht bum!"

  Das Rascheln eines Streifenvorhanges, das Rufen der Kuckucksuhr, das Läuten des Telefons, das Zwitschern des Kanarienvogels verschaffen dem Kind Höreindrücke und bewirken eine Aufmerksamkeitserhöhung. Erkennen und deuten kann es die Geräusche und Klänge zwar noch nicht, aber es hat irgendwelche physiologische Empfindungen im Ohr.

- Gesprochene Sprache aus einem Meter Entfernung ist um ein Drittel leiser zu hören, als wenn diese unmittelbar ins Ohr gesprochen würde.

  Das ruhige Sprechen ans Ohr des Kindes erhöht nicht nur die Lautstärke, gleichzeitig spürt das Kind die Wärme und den Druck des gesprochenen Wortes.

  Besonders gern haben es die Kinder, wenn die Mutter oder der Vater ihnen einfache, selbst erfundene Melodien auf „s" oder „m" ins Ohr summen.

- Musik regt zum rhythmischen Bewegen an. Das Radio, das Tonband oder das selbst gesungene Liedchen begleiten das „Tänzchen" mit dem Kind auf dem Arm.

- Die Wohnung bietet für das Sehen viele Reize und Anregungen: das farbige Bild an der Wand, die lustigen Figuren auf der Tapete im Kinderzimmer, das selbst gebastelte Windrad am Fenster, das großformatige Mobile, dessen Figuren beim leichtesten Windhauch hin- und herschwingen, der rote Wollstrang, der vor die Augen des Kindes gehalten und dann leicht hin- und herbewegt wird. Alles das sind wichtige Anregungen für die Entwicklung des Kindes.

- Die ersten Laute, die das Kind formt – das Schreien ist hier ausgenommen – entstehen mehr zufällig. Das Kind ist selbst erstaunt darüber und horcht auf.

  Es ist für die Sprachentwicklung von großer Bedeutung, daß die Eltern diese Laute beachten und beantworten.
  „Ek-Che" – „Ja, was unser Kind schon sagen kann! Ekche, Ekche!"

DAS WICHTIGSTE UND LIEBSTE SPIELZEUG FÜR DAS KIND SIND IN DIESEM ALTER DIE ELTERN.

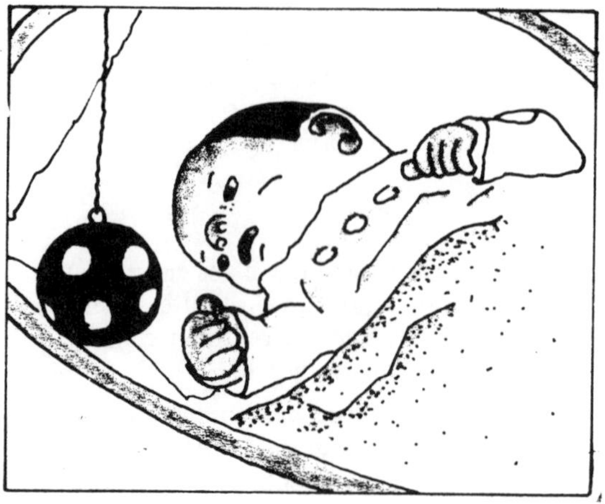

Anregung und Unterhaltung im Kinderbett

Das Kind wird noch die meiste Zeit in seinem Bett verbringen. Daher soll dieser Ort selbst und seine nächste Umgebung Anregungen für die Wachzeiten bieten.

- Das Körbchen, die Zudecke werden mit gemusterten Stoffen bezogen und die Muster ab und zu einmal gewechselt.
- Die Mutter, der Vater basteln bunte Mobiles, die bei Berührung noch zusätzlich ein Geräusch ergeben (Japanische Windglocken, Mobile aus Muscheln).
- Ein rotes oder orangefarbenes Tuch wird abwechselnd einige Tage über den rechten und dann über den linken Bettrand gehängt. Neben hell – dunkel sind rot und weiß die ersten Farben, die das Kind unterscheiden lernt.
- Eine Spieluhr zum Aufziehen hängt am Bettgestänge und wird ab und zu aufgezogen, so daß das Kind der Melodie lauschen kann.
- Am Bettrand oder über dem Bett hängen Babyrasseln (hohe und tiefe Töne).

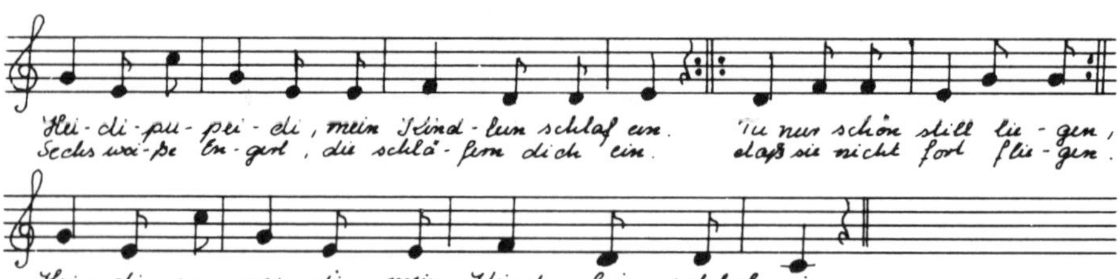

-

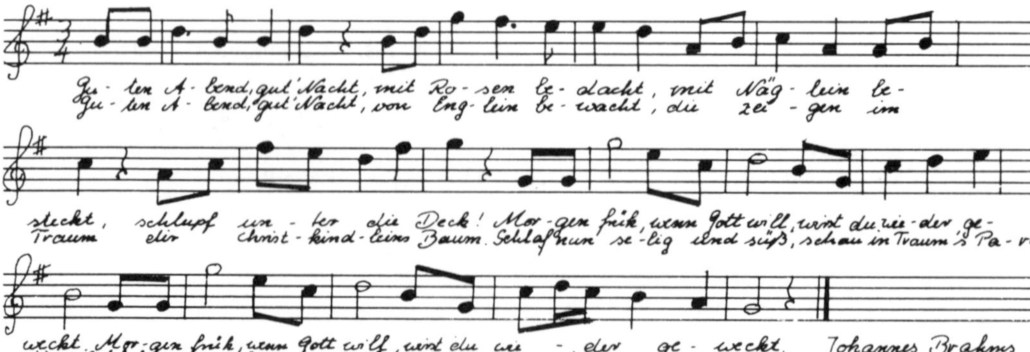

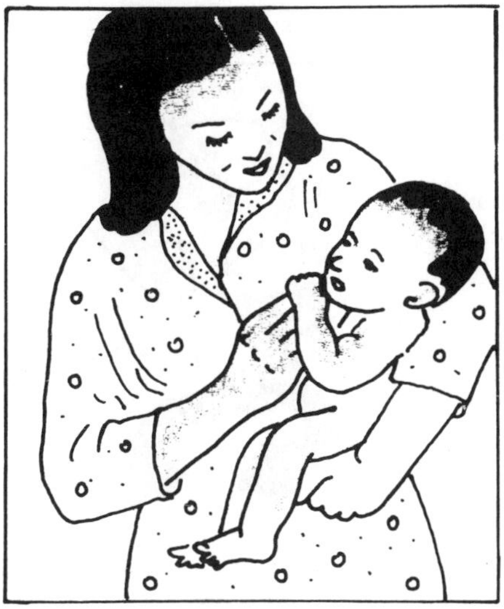

Körperspiele

Ein Reiz eigener Art ist es für das Kind, wenn die Mutter oder der Vater ihre Finger über den nackten Körper des Kindes laufen lassen. Die Finger gehen von dem „Näbelchen“ bis zum „Näschen“ spazieren und berichten unterwegs so mancherlei.

Der Körper des Kindes läßt sich auch anblasen. Der kribbelnde, kitzelnde warme Luftstrom wandert an den Ärmchen hinauf und wieder hinunter. Die Intensität des Luftstromes kann variiert werden. Es wird geblasen. Es wird gehaucht.

Hier einige Krabbelverse, die dabei verwendet werden können:

- *„So – läuft der Hase herunter,* – Mit den Fingerkuppen die Wirbelsäule hinab trippeln,

  so – läuft der Hase bergauf!“ – Bewegungsumkehr.

- *„Raufwärts holperig,* – Vom Bauch bis zur Brust mit den Fingern krabbeln,

  unterwärts stolperig!“ – schnellere Bewegungen rückwärts.

- *„Da kommt die Maus,* – Die Finger spazieren den Arm des Kindes hinauf,

  da kommt die Maus! – die Finger spazieren über die Schulter bis zum Kinn,

  Klingelingeling! – an der Nasenspitze wird leicht gezupft.

  Ist der Herr zu Haus?“ – Das Kind wird angelacht.

Beim Berühren des Kindes, beim Wiegen und Bewegen soll folgendes beachtet werden:

Die Hände der Mutter dürfen nicht zu kalt, die Bewegungen nicht zu abrupt sein. Dem Kind muß Zeit gelassen werden, sich auf das Neue einzustellen.

„Mäuschen wiegt sein Kindelein,
beißt es in das Fingerlein,
beißt es in den Zeh –
zwick, zwick, zwicke zweh!“

Erste Fäustchen- und Handkitzler

Die Motorik der Hände und die Entwicklung der Sprache sind – wie viele andere Bereiche – eng miteinander verbunden. Eine zärtliche Berührung, ein leichtes Reiben, Streichen, ein wohltuendes Anblasen der Hände, verbunden mit Versen und Reimen, sind die „ersten Gespräche von Hand zu Hand".

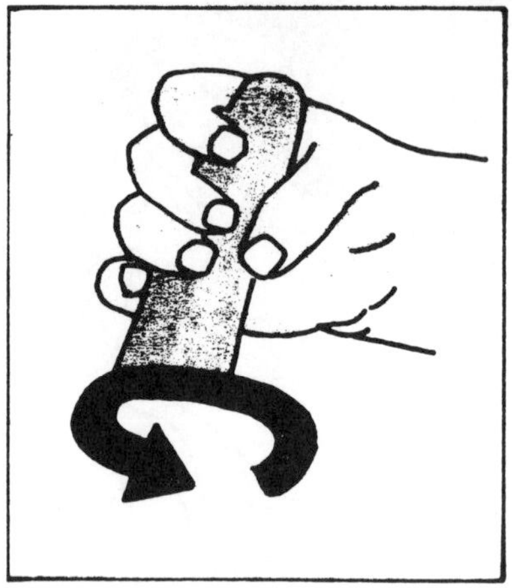

„Rühre, rühre Süppchen, Hunger hat
mein Püppchen,
rühre, rühre Zucker dran für den
kleinen Hampelmann,
rühre, rühre bis es kocht, bis Mutter
an die Türe pocht."

Der Zeigefinger der Mutter dreht sich leicht rührend in dem noch geschlossenen Fäustchen des Kindes. Der Rührfinger klopft bei der letzten Zeile auf den Tisch.

Der Vater nimmt das Fäustchen des Kindes in seine Hand, öffnet es leicht und tippt mit seinem Zeigefinger in die hohle Hand:

„In der Hecke, auf dem Ästchen,
baut der Vogel sich ein Nestchen.
Legt hinein drei Eierlein,
schlüpfen draus drei Vögelein.
Rufen der Mutter: Piep, piep, piep,
Mütterlein, Mütterlein, ich hab'
dich lieb!"

Die Mutter faßt beide Fäustchen des Kindes und bewegt die Ärmchen rhythmisch auf und ab.

Dazu ein Spiellied aus der Bukowina:

„Ringel, Ringel, Rosen
Zucker muß man stoßen,
Schöppele Wein,
Bretzele drein,
komm, wir wollen lustig sein!"

„Heidelbeeren, Heidelbeeren,
stehn in unserm Garten,
Mutter, gib mir auch ein paar,
kann nicht länger warten."

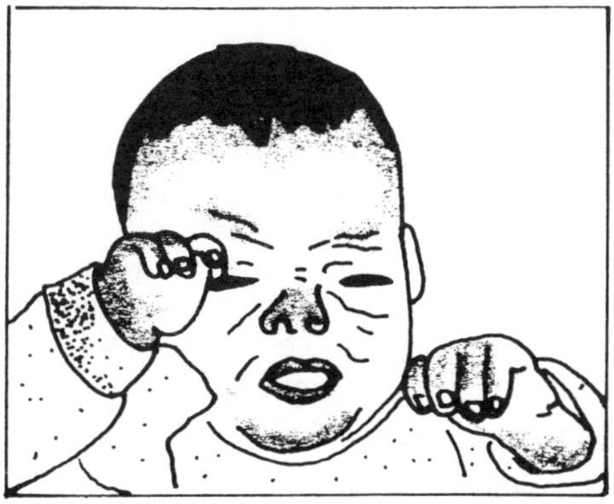

Das Schreien des kleinen Kindes

Schreien ist in einer bestimmten Entwicklungsphase die einzige Möglichkeit, sich bemerkbar zu machen. Das Schreien kann viele Ursachen haben.

- **Das Kind hat Blähungen**

  Sie entstehen, wenn sich im Magen oder Darm zu viel Luft staut. Das Schreien verschlimmert die Schmerzen, denn dabei schluckt das Kind noch mehr Luft.

  Als Gegenmittel legt die Mutter eine Wärmflasche neben den Bauch oder gibt dem Kind warmen Fencheltee zu trinken. Wenn das Schreien sehr häufig vorkommt, sollten die Eltern den Arzt aufsuchen.

- **Das Kind hat Hunger**

  Möchte die Mutter die nächste Mahlzeit noch etwas hinauszögern, gibt sie ihm ebenfalls etwas Fencheltee zu trinken. Das Hungergefühl wird dadurch vorübergehend gedämpft. Die Mutter kann aber auch sein Hungergefühl sofort stillen.

- **Das Kind verträgt die Nahrung nicht**

  Das Schreien wird in diesem Falle noch von anderen Symptomen begleitet: Erbrechen, häufiger schleimiger, flüssiger Stuhl. Hier soll auf alle Fälle der Kinderarzt zu Rate gezogen werden.

- **Das Kind hat zu wenig Bewegung**

  Ein Kind, das am Tag aktiv sein kann, hat sich am Abend ausgezappelt und kann länger schlafen, ohne zu schreien.

- **Das Kind reagiert durch sein Schreien eine innere Unruhe ab**

  Wenn die Mutter ängstlich ist, das Kind ein aufgeregtes, nervöses und aggressives Milieu umgibt, schreit das Kind öfter.

Die älteste Beschwichtigungsmethode sieht so aus:

DIE MUTTER WIRD IHR KIND IN DEN ARM NEHMEN, ES SANFT HIN- UND HERWIEGEN, LEISE MIT IHM SPRECHEN, IHM EIN WIEGENLIEDCHEN VORSINGEN UND IHM DABEI IN DIE AUGEN SCHAUEN.

Schlaf, Kindlein, schlaf!
Am Himmel zieh'n die Schaf'!
Die Sternlein sind die Lämmerlein,
der Mond, der ist das Schäferlein.
Schlaf, Kindlein, schlaf!

Schlaf, Kindlein, schlaf!
So schenk' ich Dir ein Schaf
mit einer gold'nen Schelle fein,
das soll dein Spielgeselle sein.
Schlaf, Kindlein, schlaf!

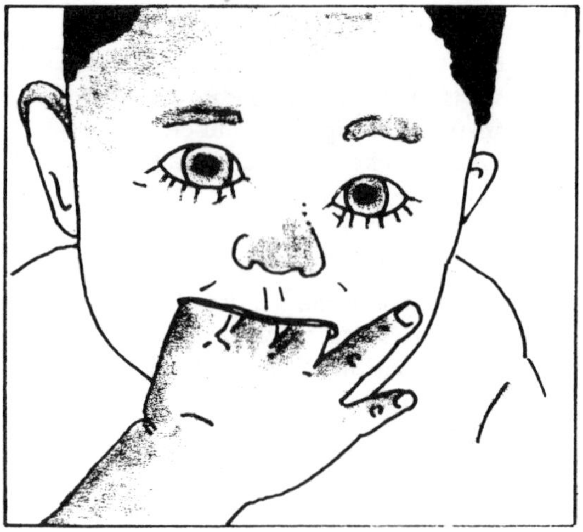

Mundspiele

Das Kind entdeckt seine Finger, steckt sie in den Mund, lutscht daran und ist zufrieden. Ein Teil seiner emotionellen Bedürfnisse wird durch das Lutschen und Nuckeln am Schnuller befriedigt. Dabei erlebt das Kind seinen Mund als ein wichtiges Wahrnehmungs- und Tastorgan.

Das Lutschen bewirkt viererlei:

1. Das Kind hat immer einen „Trostspender" zur Hand. Er hilft ihm über manche unangenehmen Erlebnisse hinweg. Mögliche Spannungen werden ausgeglichen und harmonisiert.
2. Der Mundraum wird durch die vielen Berührungen unempfindlicher, die Zunge beweglicher und die Lippen lockerer oder auch fester. Das Lageempfinden der Zunge wird angebahnt.
3. Der Mund als Wahrnehmungsorgan läßt das Kind ganz bestimmte Qualitäten der Dinge erfühlen: Die Finger sind weich und warm, die Rassel ist hart und manchmal auch kalt, das metallene Glöckchen ist noch härter und noch kälter.
4. Die willkürlichen Kieferbewegungen und das Beißen erleichtern das Zahnen.

Kinder, die die Finger und Sachen von sich aus nicht in den Mund stecken, müssen dazu ermuntert und angehalten werden. Die Wahrnehmung mit dem Mund ist eine wichtige Entwicklungsphase.

Die Mutter oder der Vater werden behutsam den Rasselring immer wieder an die Lippen führen, ihn zwischen den Lippen hin- und herschieben und das Kind durch Zureden und manuelle Hilfen ermuntern, den Ring im Mund zu belassen. Vielleicht streichen die Eltern auch etwas Süßes an den Schnuller, so daß das Kind ihn gerne im Mund läßt. Kinder, deren Zunge zu weit und zu oft aus dem Mund herauskommt (Zungenvorstoß), schieben mit dem Lutschgegenstand die Zunge immer wieder in den Mundraum zurück.

MUNDSPIELER

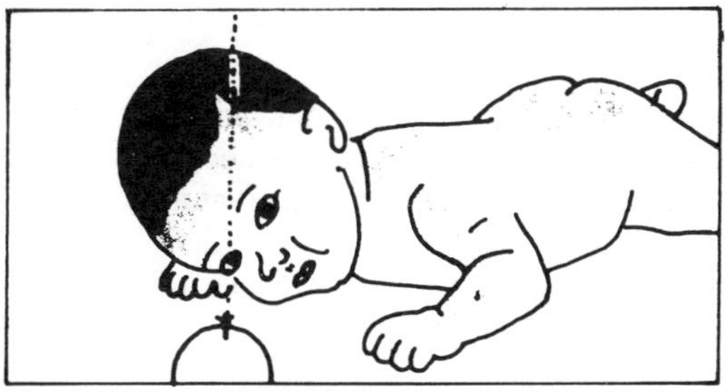

Die Mundwelt erweitert sich zur Sehwelt

Hören und Sehen müssen sich entwickeln. Lichtempfindlich ist das Kleinkind vom ersten Lebenstag an. Es vermeidet grelles Licht und sucht mäßiges, gedämpftes Licht.

- Zuerst lernt das Kind, Schwarz-Weiß-Kontraste, die sich in seinem Blickfeld befinden, mehr oder weniger lang und intensiv anzuschauen. Der Blick des Kindes soll an dem Gegenstand, bzw. an den figurativen Mustern hängen bleiben.

- Auf weißen Papptafeln (16 x 24 cm) werden die abgebildeten Muster mit schwarzem Stift aufgemalt oder aus schwarzem Papier aufgeklebt und dann dem Kind zum Anschauen angeboten.

  Die Mutter sitzt neben dem Bett des Kindes, streichelt es, sagt etwas Liebes zu ihm und zeigt ihm in 50 cm Entfernung eine der Papptafeln.

  Sobald das Kind die Tafel mit den Augen fixiert, wird die Tafel hin und her, auf und ab bewegt. Die scharfen Konturen lösen sich dadurch etwas auf und verschwimmen.

  Reagiert das Kind nach ein, zwei Versuchen nicht auf die Tafeln, wird der optische Reiz mit einem akustischen oder einem Lichtreiz gekoppelt: Hinter die Tafel wird eine Spieluhr gehalten oder die Tafel wird mit einer Taschenlampe angestrahlt.

Wenn das Kind bis dahin trotz vieler Kontaktmöglichkeiten den Erwachsenen nicht anschaut und die Tafeln nicht fixiert, ist vor allen Dingen der Arzt zu Rate zu ziehen.

Ist die Sehfähigkeit normal, können die Erwachsenen das nachfolgend beschriebene Sehtraining versuchen:

1. Der Erwachsene hält den Kopf des Kindes fest und richtet ihn auf sein Gesicht aus. Er nähert sich bis auf ca. 20 cm dem Gesicht des Kindes, spielt, singt und lacht. Günstig ist es, wenn sich das Kind hierbei in der sogenannten „Schwester-Lieselotte-Stellung" befindet.

   Dieses Annähern und Ansprechen wird so oft wiederholt, bis das Kind Blickkontakt aufnimmt.

2. Schaut das Kind den Erwachsenen an, wiegt dieser seinen Kopf sehr langsam nach rechts und links und versucht, mit seinem Blick die Augen des Kindes mitzuziehen.
Er bewegt seinen Kopf immer nur so weit zur Seite, wie das Kind folgen kann.

3. Der Erwachsene nähert sein Gesicht dem Kind und weicht langsam wieder zurück. Folgt das Kind nicht nach, nähert er sein Gesicht wieder und immer wieder.

4. Auf der vierten Stufe hält der Erwachsene einen leuchtend farbigen und klingenden Gegenstand in das Gesichtsfeld des Kindes und versucht, den Blick damit einzufangen.

   Das Verbinden von Geräusch und Farbeffekt soll die Aufmerksamkeit erhöhen. Allmählich kann der akustische Verstärker (Klang, Ton) weggelassen und nur noch der optische Reiz angeboten werden. Vor jeder Übung wird der Gegenstand dem Kind so weit genähert, daß es diesen anschaut, dann wird er nach rechts – links, vor – zurück und rauf – runter bewegt. Dabei ist zu beachten, daß die dargebotenen optischen Reize nur so schnell und so weit bewegt werden, wie das Kind sie mit seinem Blick verfolgen kann.

- Ein rotes Tuch, ein orangefarbener Wollstrang oder dergleichen werden in 25 cm Entfernung vor die Augen des Kindes gehalten. Hat das Kind den Gegenstand mit seinem Blick erfaßt, wird er mehrmals leicht nach rechts und links, vor und zurück geschwungen. Es soll allen Bewegungen mit den Augen folgen. Allerdings darf der Winkel nicht größer als 45° Grad sein. Das Kind kann vorerst nur in diesem Ausmaß seine Augenmuskeln bewegen.

  Reagiert das Kind nicht in der beschriebenen Weise, nimmt der Erwachsene ein Stück Seidenpapier anstelle des Tuches, zerknüllt es und läßt möglicherweise den Strahl einer Taschenlampe hindurchscheinen. Der intensivere Sehreiz und die zusätzlichen Höreindrücke lassen den Gegenstand für das Kind interessanter erscheinen.

- Etwas später wird ein einfarbiges Handtuch aus 1 m Entfernung in das Blickfeld des Kindes gebracht. Erblickt das Kind das Handtuch, geht der Erwachsene zurück und beobachtet, ob das Kind das zurückweichende Handtuch mit den Augen verfolgt.

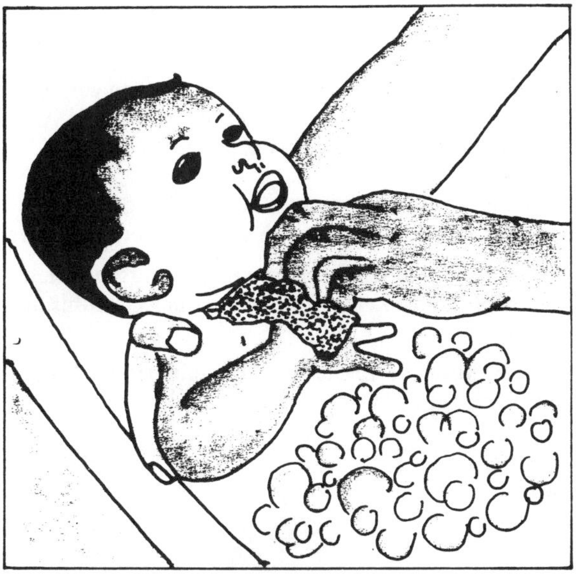

Lernmöglichkeiten im Alltag

Aus dem Ertasten erwächst das „Begreifen". Kein Tag ist wie der andere, und doch wird jeder Tag nach einem gleichen Grundrhythmus ablaufen – zur Orientierung für das Kind, zur Erleichterung für die Mutter.

In jeder Alltagssituation liegen Lern- und Fördermöglichkeiten. Jede Tätigkeit oder Verrichtung bietet irgend etwas Neues, Interessantes für das Kind oder eine Möglichkeit des Übens des schon Gekonnten und Bekannten.

ZUM BEISPIEL: Das Baden

- Das Liegen im warmen Wasser verleiht dem Kind ein wohliges, angenehmes Gefühl. Die Körperschwere wird vermindert, die Bewegungen fallen leichter und die Gegenstände bekommen andere Greifqualitäten.

- Während des Badens wird das Kind im Wasser leicht hin- und hergeschaukelt. Es fühlt das Strömen und Fließen des Wassers am Körper.

- Der nasse Waschlappen wird über dem Bauch ausgedrückt. Ein Wasserstrahl trifft den Bauch, einzelne Tropfen fallen herab.
  Der Seifenschaum läßt sich am Körper verreiben. Die Badezusätze duften. Alles sind unterschiedliche Eindrücke.

- Im Wasser schwimmen Plastikenten. Sie schaukeln auf und nieder. Sie gehen nicht unter. Das Kind kann danach greifen.

  Die Mutter singt:

Alle meine Täubchen,
sitzen auf dem Dach,
klipper, klipper, klapper,
fliegen übers Dach.

Alle meine Püppchen,
Susi und Marie,
schlafen noch im Bettchen
bis zum Morgen früh.

„Biribiribump!
De Kaiser isch en Lump,
de König isch en Dieb
und du bischt mer lieb."

„Geschnittne Nüdele eß ich gern,
aber nur die feine,
schöne Mädele seh ich gern,
aber nur die kleine"

- Nach dem Bad wird das Kind mit einem flauschigen, warmen Badetuch trocken gerieben. Anschließend massiert die Mutter den Körper leicht oder pustet und bläst sanft den Armen, Beinen usw. entlang. Die unterschiedlichen Wärmekontraste aktivieren den Tastsinn.

- Der Körper oder einzelne Körperteile können ebenso sanft mit einem Wollappen, einem Wildlederrest, einem Frotteetuch, einem weichen Rasierpinsel, einer Feder gerieben werden.

  Der Sinn all dieser Übungen soll sein, daß das Kind über den Körper die unterschiedlichsten Eindrücke erfährt. Allerdings dürfen diese Reize keine Schmerzen oder Unwohlsein verursachen.

  Die Spiele und Spielchen gehen nicht stumm vor sich. Immer herrscht eine fröhliche Atmosphäre mit viel Gesang und manchem Verschen:

„Annele, Bannele geht in den Laden,
will für'n Dreier Knackwurst haben,
für'n Dreier Knackwurst gibt es nicht.
Annele, Bannele ärgert sich."

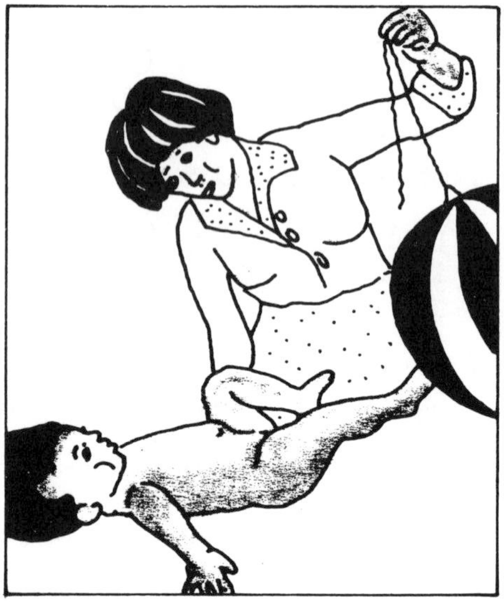

„Gestern auf d' Nacht
hat Hühnersteign kracht,
der Gockel hat g'scholten,
die Hühner haben g'lacht."

- Nach dem Baden darf sich das Kind noch eine halbe Stunde auf einer weichen, warmen Unterlage bewegen.

  Die Mutter hält beispielsweise einen aufgeblasenen Badeball vor seine Beine. Beim Strampeln dagegen flitzt er vor und zurück.

- Beim nachfolgenden Anziehen weiß die Mutter wieder einen Reim:

„Eins, zwei, drei, vier, funf;
ich suche meinen Strumpf.
Eins, zwei, drei, vier, fünfe;
da sind ja meine Strümpfe!
Rechtes Bein und linkes Bein –
Marsch! in euren Strumpf hinein."
(Albert Sergel)

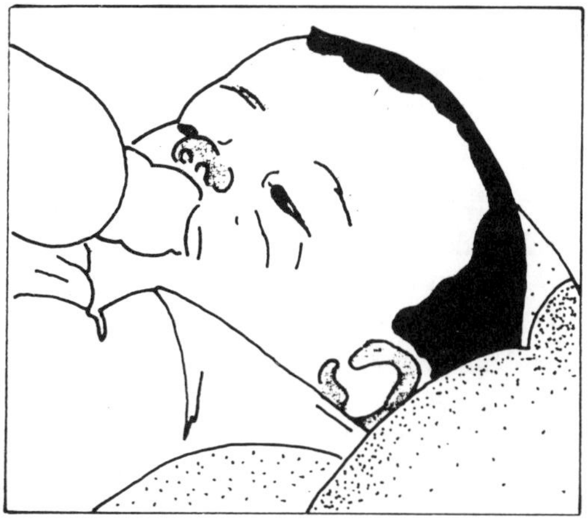

Saugen und Schlucken

Das Kind ernährt sich in den ersten Lebensmonaten von flüssiger Nahrung. Durch den Saug-Schluck-Reflex saugt es die Milch aus der Brust der Mutter oder aus der Babyflasche. Neben der lebenserhaltenden Funktion des Saugens und Schluckens bilden diese Bewegungsmuster die wichtigste Grundlage der Entwicklung der Sprechbewegungen.

Zu Schwierigkeiten beim Saugen und Schlucken kommt es, wenn die anfangs die Mundorgane beherrschenden Reflexe gar nicht, zu schwach oder zu stark vorhanden sind.

Die Mundreflexe

Die Mund- oder oralen Reflexe treten meist gleich nach der Geburt in Erscheinung, um den lebenswichtigen Vorgang der Nahrungsaufnahme abzusichern. Sie verschwinden allmählich, wenn sich zu Beginn des Zahnens die Koordination der Eßwerkzeuge so weit entwickelt hat, daß das Kind willentlich und bewußt essen kann.

a) Der Suchreflex, der von der Geburt bis zum 2./3. Monat vorliegt, wird durch das Berühren des Mundes, des Mundwinkels oder der Wange ausgelöst. Das Kind wendet sich in Richtung der Berührungsstelle.

b) Der Saug-Schluck-Reflex tritt nach der Geburt in Tätigkeit, besteht bis zum 3./4. Monat und wird dann immer schwächer. Er kann jedoch noch im 7./8. Monat zu beobachten sein.

   Bei der Prüfung liegt das Kind auf dem Rücken. Die Stimulation erfolgt durch das Einschieben des Zeigefingers in den Mund. Bei einer positiven Reaktion erfolgt ein *kräftiges*, rhythmisches Saugschlucken, das 43–48 mal in der Minute zu beobachten ist.

c) Der Beißreflex ist von Geburt an bis zum 2./4. und ausnahmsweise bis zum 6./7. Monat zu beobachten und auslösbar.

   Die Fingerkuppe berührt die Zähne, das Zahnfleisch. Der Kiefer bewegt sich rhythmisch auf und nieder. Nicht auf der Innenseite der Zähne prüfen; das Kind kann unwillkürlich zubeißen.

d) Der Würgreflex liegt von Geburt an vor. Die Auslösezone wandert immer mehr in den Mundraum zurück. Ganz zum Verschwinden kommt er nie. Er wird allmählich schwächer. Er kann vom 7. Monat ab weitgehend gehemmt werden.

   Die Stärke des Würgreflexes gibt Aufschlüsse über den Grad der taktilen Mundempfindlichkeit.

Schwierigkeiten beim Saugschlucken

Das Kind saugt nicht oder nicht kräftig genug, obwohl das Loch des Saugers die entsprechende Größe hat. Die Flüssigkeit läuft aus den Mundwinkeln wieder heraus.
Bevor das Kind seine Nahrung erhält, müssen die Eltern für eine ausreichende „Körperkontrolle" des ganzen Kindes sorgen. Muß das Kind zusätzliche Kraft und Energie für Haltung, Balance und Körperkontrolle aufbringen, kann es sich nicht auf den Saug-Schluckakt konzentrieren.

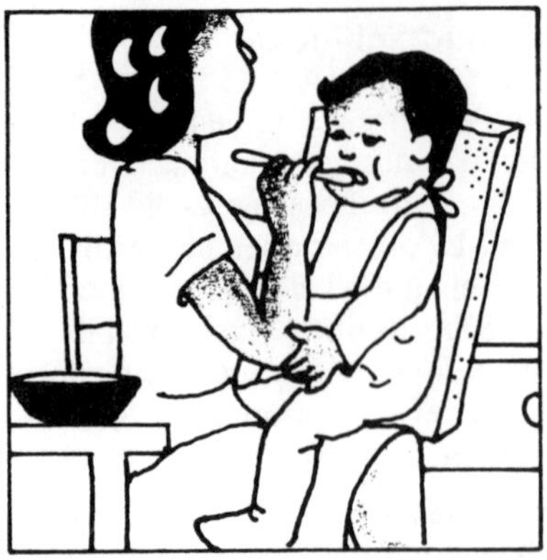

Entspannungslage
(Schwester-Lieselotte-Stellung):

Das Kind sitzt mit gespreizten Beinen gesichtsseitig auf dem Schoß der Mutter und lehnt sich an einen Keil oder ein festes Kissen an.

Diese Lage hat verschiedene Vorzüge: Zum einen bleiben die Beine während des gesamten Füttervorgangs gespreizt, zum zweiten kann die Lage des Kindes kontinuierlich verändert werden, je nach dem, ob der Keil in einem steileren oder flacheren Winkel an den Tischrand angelehnt wird. Je älter das Kind wird, desto mehr soll es in *Sitzstellung* beim Füttern kommen, bis es schließlich in ein Stühlchen gesetzt werden kann.

Zum dritten ermöglicht diese Position den unbedingt notwendigen Augenkontakt zwischen Mutter und Kind und schließlich hat die Mutter die Hände frei, um notwendige Korrekturen vom Kopf oder von der Schulter aus vorzunehmen.

Zu Beginn der Mahlzeit wird der Sauger nicht sofort in den Mund des Kindes gegeben. Es wird mit dem Sauger zuerst die Mundgegend stimuliert, d. h. die Mutter streicht über die Wangen, unter und oberhalb den Lippen entlang. Wenn das Kind seinen Mund dem Sauger zuwendet, werden die Lippen berührt bis sie versuchen, den Sauger zu umschließen und ganz in den Mund zu nehmen.

Falls dies nicht ausreicht, wird die Mutter vor dem Füttern mit ihrem Finger die Mundgegend (Wangen, Kinn) in Richtung Lippen streichen, die Lippen selbst berühren, die Lippen vorschieben, im Mund am Kiefer oben und unten entlangstreichen und den Gaumen und die Zunge leicht berühren. Das Kind beginnt dann meist intensiv zu saugen, so daß ihm die Flasche gegeben werden kann.

Reagiert das Kind nicht in der beschriebenen Weise, legt die Mutter den Sauger an die Lippen und zieht mit den Kleinfingerseiten ihrer Hände die Wangen des Kindes nach vorn. Die Lippen des Kindes sollen sich um den Sauger formen. Unter Umständen müssen die Ober- und Unterlippe um den Sauger gedrückt werden.
Das passive Anbahnen einer Tätigkeit oder Bewegung wird immer erst dann angewandt, wenn vom Kind nach vielen Versuchen keine Aktivität gezeigt wird.

Erfolgt kein *Schlucken*, beugt die Mutter den Kopf kurz nach vorn, legt den Zeigefinger quer über die Oberlippe und gibt anhaltenden Druck nach innen, nicht nach unten. In manchen Fällen kann durch das Bewegen des Mundbodens von der Unterseite des Kinns aus die Flüssigkeit im Mundraum bewegt und in den hinteren Teil des Mundes transportiert werden.

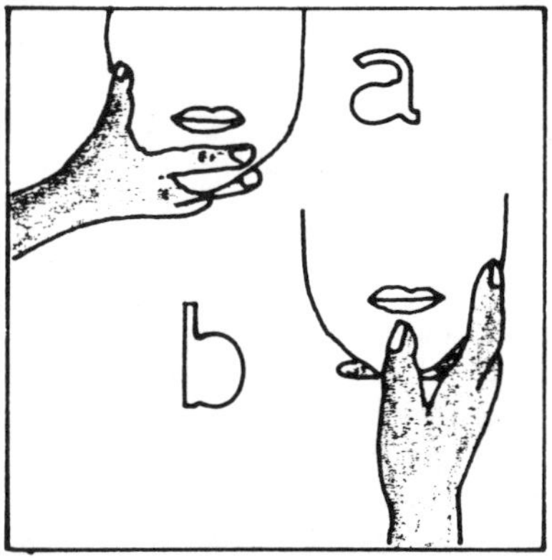

Kontrolle der Mundfunktion

Hat die Mutter den Körper des Kindes mit Hilfe der „Entspannungslage" in eine „essenserleichternde Haltung" gebracht, muß sie versuchen, den Mundbereich des Kindes zu *steuern.* Dies geschieht durch die „Kieferkontrolle" (s. Abbildung b). Der Mittelfinger liegt quer unmittelbar unter dem Kinn und übt von dort Druck über die ganze Mundbreite auf den Mundboden aus. Dadurch kann die Zunge und die Kieferbewegung beeinflußt werden. Einmal sorgt der Mittelfinger für das Hemmen der übermäßigen Kieferstreckung und zum anderen hilft er beim Mundschluß.

Gegenspieler zum Mittelfinger ist der Daumen, der auf dem Kinn im Grübchen unter den Lippen liegt. Er führt die entgegengesetzten Bewegungen und Funktionen wie der Mittelfinger aus.

Der Zeigefinger wird seitlich gegen das Kiefergelenk angesetzt. Er bietet durch diese Lage der Hand die notwendige Stütze.

Wird Kieferkontrolle von der Seite gegeben (s. Abb. a), liegt der Zeigefinger zwischen Kinn und Unterlippe, der Mittelfinger unter dem Kinn und der Daumen wird an das Kiefergelenk angelehnt.

Die sogenannte „Kieferkontrolle" wird immer dann angewandt, wenn beim Kind die Mundmuskulatur die notwendigen Bewegungsfolgen (z. B. Mundschluß) nicht oder nicht im nötigen Ausmaße ausführen kann und wenn dadurch die Nahrungsaufnahme erschwert ist.

Mundbehandlung

Das Kleinkind sammelt in einem reichen Maße Sinnes- und Bewegungserfahrungen durch den Mund und im Mund. Es lutscht am Sauger, an seinen Fingern und an Gegenständen. Sind Kinder aus irgendeinem Grunde in dieser Hinsicht nicht aktiv, muß die fehlende „sensomotorische Stimulation" im Mundbereich nachgeholt werden.

Viele Kinder zeigen eine auffallende Überempfindlichkeit im Mundbereich. Eine leichte Berührung löst schon eine Abwehrbewegung aus. Diese „Hypersensibilität" des Mundraumes kann als weiterbestehende Infantilität (auf einer kindlichen Stufe stehen bleibend) des Mundraumes gesehen werden.

Ausgangspunkt der Mundbehandlung ist das Streicheln über die Haare. Mit Freundlichkeit, Singen und Scherzen wird sich die Mutter mit ihrer Hand von der Stirn, über die Wangen, zu den Lippen bis zum Mund vortasten.

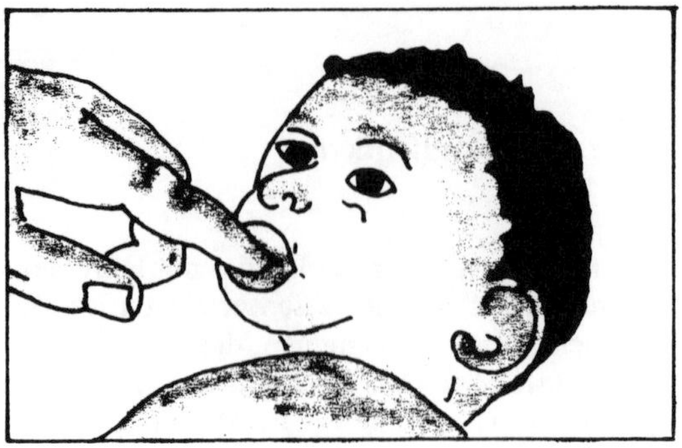

Hat sich das Kind den Berührungsreizen angepaßt, beginnt die Mutter, sich in den Mundraum einzuschleichen.

- Sie streicht mit dem Zeigefinger außen am Zahnfleisch des Oberkiefers bis ganz nach hinten und wieder zurück. Zu Beginn wird sie dies einmal, später dreimal hintereinander ausführen. Dann nimmt sie den Finger heraus, achtet auf guten Mundschluß und wartet, bis das Kind schluckt.

Die Mundbehandlung ist eine weitere Möglichkeit, das Schlucken anzubahnen.

Nach der beschriebenen Weise stimuliert sie auch die Gegenseite. Sie ist immer bedacht, daß während der Behandlung die Kiefer vollständig geschlossen sind. Dann wird der Unterkiefer, ab Mitte bis ganz nach hinten und wieder zurück, stimuliert.

- Wenn der Beißreflex durch das Reiben des Ober- und Unterkiefers weitgehend abgebaut werden konnte und wenn das Kind es toleriert, daß die Mutter mit dem Finger in die Mundhöhle hineingeht, wird der Mund weich geöffnet und mit dem Finger am oberen Gaumen von der Mittellinie aus nach hinten gefahren und wieder zurück. Das Stimulieren kann bis an die obere Grenze des Auslösens des Würgreflexes gehen. Sollte der Würgreflex bei aller Vorsicht und Behutsamkeit doch einmal ausgelöst werden, wird der Kopf sofort nach vorn geneigt und der Mund geschlossen.

  Später wird seitlich (rechts und links) von der Mittellinie nach hinten gefahren, der Mund geschlossen und das Schlucken abgewartet. Das Mundinnere ist wesentlich empfindlicher als das Äußere.

- Bei der Zunge wird spiegelbildlich wie beim Gaumen verfahren, nur wird hier nicht mit dem Finger gestrichen, sondern kräftig mit den Fingerkuppen „spazierengegangen".

- Nach der Mundbehandlung wird die Kieferkontrolle noch eine zeitlang beibehalten. Durch die Stimulation ist eine vermehrte Speichelabsonderung zu beachten. Diese soll genutzt werden zur Schluckkoordination. Das Kind verspürt ein Bedürfnis zum Schlucken.

Die Behandlung des Mundes wird bei entspannter Atmosphäre (Musik, Zusprache, Lieder), einer dem Alter des Kindes angepaßten Haltung und täglich einmal vor dem Essen 3–5 Minuten lang durchgeführt. Größere Kinder sollen aus psychischen Gründen nicht mehr in die Babystellung gebracht werden. Für sie eignet sich die Seitlage oder eine Sitzstellung, wobei die Augenhöhe von Mutter und Kind gleich hoch sein soll. Bauchlage ist nur bei Kindern mit sehr großen Schluckschwierigkeiten und bei Vorstehen des Unterkiefers ratsam.

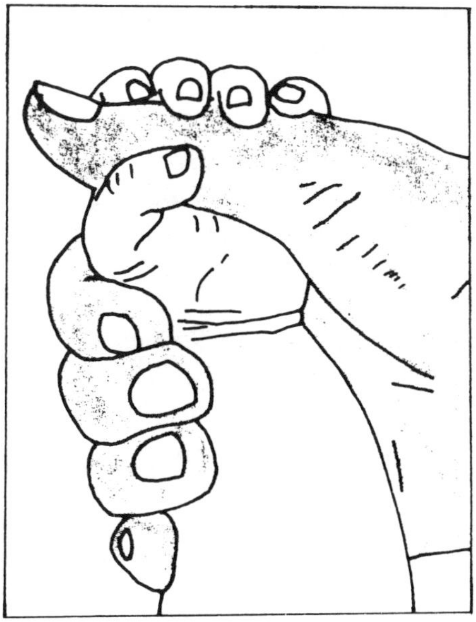

Körperliche und geistige Entwicklung gehen am Anfang Hand in Hand

In den ersten Wochen und Monaten werden die Bewegungen des Kindes durch automatisch ablaufende Reflexe gesteuert. Das Kind weiß noch nicht, was es tut. Erst allmählich entwickeln sich willkürlich beeinflußbare Bewegungsfolgen. Das Gehirn beginnt, den Körper zu erobern.

Die Bewegungsentwicklung fängt im Kopfbereich an und verläuft dann körperabwärts nach einem einheitlichen Plan. Je näher ein Muskel dem Gehirn liegt, desto eher kann er bewußt bewegt und kontrolliert werden.

Zuerst können die Augen, dann der Kopf, Hals, Schultern willkürlich bewegt werden, dann folgen Arme, Hände, Rücken, Bauch, bis schließlich die Beine und Füße der bewußten Kontrolle unterliegen.

TÄGLICHE GYMNASTIK

Kopfheben

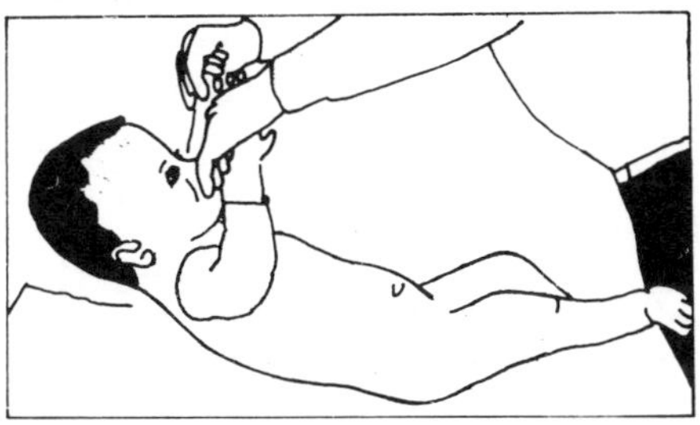

Armbewegungen

Armstrecken

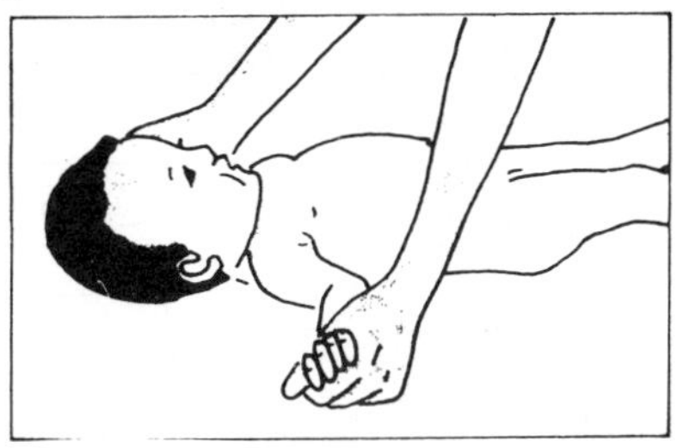

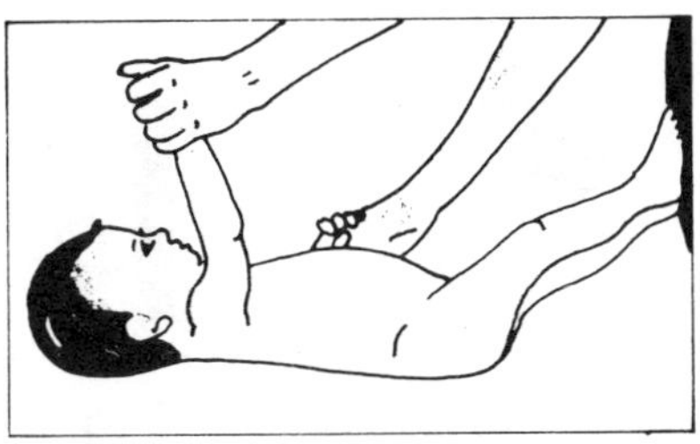

Arme heben und beugen

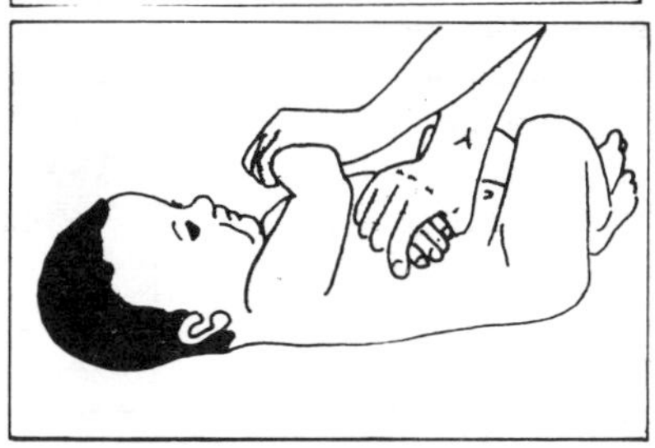

Arme kreuzen

Alter:	Ab 3. Lebensmonat	Dauer:	Mit 5 Minuten beginnen, im Laufe eines Jahres auf 15 Minuten steigern.
Zeit:	Frühe Vormittagsstunden oder Nachmittagsstunden, vor dem 10 Uhr Fläschchen	Ort:	Große Wickelkommode, Tisch mit Unterlage, Bett
Kleidung:	Keine	Methode:	Keine ruckartigen Bewegungen, niemals gegen Widerstand des Kindes vorgehen, Kind Zeit lassen, sich auf Bewegung einzustellen

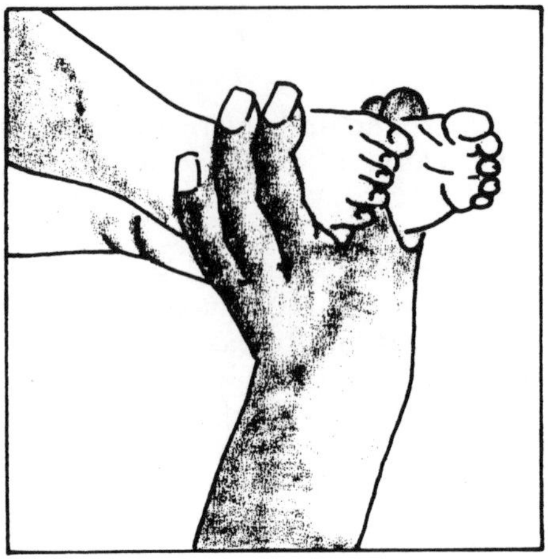

Guten Morgen, ihr Beinchen!
Wie heißt ihr denn? –
Ich heiße HAMPEL
ich heiße STRAMPEL,
und das ist Füßchen Übermut,
und das ist Füßchen Tunichtgut.
Übermut und Tunichtgut
gehen auf die Reise,
platsch, durch alle Sümpfe, –
naß sind Schuh und Strümpfe;
guckt die Rute um die Eck',
laufen sie alle beide weg."

(Paula Dehmel)

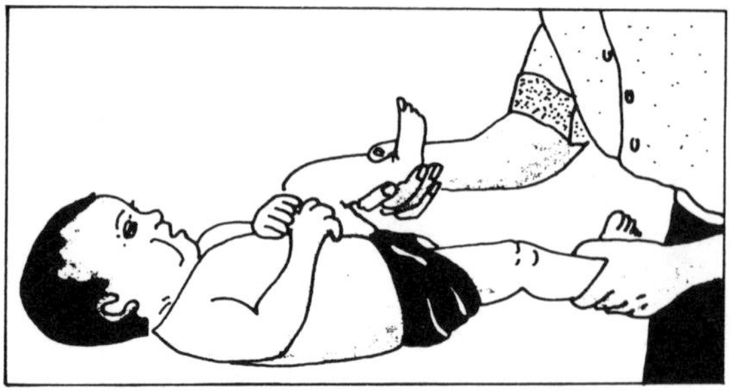

Beinbewegungen:

Radfahren (wechselseitiges Beugen und Strecken der Beine)

Rudern (gleichzeitiges Beugen und Strecken der Beine)

Rotation

Das Drehen vom Rücken auf den Bauch ist eine sehr wichtige Bewegungsform für die motorische Entwicklung des Kindes. Mit Hilfe der schraubenförmigen Bewegungen zwischen Becken und Schultergürtel kann das Kind aktiv seine Körperlage verändern. Die Bewegungsform ist Voraussetzung für das spätere Krabbeln und Sitzenkönnen.

Am Ende des ersten Vierteljahres werden die Eltern das Kind ab und zu von der Rückenlage in die Bauchlage zu drehen versuchen.

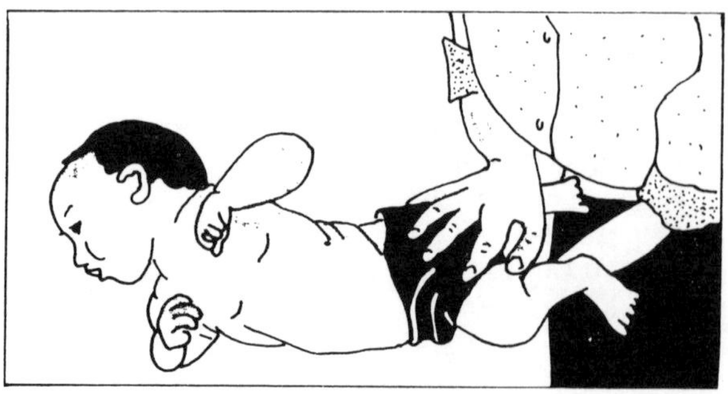

4–6 Monate
Entwicklungalter

Hier können Sie eine Fotografie Ihres Kindes einkleben!

Im Entwicklungsalter zwischen dem 4. und dem 6. Lebensmonat hat das Kind gelernt, seinen Kopf ruhig zu halten. Es rollt vom Bauch auf den Rücken und stützt sich in Bauchlage auf die gestreckten Arme. Immer noch steckt es Dinge in den Mund und erfährt, daß die Sachen verschiedene Qualitäten haben können.

Vor allen Dingen aber entdeckt es seine Hände. Es spielt mit ihnen, führt die Hände zum Spielzeug und berührt es. Am Ende des ersten Halbjahres ergreift es ein Klötzchen mit der ganzen Handfläche und wechselt es zwischen den Händen.

Das Geräusch des raschelnden Papiers interessiert das Kind. Es wendet seinen Kopf nach der seitlichen Geräuschquelle.

Das beginnende „Guckuck-Spiel“ mit den Eltern ist sein größtes Glück. Es nimmt Beziehungen auf.

Das Kind bringt Blas- und Reibelaute wie .f, n, s hervor und plappert in rhythmischen Silbenketten „ga-ga-ga“ vor sich hin.

Das Kind kann zwischen strenger und freundlicher Ansprache unterscheiden.

BEOBACHTUNGEN und FRAGEN

Schließt das Kind den Mund und schluckt es seinen Speichel hinunter? ....

Kann es sowohl durch die Nase als auch durch den Mund atmen? ....

Was sind seine ersten Lautketten? ....

Streckt das Kind seine Zunge heraus und ist sein Mund oft oder immer offen? ....

Ist das Kind bei Berührung im Mundbereich sehr empfindlich? ....

Schaut es der Mutter, dem Vater auf den Mund, wenn sie zu ihm sprechen? ....

Betrachtet es Dinge, die ihm hingehalten oder die ihm in die Hand gegeben werden? ....

Sieht es einen kleinen Gegenstand auf dem Tisch liegen (Rosine, Mandel, Knopf)? ....

Sieht es einem an der Schnur hängenden weitschwingenden Ball nach? ....

Reagiert es auf die Farben weiß und rot? ....

Ist eine Lauschhaltung bei Gesang und Musik zu beobachten? ....

Wendet das Kind seinen Kopf einer sich seitlich befindlichen Geräuschquelle zu? ....

Welche Geräusche erkennt es? ....

Spielt es viel mit seinen Fingern? ....

Wann gab es ein Spielzeug zum erstenmal von der einen Hand in die andere? ....

Kann es das Gleichgewicht ausbalancieren, wenn es zur Seite, nach vorn und hinten gebeugt wird? ....

Wann drehte es sich zum erstenmal vom Rücken auf den Bauch? ....

Möchte es schon sitzen? ....

Persönliche Anmerkungen:

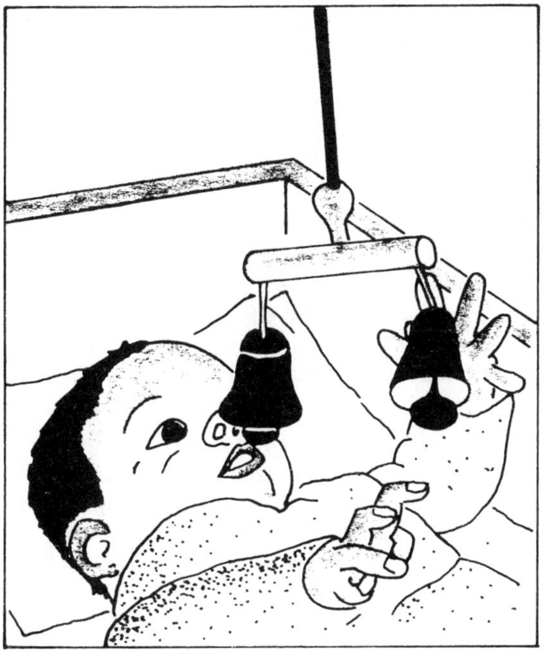

Die Unterscheidungsfähigkeit des Ohres verfeinert sich:

Allen Geräusch- und Musikinstrumenten voran geht die menschliche Stimme. Sie beinhaltet nicht nur Klang, Rhythmus, Melodie, sondern auch Information. Die Sprache besteht aus Wörtern, Sätzen, Regeln. Die Eltern sprechen selten nur ein Wort. Der Satz ist der eigentliche Informationsträger.

- Die Eltern schauen im Rundfunkprogramm nach, ob in einer Sendung eine Kindergeschichte erzählt wird und hören diese dann ca. 5 Minuten mit ihrem Kind an. Der Rundfunksprecher spricht langsam und deutlich und betont die Wörter sinngemäß. Vielleicht wird während der Sendung ein Liedchen gesungen, möglicherweise flüstert oder summt jemand. Das Kind soll alle Stimmqualitäten erleben.

Neben der Rundfunksendung eignen sich Kinderschallplatten und -Cassetten im gleichen Maße.

- Ein faszinierendes Erlebnis für das Kind ist das *Fingertheater*. Auf jeden Zeigefinger einer Hand wird eine Fingerpuppe gezogen. Diese können der Zipfel einer Tüte sein, ein besticktes und bemaltes Pappröhrchen oder gar aus Filz zusammengenähte „Fingerlinge".

  Der eine Finger ist die Frau Meier und der andere Finger die Frau Schulze. Frau Schulze geht auf den Markt und kommt mit Frau Meier ins Gespräch:

  „Guten Morgen Frau Maier! Was kosten die Eier?
  Einen Dreier – Das ist zu teuer!
  Einen Pfennig – Das ist zu wenig!
  Einen Zweier – Das geht schon eher!"

- Kinder mögen Krach. Die Mutter wird die leeren Keksdosen, Hutschachteln, Kaffeebüchsen und dergleichen nicht wegwerfen. Mit einem Holzstäbchen oder einem ausrangierten Teil des Salatbestecks kann getrommelt und geklopft werden. Plastikscheiben (z. B. Verschlüsse) in einer blechernen Bonbondose scheppern hell, Kronenkorken in einer Pappschachtel klingen dumpf und dunkel. Reis oder Grieß in Kunststofffläschchen geben einen leisen, raschelnden Ton ab.

  Mit und durch diese Geräuschinstrumente soll das Kind einmal selbst Geräusche erzeugen und zum anderen soll es die verschiedensten Töne, Geräusche, Klänge unterscheiden lernen.

3

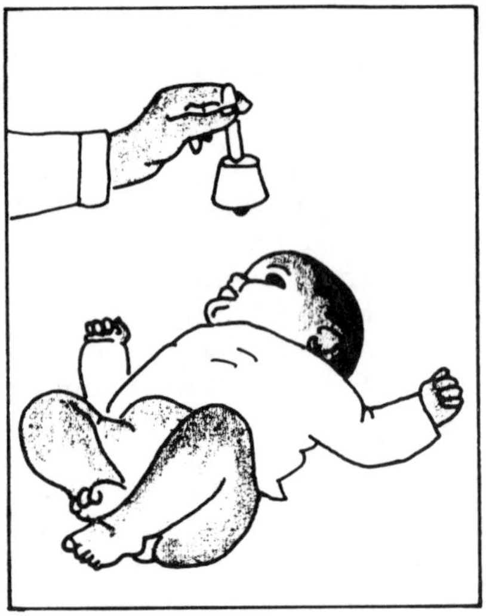

Ohne Hören kein Sprechen

Je besser ein Kind hören kann, desto leichter fällt ihm später das Sprechen. Gehörlose Kinder lernen ohne fremde Hilfe und ohne besondere Methoden nicht sprechen.

Das Hörorgan ist schon im dritten Monat der Schwangerschaft ausgebildet. Nach der Geburt reagiert das Kind von Anfang an auf Töne und Geräusche. Es hat dabei eine irgendwie geartete physiologische Empfindung im Ohr. Es weiß jedoch noch nicht, daß diese Empfindung seine Ursache außerhalb seines Körpers hat.

Das Kind reagiert in den ersten Monaten auf laute Geräusche und Töne durch Augenblinzeln, langsames Öffnen der Augen, einen veränderten Atemrhythmus, rudimentäre Kopfbewegungen, und es läßt sich durch die Stimme der Mutter beruhigen. Auf laute, grelle und plötzlich auftretende Töne reagiert es mit Schreck; es reißt die Arme in die Höhe, spreizt die Finger und überstreckt sich (Mororeflex).

WANN IMMER, SOLLTEN DIE ELTERN DARAUF ACHTEN, DASS DIESE REAKTION VERMIEDEN WIRD.

- Kinder reagieren im Alter bis zum 3. Lebensmonat auf laute Töne (60–80 dB, entspricht etwa Phon). Je mehr sich die Mutter beim Sprechen und Singen dem Ohr des Kindes nähert, desto intensiver hört das Kind. Eine gute Position für die erste „Hörerziehung“ stellt das „Auf-den-Arm-Nehmen“ dar. Der Mund der Mutter und das Ohr des Kindes befinden sich auf etwa der gleichen Höhe, der Abstand beträgt ca. 20 cm. Die Mutter erzählt dem Kind, was sie gerade tut, was sie danach machen möchte, sie singt ihm ein Liedchen vor. Der Inhalt des Gesprochenen spielt keine Rolle. Das Kind soll zu der sogenannten „Hörgerichtetheit“ erzogen werden. Stimme, Laute, Gesang, Geräusche, Klänge sollen es wert sein, darauf zu hören. Sie sollen sein Interesse wecken.

- In der weiteren Entwicklung verlieren die Geräuschempfindungen ihre Körperbezogenheit. Das Kind erlebt, daß die im Ohr wahrgenommenen Geräusche und Töne ihre Ursache in der Außenwelt haben. Es lernt die Herkunft und die Bedeutung der Geräusche kennen und unterscheiden. Außerdem nimmt es jetzt Töne wahr, die in ihrer Lautstärke geringer sind (60–50 dB).

  Das Kind liegt auf dem Rücken. Die Mutter oder der Vater bewegen ein Glöckchen oder eine Rassel vor seinen Augen hin und her. Das Kind schaut die Glocke mit großen Augen an. Zuerst wird es die Bewegungen nur mit den Augen verfolgen, allmählich dreht es auch den Kopf in die jeweilige Richtung.

- Vor dem Füttern richtet die Mutter die Aufmerksamkeit des Kindes, falls dies überhaupt notwendig sein sollte, auf das Fläschchen. Sie schüttelt den Inhalt und macht das Kind auf das Geräusch aufmerksam. Bekommt das Kind Löffelnahrung, kratzt die Mutter mit dem Löffel im Teller, streift ihn am Tellerrand ab und sagt: „Horch! Mami kratzt mit dem Löffel im Teller. Du kennst das Geräusch. Jetzt gibt es etwas zu essen.“ Geräusche und Töne müssen für das Kleinkind bedeutungsvoll sein, wenn es darauf reagieren soll.

- Das Kind sitzt auf dem Schoß der Mutter. Diese hat ein Stück Seidenpapier in der Hand und knistert damit. Das Kind greift oder patscht danach und erzeugt selbst ein Knistergeräusch.

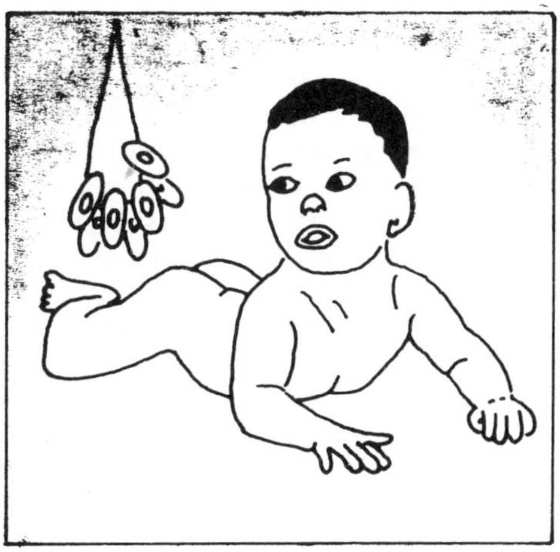

- Dem Kind werden unterschiedlich hohe und tiefe Töne angeboten. Eine Handtrommel erzeugt z. B. einen sehr tiefen Ton (350 Hz-Häufigkeit der Schwingungen in der Sekunde), eine Rumbakugel einen sehr hohen (7600 Hz). Beim Kauf der Rasseln mögen die Eltern darauf achten, daß sie solche mit unterschiedlichen Tonlagen kaufen. Wird die Rassel sachte geschüttelt, hört das Kind einen schwachen Ton (45 dB), rütteln die Eltern kräftig, ist das Geräusch laut und kräftig (90 dB). Durch die Intensität des Schüttelns können die Eltern dem Kind unterschiedlich laute Geräusche anbieten.

- Das Kind lernt, seinen Kopf in Richtung der Schallquelle zu drehen. Mit 4–5 Monaten wendet es seinen Kopf nach rechts und links, wenn der Ton seitlich in einer Entfernung von ca. 50 cm angeschlagen wird, mit 6 Monaten dreht es seinen Kopf nach Geräuschen, die hinter ihm entstehen und mit etwa 9 Monaten sucht es nach Tönen, die über ihm verursacht werden.

  Diese Reihenfolge der „Schallokalisation“ werden die Eltern bei ihren Übungen zu Grunde legen. Es ist nicht sinnvoll, ein Glöckchen über dem Kopf des Kindes anzuschlagen, wenn es nur seitlich einen Ton wahrnehmen kann.

- Bei der Hörerziehung wird dem Kind beispielsweise seitlich in Ohrenhöhe und außerhalb seines Blickfeldes ein Geräusch, das in seinem Interessenkreis liegt, angeboten (Rasseln, Glocken, Spieluhren, Triangel, Mundharmonika, Flöte, Pfeife, Zymbeln, Quietschtiere). Der Vater, der vor dem Kind sitzt, macht ein erstauntes Gesicht und weist durch Mimik und Gestik auf den Ton hin. Dreht das Kind den Kopf nicht in die entsprechende Richtung, wird das Geräuschinstrument kurz in sein Gesichtsfeld gebracht und noch einmal der Ton erzeugt. Reagiert das Kind nach mehreren Versuchen immer noch nicht, dreht der Vater den Kopf des Kindes in die gewünschte Richtung und sagt: „Da ist das Glöckchen! Das Glöckchen macht bim – bim. Mama läutet noch einmal, und wir suchen das Glöckchen!“

- Hinter dem Kind erzeugt die Mutter folgende Geräusche: Muggelsteine in flache Blechdose fallen lassen, Erbsen auf Tamburin rieseln lassen, Reis in Pappröhrchen schütteln, zwei Holzlöffel aneinanderschlagen, mit Löffel in Tasse rühren, Holzkugel in Blechdose schütteln, Radiomusik.

Wer viel sieht, lernt auch viel

- Die Fähigkeit des Unterscheidens soll geschult werden. Das Kind sitzt auf dem Schoß der Mutter oder des Vaters. Zunächst wird ihm sein Lieblingsbär gezeigt. Es wird angenehme Erfahrungen mit dem Spielzeug verbinden und danach greifen wollen. Die Mutter wird den Bär zunächst zurückhalten und ihm noch einen Ball, den es auch kennt, zeigen. Beide Gegenstände liegen in greifbarer Nähe vor dem Kind. Wofür wird es sich entscheiden? Ein erster noch zaghafter Willensakt wird erwartet und verlangt. Die Entscheidungs- und Entschlußkraft soll geschult werden.

- Eine brennende Taschenlampe ist für ein Kind eine faszinierende Sache. Der Lichtstrahl wird in einer Entfernung von 50 cm auf das Gesicht des Kindes gerichtet. Versucht das Kind danach zu greifen, bekommt es die Taschenlampe in die Hand.

- Das Kind sitzt auf dem Schoß des Erwachsenen. Im Zimmer ist es dämmrig. Der leuchtende Strahl der Taschenlampe wandert über die Wand, bleibt stehen, hüpft weiter, schlängelt sich um die Bilder herum und bleibt schließlich an einer Stelle ruhen.

- Alles, was sich bewegt, interessiert Kinder in einem besonderem Maße. Die Blätter im Wind, die Schneeflocken, die wehende Gardine, der Hund im Park, die schleichende Katze, die Enten auf dem Teich sind so recht zum Schauen und Erzählen da.

„Der Sperling ist ein kleines Tier,
hat ein kurzes Schwänzchen,
sitzt vor Hänschens Kammertür,
macht ein Reverenzchen!“

„Ein Häslein klein spazieren ging,
spazieren, ganz allein.
Da hat's das Wasser nicht geseh'n
und plumps, da fiel's hinein!“

„Piep, Vögelchen, piep!
Hab mein Kindchen lieb!
Vöglein, das kann singen,
Kindchen, das kann springen.
Greif das Vögelchen dort!
Husch, da ist es fort!“

- Die Eltern schneiden 40 x 30 cm große Kartonstücke aus und bemalen sie mit großen bunten Kreisen, Quadraten und Dreiecken. Die Kinder haben jetzt Spaß an Farben.

„ROT! Siehst du, hier ist ROT!
SCHAU ES DIR AN – ROT.
Ja – DAS IST DAS ROT.“

„Miesemaukätzchen, miese,
wovon bist du so griese?
Ich bin so griese, ich bin so grau,
ich bin das Kätzchen Griesegrau!“

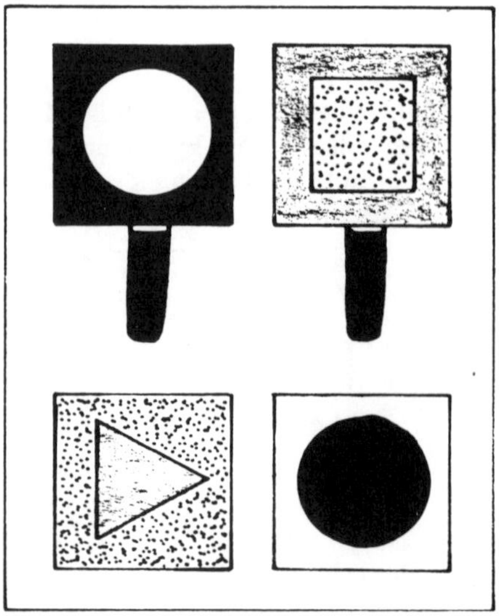

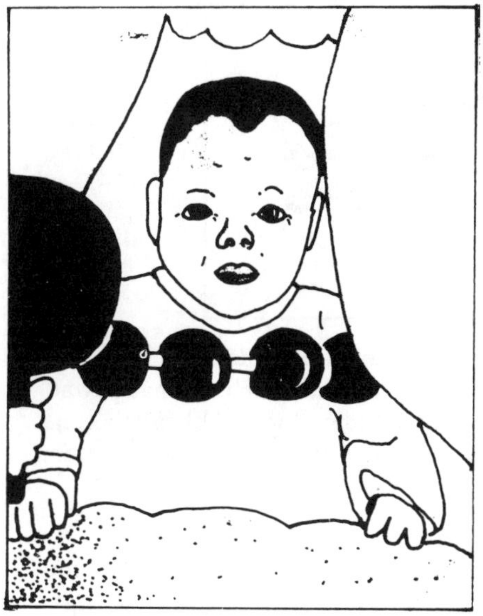

- Die Mutter oder der Vater zeigen dem Kind solange eine ca. 16 x 24 cm große weiße Pappscheibe, bis es sich abwendet, d. h. das Interesse daran verloren hat. Der gleiche Vorgang wird mit einer roten Pappscheibe wiederholt. Für welche Pappscheibe zeigt das Kind größeres Interesse. Weiß und Rot sind die ersten Farben, die das Kind unterscheiden kann. Später folgen die Farben Blau, Grün und Gelb. Die Beachtung der Farben tritt allmählich in den Vordergrund.

- Der Erwachsene beugt sich über das Bettchen zum Gesicht des Kindes hin. Er spielt mit ihm und entfernt sich dann plötzlich aus seinem Blickfeld. Das Kind wird nach der verschwundenen Person suchen. Es wendet den Kopf und blickt in die entsprechende Richtung. Der Erwachsene taucht wieder auf und lacht mit dem Kind. Vielleicht spielt er mit ihm das Mäusespielchen:

„Da kommt die Maus!
Da kommt die Maus!
Mach auf! Mach auf!
Sie will ins Haus!"

Der Finger des Erwachsenen krabbelt den Arm hinunter und versucht, sich in das Fäustchen des Kindes zu bohren

- Die Eltern wiegen das Kind auf dem Arm, gehen durchs Zimmer, bleiben stehen, setzen sich mit dem Kind in die Hocke. Eine neue Perspektive tut sich auf. Die Eltern werden viele Dinge einmal aus der Welt des Kindes sehen.
  Es gibt viel zu betasten, zu benennen und zu erzählen.

- Die Bilder an der Wand werden betrachtet. Jedesmal wird auf etwas Neues aufmerksam gemacht. Sehr gerne haben es die Kinder, wenn ein Liedchen zu den Bildern „erfunden" wird.
  Hier ein altes Kinderlied:

Summ, summ, summ! Bienchen, summ herum!
Such in Blumen, such in Blümchen
dir ein Tröpfchen, dir ein Krümchen!
Summ, summ, summ! Bienchen, summ herum!

Summ, summ, summ! Bienchen, summ herum!
Kehre heim mit reicher Gabe,
bring uns manche volle Wabe.
Summ, summ, summ! Bienchen, summ herum!

Zuerst
ein Test
und
später
eine
Übung:

- Rechts am Bett wird ein rotes Tuch und auf der linken Seite ein klingendes Glöckchen, das nicht gesehen werden darf, angeboten. Das Kind wird einmal das Tuch anschauen und dann wieder den Kopf in die Richtung der Geräuschquelle wenden, bis es schließlich seine Aufmerksamkeit ganz dem roten Tuch widmet. Die Beachtung der Farben steht in diesem Entwicklungsalter an erster Stelle.

- Die Gegenstände, die dem Kind zum Kennenlernen angeboten werden, können immer kleiner werden.

  Kinder sind sehr neugerieg oder sollten es zumindest sein. Sind sie es nicht, regen die Eltern ihre Neugierde an. Sie machen die Kinder mit neuen, interessanten Gegenständen vertraut.

  Im ersten Vierteljahr zeigen die Erwachsenen dem Kind täglich drei, im zweiten Vierteljahr fünf und im dritten und vierten Vierteljahr täglich acht Dinge. Jeden Tag lassen sie dann den Gegenstand weg, den das Kind schon gut kennt und machen es statt dessen mit einem neuen bekannt.

Beispiele:

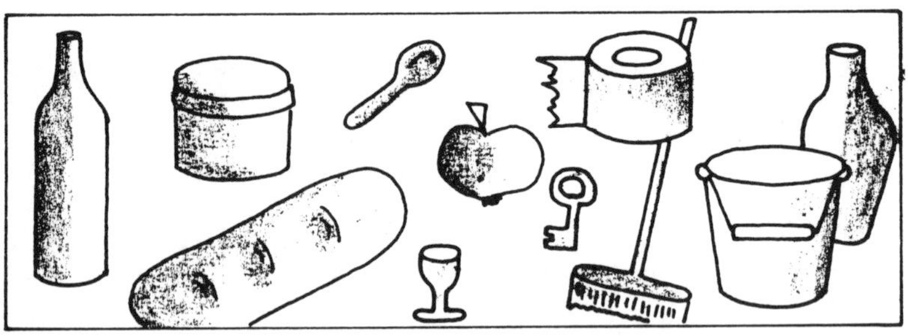

- Ein bunter Plüschball (ϕ 12 cm) oder dergleichen wird an eine Schnur gebunden und in einer Entfernung von 25 cm vor den Augen des Kindes langsam hin- und hergeschwungen. Das Kind soll seine Augen- und Kopfbewegungen den Pendelbewegungen anpassen. Die Mutter kann die Bewegungen des Balles mit Verschen und Liedern begleiten.

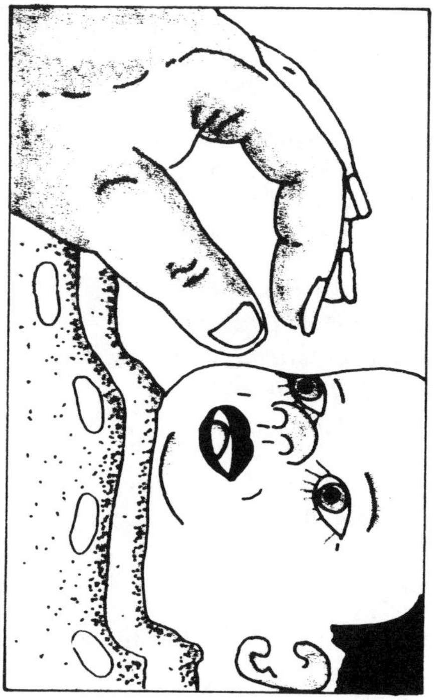

Handspiele sind eine gute Möglichkeit, mit dem Kind Kontakt aufzunehmen

Der Erwachsene bietet dem Kind seine Finger als Spielzeug an. Das Kind schaut den zappelnden und tanzenden Fingern zu und freut sich, daß sich jemand mit ihm beschäftigt. Es hört die Kinderreime gern. Sie klingen wohl in seinen Ohren.

Der Rhythmus der Worte der Ammenreime sollte zu den Fingerbewegungen passen und umgekehrt. Das Kind wird den Inhalt und den Sinn der Verse noch nicht verstehen, wohl aber die Stimmung und das Gefühl spüren, die mit den Reimen verbunden sind:

„Zehn kleine Zappelmänner
tanzen auf und nieder.
Zehn kleine Zappelmänner
tun das immer wieder – .
Zehn kleine Zappelmänner
tanzen hin und her."

„Seht, so, so, so tanzen
unsre kleinen Puppen.
Seht, so, so, so, eines, zwei, drei,
ist alles vorbei!"

„In unserm Häuschen
sind schrecklich viel Mäuschen.
Sie tippeln und tappeln
sie zippeln und zappeln,
sie stehlen und naschen
und will man sie fassen:
Husch! sind sie weg!"

Das Kind liegt im Arm der Mutter oder sitzt auf ihrem Schoß und schaut dem lustigen Treiben zu:

Hänsel und Gretel gehn
über den Bach.

Hänsel ist g'fallen,
Gretel, die lacht.

Hänsel geh weg!

Gretel du auch!

Hänsel komm wieder!
Gretel du auch!

Fingerpuppen sind herzustellen aus:

Papierhütchen, Handschuhteilen, Filzresten, Fingerhüten, Ton und ähnlichem Material.

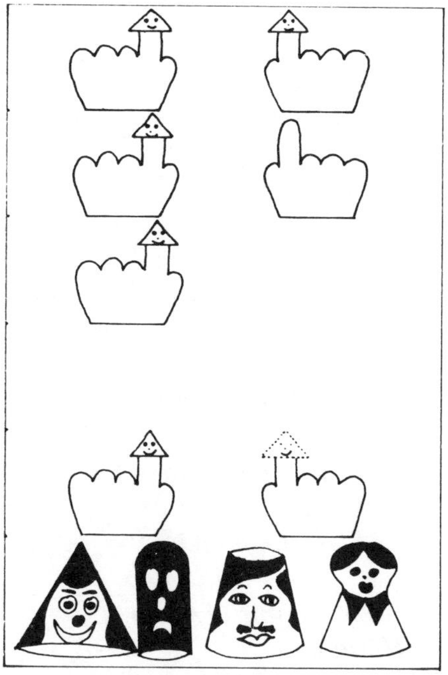

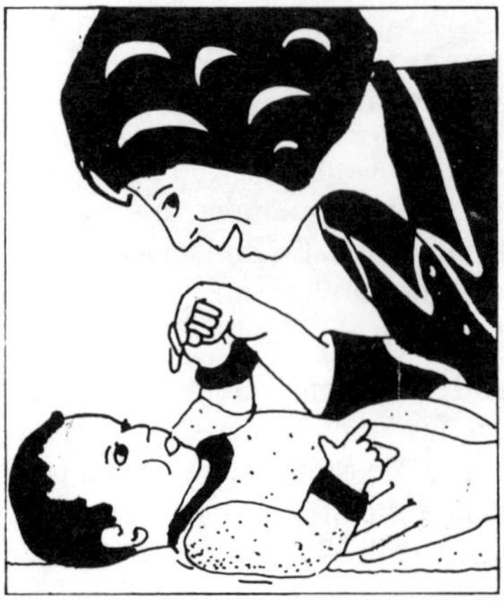

Der Erwachsene nimmt die Hände des Kindes in die seinen, streichelt und massiert die Handrücken, die Handflächen und klatscht die beiden Handflächen leicht und behutsam aneinander. Es ist mehr ein „Aufeinanderzuführen“ der Handflächen als ein Klatschen und Patschen:

„Patsche, patsche Küchelchen,
mir und dir ein Krügelchen,
mir und dir ein Tellerchen,
mir und dir ein Hellerchen,
sind wir zwei Gesellerchen!“

„Backe, backe Kuchen, der Bäcker hat gerufen,
wer will guten Kuchen haben, der muß haben sieben Sachen:
Eier und Schmalz, Butter und Salz, Milch und Mehl,
Safran macht den Kuchen gel. Schieb, schieb in'n Ofen!“

Die Mutter streicht sachte und zart mit ihren Fingern kreuz und quer über die Handflächen des Kindes:

„Da hast'nen Taler,
geh auf den Markt,
kauf dir'ne Kuh,
Kälbchen dazu.
Das Kälbchen hat ein
Schwänzchen,
diddeldiddeldänzchen!“

Bei den letzten beiden Zeilen krabbeln die Erwachsenenfinger in der Handfläche des Kindes.

„Heile, heile, Gänschen,
es wird schon wieder gut.
Heile, heile Mäusespeck,
in hundert Jahr ist alles weg.
Heile, heile, Segen,
drei Tag Regen,
drei Tag Sonnenschein
bald wird's wieder besser sein.

Heile, heile, Segen
drei Tage Regen,
drei Tage Schnee,
tut's dem Kindchen nicht
mehr weh.“

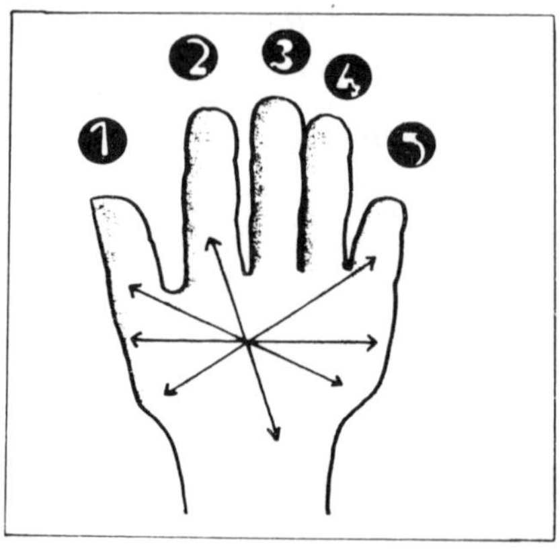

Der Vater bläst dem Kind in die Handfläche und sagt den lustigen Vers:

„So bläst der Wind.
Hui – hui.
Er bläst noch mehr.
Hui – hui – hui
Jetzt kommt der Sturm.
Huiiiiii“

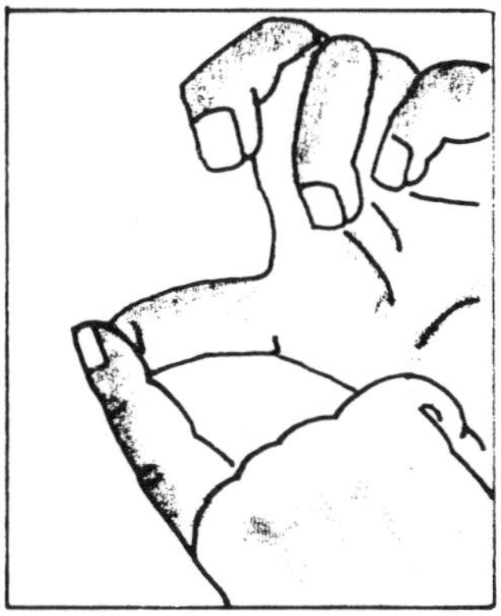

Erste Fingerspiele

Die Hand des Kindes ist offen. Die Erwachsenen massieren die Händchen. Die Finger werden zuerst passiv gestreckt und gebeugt, d. h. alle zusammen. Erst später wird jeder Finger einzeln bewegt.

Das Kind selbst ist noch nicht aktiv beteiligt. Es freut sich an den lustigen Versen, an dem Berühren, aber vor allen Dingen, daß die Erwachsenen Zeit für es haben, daß sie mit ihm spielen.

„Da läuft ein Weglein,	– Auf die Handlinien des Kindes deuten.
da springt ein Häslein.	– Die Finger der Mutter laufen über die Hand des Kindes.
Der hat's geschossen,	– 1. Finger einzeln strecken
der hat's gewaschen,	– 2. Finger einzeln strecken
der hat's gebraten	– 3. Finger einzeln strecken
der hat den Tisch gedeckt.	– 4. Finger einzeln strecken
Und der kleine Biribinker	– Kleinen Finger strecken und
hat den Teller ausgeschleckt!"	– leicht schütteln.

Oder: *„Der ist ins Wasser gefallen,*
der hat ihn wieder herausgeholt,
der hat ihn ins Bett gebracht,
der hat ihn zugedeckt,
und der kleine Schelm da,
hat ihn wieder aufgedeckt!"

„Daumen bück dich,
Zeigefinger streck dich,
Mittelfinger dreh dich,
Ringfinger heb dich,
Kleiner duck dich!"

„Der war in den Busch gegangen,
der hatte ein Häschen gefangen,
der hier hat es heimgebracht,
der gebraten dann zur Nacht,
der hier hat's dann verpappt!"

„Lüttenfinger,	– Kleiner Finger
Golden Ringer,	– Ringfinger
Langen Maier,	– Mittelfinger
Pottenlicker,	– Zeigefinger
Lauseknicker!"	– Daumen

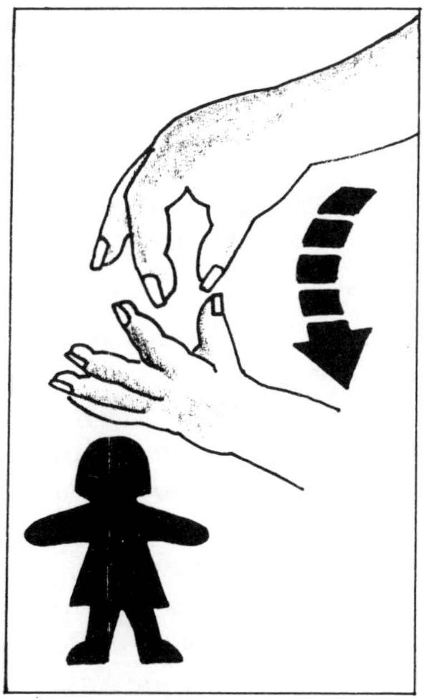

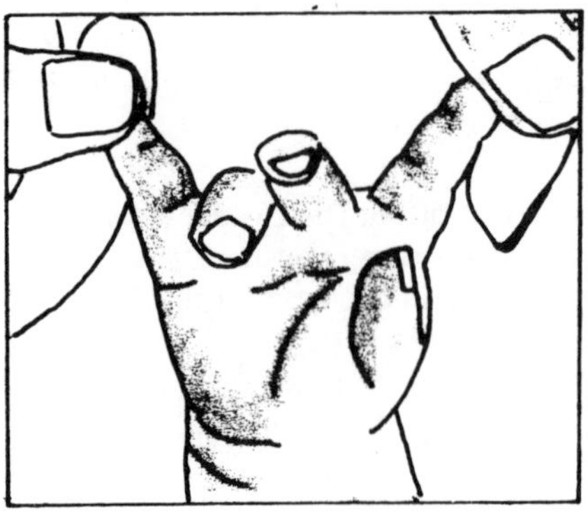

„Rechten – linken,
Speck und Schinken,
Brot und Wurst,
das macht Durst!“

– Zeigefinger und kleinen Finger anfassen und im Rhythmus der Worte strecken. Andere Finger im Wechsel.

„Taler, Maler, Kälbchen, Schwänzchen,
Diddeldiddeldänzchen!“

(Die Finger des Erwachsenen streichen kreuz und quer über die Handfläche, den Handrücken des Kindes und zappeln zum Schluß in der Handinnenfläche)

Dubedubedub, was hat er bracht?
Dubedubedub, ein Sack voll Pflaumen.
Dubedubedub, was kost das Pfund?
Dubedubedub, das Pfund drei Groschen.
Dubedubedub, das ist zu viel!

„Äpfel, Birne, Zwiebeltopf,
Ente, Veilchen, Heiligenkopf,
Igel, Katze, Löwe, Maus,
und unser Spiel ist aus!“

„Steig auf das Bergle,
fall aber nit herab:
O herzig liebs Schätzle,
brich's Füßle nit ab!“

„Da kommt ein Bär,
der tappt so schwer,
da kommt ein Mäuschen,
schlüpft schnell ins
Häuschen!“

(Die Mutter umfaßt die beiden Hände des Kindes und patscht sie im Rhythmus der 1. und 2. Zeile sanft auf den Tisch.
Bei der 3. Zeile setzt sie nur die Fingerspitzen auf, und bei der 4. Zeile umschließt sie schnell die Hände des Kindes mit der ihren.)

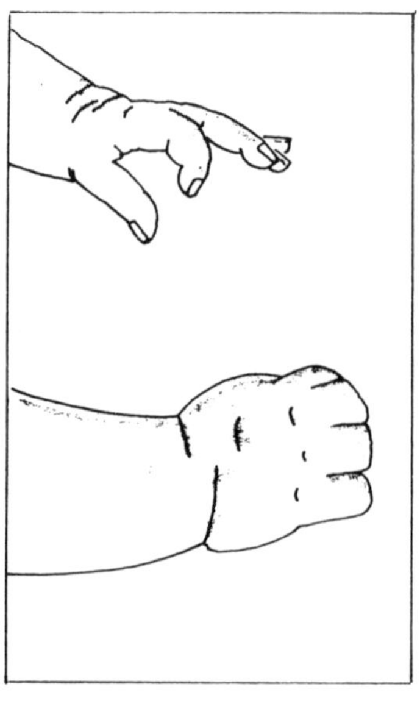

Eine lustige Geschichte

„Mein Vater kaufte sich ein Haus,
an dem Haus war ein Garten,
in dem Garten war ein Baum,
auf dem Baum war ein Nest,
in dem Neste war ein Ei,
in dem Ei, da war ein Dotter,
in dem Dotter war ein Hase,
der beißt dich in die Nase!“

Lautspiele sind eine der Grundlagen für die Sprache

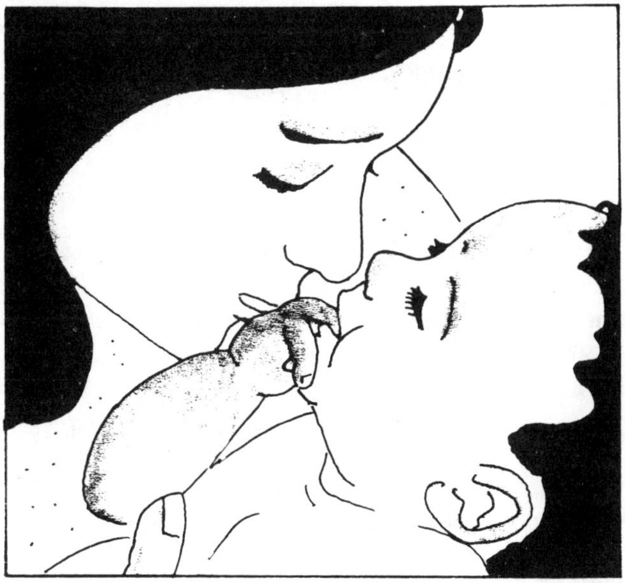

Das Kind entdeckt, daß es mit dem Mund nicht nur saugen, sondern auch Geräusche und Laute bilden kann.

Beim ersten A und O wird es verdutzt innehalten und auf seine eigene Lautbildung lauschen.

- Bei der Lautbildung hält das Kind in der Regel eine Reihenfolge ein. Zuerst bildet es Laute, die wie A, O und U klingen, später folgen das E und das I. Nach den Vokalen sind die ersten Lippenlaute M und P zu beobachten.

Die liebste Beschäftigung für das Kind in diesem Alter ist das Spiel mit den Lauten. Kinder, die ausgiebige Lallmonologe halten, trainieren auf diese Weise ihre Sprechorgane und werden es später beim eigentlichen Sprechenlernen leichter haben.

- Die Eltern unterstützen und regen die Lautspiele an,
  a) indem sie die ersten Lallgebilde aufgreifen und nachahmen,
  b) indem sie in unmittelbarer Nähe vor dem Gesicht des Kindes die Laute bilden, eine Melodie summen:

E, e, e, er bringt uns Eis und Schnee, malt uns gar zum Zeitvertreiben Blumen an die Fensterscheiben. E, e, e, er bringt uns Eis und Schnee.
I, i, i, vergiß die Armen nie! Wenn du liegst in warmen Kissen, denk an die, die frieren müssen. I, i, i, vergiß die Armen nie!
O, o, o, wie sind die Kinder froh! Sehen jede Nacht im Traume sich schon unterm Weihnachtsbaume. O, o, o, wie sind die Kinder froh!
U, u, u, jetzt weiß ich, was ich tu! Hol den Schlitten aus dem Keller, und dann geht es schnell und schneller. U, u, u, jetzt weiß ich, was ich tu!

  c) indem sie überdeutlich die Lippenstellung bei der Bildung der einzelnen Laute vormachen und zusätzlich durch ihren Gesichtsausdruck die Aufmerksamkeit des Kindes zu erregen versuchen (z. B. Augenbrauen hochziehen, Augen weit öffnen),
  d) indem sie viel mit dem Kind reden und in spielerischer Weise an den Lippen des Kindes zupfen, seine Ober- und Unterlippe zusammendrücken, seine Backen vorschieben, eine Schnute bilden und selbst Blubberlaute erzeugen,

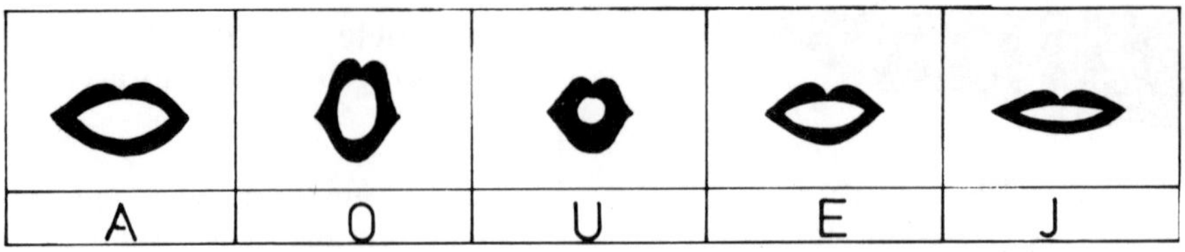

e) indem sie die Hände des Kindes an den eigenen Mund führen und die Lippenbewegungen abtasten lassen,

f) indem sie die eigene Stirn an die Stirn des Kindes legen und sprechen, so daß das Kind die übertragenen Vibrationen spürt und empfindet,

g) indem sie blasen, prusten, pusten und das Kutscher-R (brr) vormachen,

h) indem sie jedesmal Überraschung, Erstaunen und Freude über einen neuen Laut zeigen,

i) indem sie viel lachen und das Kind herzen.

FREUDE STECKT AN – LACHEN RUFT LACHEN HERVOR!

Freude, Frohsinn, Lachen sind der Humus für die Entwicklung. Jedes Juchzen, Quietschen, Lachen ist eine stimmliche Äußerung mit einem Aussagewert.

Das Kind und die Eltern bilden eine mystische Einheit.

Einige Beispiele:

- Ohne es bewußt zu wollen und zu wissen, spricht die Mutter mit ihrem Kind nicht in der üblichen Alltagssprache. Sie spricht so, wie es für das Verständnis und die Lernmöglichkeiten ihres Kindes am förderlichsten ist: *besonders langsam und deutlich,* sie formt ihre Lippen überdeutlich den einzelnen Lauten entsprechend, sie spricht in einer besonderen, nicht zu stark modulierten Stimmlage und einem tragenden Sprechrhythmus.
- Ein Kind kann am Anfang seines Lebens ein Gesicht nur im Abstand von ca. 20 cm scharf sehen. Unbewußt und ungewollt hält jede Mutter, die Kontakt mit ihrem Kind aufnimmt, diesen Abstand ein.
- Beim Füttern öffnen sowohl die Mutter als auch das Kind den Mund.
- Beide, Kind und Mutter, wenden das für dieses Lebensalter wirksamste Lerngesetz an: die *Nachahmung.*

Einer der wichtigsten Grundsätze für die Sprachentwicklung lautet:

EIN KIND SPRICHT NUR MIT MENSCHEN, DIE ES MAG!

Eßtherapie

Wenn bei einem Kind der Saugreflex trotz vieler Bemühungen nicht angebahnt werden konnte, soll es mit dem Löffel gefüttert werden. Löffelnahrung ist auch dann angezeigt, wenn die Zunge beim Saugen zu weit nach vorn kommt (Zungenvorstoß).

- Das Kind befindet sich in der „Entspannungslage". Der Kopf des Kindes ist etwas nach vorn gebeugt. Die Hände der Mutter sind frei.

- Sie nimmt mit dem Löffel eine kleine Portion auf die Löffelspitze und berührt damit die Lippen des Kindes. Macht es nicht den Mund auf, öffnet ihn die Mutter mit Hilfe der sog. Kieferkontrolle.

- Die Mutter schiebt den Löffel in den Mund bis zur Zungenmitte und übt mit dem Löffel einen gleichmäßigen und intensiven Druck auf die flache Zunge aus. Sie wartet einen Augenblick und zieht den Löffel langsam, während sie den Kopf etwas nach vorn beugt, aus dem Mund. Sie darf den Löffel mit der Speise nicht am Oberkiefer oder an der Oberlippe abstreifen. Das Kind soll die Nahrung selbst mit den Lippen vom Löffel nehmen. Anschließend wird der Mund mittels der Kieferkontrolle geschlossen und das Schlucken abgewartet.

  Der Druck auf die Zunge verhindert einmal den Zungenvorstoß und aktiviert zum anderen die Oberlippe und den Oberkiefer, sich zu senken. Ein Druck auf einer Seite (Unterkiefer) löst einen Gegendruck auf der anderen Seite (Oberkiefer) aus.

- Beißt das Kind mit dem Beißreflex auf den Löffel, drückt die Mutter ein zweitesmal auf den Zungenrücken und zieht den Löffel langsam aus dem Mund.

- Schluckt das Kind nicht, kann die Mutter leichten Druck am hinteren Teil des Kieferwinkels geben oder unter dem Kinn von hinten nach vorn oder beidseitig entlang der Speiseröhre im Halsbereich von unten nach oben streichen.

- Das Kind braucht Zeit zum Schlucken. Nicht drängen, keine Hast und Ungedult aufkommen lassen, sonst verspannt sich die Schlundmuskulatur und der Schluckvorgang ist noch schwieriger zu erreichen.

- Die Art des Löffels spielt bei der Eßtherapie eine nicht unwichtige Rolle. Der Löffel sollte in den Unterkiefer hineinpassen. Er darf nicht so breit sein, so daß er seitlich über die Kieferreihe hinausreicht. Der Löffel soll flach sein, so daß die Nahrung mit den Lippen besser abgestreift werden kann. Er darf nicht zu spitz sein, damit der Würgreflex bei einer weit im Mundraum liegenden Auflagefläche nicht ausgelöst wird. Es sollte kein Plastiklöffel verwendet werden, sondern ein Metallöffel oder ein stabiler, nicht zu leichter Beinlöffel. Mit dem Plastiklöffel kann zum einen nicht der notwendige Druck auf die Zunge ausgeübt werden und zum anderen zerspringt er, wenn das Kind fest darauf beißt.

Trinktherapie

Kinder, deren Mundfunktionen Probleme aufgeben, werden auch beim Trinken Schwierigkeiten haben. Die Eltern werden ihrem Kind zumindest am Anfang Hilfen anbieten müssen.

- Neben der ausreichenden Kopfkontrolle geben die Eltern dem Kind eine genügende Kieferkontrolle und versuchen, den Kopf und den Oberkörper des Kindes nach vorn zu beugen.

- Im Zusammenhang mit dem Schlucken achten die Eltern auf die Atmung. Sie werden es weder beim Einatmen noch beim Ausatmen zum Trinken ermuntern, sondern die Zwischenphasen abwarten.

- Die Form des Bechers und seine Beschaffenheit müssen beachtet werden. Der Trinkbecher sollte weich und verformbar sein und einen gewölbten überstehenden Rand aufweisen. Für manche Kinder ist es vorteilhaft, wenn ein Teil des Randes in Dreiecksform abgeschnitten wird. Zum einen kann das Kind den Becher auf diese Weise ganz leer trinken, die Nase stört nicht mehr, und zum zweiten sieht die Mutter, wieviel Flüssigkeit sich noch im Becher befindet. Eine Schnabeltasse eignet sich nicht für die Trinktherapie.

- Der Becher wird etwas zusammengedrückt und der herausstehende Becherrand auf die Unterlippe gelegt. Die Ausgangsstellung für das Trinken sowie für das Essen ist der geschlossene Mund. Er wird nur kurz für die Nahrungsaufnahme geöffnet. Bei einem geöffneten Mund kann der Schluckvorgang nicht eingeübt werden.

- Der Becher wird so weit gekippt, daß etwas Flüssigkeit die Lippen benetzt. Das Kind soll dadurch zum Mundöffnen und Trinken stimuliert werden.

- Die Flüssigkeit wird in kleinen Schlücken gegeben. Die Mutter versucht, in einen Trinkrhythmus hineinzukommen. Der Becher bleibt während der gesamten Trinktherapie am Mund. Durch ein häufiges Absetzen bestünde die Gefahr, daß der Mund zu starke Empfindungen bekäme, so daß sich das Kind ein falsches Trinkmuster angewöhnte, Luft mitschluckte und sich so verschluckte.

- Nach und nach wird die Mutter die Hände des Kindes mit an den Becher legen und festhalten.

- Das Trinken mit dem Plastikröhrchen wird erst dann geübt, wenn das Kind bereits aus der Flasche und dem Becher trinken kann. Es stellt eine höhere Stufe der Entwicklung dar und wird nur dann geübt, wenn die Lippenfunktionen noch etwas verbessert werden sollen.

  Ein Polyester-Röhrchen wird in eine Flüssigkeit getaucht. Das eine Ende wird zugehalten; beim Herausnehmen bleibt nach dem Prinzip des Saughebers etwas Flüssigkeit im Röhrchen. Die Mutter legt das Röhrchen zwischen die Lippen des Kindes und läßt es die Flüssigkeit heraussaugen.

  Später wird das eine Ende des Röhrchens in die Tasse mit Flüssigkeit gegeben, so daß das Kind die Flüssigkeit ansaugen muß, und ganz zuletzt wird das Röhrchen durch einen Strohhalm ersetzt.

  Wenn ältere Kinder den Becher nicht selbst zum Mund bringen können, bietet sich das Röhrchen- oder Strohhalm-Trinken ebenfalls an.

Gymnastische Übungen

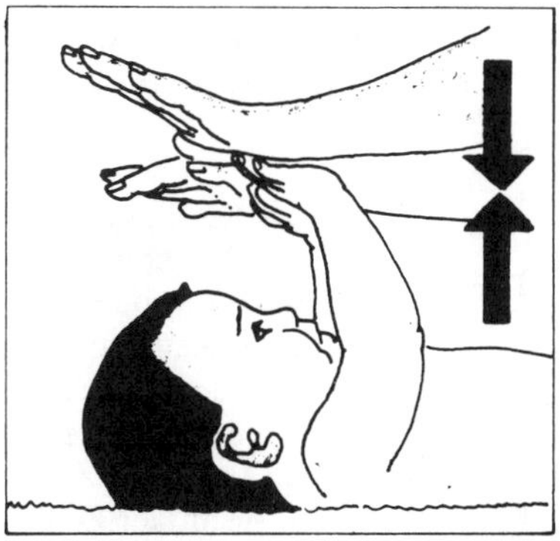

Kinder, die nicht durch eine allzu starke Körperbehinderung oder massive geistige Behinderung in ihren Bewegungen eingeschränkt sind, haben einen natürlichen Bewegungsdrang. Bei behinderten Kindern, die in ihrer motorischen Entwicklung zurück bleiben oder zurück geblieben sind, können und müssen krankengymnastische Übungen verordnet werden.

Neben dieser notwendigen Spezialbehandlung sollten die Eltern in Absprache mit dem Kinderarzt täglich gymnastische Übungen mit dem Kind durchführen. Zum einen fördern diese Übungen die motorische Entwicklung und zum anderen erfährt das Kind eine soziale Zuwendung, die wiederum seine geistige Entwicklung beeinflußt.

Bewegungsmuster und -abläufe sind nicht auf einmal vorhanden. Sie werden durch eine Vielzahl von Einzelfunktionen vorbereitet. Um beispielsweise krabbeln zu können, muß das Kind zuvor gelernt haben, mit den Armen und Beinen Gewicht zu übernehmen, die Hände dürfen nicht mehr zur Faust geballt sein, der Kopf muß gehalten werden können, Beugung und Streckung der verschiedenen Gliedmaßen müssen gleichzeitig erfolgen können.

Für die motorische Entwicklung gibt es zunächst zwei Hauptziele: *Aufrichten* und *Fortbewegen.*

Hier einige gymnastische Übungen, die vorbereitenden Charakter haben:

- Training der Stützreaktion beider Arme und Handflächen:

  Wenn das Kind in den Vierfüßlerstand – der eine wichtige Voraussetzung für das Krabbeln ist – kommen will, muß es sich mit Armen und Beinen abstützen können. Bei der Übung liegt das Kind auf dem Rücken. Durch leichten Druck auf die angebeugten Arme des Kindes soll dieses zum Gegendruck angeregt werden.

  Anstelle der Hände der Mutter kann auch ein Gymnastikball (Wasserball) verwendet werden. Das Kind liegt bäuchlings darauf, der Körper wird nach vorn gekippt, das Kind soll sich mit den Händen auf dem Boden abstützen.

- Training der Stützreaktion in den Armen und Kräftigung der Rückenmuskulatur:

  Die Mutter hebt das Kind sachte aus der Bauchlage auf, indem sie die gespreizte linke Hand unter den Bauch des Kindes legt. Der Zeigefinger derselben Hand stützt dabei das Brustbein des Kindes. Die rechte Hand der Mutter hält beide Beine fest. Das Kind soll sich mit den Armen und den geöffneten Handflächen auf einer Unterlage abstützen. Zuerst wird es nicht sein ganzes Gewicht übernehmen können. Die Mutter dosiert ihre Stütz- und Haltefunktion in dem Maße, wie das Kind aktiv wird. Bei älteren und gewichtsmäßig schwereren Kindern übernimmt ein Gymnastikball die Haltefunktion.

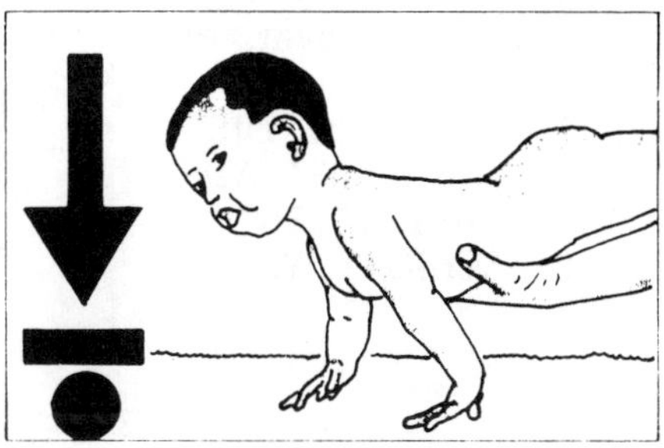

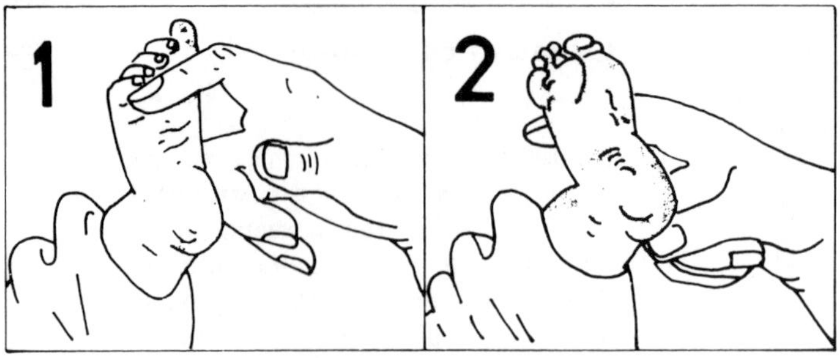

Kräftigung der Fußmuskulatur

- Das Kind liegt auf dem Rücken. Die Mutter umfaßt mit der linken Hand ein Bein des Kindes in Höhe des Unterschenkels und hebt es hoch. Der Zeigefinger der rechten Hand wird quer unter die Zehen mit mehr oder weniger festem Druck gelegt. Die Zehen krallen sich ein. Wenn der Zeigefinger weggenommen wird, strecken sich die Zehen wieder. Diese Streck- und Beugebewegung der Zehen wird einige Male provoziert.

  Zusätzlich unterstützt wird das Strecken der Zehen, wenn nach der Beugebewegung der Zeigefinger der Mutter über den Fußrücken des Kindes streicht.

- Training der Fußgelenke als Vorübung für das spätere Stehen und Laufen:

  Die Mutter oder der Vater umfassen die Waden des Kindes mit der einen Hand und legen den Daumen als Stütze auf die Fußsohle. Mit der anderen Hand wird der Fuß langsam im Kreise bewegt. Das Gelenk soll dabei frei bleiben.

  Wenn das Kind bei dieser Übung seinen Fuß verkrampft oder sehr anspannt, warten die Eltern bis sich das Kind wieder gelockert und entspannt hat.

  Zeigt das Kind Abwehrreaktionen, schalten die Eltern ein lustiges „Fuß- und Bein-Spiel“ ein. Sie blasen auf die nackten Fußsohlen, lassen ihre Lippen auf der Haut vibrieren oder stupsen mit dem Fuß ihre Nase, ihre Wangen usw. an und lachen und singen viel mit dem Kind.

- Beweglichkeit der Fußgelenke:

  Das Kind liegt auf dem Rücken. Beide Füße werden umfaßt und emporgehoben, so daß die beiden Fersen des Kindes aneinander liegen und die Füße im Winkel von ca. 70–90° auseinander stehen. Die Mutter wird nun versuchen, die Innenseiten der Fußsohlen sanft aneinander zu drücken.

  Bei allem gilt als Grundsatz: NIE GEWALT ANWENDEN!

  Läßt die Mutter die aneinandergelegten Füße los, drehen sich die Zehen wieder nach außen.

  Möglicherweise kann diese Auswärtsbewegung ganz leicht unterstützt werden, indem die Mutter mit der Hand die Füße andeutungsweise nach außen dreht.

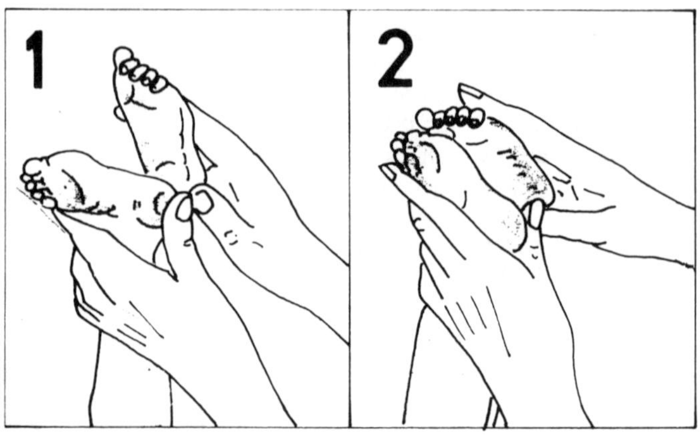

JEDE BEWEGUNG, DIE DAS KIND SELBST AUSFÜHRT, BRINGT ES EINEN SCHRITT WEITER.

7–9 Monate
Entwicklungsalter

Hier können Sie
eine Fotografie
Ihres Kindes
einkleben!

Dieser Entwicklungsabschnitt ist gekennzeichnet durch das aktive Greifen. Waren zuvor für das Kind die Gegenstände vorwiegend nur mit den Augen erreichbar, so lernt es jetzt mehr und mehr, nach ihnen zu greifen und sie festzuhalten. Die dingliche Welt wird erforscht. Es betrachtet, betastet die Dinge, steckt sie in den Mund und erfährt auf diese Weise etwas über die Oberflächenbeschaffenheit, das Gewicht, die Größe, die Form und den Geschmack der Gegenstände.

Das Kind beginnt zu lallen. In der Regel kombiniert es die Vokale a, u, e mit den Lippenlauten m, b, w und dem Zungenlaut d und l zu Silbenkombinationen wie ej-di, o-we, ma, mu, hm-bba. Gegen Ende dieses Entwicklungsabschnittes verbindet es bestimmte Silben mit Gebärden und ahmt sie nach: nei-nei, ada-ada. Das WAS des Gesprochenen gewinnt langsam an Bedeutung. Das Sprachverständnis ist immer weiter entwickelt als das Sprechvermögen. Das Kind kann sich aufsetzen und hin- und herrollen.

BEOBACHTUNGEN und FRAGEN

Wann kam der erste Zahn? ....

Trinkt das Kind aus einem Becher, den die Mutter hält? ....

Bekommt es schon feste Nahrung beigemischt? ....

Kann es von einem Kinderkeks schon etwas abbeißen? ....

Beginnt es zu kauen? ....

Ahmt es vorgesprochene Laute und Silben nach? ....

Kann es eine Feder, die auf dem Mund liegt, wegblasen? ....

Reagiert es auf Schimpfen? ....

Interessiert es sich für leise Geräusche (Schritte, Uhr, Radiowecker usw.)? ....

Hört das Kind gern Musik? ....

Reagiert es auf unterschiedliche Gerüche?	....
Schaut es hinuntergefallenen Gegenständen nach?	....
Schaut es gern in den Spiegel?	....
Sucht es nach einem Spielzeug, das vor seinen Augen unter einem Tuch versteckt wurde?	....
Kann das Kind den Sinn und den Inhalt bestimmter Geräusche deuten (Hausklingel, Gong usw.)?	....
Kann das Kind einen echten Apfel von einer naturgetreuen Abbildung unterscheiden?	....
Greift es mit jeder Hand nach einem Gegenstand?	....
Dreht und wendet es ein Spielzeug zwischen den Händen?	....
Greift es in ein Gefäß und holt einen kleineren Gegenstand heraus?	....
Wirft es Dinge weg oder vom Tisch?	....
Greift es nach einem Keks, der auf dem Tisch liegt?	....
Stützt das Kind sich beim Sitzen seitlich und nach hinten ab?	....
Zieht es sich zum Sitzen hoch, wenn es auf dem Rücken liegt und ihm die Hände gereicht werden?	....
Wann hat das Kind gerobbt?	....
Wann ist es zum erstenmal an den Händen mit Halt gestanden?	....
Krabbelt das Kind?	....

Persönliche Anmerkungen:

„Guckguck! – Wo bist du?"

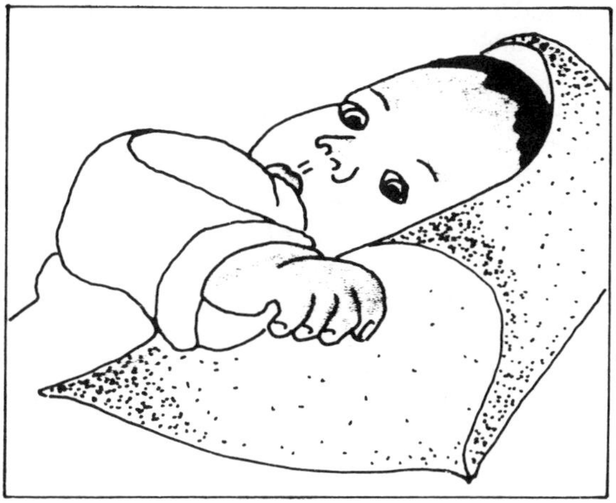

Die Versteckspiele mit all ihren unterschiedlichen Variationen fördern die soziale und die emotionale Entwicklung des Kindes. Ein Kind, dem nur Spielsachen angeboten werden, fühlt sich bald verlassen und zieht sich in sich selbst zurück.

Bei den sozialen Versteckspielen läßt das Kind sich selbst oder die Eltern für einen Augenblick verschwinden. Es probiert die Trennung – wenn auch nur sekundenweise – aus. Es lernt, daß etwas vorhanden sein kann, auch wenn es nicht sichtbar ist.

- Es gibt zwei Hauptvarianten dieses Spiels:

  a) Die Mutter legt für kurze Zeit ein Tuch über ihr Gesicht, nimmt es wieder weg und ruft erfreut: „Guckuck – die Mami ist wieder da!" Dann bedeckt sie das Gesicht des Kindes mit demselben Tuch und spricht: „Weg! Weg ist die Angelika!" Beim Entfernen des Tuches lacht die Mutter ihr Kind freudig an und ruft: „Da ist sie ja wieder, die Angelika!"

  Später wird das Kind, sofern es sich nicht selbst das Tuch über den Kopf zieht, zur Nachahmung ermuntert.

  b) Die Mutter bedeckt ihr Gesicht kurz mit den Händen. Sie nimmt sie wieder weg und ruft dem Kind zu: „Hallo – die Mami ist wieder da! Mach auch so!"

- Das Sprachverständnis entwickelt sich schneller als das Sprechenkönnen. Die Kinder verstehen schon manche Wörter und den Sinn vieler Redewendungen aus der Situation heraus. Werden bei bestimmten Handlungen und Verrichtungen immer dieselben Bezeichnungen verwendet, lernt das Kind den Inhalt der Aussage schneller.

  Eltern sollten sich diese Art des Lernens – immer die gleichen Wendungen verwenden – für das Einprägen der sogenannten Schutzbezeichnungen zunutze machen:

  KALT! HEISS! KOMM HER! SETZ DICH! HALT! VORSICHT! PASS AUF! TREPPEN (ein Stein)! MUND AUF!

Während des Kochens wird die Mutter beispielsweise immer wieder auf die heiße Herdplatte aufmerksam machen und durch Gestik und Mimik andeuten, daß Vorsicht geboten ist.

„Vorsicht! Nicht auf die heiße Herdplatte greifen. Die Platte ist heiß, sehr heiß. Peter verbrennt sich die Finger."

„Hören und Zeigen sind die eine Seite und Sehen und Sprechen die andere. Wenn beide zusammentreffen, ist der Weg zum ersten Bilderbuch nicht mehr weit.“

Kinder haben es gern, wenn der Vater oder die Mutter sich Zeit nehmen und ihnen eine „Geschichte“ erzählen oder ein Liedchen vorsingen. Die kleinen Geschichten berichten mit nicht mehr als 10 Zeilen über Begebenheiten des Alltags der Familie, von einem beliebten Spielzeug, von einem Spaziergang und hier insbesondere von Tiererlebnissen. Tiere üben eine besondere Wirkung auf Kinder aus. Vielleicht hängt das damit zusammen, daß beide ihr Verständnis und ihren Ausdruck von einer vorsprachlichen Ebene ableiten.
Das Kind soll sprechen lernen, darum muß ihm einmal ein gutes sprachliches Vorbild und zum anderen ein für es verstehbares Sprachmuster angeboten werden.
Mit dem Anbieten einer Bildergeschichte erreichen die Eltern beides. Der immer gleichbleibende Text dient dazu, daß das Kind bestimmte Wortkombinationen immer wieder hört. Es prägt sich die Satzmuster ein und erwirbt einen Grundstock sprachlicher Formen.

- Beim Herstellen solch eines ersten Bilderbuches suchen sich die Eltern entweder passende Bilder aus einer Illustrierten aus oder zeichnen sie kurzerhand selbst. Es geht hier nicht um die künstlerische Qualität, sondern darum, dem Kind einen Sprachanreiz zu geben.

  Ein Beispiel:

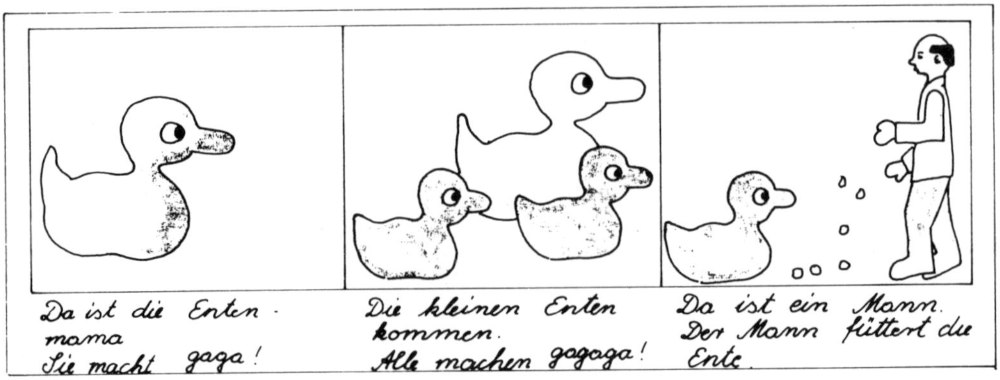

- Bei Versen und Liedern werden ebenfalls immer dieselben Satzmuster verwandt. Daher bilden auch sie eine ausgezeichnete Orientierungshilfe für das Kind.

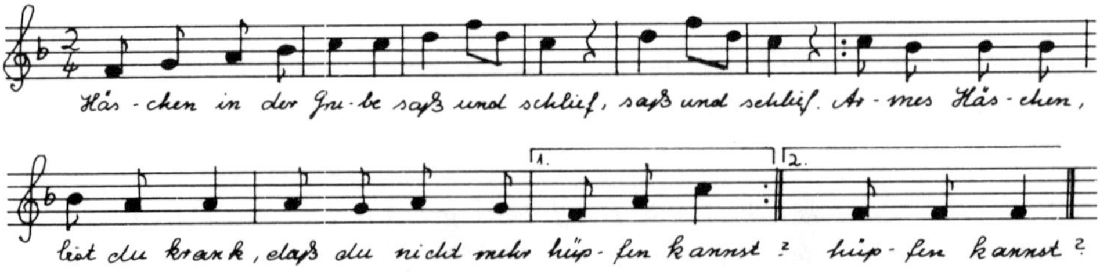

gesprochen:
Häschen, hüpf!
Häschen, hüpf!
Häschen, hüpf!

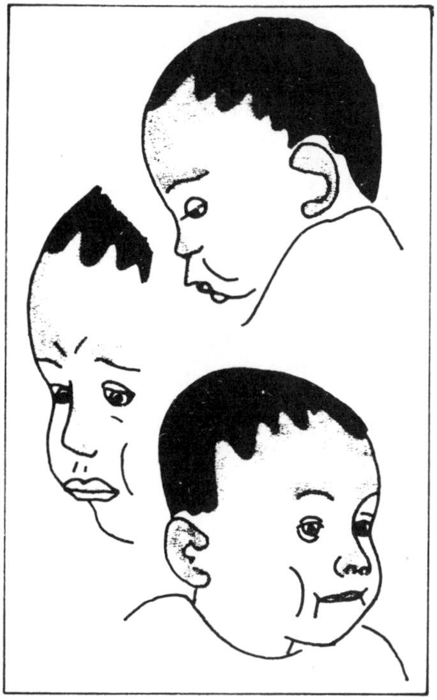

Unterschiede werden deutlicher erkannt

Mit der Erweiterung des Unterscheidungsvermögens gliedern sich beim Kind auch die sozialen Bezüge stärker aus. Das anfangs zu beobachtende soziale Lächeln beschränkt sich jetzt weitgehend auf die Familienmitglieder. Fremden Gesichtern gegenüber ist das Kind zurückhaltender. Es zeigt mitunter Angst, Trauer in seinem Gesicht. Sein Minenspiel ist ausgeprägter. Es kann im Gesicht der Erwachsenen die Stimmungs- und Gefühlslage erkennen.

- Die Haushaltsgegenstände haben einen hohen Aufforderungscharakter für das Kind. Die Löffel, Becher, Flaschendeckel, Dosen, Päckchen, Schachteln müssen untersucht werden. Auch wenn es noch nicht sprechen kann, wird die Mutter dem Kind sagen, was es gerade in der Hand hat und wozu man das braucht.

- Kann das Kind schon einen richtigen Apfel von einem abgebildeten unterscheiden? Aus einer Illustrierten, einem Katalog oder dergleichen schneidet der Vater die Abbildung eines Apfels aus und klebt sie auf einen Karton. Dem Kind wird zuerst der abgebildete Apfel gezeigt und dann der richtige Apfel neben das Bild gelegt. Es wird anfangs Abbildung und Realgegenstand noch nicht unterscheiden können. Es greift nach dem Bild ebenso wie nach dem Apfel.

- Unterschiede können auch mit der Nase und dem Mund wahrgenommen werden.

  Dicht vor oder neben dem Kind wird eine Apfelsine o. ä. geschält. Die Mutter wird mit Worten auf ihr Tun hinweisen und dem Kind einen Apfelsinenschnitz unter die Nase halten und auf den angenehmen Geruch aufmerksam machen.

  Darf das Kind der Mutter zeitweise beim Kochen zuschauen, wird es viele Möglichkeiten geben, dem Kind ab und zu eine intensiv riechende Speise zum Riechen anzubieten.

- Das Kind beginnt, sich für sein Spiegelbild zu interessieren. Es betrachtet sich im Spiegel, nimmt Kontakt mit sich selbst auf und versucht, nach dem Kind im Spiegel zu greifen. Es lernt, daß Personen in einem Spiegel abgebildet werden können. Das Kind lächelt sich an und schaut sich in die Augen. Eine erste Stufe der Selbsterkenntnis, der Selbstfindung ist erreicht.

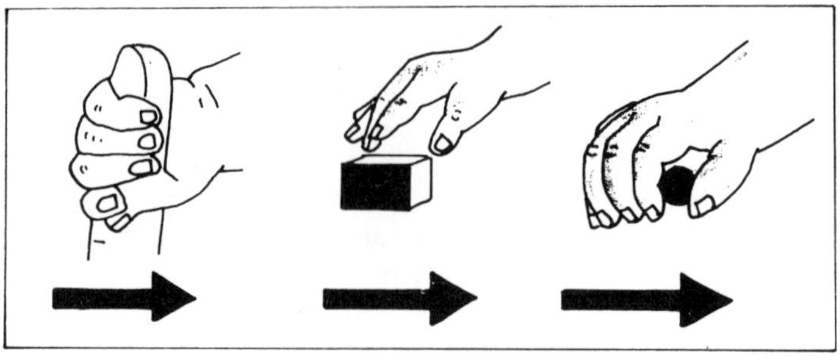

GREIFEN IST MEHR ALS NUR HINLANGEN

Das Kind möchte alles, was es hat, festhalten und untersuchen. Die Hände sind jetzt nicht mehr geschlossen. Das Kind benutzt den Daumen zum Greifen.

Gegenstände unter 2,5 cm Länge oder Breite kann es noch nicht selbständig in die Hand nehmen oder aufheben. Der Entwicklung der Handmotorik kommt eine hohe Bedeutung zu. Sie führt das Kind zur Unabhängigkeit und Selbständigkeit. Die Hand erfüllt eine dreifache Funktion:

a) mit ihr wird **hantiert**
b) mit ihr wird **wahrgenommen**
c) mit ihr wird **Kontakt hergestellt.**

- „Geben und Nehmen“ – Das Kind sitzt auf dem Schoß des Erwachsenen. Der Vater, die Mutter bieten ihm nacheinander drei unterschiedliche Sachen an. Zuerst wird ihm ein Gegenstand gezeigt und in die Hand gegeben. Wenn es diesen Gegenstand auf den bereitgestellten Tisch wieder hingelegt hat, bekommt es den zweiten. Das Kind soll bei dieser Übung zweierlei lernen: einen Gegenstand kennenlernen und den Gegenstand loslassen können.

- Das Kind bekommt in jede Hand einen großen Knopf (Kastanie, Kieselstein, Baustein) Es soll sie festhalten. Wird ihm ein dritter Knopf angeboten, weiß es nicht, was es damit machen soll. Die Eltern helfen. Sie nehmen ihm einen Knopf aus der Hand, legen ihn auf den Tisch und bieten ihm den neuen zum Greifen und Festhalten an.

- Das Kind soll lernen, einen Gegenstand von der einen Hand in die andere zu geben. Die Mutter gibt dem Kind beispielsweise einen Löffel in die rechte Hand, nimmt dann seine linke Hand und legt sie auf den Löffel in der rechten Hand. Es fühlt, sieht den Löffel und greift danach.

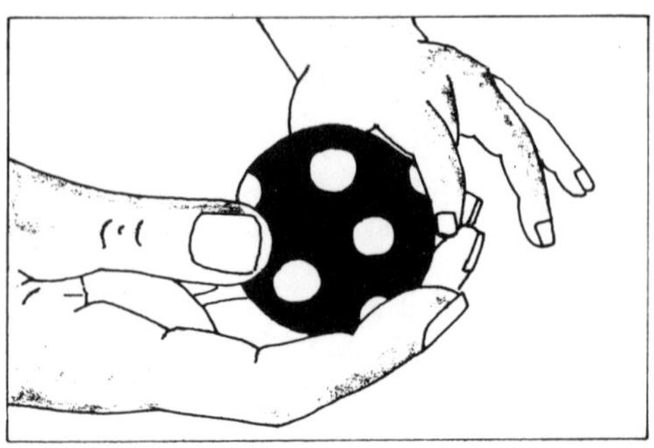

- Auf den Tisch werden ein Keks, ein Baustein und eine Rassel gelegt. Die Mutter erklärt die Dinge, indem sie den Baustein hochhebt und fallen läßt, mit der Rassel rasselt und sich bei dem Keks den Bauch reibt. Das Kind wählt aus, was es gerne möchte.

- Der Vater läßt eine Kastanie auf den Tisch in eine flache Dose fallen und fordert das Kind auf, nach der Kastanie zu greifen und sie ebenfalls in die Dose fallen zu lassen.

Von der Wahrnehmung zum Denken

Das Kind soll über die Wahrnehmung zu Probierhandlungen angeregt oder angeleitet werden. Aus der Vielzahl der ausgeführten und ausgeübten Handlungen kristallisieren sich bestimmte Erkenntnisse und Fähigkeiten heraus. Grundeinsichten, Lernerfahrungen sollen und können auf neue Handlungen übertragen werden. Es ist nicht sinnvoll, alles immer und immer wieder zu lernen und zu erfahren. Die gespeicherten Erfahrungen und die Kombination derselben sind eine wichtige Voraussetzung für das sich anbahnende Denken.

- Das Kind sitzt entweder auf dem Boden oder in seinem Stühlchen und spielt. Der Vater nimmt ein begehrtes Spielzeug vor seinen Augen weg und steckt es so in eine Tasche, daß noch etwas von dem Spielzeug zu sehen ist. Nun schiebt er die Tasche in die Nähe des Kindes und wartet zuerst einmal ab. Holt das Kind das Spielzeug aus der Tasche?

  Wenn nicht, wird der Vater mit dem Finger auf das Spielzeug deuten, es vielleicht etwas weiter aus der Tasche herausziehen oder gar kurz ganz herausziehen und das Kind erneut zum Herausholen auffordern. Hat das Kind die Beziehung: „Spielzeug sehen – aus der Tasche herausholen“ noch nicht verstanden, wird der Vater die Hände des Kindes zur Tasche führen, das Spielzeug berühren und wieder warten, ob das Kind jetzt das begehrte Spielzeug herauszieht. Schließlich böte sich an, daß Vater und Kind den Gegenstand gemeinsam aus der Tasche holen.

  Merksatz: IMMER ZUERST EINEN IMPULS (z. B. SCHAU!) GEBEN, DANN WARTEN, OB DAS KIND REAGIERT! ERST DANACH KLEINE HILFEN ANBIETEN (z. B. Spielzeug vorzeigen, Vorgang wiederholen, Hand in Richtung schieben). SCHLIESSLICH IMMER DIREKTERE UND INTENSIVERE HILFEN ANBIETEN (z. B. Hand führen bis kurz vor Gegenstand, Hand auf Gegenstand drücken, Hand in Hand die Handlung ausführen).

- Ein beliebtes Spielzeug wird vor den Augen des Kindes mit einem Tuch zugedeckt. Das Kind soll das Tuch wegziehen und nach dem Gegenstand greifen. Der Erwachsene macht mit Worten auf die veränderte Situation aufmerksam, hebt das Tuch ein wenig hoch, wiederholt den Vorgang noch einmal und führt die Hand des Kindes unter das Tuch.

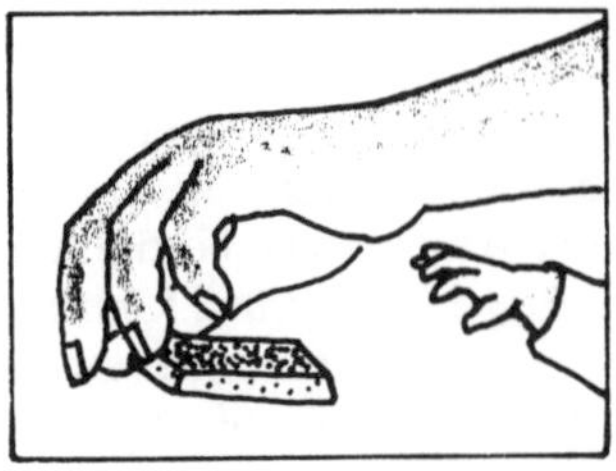

- Auf dem Tisch liegt ein Keks. Das Kind wird darauf aufmerksam gemacht. Noch bevor es den Keks ergreifen kann, deckt die Mutter ihre Hand darüber. Was wird das Kind tun? Es soll die Hand der Mutter wegschieben oder hochdrücken, um an den Keks zu gelangen. Tut es das nicht, reizt die Mutter das Kind, indem sie immer wieder kurz ihre Hand hochhebt oder den Keks in unmittelbare Nähe des Kindes schiebt.

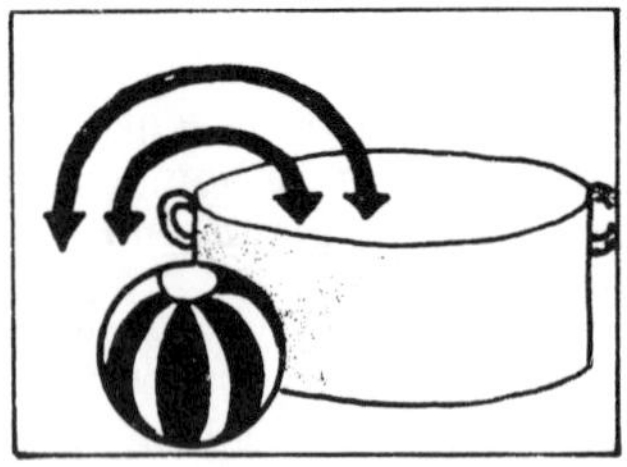

- Vor dem spielenden Kind steht ein alter Kochtopf ohne Deckel. Die Mutter oder der Vater legen eines der Spieldinge vor den Augen des Kindes in den Topf. Was macht das Kind?
  1. Nimmt es den Spielgegenstand nicht aus dem Topf, holt ihn der Vater selbst heraus. Er führt für das Kind die gewünschte und geforderte Handlung aus. Wenn notwendig, wird er den Vorgang mehrere Male wiederholen.
     „Papa legt das Holzklötzchen in den Topf.“
     „Papa holt das Holzklötzchen wieder heraus.“
  2. Der Vater drückt dem Kind ein Klötzchen in die Hand und sagt ihm bestimmt und klar, daß es den Klotz in den Topf legen soll. Möglicherweise unterstützt er die Aufforderung mit einer hinweisenden Gebärde.
  3. Ist die Sprache als Führungsmittel zu schwach, nimmt der Vater die Hand des Kindes und sie werden gemeinsam den Klotz in den Topf legen: „Papa und Peter legen das Klötzchen in den Topf, Papa und Peter holen das Klötzchen wieder heraus.“

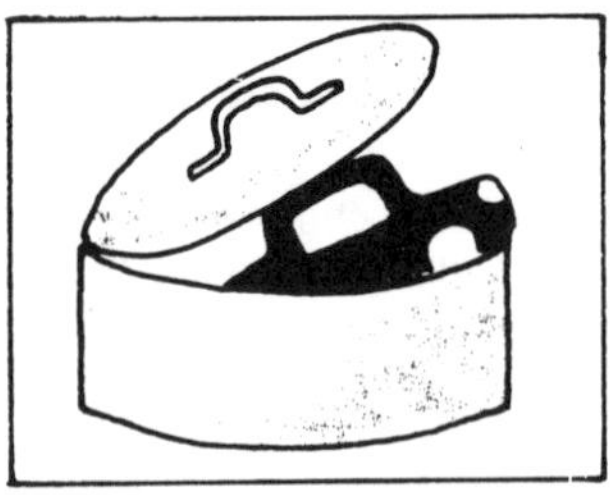

- Kleine Spielsachen werden in den Topf gelegt und der Deckel darauf gedeckt. Das Kind soll den Vorgang genau beobachten, denn seine Aufgabe besteht darin, den Deckel hochzuheben und das Spielzeug wieder herauszuholen.

- Die Mutter gibt dem Kind, soweit es dazu schon fähig ist, eine Plastiktasse (unzerbrechlich) in die Hand oder behält sie selbst in einer ihrer Hände. Mit langsamer, akzentuierter Bewegung legt sie eine Holzkugel nach der anderen in die Tasse. Dann hält sie dem Kind ihre offene Hand entgegen und ermuntert es, ihr die Kugeln nacheinander wieder zu geben.

- Das Kind bekommt einen Plastikbecher und einen Plastiklöffel in je eine Hand. Zuerst läßt es vielleicht den Löffel einfach auf den Boden fallen, später steckt es ihn in den Becher und bewegt ihn hin und her.

  Ist das Kind in seiner Entwicklung noch nicht so weit, werden die Eltern ihm den Vorgang vormachen.

- Auf dem Tisch liegt ein Keks. Das Kind möchte ihn gern haben, kann jedoch noch nicht so weit greifen. Der Vater wird vor den Augen des Kindes eine Schnur um den Keks binden und das eine Ende in erreichbare Nähe des Kindes legen. Wird das Kind den Keks an der Schnur zu sich heranholen? Wenn nicht, legt der Vater als ersten Schritt die Hand des Kindes auf die Schnur, wartet wieder ab und ermuntert das Kind, an der Schnur zu ziehen. Erst dann wird der Vater dem Kind noch mehr Hilfestellung geben und den Keks mit der Hand des Kindes etwas heranziehen – nicht zu nahe, denn das letzte Stück soll das Kind allein bewerkstelligen.

- Einen ganzen Entwicklungsschritt weiter wäre das Kind, wenn es einen begehrten, aber für es nicht erreichbaren Gegenstand mit einem Stöckchen heranholte.

- Ein Greif-, Tast- und Empfindungsgerät eigener Art ist die „Kastanienschachtel“. Während eines Spaziergangs sammelt die Familie Kastanien, schüttet sie zu Hause in einen „kindergroßen“ Karton und setzt das Kind mitten hinein. Hier kann es greifen, wühlen, fallen lassen, werfen, einfüllen, aus- und umschütten. Die Mutter spielt „Geben und Nehmen“, der Vater übt mit ihm Werfen und Holen, der Großvater gibt zwei Kastanien in eine Blechdose und schüttelt sie hin und her, die Großmutter legt ihm eine Kastanie auf den Kopf, und beide freuen sich, wenn sie in die Schachtel zurückplumpst.

- Ein faszinierendes Erlebnis für das Kind ist ein Schattentheater. Aus einem Schuhschachteldeckel wird der Boden herausgeschnitten und die Leerstelle mit Transparentpapier (Butterbrotpapier) beklebt. In einem abgedunkelten Raum tanzen vor dem Licht einer Nachttischlampe ausgeschnittene Figuren auf und nieder. Wer keine Figuren aus Pappe ausschneiden möchte oder kann, spielt mit seinen bloßen Fingern. Der Flüsterton in dieser wunderlichen Atmosphäre wird beim Kind seine Wirkung nicht verfehlen. Es ahmt vielleicht das Flüstern nach und wird auf den Wechsel der Tonhöhe und der Lautstärke achten.

Aber auf jeden Fall wird es mit den Augen das Schauspiel verfolgen, und das ist der Hauptzweck dieses Spiels.

Geräuschinstrumente können die unterschiedlichsten Höreindrücke vermitteln

- Immer wenn Kinder Gelegenheit haben, werden sie mit Freude Krach machen. Sie klopfen mit Kochlöffeln auf alte Töpfe, Schüsseln und Dosen, sie patschen mit den flachen Händen auf Schuhkartons, sie schlagen Holzstäbchen aneinander oder schütteln Arzneiröhrchen in einer Pappschachtel hin und her. Erfinden die Kinder die Krachspiele nicht selbst, ermuntern die Eltern durch Vormachen.

- Rasselbüchsen mit dem feinen Rumba-Rasselton werden von den Eltern selbst gebastelt. In eine Papprohre (Toilettenpapierröllchen), die auf der einen Seite mit stärkerem Papier und Isolierband zugeklebt worden ist, schütten die Eltern entweder zerbrochene Makkaroni, Holzstückchen, Steinchen, Glasperlen oder Schrotkügelchen, Pflaumenkerne, Reis, Erbsen, Bohnen, Linsen, Sand. Dann kleben sie die andere Öffnung zu, und das Kind besitzt die schönsten und originellsten Rasselröllchen.

Ähnliches läßt sich mit zugeklebten Streichholzschachteln herstellen. Das Kind bekommt auf diese Weise allmählich eine Sammlung unterschiedlichster Geräuscherzeuger.

Geräuschdosen können rollen. Eine leere Kaffeedose mit Kugeln gefüllt über den Boden rollend, fordert das Kind zum Nachkrabbeln geradezu heraus.

Umweltgeräusche können Signalcharakter bekommen. Das Kind soll damit vertraut werden:

- Die Mutter geht mit dem Kind auf dem Arm an die Türe, drückt auf die Türglocke und macht das Kind auf das Geräusch aufmerksam. Dann drückt sie seinen Daumen ein zweitesmal auf den Klingelknopf und ahmt das Geräusch der Klingel nach.

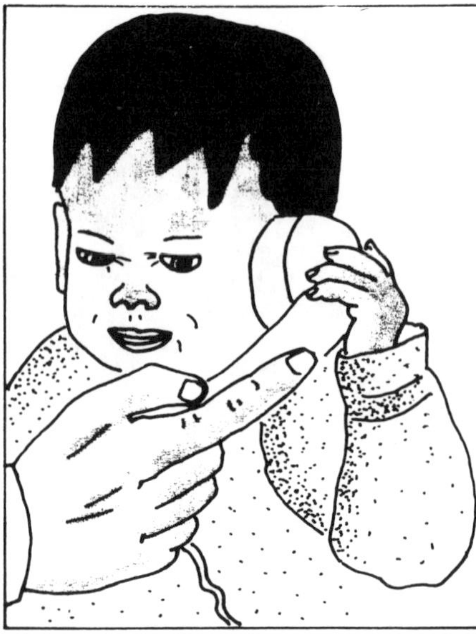

- Großvaters Taschenuhr ist ein beliebtes Hör- und Lauschinstrument. Der Opa hält seine Uhr an das Ohr des Kindes und sagt: „Tick-tack". Er bewegt seinen Kopf im Rhythmus der Worte hin und her. Er ermuntert das Kind, die Laute nachzuahmen und den Zeigefinger als Horchhinweis zu strecken.

- Der Vater hält den Telefonhörer an das Ohr des Kindes. Das unterschiedliche Tuten erhöht die Aufmerksamkeitsspanne beim Kind. Vielleicht klingelt das Telefon. Der Vater nimmt das Kind mit und läßt es die Stimme der anrufenden Oma hören.

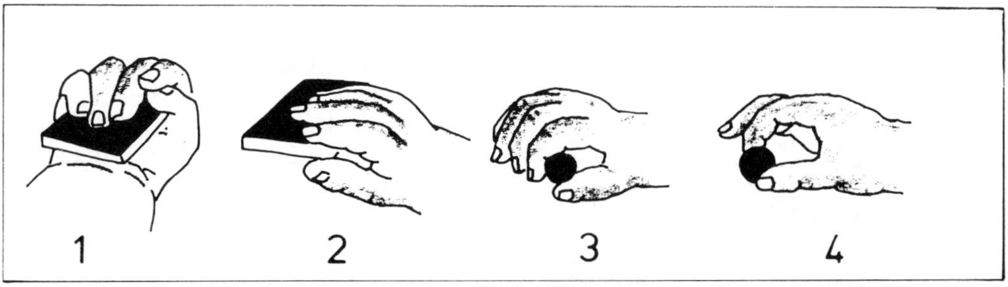

Das Greifen und dessen Entwicklung ist ein bedeutendes Element in der geistigen Entwicklung des Kindes. Greifen fördert die Unabhängigkeit, die Selbständigkeit und den Kontakt zu den anderen. Darum soll das Greifen gezielt geübt werden.

- Die Mutter legt einige Holzklötzchen vor das Kind auf den Tisch. Das Kind soll sie ergreifen und vorerst einfach fallen lassen. Hält die Mutter eine Schüssel, ein Eimerchen in halber Höhe, wird aus dem ungerichteten Fallenlassen ein gezielteres Fallenlassen, bei dem das Kind viele Handmuskeln aktivieren muß.

  „Plumps, das Klötzchen fällt in den Eimer! Plumps, noch eines!"

- In einen kleineren Plastikbehälter (Tasse, Hohlwürfel, Becher) legt der Vater einige Muggelsteine, Kastanien oder Eicheln und schüttelt den Behälter hin und her. Das Kind soll durch das Geräusch auf den Inhalt aufmerksam werden und die Dinge aus dem Behälter herausholen. Zuerst holt das Kind Dinge aus etwas heraus, ehe es sie hineinlegen wird.

- Der Vater nimmt ein Holzklötzchen in je eine Hand und schlägt sie aneinander. Dann gibt er die Klötzchen dem Kind in die Hände und ermuntert es, die Klötzchen ebenfalls aneinander zu schlagen. Anstelle der Holzklötzchen können auch Würfel, Joghurtbecher, Plastiklöffel, Rührlöffel genommen werden. Wenn notwendig, führt der Vater die Hände des Kindes und schlägt sie aneinander.

- Vor dem Kind liegen zwei bis drei Holzklötzchen. Der Erwachsene stapelt sie aufeinander und wirft den Turm wieder um. Er baut den Turm ein zweites Mal und fordert das Kind auf, das Gebilde umzuwerfen. Dann legt er ein Klötzchen hin und drückt das zweite in die Hand des Kindes. Wird es das Klötzchen auf das andere stapeln? Das Umwerfen eines Turmes kommt entwicklungsmäßig vor dem Aufbauen.

- Das Wegwerfen wird geprobt. Das Kind soll die Gegenstände nicht nur fallen lassen, sondern sie mit Schwung wegwerfen können. Die Eltern greifen das Werfen des Kindes auf und gestalten daraus ein Spiel. Sie bringen die weggeworfenen Spieldinge dem Kind zurück und ermuntern es, das Ding weit wegzuwerfen: „Werf, Martin! Werf den Klotz weg!"

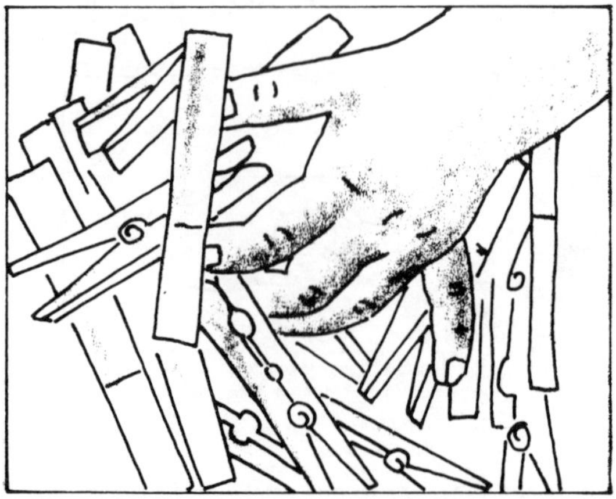

Erkunden und Wahrnehmen mit den Händen

- In eine Plastikschüssel gibt die Mutter drei Hände voll Holzwäscheklammern. Greift das Kind nicht spontan in die Schüssel, um die Holzstücke zu betasten, wird die Mutter die Hände des Kindes führen. Sie werden gemeinsam in der Schüssel herumwühlen, einzelne Klammern in die Hand nehmen und sie wieder fallen lassen. Das Kind erfährt die Eigenschaften des Holzes durch Tasten, Sehen und Hören.

WENN EIN KIND DIE GEWÜNSCHTE BEWEGUNG NICHT AUSFÜHRT, OBWOHL ES DAZU MOTORISCH IN DER LAGE WÄRE, WERDEN DIE MUTTER ODER DER VATER GEMEINSAM MIT DEM KIND DIE BEWEGUNGEN VORBAHNEN. SIE FÜHREN DIE HÄNDE BZW. DIE KÖRPERTEILE DES KINDES UND ÜBEN DIE BEWEGUNGSFOLGEN EIN.

- Die Greifspielzeuge dieser Entwicklungsstufe bestehen aus ein paar Klötzchen, einem kleinen Stoffball, zwei bis drei Rasseln und Klappern, einem Gummiring, einer Stoffpuppe und vielleicht einem Stofftier.

- Jede Woche wird und soll das Kind ein neues Material mit seinen Eigenschaften und Qualitäten kennenlernen.

B – *Erbsen*: Sie können in eine Blechdose geschüttet werden, das erzeugt ein eigenartiges Geräusch;
E – sie können auf ein Tamburin gerieselt werden, das Kind legt die Hand auf die
I – Unterseite und fühlt die Vibrationen;
S – sie können in einen halb aufgeblasenen Luftballon gefüllt und dann hin- und her-
P – gerüttelt werden;
I – sie können in Säckchen gegeben werden; diese eignen sich zum Stapeln, Werfen,
E – Aus- und Einräumen, Aufladen usw.;
L – sie können in eine Schüssel geschüttet werden, das Kind kann darin herumwühlen.

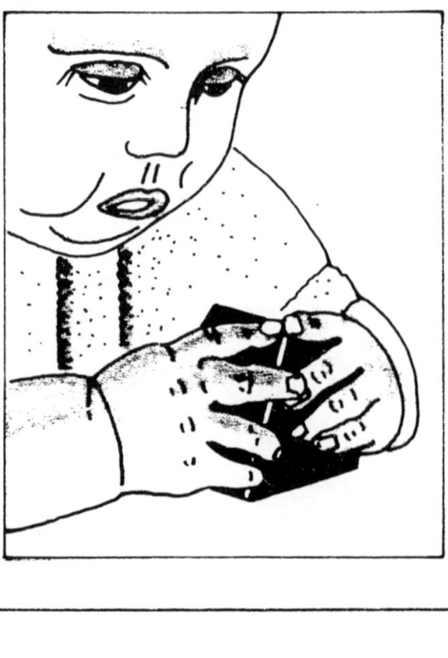

Weitere Materialien:

Wasser
Holz
Papier
Steine
Kastanien
Gummi
Karton

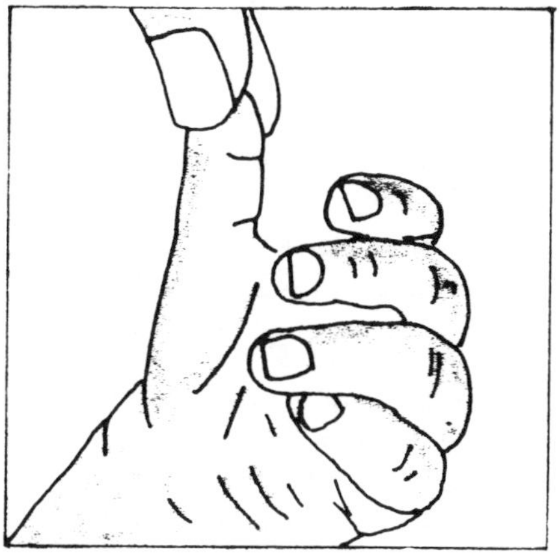

Zweite Fingerspiele

War bisher das Kind bei den Fingerspielen mehr oder weniger passiv beteiligt, so kann es jetzt sicher seine Hand aufmachen, die Finger strecken und vereinzelte auch beugen. Ausgeprägte Einzelbewegungen sind allerdings noch nicht möglich.

„Das Däumchen fiel ins Wasser rein,
da zog's heraus das Brüderlein,
der hat es in das Bett gelegt,
der hat es leise zugedeckt,
und der kleine Schelm da hat es wieder aufgedeckt!“

Das ist die Mutter lieb und gut, — *1. Finger*
das ist der Vater mit frohem Mut, — *2. Finger*
Das ist der Bruder schlank und groß, — *3. Finger*
das ist die Schwester mit dem — *4. Finger*
Püppchen auf dem Schoß.
Das ist das Kindlein klein und zart, — *5. Finger*
das ist die Familie von guter Art.

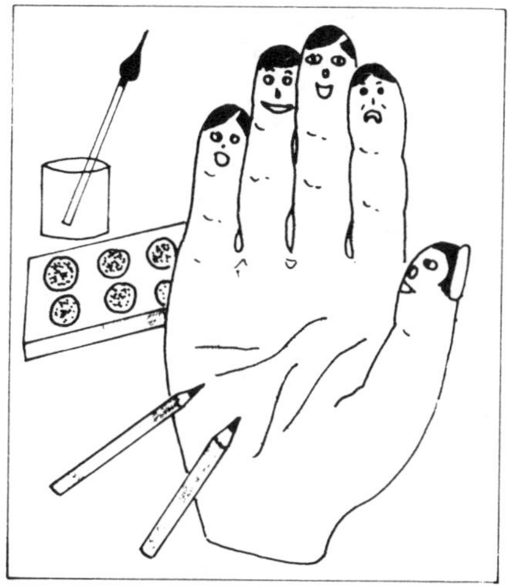

der schüttelt Pflaumen,
der liest sie auf,
der trägt sie heim.
gesprochen: Und der kleine
Biribinker ißt sie
ganz alleine auf.

„ Alle meine Fingerlein,
wollen heut mal Tierlein sein.

Dieser Daumen ist das Schwein,
dick und rund und ganz allein.

Zeigefinger ist der Ziegenbock,
mit dem langen Zottelrock.

Mittelfinger ist die bunte Kuh,
sie sagt immer muh, muh.

Ringfinger ist das stolze Pferd,
von dem Reiter hoch verehrt,
und das kleine Fingerlein
soll mein liebes Schäfchen sein!“

DAS VERSTEHEN DER SPRACHE KOMMT VOR DEM SPRECHEN

Lange bevor das Kind zu sprechen anfängt, kann es die Eltern verstehen, nicht allein durch die gesprochenen Worte, sondern vor allem durch die Gesten, Gebärden und die jeweilige Situation. Diese nichtsprachlichen Hilfen sind oftmals der Schlüssel zum Verstehen.

WENN DAS KIND ANGEREGT WIRD, DIE GESTEN UND GEBÄRDEN DER ERWACHSENEN NACHZUAHMEN, WIRD ES AUCH ERMUNTERT, DEREN SPRACHLICHE AUSDRUCKSWEISE NACHZUAHMEN.

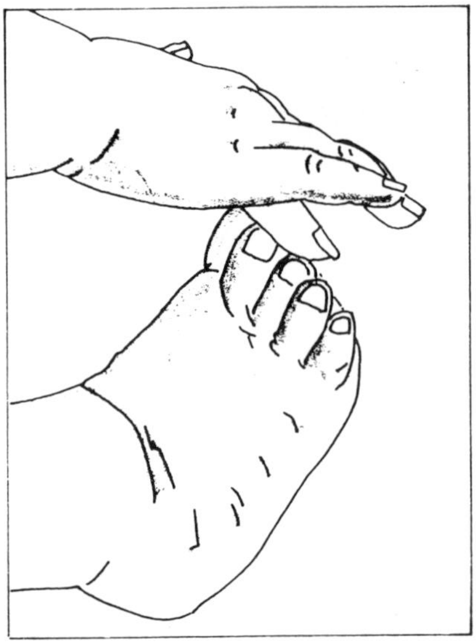

- Das Geben und Nehmen, das Anbieten und Wegnehmen fördern das Hören und Sprechen, das Greifen und das Nachahmen. Die Mutter sitzt neben dem Kind auf dem Teppich und bietet ihm ein Gummipüppchen an: „Da ist ein Püppchen! Nimm das Püppchen!“ Das Kind greift nach dem Spielgegenstand. Kurz darauf, wenn das Kind das Püppchen untersucht hat, streckt die Mutter die Hand aus und macht die „Bitte-bitte-Gebärde“. Sie sagt: „Bitte, bitte, gibt der Mami der Püppchen!“ Worte und Tun werden eng miteinander verbunden.
- Vater und Sohn liegen im Gras. Beide schmusen ein wenig miteinander. Der Vater legt das Kind auf seinen Bauch und fragt: „Wo ist Vatis Nase?“ Er zeigt auf seine Nase und ruft lachend: „Da! Da ist Vatis Nase!“ Er wiederholt die Frage nochmals und fordert das Kind zum Zeigen auf. Gegebenenfalls führt er die Hand des Kindes an seine eigene Nase.
- Einen Schritt weiter werden die Eltern die Körperteile des Kindes in das Spiel mit einbeziehen:

  Frage – WO IST DEIN FUSS? (Achselzucken)

  Aufforderung – ZEIGE DEINEN FUSS! (Zeigefinger ausstrecken)

  Noch später werden die Spielpuppen und Spieltiere hinsichtlich ihrer Körperteile untersucht. Der Elefant hat große Ohren und vier Beine, die Puppe hat Haare und eine Nase.

  Schwierig wird es, wenn die Körperteile im Spiegel gezeigt werden sollen. Ab und zu werden sich Vater und Mutter mit dem Kind vor den Spiegel setzen und sich betrachten, Grimassen schneiden oder einfache Bewegungen ausführen.

  Der Spiegel reizt sehr zur Nachahmung.
- Zur Abwechslung sagt der Vater wieder einmal einen Fingerspielvers:

„Wo wohnt der Schneider? Treppchen höher!	Die Finger des Erwachsenen trommeln auf den Bauch des Kindes. Sie wandern höher bis zur Brust.
Wo wohnt der Schneider? Treppchen höher!	Die Finger klopfen auf die Brust und wandern dann höher bis zum Kinn.
Wo wohnt der Schneider? Hier, hier, hier!	Die Finger zupfen an der Nase des Kindes. Sie zupfen intensiv an der Nase.
Soll ich klingeln, soll ich klopfen?	Die Nase des Kindes wird leicht hin und her bewegt.
Ja, ja, ja, ja!“	Beide nicken bejahend mit dem Kopf.

Nachahmen von Lauten und Geräuschen mit dem Mund

- Das Kind sitzt im Laufställchen, die Mutter kniet daneben. Beide befinden sich in gleicher Augenhöhe. Die Mutter spricht dem Kind einen Laut, den es schon kennt und kann, vor. Vielleicht leitet die Mutter dieses vertrauliche Zwiegespräch mit einem leichten Streicheln und Kitzeln ein. Das Kind freut sich, wenn sich die Mutter ihm zuwendet und ist daher auch eher bereit und motiviert, die vorgesprochenen Laute nachzuahmen.

Eine Stufe weiter wäre es, wenn die Mutter dem Kind Laute vorspräche, die es noch nicht kennt.

- Das Kind bekommt einen herzhaften Kuß auf die Wange. Die Mutter schaut es an oder dreht das Gesicht des Kindes so, daß es ihren Mund sehen kann und muß. Sie macht ihm das Schmatzen vor. Ahmt das Kind das Geräusch nicht nach, drückt sie noch einmal einen „Schmatzer“ auf den Handrücken, so daß das Kind das dabei entstehende Geräusch hören und die Lippenbewegung sehen kann. Dann legt die Mutter ihre Wange an die Lippen des Kindes und ermuntert es, der Mami ein „Kussele“ zu geben.

- Zwischen zwei Spielen, oder wenn während eines Spiels etwas Leerlauf eintritt, hüstelt der Vater leicht. Er hält die Hand vor den Mund und sagt: „Oh, der Husten! Papa muß husten!“ Ahmt das Kind das Hüsteln nicht nach, hüstelt der Vater dem Kind in die Handfläche. Das Kind spürt den stoßweisen Luftdruck. Hüstelt das Kind ansatzweise, ermuntert der Vater es, während des Hustens die Hand vor den Mund zu geben.

- Vater und Kind sitzen bequem im Sessel. Der Vater zeigt dem Kind die Abbildung eines Autos und erzählt ihm von dem eigenen Auto. „Schau, da ist ein Auto! Papa hat auch ein Auto. Papa fährt mit dem Auto (Bewegung des Lenkens vormachen). Wie macht das Auto? Das Auto macht brrr!“

- Das Kind hat den Lieblingsbär oder eine Stoffpuppe in der Hand. Die Mutter legt ein Tuch auf den Stuhl, läßt sich die Puppe von dem Kind geben und legt sie schlafen. Damit die Puppe auch gewiß einschlafen kann, legt die Mutter ihren Finger an die Lippen und sagt: „Pss – das Püppchen möchte schlafen. Pss, pss, pss! Wir müssen ganz leise sein! Pss!“

- Vater und Kind sitzen sich auf dem Teppich mit gespreizten Beinen gegenüber. Der Vater rollt dem Kind einen Ball zu und läßt ihn sich wieder geben. Einmal rollt der Ball hinter das Sofa. Der Vater drückt durch eine entsprechende Handgebärde seinen Schreck darüber aus: „Oh –, der Ball ist weg! Oh!“ Er achtet darauf, daß das Kind die Lautbildung des langgezogenen „Oh“ bei ihm beobachtet. Vielleicht ahmt das Kind diesen Laut bald nach.

So wie die Bewegungen des Saugens, Schluckens und Kauens die Sprechwerkzeuge trainieren, bereiten gezielte Lippen- und Zungenbewegungen und vor allen Dingen bestimmte Atemübungen das Sprechenkönnen vor und erleichtern es.

Atem- und Blasübungen:

Das Blasen und Pusten soll immer durch eine verdeutlichende Mimik begleitet werden. Die Lippen werden zugespitzt, die Backen aufgeblasen, die Augenbrauen hochgezogen und die Augen weit geöffnet. Das Kind soll erahnen, daß das Blasen und Pusten mehr Anstrengung bedarf als das Hauchen.

- Der Vater legt auf seine offene Handfläche eine Feder, ein Wattebäuschchen, richtet die Aufmerksamkeit des Kindes auf den Vorgang und pustet die Feder weg. Der Vater wiederholt den Vorgang einige Male und sagt jedesmal die gleiche Sprachwendung: „Feder wegblasen, Feder wegblasen!"

Es wird bei den Übungen immer wieder vorkommen, daß das Kind die beschriebene und erwartete Reaktion nicht zeigt. Dies kann bedeuten, daß die Übung zu früh angeboten wurde oder aber, daß die Motivation für das Kind nicht stark genug war.

- Ein Papierstreifen wird vor das Gesicht des Kindes gehalten. Durch Blasen flattert er lustig auf und nieder. Die Mutter lacht und freut sich und fordert das Kind zur Nachahmung auf.
- Während des Wickelns bläst die Mutter die nackten Körperteile des Kindes einzeln an. Die Intensität des Blasens wird variiert – einmal kräftiger, einmal schwächer. Die Aufmerksamkeit des Kindes wird auf die zugespitzten Lippen und aufgeblasenen Backen gelenkt. Die Mutter hält ihre Hand zum Anblasen hin.
- Bewegliche Gegenstände wie Mobile und Windrädchen werden durch Blasen in Bewegung gesetzt. Das Kind soll die Erfahrung machen, daß bestimmte Gegenstände nicht nur durch die Hand, sondern auch durch den blasenden Mund bewegt werden können.
- Kleine Kinder atmen manchmal ausschließlich durch die Nase oder den Mund. Für die Sprachentwicklung ist die Nasenatmung und Mundatmung notwendig. Bestimmte Laute (N, M) können nur mit Nasenatmung gebildet werden, andere wieder nur durch den Mund (B, D, G). Es wird daher notwendig sein, das Kind einmal durch die Nase und ein anderesmal durch den Mund atmen zu lassen.
  - Das Kind liegt in Rückenlage auf dem Teppich, die Mutter beugt sich über das Kind, legt die Hände an die Flanken und fühlt sich in die Atmung des Kindes ein. Immer, wenn das Kind ausatmet gibt sie leicht vibrierenden Druck auf die Bauchdecke. Die Phase der Ausatmung soll verlängert werden.
  - Während der sichtbaren Ausatmung schließt die Mutter deutlich ihren Mund und sagt: „Mmm". Sie ermuntert das Kind, den Mund ebenfalls zu schließen und den Laut nachzuahmen.

- Während der gleichen Übungsbehandlung legt die Mutter für kurze Zeit ihren Zeige- und Mittelfinger vor die Nasenlöcher des Kindes. Es wird sich möglicherweise anfangs dagegen wehren. Durch Lachen, Scherzen und Zureden kann das Kind abgelenkt werden.

  Der Zweck dieser Übung ist, daß das Kind lernt, einmal durch die Nase und das anderemal durch den Mund zu atmen.

- Das Kind wird bäuchlings auf einen großen Wasserball gelegt. Im Rhythmus der Atmung wird leicht mehr oder weniger Druck auf die rechte und linke Seite des Rückens gegeben. Die weiche und elastische Unterlage verteilt den Druck gleichmäßiger. Vibrierendes Drücken und Betasten des Kindes auf dem Wasserball übt eine wohltuende und sprachfördernde Wirkung auf das Kind aus.

Kiefer-, Lippen- und Zungenspiele

Diese „Spiele" sind keine Übungen, die resolut und verbissen durchgeführt werden. Es ist mehr ein Streicheln, ein zartes Betasten, bei dem das Kind außerdem noch Zuwendungserlebnisse erfährt.

- Das Kind bekommt eine Brotrinde zum Kauen. Durch das Kauen werden nicht nur die Muskelpartien im Mundraum trainiert, es fördert im gleichen Maße die Steuerung der Muskeln, die für das Sprechenlernen notwendig sind (s. Abbeißen und Kauen).
- Kauhilfen können sein:

  a) Die Kaubewegungen werden deutlich sichtbar vorgemacht (Backen aufblasen, Kinn auf- und abbewegen – dadurch entsteht eine deutlichere Mimik, die eher zur Nachahmung anregt).

  b) Das Kind legt seine Hand an die Wangen der kauenden Mutter, es soll die Bewegungen des Kiefers spüren.

  c) Die Hand des Kindes kann in gleicher Weise an den Kinnboden der kauenden Mutter gelegt werden. Auch hier sind die Kaubewegungen deutlich zu fühlen.

  d) Die Mutter läßt das Kind leicht auf das Gelenk ihres gebogenen Fingers beißen. Durch wiederholtes Herausziehen und Wieder-Hineinschieben entstehen Beiß- und Kaubewegungen (Vorsicht bei Beißreflex).

  e) Die Mutter legt die Finger einer Hand – wie auf der Abbildung zu sehen – an den Kiefer und bahnt die Kaubewegungen vor, indem sie leicht kreisend den Unterkiefer auf- und abbewegt. Bei dem Griff der seitlichen Kieferkontrolle liegt der Daumen am Kiefergelenk, der Zeigefinger befindet sich zwischen Kinn und Unterlippe, der Mittelfinger liegt hinter dem Kinn und übt gleichmäßigen festen Druck aus.

  Die Kieferkontrolle kann auch von vorn ausgeübt werden. Hierbei liegt der Daumen vertikal zwischen Kinn und Unterlippe, der Zeigefinger liegt am Kiefergelenk, der Mittelfinger befindet sich hinter dem Kinn.

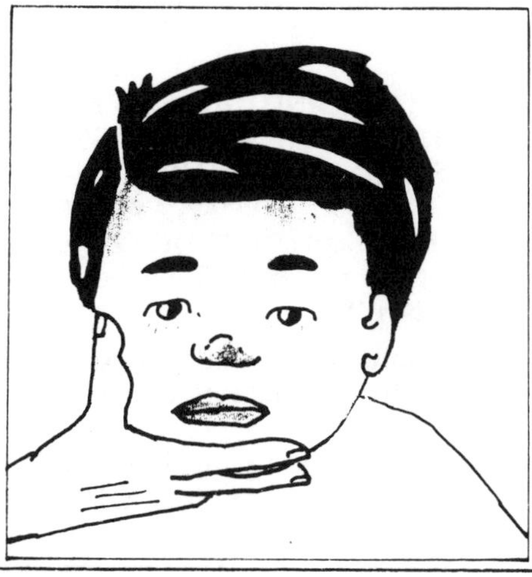

- Eine Kauhilfe besonderer Art ist das sogenannte Kausäckchen. In ein Stück Stoff (Verbandschlauch) wird ein vorgewärmter, d. h. weicher Kaugummi ohne scharfen Geschmack gelegt. Die Mutter schiebt diesen „Kaugummi an der Leine" zwischen die Backenzähne. Das Säckchen hat den Vorteil, daß das Kind den Kaugummi nicht verschlucken kann und daß er von rechts nach links und umgekehrt geschoben werden kann.

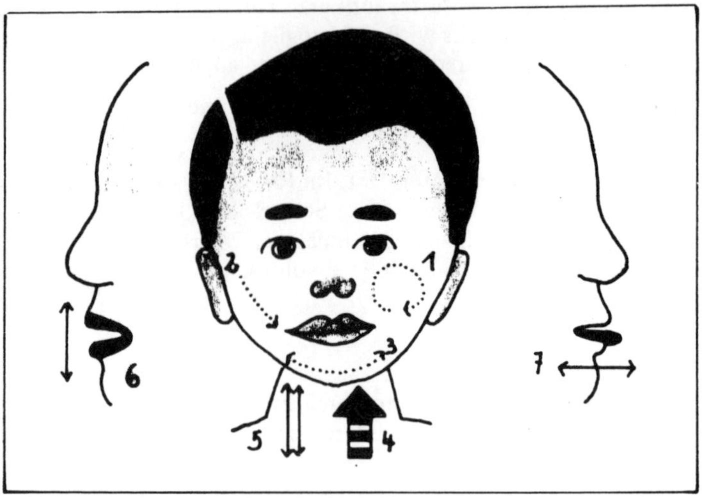

LIPPEN UND ZUNGE FORMEN DIE LAUTE LETZTLICH AUS. SIE MÜSSEN BESONDERS BEWEGLICH SEIN.

- Die Mutter berührt mit den Fingerkuppen die rechte und linke Wange des Kindes. Hat das Kind sich an die Berührung gewöhnt, führt sie kreisende Bewegungen von der Ohrgegend bis kurz vor den Lippen aus, (1). Diese Bewegungen sollen die Gesichts- und Wangenmuskulatur kräftigen und geschmeidig machen. Bei Kindern, die eine schlaffe Muskelspannung aufweisen, sollte die Mutter leicht klopfende, d. h. spannungsaufbauende Bewegungen ausführen.

- Mit Daumen und Mittelfinger werden die Wangen des Kindes nach vorn geschoben. Sie sollen eine Art Rüssel (Schnütchen) bilden (2). Bei jeder Tätigkeit wird die Mutter mit dem Kind sprechen. Sie wird ihm sagen, was sie gerade tut. Obwohl das Kind wahrscheinlich die Sätze und Wörter nicht versteht, schafft der Klang der mütterlichen, der väterlichen Stimme eine beziehungstiftende Atmosphäre, in der sich das Kind wohl und sicher fühlt.

- Das Kinn des Kindes wird leicht hin und her, auf und ab bewegt. Das fördert nicht nur die etwas gröberen Kaubewegungen, es ermöglicht dem Kind dosierte, d. h. fein abgestufte und abgestimmte Kieferbewegungen (3).

- Die Mutter oder der Vater legen ihren Handrücken unter das Kinn des Kindes und vibrieren leicht. Der Zungenboden lockert sich (4).

- Mit der Fingerkuppe oder dem gestreckten Zeigefinger streicht der Erwachsene am Kinnboden bis zum Hals entlang und umgekehrt. Durch das Entlangfahren am Kinnboden hebt sich im Mund leicht die Zunge nach oben oder wird etwas nach vorn und hinten geschoben (5).

OFTMALS SIND DIE BESCHRIEBENEN BEWEGUNGEN NICHT SOFORT DEUTLICH ZU ERKENNEN. ES GENÜGT JEDOCH SCHON DIE BEREITSCHAFT, DAS VORBAHNEN DER MUSKULATUR FÜR EINE BESTIMMTE BEWEGUNG.

- Die Mutter streicht mit dem Zeigefinger mehrmals und mehr oder weniger schnell über die beiden Lippen des Kindes und spricht „Brrr – . So macht das Auto! Wir machen auch brrr!“

  Die Mutter geht mit ihrem Gesicht sehr nahe an das Gesicht des Kindes heran. Es soll den Luftstrom und evtl. das „Feuchte“ der Aussprache spüren (6).

- Der Erwachsene nimmt Blickkontakt mit dem Kind auf und streckt seine Zunge etwas heraus (7). Er fordert das Kind zur Nachahmung auf.

Jetzt zieht Hampelmann
sich seine Strümpfe an.

Jetzt zieht Hampelmann
sich seine Hose an.

Jetzt zieht Hampelmann
sich seine Jacke an.

Jetzt setzt Hampelmann
sich seine Kappe auf.

Jetzt geht Hampelmann
mit seiner Frau spazieren.

Jetzt tanzt Hampelmann
mit seiner lieben Frau.

Da stieß es an ein Stöckchen,
da tat ihm weh das Köpfchen.

Da stieß es an ein Sträuchelein,
da tat ihm weh das Bäuchelein.

Da stieß es an ein Hölzelein,
da tat ihm weh sein Hälselein.

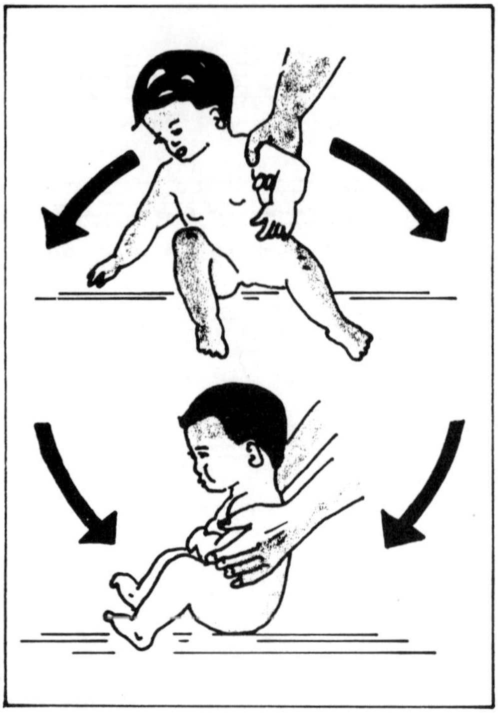

- Training der seitlichen Gleichgewichtsreaktionen:

  Die Mutter nimmt das Kind auf den Arm und beginnt zuerst ganz sachte, mit ihm zu einer Melodie zu tanzen. Sie dreht sich im Kreis und wiegt ihren Körper hin und her. Das Kind wird durch Gegenbewegungen die veränderte Gleichgewichtslage wieder herstellen müssen.

  Die Mutter oder der Vater dürfen das Kind nicht zu fest an ihren Körper drücken, da sonst das Kind nicht die notwendigen Gleichgewichtsreaktionen ausführen kann.

  Bewegungen und Bewegungsfolgen entwickeln sich. Sie durchlaufen Vorstufen, Zwischenstufen, bis sie als gekonnt gelten. Die Gleichgewichtsreaktionen stellen die Balance bei einer Haltungsänderung wieder her. Sie werden durch Verlagerungen des Körperschwerpunktes jeder Art gefördert.

- Training der Dreh- und Rotationsbewegungen im Rumpfbereich:
  Das Kind liegt auf einer Decke auf der Wiese oder auf dem Teppichboden im Wohnzimmer. Die Mutter, der Vater krabbeln im Kreis um es herum. Das Kind verfolgt die Erwachsenen mit den Augen und versucht, sich so weit wie möglich mitzudrehen. Vielleicht unterstützt die Mutter die Drehbewegungen des Kindes, während es dem Vater nachschaut.

- Die Eltern legen begehrte Spieldinge in die Nähe des Kindes und locken es, dieses Spielzeug selbst zu holen. Ist das Kind am Tun der Erwachsenen interessiert, werden sie öfter in seine Nähe einen Turm aus Klötzchen bauen, eine Trommel schlagen usw. und das Kind auffordern, sich zu ihnen zu drehen.

- Das Kind wird auf den Bauch der liegenden Mutter oder des Vaters gelegt. Beide wippen und schaukeln nun leicht auf und ab, hin und her. Das Kind soll auf jede Bewegung reagieren und sie „beantworten".

„Eiapopeia, was raschelt im Stroh?
Das sind die lieben Gänslein,
die haben kein' Schuh!
Der Schuster hat's Leder,
kein Leisten dazu,
drum kann er den Gänslein
auch machen kein Schuh!"

„1, 2, 3, 4, 5, 6, 7,
wo ist denn mein Schatz
geblieben?
Ist nicht hier,
ist nicht da,
ist wohl in Amerika."

10–12 Monate
Entwicklungsalter

Hier können Sie
eine Fotografie
Ihres Kindes
einkleben!

Das Kind kriecht gewandt auf allen Vieren durch die Wohnung. Sein Steh- und Gehvermögen ist noch recht unsicher, die Eltern müssen Hilfen geben.

Obwohl es noch nicht mit dem Löffel essen kann, macht es den Versuch, die Speise mit dem Löffel zu essen. Es kaut feste Nahrung. Das Kind spricht jetzt einige Kinderwörter: wauwau, brrr, gaga, mama und ahmt Laute und Geräusche (Hund, Glocke, Kuh, Autohupe) nach. Es versteht wesentlich mehr Wörter und beginnt, auf die Frage: Wo ist das . . . ? , auf die Aufforderung: Hol den . . . ! und auf das Verbot: Nein! zu reagieren.

Die Handgeschicklichkeit ist so weit fortgeschritten, daß es seinen Daumen und seinen Zeigefinger zusammendrücken und damit kleine Dinge vom Tisch aufnehmen kann (Pincettengriff). Das Kind hat eine besondere Vorliebe, seine Finger in alle Löcher und Öffnungen hineinzubohren.

BEOBACHTUNGEN und FRAGEN

Steht das Kind mit Festhalten alleine? ....

Läuft es seitwärts an den Möbeln entlang? ....

Läuft es vorwärts, wenn es an den Händen gehalten wird? ....

Läuft es, wenn es nur an *einer* Hand gehalten wird? ....

Wann ist es zum erstenmal alleine gelaufen? ....

Schlägt das Kind zwei Klötzchen aneinander? ....

Greift es kleine Gegenstände mit Daumen und Zeigefinger? ....

Läßt es einen Knopf in eine Flaschenöffnung fallen? ....

Bohrt es mit dem Zeigefinger in Öffnungen und Löchern? ....

Kann es eine Lochscheibe auf einen Stab stecken? ....

Zieht das Kind eine Süßigkeit, die vor ihm auf einem Karton liegt, zu sich heran?	....
Zieht es Spielzeug an einer Schnur zu sich heran?	....
Welche Hand bevorzugt es?	....
Ißt es schon selbständig einen Keks aus der Hand?	....
Trinkt das Kind alleine aus der Tasse?	....
Kann es auf Mamas Nase zeigen, wenn es dazu aufgefordert wird?	....
Wieviel Zähne hat das Kind?	....
Welche Wörter spricht es?	....
Kennt es eine Anzahl von wichtigen Umweltgeräuschen (nahendes Auto, Kirchturmglocke, Autohupe, Staubsauger, Teekessel usw.)?	....
Erwartet es ein aus dem Tunnel kommendes Spielzeugauto am Tunnelausgang?	....
Imitiert es Gebärden und Bewegungen (Winkewinke, So groß ist das Kind!)?	....
Wie reagiert es auf Spielkameraden?	....

Persönliche Anmerkungen:

Der Gesichtskreis des Kindes weitet sich, wenn es zum Sehen und dem daraus resultierenden Denken angeregt wird. Lernen bedeutet beim Kind Einprägen. Es soll verschiedenartige „Eindrücke“ erhalten. Diese bildliche Aussage kann wörtlich genommen werden. Das Gehirn des Kindes wächst. Die Eindrücke und Einflüsse der Umwelt, die sich in dieser Zeit in das Gehirn gleichsam einprägen, bleiben ein Leben lang erhalten. Aus diesem Grunde ist „Förderung“ in den jungen Jahren so überaus wichtig und notwendig.

- Jeden Tag unternimmt die Mutter mit dem Kind einen „Lehrgang durch die Wohnung“. Im Wohnzimmer schauen beide aus dem Fenster und beobachten die vorbeigehenden Leute oder die vorbeifahrenden Autos. Das Kind soll Gegenstände mit dem Blick verfolgen, es soll dabei den Kopf in die jeweilige Richtung drehen. Das Fenster wird geöffnet und wieder geschlossen. Das Kind verfolgt die Bewegungen mit den Augen. Im Badezimmer lernt es Waschbecken, Badewanne, Dusche, Handtücher und dergleichen kennen. Aus dem einen Hahnen fließt kaltes und aus dem anderen warmes Wasser. Die Toilette rauscht, wenn Mutter auf einen bestimmten Knopf drückt.

  Neben dem Vermehren des Wissens erfährt das Kind ein größeres Bezugssystem. Die Wohnung wird überschaubarer, gliedert sich in Einheiten. Das Kind fühlt sich sicherer. Es versteht allmählich, wenn die Mutter sagt: „Ich bin im Badezimmer und wasche schnell die Höschen aus!“

- Das Verfolgen von bewegten Objekten kann auf die verschiedenste Art und Weise geschehen:

  a) Vater und Sohn sitzen sich auf dem Fußboden gegenüber. Dem Kind wird ein Ball zugerollt, es soll ihn wieder zurückrollen.

  b) Eine schnatternde Ente wird von einer Ecke zur anderen des Zimmers gezogen: „Schau, Mareike, da kommt die Ente angewackelt. Ga, ga, ga! Die Ente wackelt an dir vorbei bis an die Wand. Jetzt bleibt sie stehen!“

  c) Vater bastelt aus einem Blatt Papier eine Schwalbe und läßt sie durchs Zimmer segeln. In einem weiten, flachen Bogen umkreist sie das Kind.

  d) Eine Kugel kullert die schräge Ebene (schräg gestelltes Brett) hinunter.

- Das Kind darf an den verschiedensten Aktivitäten teilhaben. So kann es z. B. dem Vater den Schraubenzieher halten, wenn dieser die losen Haken festzieht, es darf mit dem Kochlöffel in der leeren Plastikschüssel rühren, während die Mutter den Teig walkt.

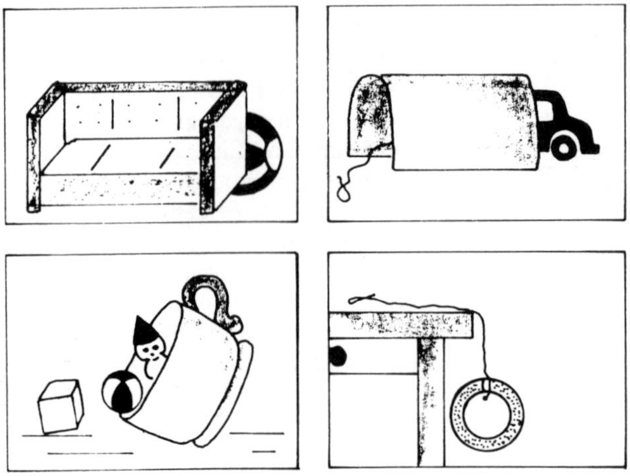

Wenn das Kind anfängt, nach einem Ding zu suchen, ist das ein Zeichen, daß es begonnen hat, Dinge und Bewegungsabläufe denkend zu erfassen und räumliche Vorstellungen zu entwickeln.

- In jeder Woche veranstaltet die Familie mit dem Kind einige Suchspiele. Zuerst werden die Gegenstände ausgesucht, die das Kind besonders gern hat, dann werden sie vor den Augen des Kindes versteckt: unter dem Stuhl, hinter dem Sofa, zwischen den Regalen. „WO IST DER BALL? SUCH DEN BALL!"

- Ein länglicher Pappkarton oder eine halbierte Pappröhre werden so auf den Boden gelegt, daß sie bzw. er als Tunnel verwendet werden können. An ein Holz- oder Plastikauto wird eine Schnur gebunden und damit das Gefährt langsam durch den Tunnel gezogen.

  Das Kind wird zuerst in die Richtung schauen, in der das Auto verschwunden ist. Erst nach einigen Übungen erwartet es das Objekt am anderen Ende des Tunnels.

- Das Kind bekommt eine Plastiktasse mit vielen kleinen Spielsachen darin in die Hand gedrückt. Wahrscheinlich wird es ein Ding um das andere herausnehmen, auf den Tisch legen und dann wieder in die Tasse zurücktun. Wenn nicht, macht die Mutter die Handlungsabfolgen vor oder führt die Hand des Kindes.

  Die Mutter zeigt ihm aber auch, daß durch das Umdrehen der Tasse alle Spielsachen auf einmal auf den Tisch fallen. Sie gibt die Sachen wieder in die Tasse zurück und beobachtet, ob das Kind nun die Tasse ebenfalls umdreht.

- Ein Gegenstand fällt hinunter, wenn er über den Rand des Tisches geschoben wird. Aufheben kann das Kind ihn noch nicht.

  Was geschieht aber, wenn er an einer Schnur, die am Tisch oder Stühlchen befestigt ist, hängt? Der Vater schiebt das Spielzeug über den Rand des Tisches, schaut ihm nach und zieht es wieder zurück. Er wiederholt das Hinunterfallen ein weiteresmal und legt das Ende des Bandes neben die Hand des Kindes und ermuntert es, das Spielzeug heraufzuziehen.

  Zieht das Kind nicht an der Schnur, zeigt der Vater es ihm, indem er dessen Hand führt.

- Das Kind genießt die Zeit am Sonntagmorgen, wenn es im Bett der Eltern herumtoben kann. Es krabbelt von einem zum anderen, kuschelt sich an diesen und jenen und quietscht vor Freude und Vergnügen. Der Vater beginnt ein Spiel. Er versteckt den kleinen roten Frottee-Ball einmal unter seinem Kopfkissen, dann unter der Zudecke und schließlich unter Mamas Leintuch. Eine große Suchaktion beginnt.

ES GIBT KEINEN UNTERSCHIED ZWISCHEN SPIELEN UND LERNEN, WENN DAS KIND SPASS AN DER BESCHÄFTIGUNG HAT UND ES UNTER BERÜCKSICHTIGUNG SEINES VERMÖGENS RICHTIG MOTIVIERT WIRD!

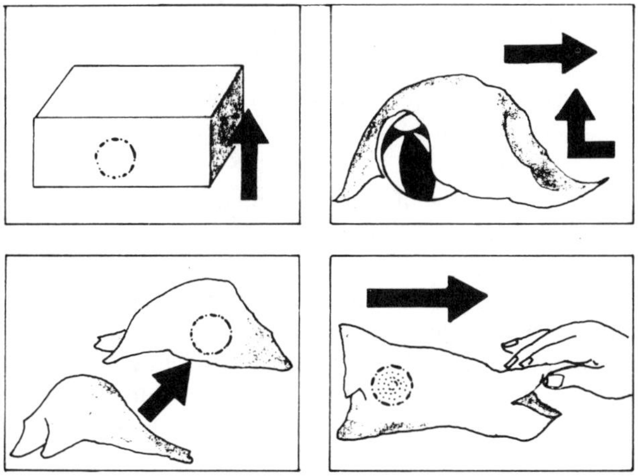

Einfache Aufgaben zu lösen, erfordern ein sorgfältiges Beobachten und Erinnernkönnen. Beides muß geübt werden.

- Dem Kind wird auf offener Handfläche eine begehrte Süßigkeit gezeigt, dann legt der Erwachsene die Süßigkeit unter eine Schachtel, unter eine Dose und zeigt dem Kind danach die leere Hand. Holt sich das Kind die Süßigkeit selbst oder muß sie ihm noch einmal gezeigt werden?

- Auf dem Fußboden oder auf dem Tisch liegen zwei Tücher. Das eine ist *weiß* und das andere *grau*. Die Mutter legt unter eines davon ein Spielzeug und fordert das Kind auf, es sich wieder zu holen.

  Ist diese Übung noch zu schwer für das Kind, schiebt die Mutter einen Übungsaufbau davor:

  a) Das Spielzeug wird auf den Boden gelegt und die Hand des Kindes in Richtung des Spielzeugs geschoben mit dem Hinweis, daß es das Ding greifen solle. Sobald das Kind danach greift, bedeckt die Mutter das Spielzeug und die Hand des Kindes mit dem Tuch. Das Kind muß nur noch die Hand mit dem Spielzeug unter dem Tuch hervorziehen.

  b) Wieder macht die Mutter das Kind auf den begehrten Gegenstand aufmerksam und bedeckt ihn, bevor das Kind danach greifen konnte, in der Weise, daß noch ein Teil davon zu sehen ist.

  c) Schließlich bedeckt sie das Spielzeug mit dem Tuch, nachdem sie das Kind darauf aufmerksam gemacht hat.

- Vor dem Kind liegen die beiden verschieden farbigen Tücher. Der Vater zeigt dem Kind die Süßigkeit und legt sie zuerst unter das weiße und dann unter das graue Tuch. Das Kind muß genau beobachten, um die Aufgabe lösen zu können.

  Schafft das Kind dies noch nicht, wird der Vater das eine Tuch wegziehen, ein enttäuschtes Gesicht machen und die Hand des Kindes in Richtung des zweiten Tuches schieben.

- Das Kind sitzt am Tisch und möchte die Süßigkeit, die auf einem Topflappen, einem Kissen oder einem Stück Karton liegt, haben. Der Erwachsene schiebt die Unterlage nur so weit zu dem Kind, daß es die Unterlage, aber nicht die Süßigkeit greifen kann. Wird es das begehrte Objekt zu sich herziehen?

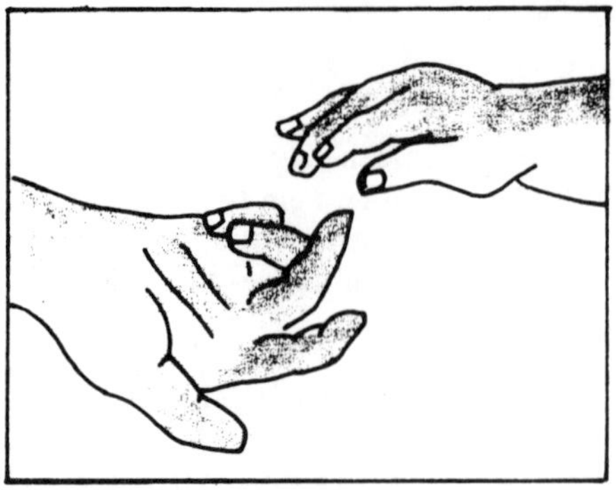

Vieles, was wir können, haben wir von irgendjemand gelernt. Es wurde uns vorgemacht, und wir haben es nachgemacht.

Ein Kind lernt beispielsweise nicht sprechen, wenn es nicht ein Sprachvorbild nachahmen kann.

Imitation muß erlernt werden. Eltern können den Kindern dabei helfen:

1. Zuerst kann das Kind nur sich selbst und nicht andere Personen imitieren. Es berührt vielleicht mehr zufällig eine hängende Rassel, hört den Ton, sieht die Bewegung und versucht das gleiche Ereignis noch einmal und noch einmal zu erreichen. An dieser Stelle werden die Eltern das Kind ermuntern, es immer wieder zu tun. Sie werden ihm andere Greif- und Schaukelobjekte über sein Bettchen, an seinen Laufstall hängen und die Hände an diese neuen Dinge führen.
2. Beim nächsten Schritt helfen die Eltern dem Kind, wenn sie selbst es imitieren. Das Kind klopft z. B. auf ein Tamburin, die Eltern klopfen ebenfalls, das Kind freut sich und klopft noch einmal. Ein Kreislauf entsteht.
3. Nun führen die Eltern eine Bewegung aus, von der sie wissen, daß das Kind sie schon beherrscht. So werden sie beispielsweise als erste auf das Tamburin klopfen und das Kind zum Nachahmen ermuntern.

   Bevor das Kind diese einfachen Imitationen nicht vollzieht, wird es nicht fähig sein, andere Imitationsversuche auszuführen.
4. Die Eltern machen dem Kind eine Bewegung oder Bewegungsfolge vor, wie z. B. Winkewinke, und das Kind soll sie nachahmen.
5. Kann das Kind eine Reihe der beschriebenen Imitationen ausführen, versuchen die Eltern, die Aufmerksamkeit des Kindes auf ihr Gesicht zu lenken. Sie öffnen und schließen die Augen, spitzen die Lippen und ermuntern das Kind, es ihnen gleichzutun. Als Hilfe führen sie die Hand des Kindes an ihren Mund und lassen die Bewegungen abtasten.
6. Schließlich, wenn alle diese Schritte durchlaufen sind, beginnen die Eltern Laute und Geräusche vorzusprechen. Eines der ersten Geräusche, die das Kind imitiert, ist das Husten.

Anregungen für das Imitieren:

Die Eltern machen vor und das Kind wird aufgefordert, die Bewegungen zu imitieren:

in die Hand des Erwachsenen patschen, mit offener Hand auf den Tisch schlagen, mit den Fingern auf dem Tisch kratzen, Hand öffnen und schließen, einen Finger abspreizen, einen Finger krümmen, Mund auf und zumachen, Lippen nach vorn schieben, Lippen sprudeln lassen, mit den Augen blinzeln, berühren verschiedener Gesichtspartien, an den Ohrläppchen ziehen, eine Wange beklopfen, auf die Knie schlagen, den Bauch reiben, nicken.

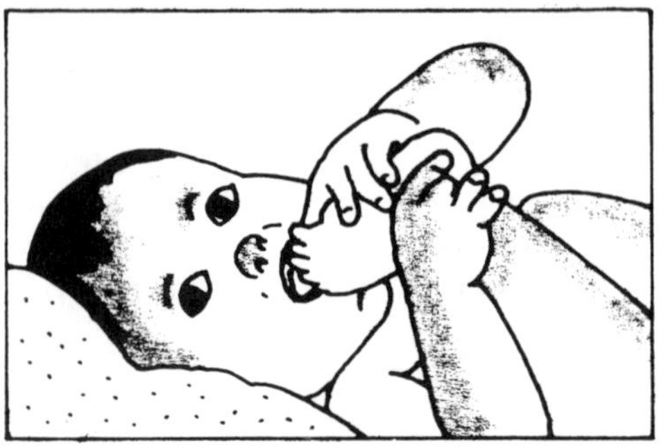

KÖNNEN DIE ERWACHSENEN AUCH ALLE BEWEGUNGEN DES KINDES IMITIEREN?

DRITTE FINGERSPIELE

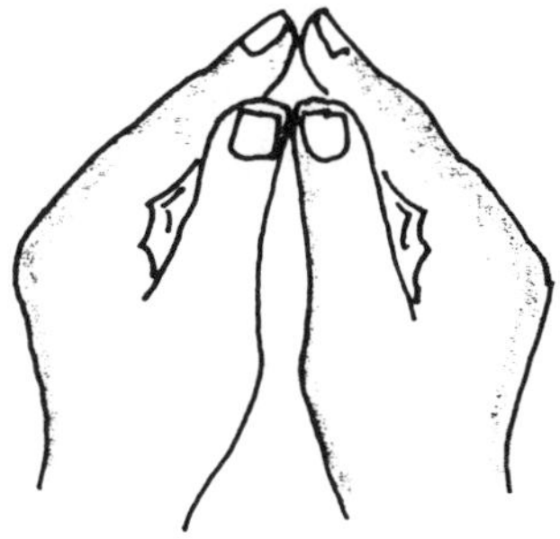

Die ersten Spiele auf dem Schoß der Mutter waren die Fingerspiele. Obwohl das Kind diese Spiele lange Zeit hindurch mehr passiv erlebte, verschafften sie ihm Spaß an dem lustigen Gezappel der Finger und Freude über das Zusammensein mit der Mutter oder dem Vater. Bei den dritten Fingerspielen sollen Spaß und Freude auch nicht fehlen, aber mehr und mehr rücken das Trainieren der Fingerfertigkeit und der Wille und die Lust zum Nachahmen in den Vordergrund.

„Mein Häuschen ist nicht ganz gerade. *Das ist aber schade!*	– Die Hände werden schräg aneinandergelegt.
Mein Häuschen ist ganz krumm. *Das ist aber dumm!*	– Der Erwachsene macht ein enttäuschtes Gesicht.
Kommt ein großer Wind daher,	– Der Erwachsene bläst die Hände oder das Kind an.
bums, fällt mein Häuschen um!"	– Die Hände klappen auseinander. Die Arme fallen herab.

Auf die Knöchel der Faust nacheinander deuten:

Dort auf jenem Berge 1, 2, 3,
da sitzen 7 Zwerge 1, 2, 3,
Dort auf jenem Dache 1, 2, 3,
da sitzt ein alter Drache 1, 2, 3.
Dort auf jener Wiese 1, 2, 3,
sitzt'ne kleine Fliege 1, 2, 3.

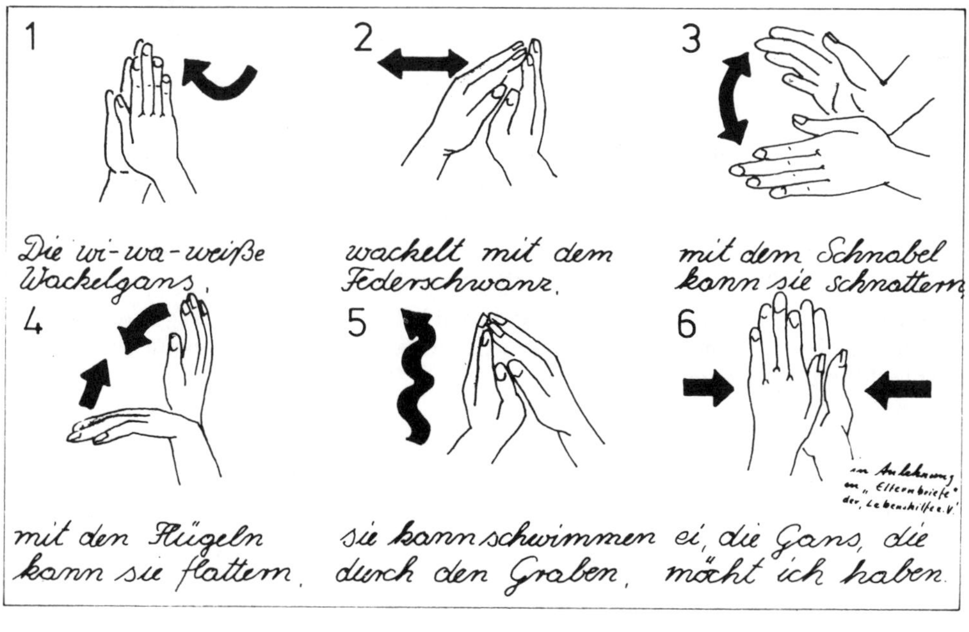

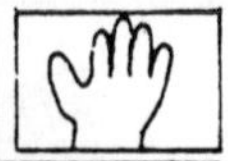

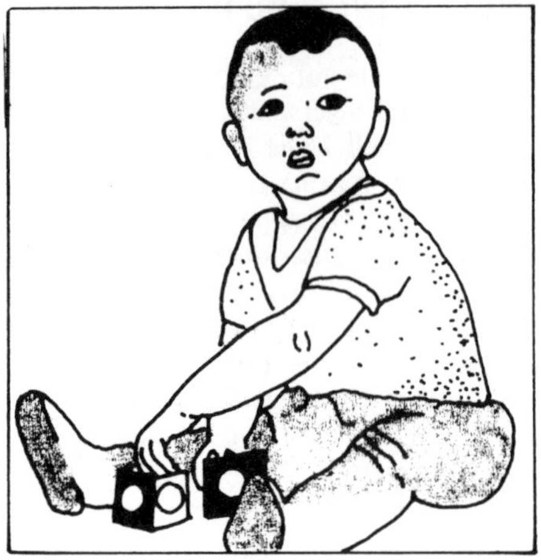

Die Erweiterung und Verbesserung der Handgeschicklichkeit

In der Zeit, in der des Kindes Trachten allein auf Aufrichten- und Fortbewegenwollen gerichtet ist, bedarf es manchmal vieler Mühe, es zu einem konzentrierten Spiel zu motivieren. Durch das Anbieten der verschiedensten Materialien und Beschäftigungsgegenstände sollen zum einen die noch eckigen und ruckhaften Hand- und Fingerbewegungen harmonisiert und zum anderen neue Bewegungsformen gelernt werden.

Das Hineinstecken (Ineinander)

Das Hineinstecken eines Stabes, einer Walze in ein Loch oder eine Vertiefung erfordert nicht nur eine ruhige Hand, sondern auch eine gewisse Zielsicherheit. Das Zusammenspiel von Auge und Hand, die sogenannte „Hand-Augen-Koordination" ist Voraussetzung für jede gezielte und bewußte Handtätigkeit.

Im Handel gibt es eine Vielzahl von Steckspielzeug. Ein runder Stab, ein Männchen sollen beispielsweise in eine Vertiefung, eine mehr oder weniger starke Walze (Zylinder) in einen Holzblock gesteckt werden. Das methodische Vorgehen ist übertragbar, so daß es hier nur einmal beschrieben werden muß:

1. Der Erwachsene richtet die Aufmerksamkeit des Kindes auf den Spielgegenstand (unter Tuch verstecken, hinter Rücken halten usw.).
2. Eine der Walzen (Stäbe, Zylinder) wird in das leere Steckbrett gesteckt und dann mit dem Kind zusammen wieder herausgenommen.
3. Die Hand des Kindes wird in die Richtung der Walze geschoben.
4. Ergreift das Kind die Walze nicht, drückt der Erwachsene die Hand des Kindes um die Walze und führt sie zum Steckbrett.
5. Am Steckbrett deckt er mit seiner Hand außer einem Loch alle anderen zu und dirigiert die Hand des Kindes mit der Walze in das freie Loch.
6. Nach mehreren Malen der unmittelbaren Mithilfe führt der Erwachsene die Hand des Kindes vom Ellbogen aus. Später tippt er den Arm nur noch an und schließlich deutet er mit dem Zeigefinger in die Richtung, in der die Bewegung erfolgen soll.
7. Jede Aktivität wird mit Sprache begleitet, und nach jedem Handlungsvollzug wird das Kind gelobt und gestreichelt. Später nickt der Erwachsene als Zustimmung mit dem Kopf oder äußert einen bejahenden Laut.

- Beim ersten Hineinstecken eines Gegenstandes in eine Höhlung ist solches Material geeignet, das mit der ganzen Hand ergriffen werden kann. Im Haushalt bieten sich Plastikbecher und aufgeklebte Joghurtbecher an. Sie werden auf den Tisch gestellt und einige Holzwalzen daneben gelegt. Beginnt das Kind nicht von sich aus, die Walzen in die Becher zu stecken, wird mit ihm in der beschriebenen Weise geübt.

Eine andere Möglichkeit wäre, daß das Kind Kaffeelöffel in zwei oder drei Becher mit gutem Stehvermögen steckt.

Im Handel gibt es die sogenannte „Schwimmfamilie". Eine gut greifbare Plastikpuppe kann in einen Krug, in ein Boot oder in den Rücken einer Schildkröte gesteckt werden. Das Material und die Gestaltung sind sehr kindgerecht. Das Spiel kann auch in der Badewanne verwendet werden.

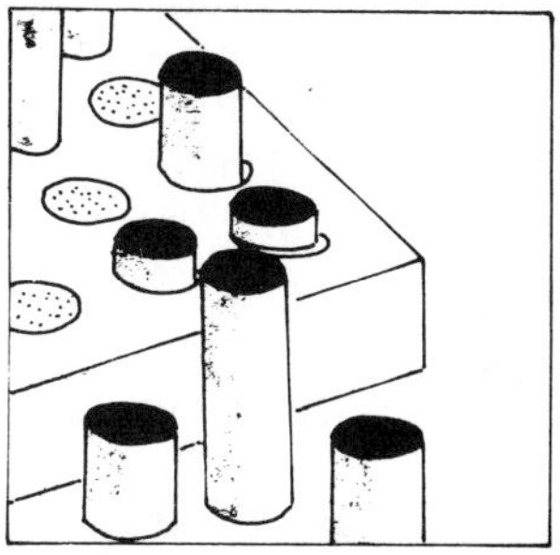

- Ein Steckbrett und die dazugehörigen Walzen gehören mit zu der Standartausrüstung eines Kinderzimmers. Zuerst wird das Kind die handlichen Walzen ergreifen und in der Hand behalten, dann von einer Hand in die andere geben, vielleicht fallen lassen und wegwerfen. Eines Tages wird es sie in die Vertiefungen des Steckbretts stecken wollen.

- Die russischen „Matrjoschkas" sind sechs Holzpuppen zum Ineinanderstecken. Es ist jedesmal für das Kind eine Überraschung, wenn immer noch eine und noch eine Puppe erscheint. Beim Ineinanderstecken darf es fest mithelfen, natürlich auch beim Auseinanderziehen, sofern es dies kann.

Ein findiger Erwachsener wird sich einen ganzen Katalog von Spielen mit den Matrjoschkas ausdenken. Vielleicht stellt er zwei und später drei der Puppen auf den Tisch und legt in eine davon eine Rosine. Hat das Kind aufgepaßt und weiß es, in welcher sich die Rosine befindet?

„Liebe Frau im Schneckenhäusle,
meinst, du seist verborgen?
Kommt der kleine Fritz daher,
wünscht dir guten Morgen!"

- Das vertikale Hineinstecken hat das Kind schon gelernt, nun soll es die Dinge in der horizontalen Ebene in eine Bohrung oder dergleichen hineinstecken.

Hierzu eignet sich einmal die im Handel zu erwerbende „Steckblume" oder eine selbstgebastelte Pyramide aus Klopapierrollen. Hierbei werden 3 Rollen aneinander geklebt. In die 3 Röhren kann das Kind jeweils einen Stab hineinstecken.

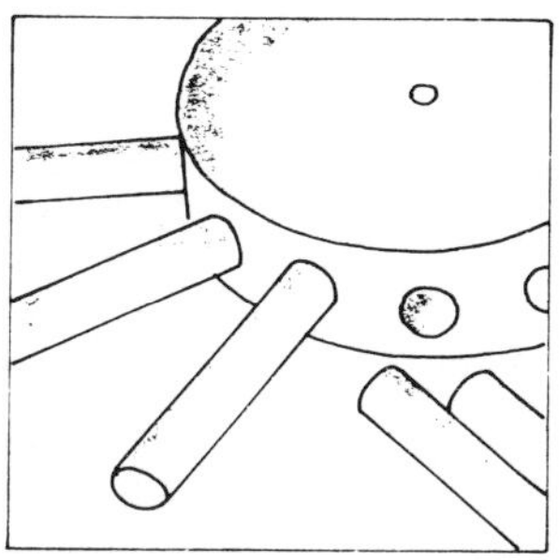

ES MÖGE ALS GRUNDSATZ GELTEN, DASS IMMER ZUERST DIE IM HAUSHALT VORHANDENEN MATERIALIEN VERWENDET WERDEN, BEVOR GELD FÜR TEURES SPIELZEUG AUSGEGEBEN WIRD.

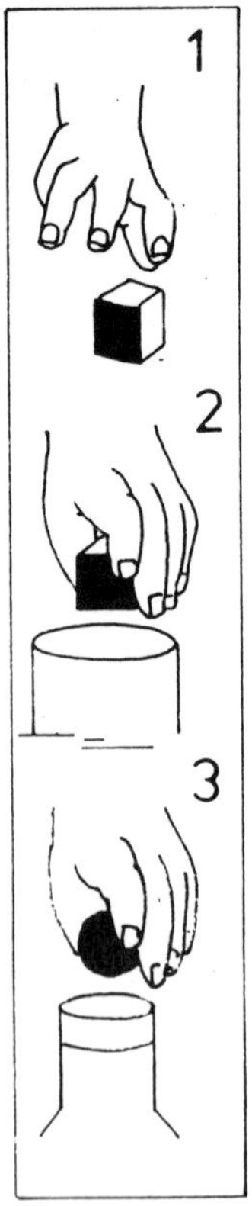

- Eine Perle in einen engen Flaschenhals zu stecken, ist für das Kind eine sehr große Leistung. Es muß hierbei die Perle zwischen Daumen und Zeigefinger nehmen können, seine Hand zur Flasche führen und genau dann loslassen, wenn die beiden Finger mit der Perle über der Öffnung sind.

  Bis dies beherrscht wird, sind eine Reihe von Vorübungen notwendig. Zuerst muß das Kind greifen können – große Bauklötze, kleine Bauklötze, dann muß es diese in eine Schachtel, in einen Eimer fallen lassen können. Schließlich muß es Dinge in Perlengröße fassen und gezielt irgendwo hinlegen können.

  Spiel- und Übungsvariationen:

  a) Perle in Trichter, der über eine Schachtel gehalten wird, fallen lassen.
  b) Murmel durch schräg gehaltene Klopapierrolle rollen lassen.
  c) Kugel eine Kugelbahn hinunter rollen lassen.
  d) Perle ein schräg gestelltes Brettchen hinunter kullern lassen.
  e) Rosine aufnehmen und in Schüssel werfen.
  f) Schokoladenstückchen greifen und in Mund stecken.
  g) Teil eines Keks aufnehmen und in Tasse legen.
  h) Haselnüsse greifen und in Becher geben.

Das Übereinanderstecken

Das Darüber- oder Übereinandersteckenkönnen entwickelt sich in drei Phasen, die bei dem Üben beachtet werden sollen:

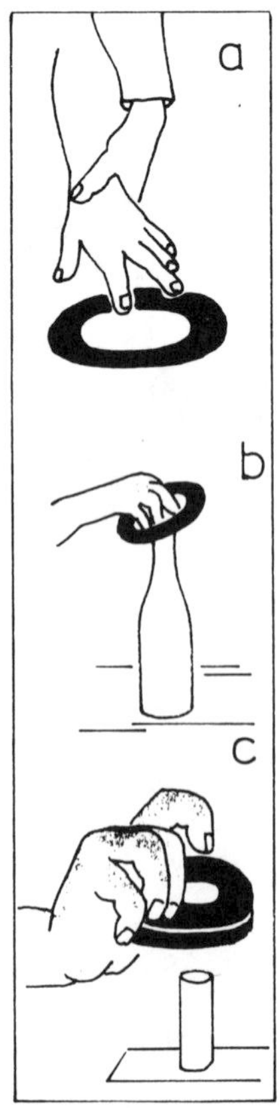

- Das Kind hat Freude und Lust am Greifen. Es greift nach allem, was sich in seiner Nähe befindet. Dies nutzt der Erwachsene aus und bietet ihm eine Vielzahl von Materialien an, damit es die unterschiedlichen Dingqualitäten ertasten kann.

- Der Erwachsene bietet dem Kind einen Ring an. Es greift danach oder wird gegebenenfalls mit der Hand geführt.

- Nachdem es den Ring untersucht und mit ihm genügend experimentiert hat, führt der Erwachsene die Hand des Kindes so, daß der Ring über einen länglichen Gegenstand (Flasche) gegeben werden kann.

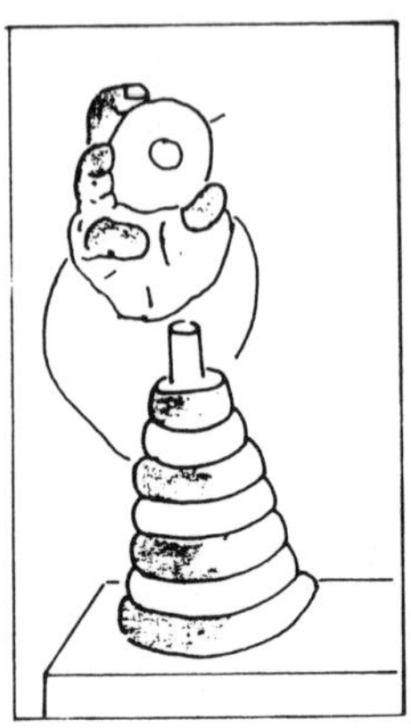

Allmählich wird der Ring kleiner, die Öffnung schmaler und die Flasche durch einen Rundstab ersetzt.

- Der Vater füllt alte Weinflaschen mit Sand und stellt diese im Garten auf eine ebene Fläche oder gräbt sie ein wenig in die Erde ein. Das Kind erhält jeweils einen Gummiring (Wurfring) und soll ihn über eine Flasche stecken. Befindet sich über jeder Flasche ein Ring, werden sie wieder eingesammelt.

- Eine weitere Möglichkeit, das Übereinanderstecken vorzubereiten, wären die auf einem Brettchen angebrachten Metallbögen, auf denen eine Kugel im Bogen von rechts nach links und umgekehrt geschoben werden kann. Der Bewegungsablauf gleicht dem des Darübersteckens mit dem Unterschied, daß hierbei die Bewegung starr geführt wird.

- Eine ähnliche Bewegungsfolge erreichen die Eltern, wenn sie dem Kind drei oder vier Joghurtbecher hinstellen und es ermuntern, diese übereinander zu stülpen.

- Ein Wurfring und ein Tennisball passen gut zusammen. Der Ring kann über den Ball gelegt, kann über den Arm gestreift und über die Beine eines umgekippten Stuhles gesteckt werden.

  Vielleicht ist es auch so, daß der Vater sich zum Kind auf den Fußboden legt, ein Bein anhebt und das Kind auffordert, den Ring über seinen Fuß zu streifen.

Das Wurfmännchen, das den größeren Kindern zum Zielwerfen dient, eignet sich für die jüngeren, um Ringe aus Plastik, Gummi, Holz oder Schnur darüber zu legen. In gleicher Weise können die Ringe über den gespreizten Daumen des Vaters gesteckt, über die hochgehaltene Hand geschoben werden.

- Ringpyramiden, Stecktürme und Schaukelpyramiden besitzen in der Mitte einen Führungsstab, über den die Ringe oder gelochten Scheiben gesteckt werden können.

  Die Größe und Farbe der einzelnen Ringe und Scheiben werden in diesem Entwicklungsalter vom Kind noch nicht beachtet. Trotzdem können Mutter und Vater während des Spiels darauf hinweisen, daß einmal der rote Ring und dann der grüne Ring über den Stab gesteckt werden.

„Schau Joachim, was ich hier habe! Ein Steckspiel! Damit wollen wir spielen. Mami nimmt zuerst die Ringe herunter und gibt sie dir dann einzeln. Hier ist ein roter Ring, hier ist ein weißer Ring. Jetzt kommt ein schwarzer Ring und zum Schluß noch ein blauer Ring. – Das hast du fein gemacht! – Mami legt jetzt die Ringe auf den Stuhl, und du nimmst dir einen nach dem anderen weg und steckst sie auf den Stab.“

- „Kugelsteckspiel“ wird das Beschäftigungs- und Übungsmaterial genannt, bei dem über einen oder mehrere Führungsstäbe Kugeln geschoben werden sollen.

  Um das Spiel für das Kind interessant und anregend zu gestalten, wird die Mutter jeweils eine Variante erfinden. Einmal werden ihm die Kugeln zugerollt, dann soll es sie aus einer Pappröhre herausholen, ein andermal wird die Kugel in einem Holzreifen gedreht, und das Kind soll sie greifen und aufstecken.

  DAS SPIELEN SOLL NIE IN DRILL AUSARTEN.

„KNIEREITER“ waren und sind für Kinder, die sitzend das Gleichgewicht halten können, eine der beliebtesten Spiele.

Kind und Erwachsener sitzen sich gegenüber, schauen sich an, sprechen sich an, lachen sich an und bewegen sich im Rhythmus auf und nieder.

Die Geschwindigkeit, die Intensität, die Form der Bewegung richtet sich nach dem Alter des Kindes, nach der jeweiligen Stimmungslage und der Phantasie der Erwachsenen.

Bei dem bekanntesten Kniereiter sitzt das Kind mit gegrätschten Beinen auf den Knien des Vaters. Dieser hält das Kind an den Armen fest und wippt die Knie mitsamt dem Kind im Takt der Worte:

Hoppe, hoppe, Reiter, wenn er fällt, dann schreit er;	
fällt er in die Hecken, fressen ihn die Schnecken;	– Vater macht mit dem Mund eine schnappende Bewegung.
fällt er in die Wiesen, muß er kräftig niesen;	– Vater ruft laut: Hatschi!
fällt er in den Klee; schreit er: Weh, oh weh!	– Vater schreit: Weh, o weh! und schüttelt sich.
Fällt er auf die Steine, tun ihm weh die Beine;	– Vater reibt sich die Beine und verzieht das Gesicht.
fällt er in den Graben, fressen ihn die Raben;	– Vater macht mit dem Mund eine schnappende Bewegung.
fällt er in den Sumpf, dann macht der Reiter – plumps!	– Vater läßt das Kind rücklings nach hinten fallen und fängt es wieder auf.

Hopp, hopp, ho!
Pferdchen frißt kein Stroh.
Muß dem Pferdchen
Hafer kaufen,
daß es kann im
Trabe laufen.
Hopp, hopp, ho!
Pferdchen frißt kein Stroh.

„Hopp, hopp, ho Mann,
zieh dem Pferd den Zaum an,
zieh ihn nicht zu lang an,
daß das Kindlein reiten kann.
Hopp, hopp, hopp!“

Der Vater wiegt bei diesem Kniereiter seine Knie langsam hin und her.

„Hotte, hotte, Reiterpferd,
das Pferd ist nicht drei Heller wert.
Wenn die Kinder sind noch klein,
reiten sie auf Stöckelein;
reiten auch nicht so geschwind,
weil sie doch noch Kinder sind.
Wenn sie größer werden,
reiten sie auf Pferden;
geht das Pferdchen tripp, tripp, trapp –
fall'n die Kinder all herab:
Bautz – in den Dreck!
Bautz – dieser Schreck!"

„Hopp, hopp, Poppelmann,
unsere Katz' hat Stiefel an,
geht zum Brünnchen,
find't ein Kindchen.
Wie soll's heißen?
Zuckermündchen!"

„Schecke, schecke, Rillchen,
wer reitet auf dem Füllchen?
Was hat der Reiter mitgebracht,
das ihm solche Freude macht?
Ein Säckchen voll Mäuse?
Einen Pelz voll Läuse?
Ein Haus voll Kinder?
Einen Stall voll Rinder?
Einen schwarzen Ziegenbock?
Schau mal an, solch dicken Stock!
Hopp, hopp, hopp, hopp, hopp!"

„Brr, brr, he!
Pferdchen, steh jetzt, steh!
Sollst noch heute weiterspringen,
muß ich dir erst Futter bringen.
Steh doch, Pferdchen steh!
Brr, brr, brr, brr, he!"

„Hopp, hopp, Pärdchen!
Wir reiden in die Mill;
bring mir e Sack voll Mehl met,
aber net ze vill.

Hopp, hopp, Müllerpärd!
En Dutzend Dahler biste wert;
wenn de net willst laufen,
woll'n wir dich verkaufen!"

Die Welt ist voller Geräusche und Klänge. Jedesmal wenn die Eltern mit dem Kind ausfahren, machen sie es auf ein anderes Geräusch aufmerksam: „Horch, die Straßenbahn klingelt!“

Die Höreindrücke in der Wohnung werden erweitert: Der Staubsauger surrt, die Waschmaschine rattert und die Schleuder quietscht.

Eine ständige Berieselung des Kindes mit Musik ist streng abzulehnen, aber täglich 10 Minuten Musik ist sogar ratsam. Durch die Auswahl der Musik kann der Geschmack des Kindes geprägt werden. Es wird nicht ohne Bedeutung sein, ob das Kind nur Popmusik oder nur Konzertmusik hört oder beides gemischt.

Wie überall und immer bei Erziehungsfragen liegt das Maß in der Mitte.

Die Stimme der Mutter und des Vaters ist für das Kind das Liebste und Angenehmste. Aus diesem Grunde sollten die Eltern, wann immer sie Lust und Zeit haben, dem Kind ein Lied vorsingen. Der Text ist nicht das Wichtigste dabei, das Aufnehmen akustischer Reize steht im Vordergrund. Das Kind soll erfahren, daß Singen eine Sache des ganzen Körpers ist, daß der Körper sich im Rhythmus der Melodie bewegen kann.

Eine kleine Liedauswahl:

Sprechen lernt das Kind nicht in einem leeren Raum. Um über etwas, von etwas sprechen zu können, muß es die mannigfachsten Erfahrungen im Umgang mit den Dingen und Menschen gemacht haben.

Lange bevor es sprechen kann, versteht es die Sprache der anderen. Es befolgt eine Aufforderung, geht auf die „Such- und Bitte-Danke-Spiele" ein und zeigt die benannten Körperteile. Jeder Tag bringt Fortschritte in der sprachlichen Entwicklung, wenn die Eltern sich mit dem Kind beschäftigen, wenn sie ihm Möglichkeiten zum Erfahrungsammeln geben.

Jeder Tag ist für das heranwachsende Kind ein „Kolumbustag".

- Vor der Was-Frage kommt die Wo-Frage. Bei der Frage: „Was ist das? ", muß das Kind eine Antwort geben können; bei der Frage: „Wo ist dieses oder jenes? " braucht das Kind nur in die entsprechende Richtung zu blicken oder mit dem Finger darauf zeigen. Am sinnvollsten wird diese Frageform bei den Körperteilen eingeübt. Die Mutter berührt das Füßchen des Kindes und sagt mit klarer Stimme: „Fuß! Das ist dein Fuß!" Dann lächelt sie das Kind an und fragt: „Wo ist dein Fuß? " Wenn das Kind nicht in Richtung des Fußes schaut oder ihn nicht berührt, legt die Mutter die Hand des Kindes auf dessen Fuß und sagt: „Da! Da ist dein Fuß! Komm, wir machen kribbele-krabbele. Dein Füßchen hat das gern!"
  Später folgen die anderen Körperteile – die Beine, die Arme, die Hände. Die Mutter spricht in die hohle Hand oder berührt bei den nachfolgenden Versen die betreffenden Körperteile:

  „Kommt ein Mäuschen,
  will ins Häuschen.
  Dahinein, dahinein!"

  „Kinnewippchen, rote Lippen,
  Nuppelnäschen, Augenbräuchen.
  Zupf, zupf mein Härchen!"

- Die Erwachsenen haben auch Körperteile. Sie fragen: „Wo ist Papas Hand? " Sie fordern das Kind auf: „Zeige Mamas Fuß!"
  Oft fällt es den Kindern leichter, auf Teile des Gesichts der Erwachsenen zu zeigen als auf die eigenen. Es kann sein Gesicht ja nicht sehen. Der Vater nimmt seine Tochter auf den Arm und fragt: „Wo ist Papas Nase? " „Richtig! Da ist Papas Nase! Jetzt zeigt dir Papa, wo Stefans Nase ist."

- Beim „Händchen-Zeige-Spiel" sei an den alten Kindervers erinnert:

  „Wie das Fähnchen auf dem Turm,
  sich kann drehn bei Wind und Sturm.
  So soll sich das Händchen drehn,
  daß es eine Lust ist anzusehen!"

  „Schweinchen schlachten,
  Schweinchen schlachten:
  Quik, quik, quik, quik, quik!
  Würstchen machen,
  Würstchen machen:
  Hack, hack, hack, hack, hack!
  Aufessen aufessen:
  Wau, wau, wau,wau, wau!"

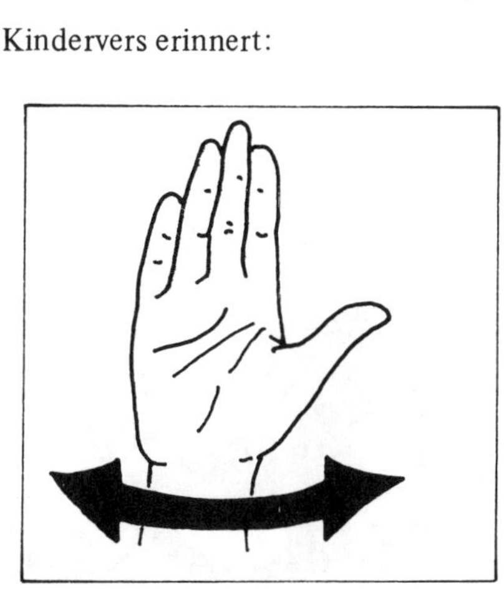

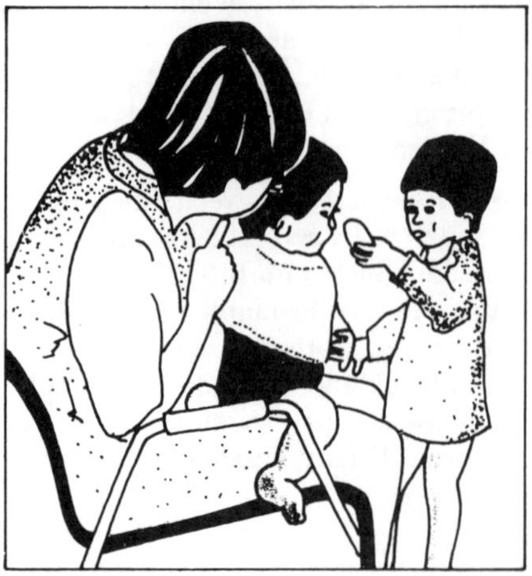

- „Bitte“ und „Danke“, die beiden Höflichkeitsformen, lassen sich in ein Spiel umwandeln. Das Kind sitzt auf dem Schoß der Mutter. Diese gibt ihm ein kleines Spielzeug in die Hände und sagt: „Bitte!“, während sie ihre flache Hand dem Kind hinhält. Legt das Kind das Spielzeug in Mutters Hand zurück, bedankt sie sich und drückt das Kind als Ausdruck der Freude leicht an sich. Gibt das Kind das Spielzeug nicht der Mutter zurück, wird diese mit der anderen Hand das Spielzeug aus der Hand des Kindes in die ihrige legen. Sie könnte auch ihre ältere Tochter oder ein Nachbarkind rufen und mit ihm das „Bitte-Danke“ ein oder mehrere Male vorspielen.

- In gleicher Weise eignen sich die sogenannten „Hol- und Bring-Spiele“. Der Vater gibt dem noch krabbelnden oder schon laufenden Kind eine Anweisung: „Hol den Schuh, bitte!“ Kommt das Kind der Aufforderung nach, freuen sich alle beide. Wenn nicht, ist der Vater nicht ärgerlich oder verstimmt, sondern wird dem Kind ohne laute Worte zeigen, was es hätte machen sollen.

  Diese Übungen werden sich oft wiederholen müssen, bevor sich das Kind den Zusammenhang zwischen einem gesprochenen Satz und der gewünschten Handlung einverleiben kann.

  Wichtig ist hierbei, daß immer die gleichen Sätze gesprochen werden. Wie kann das Kind wissen, was es tun soll, wenn unterschiedliche Satzmuster, Ausdrucksformen, Wörter verwendet werden?

- Für die tägliche „Mutter-Kind- oder Vater-Kind-Zeit“ eignet sich folgendes Spiel sehr gut.

  Der Erwachsene versteckt hinter dem Kissen fünf Gegenstände, die das Kind schon kennt (z. B. einen Löffel, einen Ball, eine Puppe, eine Ente, einen Keks). Der Reihe nach hebt der Erwachsene mit einem gespannten Gesichtsausdruck ein Ding nach dem anderen hoch, zeigt es und läßt es – nachdem darüber gesprochen wurde – wieder verschwinden. Kann das Kind die Gegenstände schon mit einem bestimmten Laut oder einer Lautverbindung koppeln, wird der Erwachsene danach fragen, was das sei. Spricht das Kind noch nicht, sagt er zu jedem Gegenstand einige kleine, immer wiederkehrende Sätze: „Löffel. Da ist der Löffel! Peter ißt mit dem Löffel (Gebärde). Hm, das schmeckt fein (Gebärde).“

  „Ball. Da ist der Ball! Der Ball rollt! Peter will den Ball haben.“

  Ziel dieser Übung soll sein, daß der verstandene (passive) Wortschatz des Kindes zum einen gefestigt und zum anderen erweitert wird. Daneben sollen die Kinder zum Produzieren von Lauten (Vokalisieren) ermuntert werden.

  Ente: Da ist die Ente! Die Ente macht ga, ga, ga. Peter macht auch ga, ga, ga! Alle machen ga, ga, ga.

Wenn Kinder nicht sprechen, das heißt Laute oder Lautverbindungen, die ein bestimmtes Ding meinen, von sich geben, müssen die Eltern sich darum bemühen, die Lautproduktion des Kindes anzuregen.
Hier einige Beispiele:

- Vor dem Kind auf dem Tisch steht ein licht- oder tonerzeugender Gegenstand (Nachttischlampe, Klingelpuppe). Die Mutter streichelt dem Kind über das Haar und summt ihm etwas vor. Jedesmal, wenn das Kind einen Laut von sich gibt, knipst die Mutter das Licht kurz an oder macht mit der Puppe ein Geräusch. Es ist wichtig, daß das Kind das Licht sieht. Es darf jedoch nicht damit spielen. Die Lichtquelle steht außerhalb seiner Reichweite. Mit der Zeit kann der „Verstärker", so wird diese Art der Belohnung heutzutage genannt, sich auf bestimmte Laute beziehen. Die Mutter sagt ein A oder AU vor und das Licht wird nur dann eingeschaltet, wenn das Kind diesen Laut nachahmt oder nachzuahmen versucht.

  Die Eltern sollten die sogenannten „Verstärker" nur für diese gemeinsamen Spiele einsetzen, sonst wird er für das Kind zu uninteressant, und er büßt seine verstärkende Wirkung ein.

- Das Kind darf auf dem Rücken des Vaters reiten. Die Mutter wird es auf den Rücken setzen und während der noch langsamen und behutsamen Fortbewegungen festhalten. Sie erzählt dem Kind eine Reitergeschichte und ruft ihm abwechselnd leise ins Ohr: „Hopp, hopp, so macht das Perdchen! Hopp, hopp, Peter darf reiten!"

  Die auf- und abwiegenden Bewegungen bereiten dem Kind Freude und sind oftmals der Auslöser für Lautproduktionen.

- Bewegung kann für die Lautbildung genutzt werden. Sprechen ist Bewegung. Das Vibrieren der Stimmbänder, das Öffnen und Schließen des Kiefers, das Vorwölben und Breitziehen der Lippen – alles sind Bewegungen.

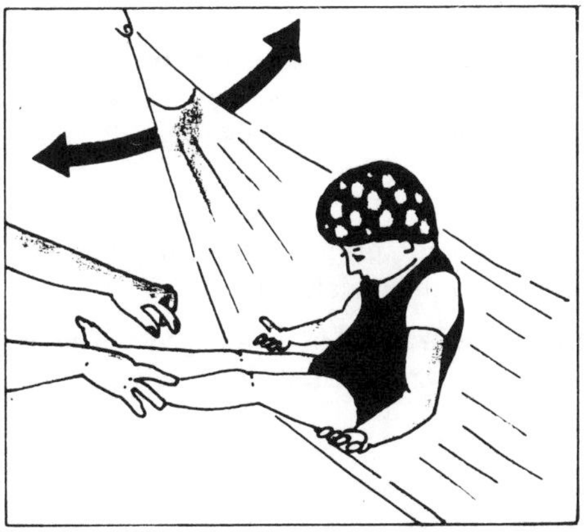

  Das Kind wird beispielsweise in eine Hängematte mit den notwendigen Sitzhilfen gesetzt, hin- und hergeschaukelt und mit Lauten angesprochen: „La-la, la-la, Jens schwingt hin und her! La-la, la-la."

- Die Mutter legt das Kind bäuchlings auf einen großen Wasserball und verstärkt die Ausatmung mit den Händen durch Vibration und leichten Druck auf den Rücken. Die Vibrationen pflanzen sich fort, treffen auf die Stimmbänder und aktivieren diese zur Lautbildung.

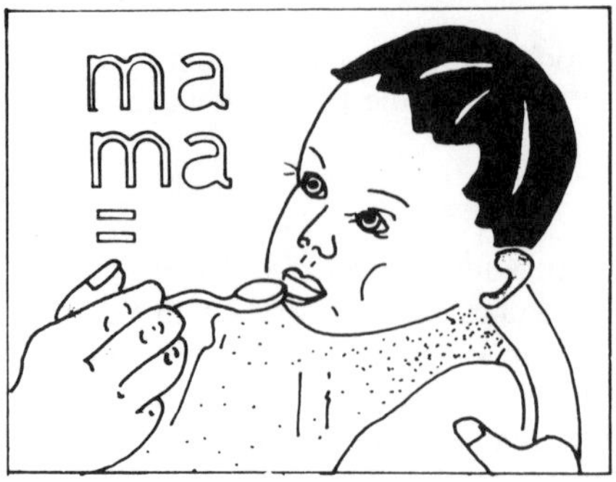

Eine von manchen Eltern angewandte Methode des Lautnachahmens ist die, daß sie ihrem Kind eß- oder trinkbare Belohnungen anbieten.

Mutter oder Vater stellen etwas, das das Kind besonders gern ißt – und das es nicht alle Tage bekommt – auf einem Tisch bereit (z. B. Eiscreme, Pudding, Saft, Joghurt).

Die Eltern gehen wie folgt vor:

1. Erwachsener und Kind sitzen sich am Tisch gegenüber. Zuerst wird ein gewisses Ritual, das dem Kind Orientierung und Sicherheit geben soll, eingeübt. Jedesmal, wenn es den Erwachsenen anschaut, bekommt es eine kleine Portion – aber wirklich nur eine kleine Portion oder einen kleinen Schluck des Getränkes. Die Belohnung erfolgt sofort nach der gewünschten Reaktion.

2. Während der zweiten Phase sagt der Erwachsene einen Laut oder eine Lautverbindung vor, die das Kind schon beherrscht. Er belohnt nur dann, wenn das Kind ihn anschaut und einen Laut äußert. Es braucht nicht unbedingt der vorgesprochene Laut zu sein. Es genügt, wenn das Kind irgendeinen Laut spricht. Kaspert das Kind, quängelt es oder schreit es gar, bekommt es keine Belohnung. Der Erwachsene ignoriert zuerst dieses Verhalten. Hört das Kind mit dem „unerwünschten Verhalten" nicht auf, legt der Erwachsene den Löffel nieder und verläßt für eine kurze Zeit das Zimmer. Das Kind lernt sehr schnell den Zusammenhang zwischen seinem Verhalten und der erfolgten Reaktion.

3. Ahmt das Kind den vorgesprochenen Laut nach oder bemüht es sich und bringt einen ähnlichen Laut hervor, wird es belohnt.

   Es bekommt keine Belohnung, wenn es einen völlig anderen Laut spricht.

4. Nun wird ein Laut vorgesprochen, der einen Sinnbezug hat und der in dem Lautrepertoir des Kindes enthalten ist.

   Das Kind kann z. B. DA sagen, und der Erwachsene spricht ihm ADA oder ADE vor und verbindet damit die Gebärde des Winkens. Spricht das Kind beispielsweise die Silben WA-WA, sagt der Erwachsene ihm das Kinderwort WAU-WAU vor und zeigt ihm die Abbildung eines Hundes.

Es wird ein weiter Weg sein, bis das Kind fremde Laute und Lautverbindungen nachahmen, bis es schließlich Laute und Silben zu sinnvollen Worten zusammenziehen kann.

Übung, Übung in spielerischer Weise ist hier die Methode der Wahl! Am Schluß jeder Übung wendet sich der Erwachsene dem Kind noch einmal besonders zu. Er singt, tanzt oder streichelt ihm über das Haar.

ABBEISSEN und KAUEN

Die Eltern können sich nicht darauf verlassen, daß ihr Kind später von selbst nach fester Nahrung verlangt. Hat ein Kind Eßstörungen, wird es ohne Hilfe nicht zum Kauen kommen. Es ist daher notwendig, daß mit ca. 7 Monaten nach und nach gröbere Nahrung verabreicht wird.

Eine feste und gleichmäßige Nahrung in der Konsistenz erleichtert dem Kind das Essen.

Es mag sein, daß bei manchen Kindern das Essen vorübergehend in Breiform gegeben werden muß. Es sollte jedoch sehr bald auf eine feste Nahrung übergegangen werden.

Die Nahrung wird zuerst ganz und dann immer weniger mit der Gabel zerdrückt.

- Besteht beim älteren Kind noch ein Beißreflex, wird er mit Hilfe der Mundbehandlung abgebaut. Abbeißen mit und durch den Beißreflex führt zu unerwünschten (pathologischen) Bewegungsmustern.

- Die Mutter gibt Kieferkontrolle und schiebt ein Stück eines Zwiebacks, eines Kinderkeks oder eine Brotrinde seitlich zwischen die Backenzähne. Das Kind soll spür- und hörbar abbeißen. Wenn nötig, stimuliert die Mutter seitlich, wenn die Nahrung zwischen den Zähnen liegt, indem sie an den Zähnen reibt.

  Beißt das Kind nicht ab, gibt sie etwas Druck vom Scheitel und vom Kinn aus und zerrt an dem Zwieback, damit das Abbeißen „erlebt wird".

  Die Mutter kann jedoch auch, bevor die Brotrinde zwischen die Zähne geschoben wird, das Brot mit der krustigen Seite an der Zahnreihe entlangziehen. Dies erleichtert und provoziert das Abbeißen.

- Zu Beginn wird nur solche Nahrung verwendet, die im Speichel weich wird und die nicht noch zusätzlich gekaut werden muß.

- Während die Nahrung sich im Mund befindet, gibt die Mutter Kieferkontrolle (Mundschluß) und wartet ab, was mit der Nahrung im Mund geschieht.

  Sie übt nur kontinuierlichen und gleichmäßigen Druck auf den Unterkiefer aus. Sie öffnet und schließt nicht den Mund, denn Kauen entsteht durch eine mahlende, rotierende Bewegung des Kiefers und nicht durch eine Auf- und Abwärtsfolge.

- Eine sehr sichere Methode, das Kauen anzubahnen, ist von Frau H. Müller entwickelt worden. Sie schneidet von einem Rinderfilet ein fingerlanges Stück ab, bestreut es mit ein wenig Gewürzsalz und schiebt das eine Ende zwischen die Backenzähne des Kindes. Das andere Ende hält sie fest, während sie mit der freien Hand Kieferkontrolle gibt.

  Das Kind kann das Fleischstück nicht verschlucken, es kann nur die Fleischsäfte herauskauen. Nach einiger Zeit tauscht sie die Enden um.

  Das „Kautraining mit dem Fleischstück" wird jeweils kurz vor der Mahlzeit durchgeführt. Das Kind wird zum Kauen angeregt und auf das spätere Kauen während des Essens vorbereitet.

ZAHNPFLEGE

Die Zahnpflege wird sehr oft in ihrer Bedeutung unterschätzt. Derweil sind gesunde Zähne für das Wohlbefinden des Kindes von sehr großer Wichtigkeit. Eine frühzeitig und konsequent begonnene Zahnpflege wirkt sich auf die gesamte Mundregion aus. Eine regelmäßig durchgeführte Zahnfleischmassage verhindert und vermindert das Zahnfleischbluten und alle Grade von Zahnfleischentzündungen und Anschwellungen. Sie verbessert und normalisiert die Muskelspannung der Lippen- und Wangenmuskulatur, baut den häufig vorhandenen Würgreiz und Würgreflex ab, korrigiert Fehlfunktionen der Zunge, hilft das Kauen mit anzubahnen und bekämpft schließlich den Kariesbefall.

Für die Zahnpflege sind keine besonderen Übungsstunden notwendig. Sie geschieht während der üblichen Zeit der Morgen-, Mittag- und Abendtoilette.

Mundschluß, richtige Zungenlage, ausgeglichener Muskeltonus der Lippen-, Wangen- und Zungenmuskulatur sind wichtige Voraussetzungen für ein gesundes Kieferwachstum. Überflüssige Zahnstellungsfehler können durch das Ausschalten des Zungenvorstoßes, des Zungenpressens, des Lippenkauens und der Interdentallage (zwischen den Zähnen) vermieden werden.

- Noch bevor die ersten Zähne kommen wird die Mutter mit einem mit Wasser oder Fencheltee getränkten Baumwolläppchen das Zahnfleisch säubern und reibend massieren. Diese Maßnahme bewirkt neben der Körperpflege dreierlei: Zum einen wird der Mundraum früh unempfindlich gegenüber Berührungen und Fremdkörpern im Innenraum. So manches Kind spuckt die feste Nahrung wieder aus, weil ihm die Bröckchen fremd und unangenehm im Mund sind. Zum zweiten baut die Mutter durch das Reiben des Ober- und Unterkiefers den Beiß- und den Würgreflex ab. Besteht beim Kind noch ein starker Beißreflex, soll die Mutter nicht zwischen die beiden Kiefer mit dem Finger fahren und reiben; das Kind beißt unwillkürlich zu (s. Mundbehandlung). Schließlich erhält das Kind eine zusätzliche Hinwendung und Hautkontakt. Es beantwortet eine geschickte Mundhygiene mit Zeichen der Zufriedenheit.

  Bei älteren Kindern, deren Zähne mit einer Bürste noch nicht geputzt werden können, wird ebenfalls das Mulläppchen verwendet. Die Zähne werden von allen Seiten gereinigt. Haften zwischen den Zähnen Speisereste, die mit dem Läppchen nicht erreichbar sind, kann gewachste Zahnseide zur Hilfe genommen werden.

- Bei der Zahnfleischmassage reibt die Mutter mit ihrem Zeigefinger oder mit einer weichen *kleinen* Bürste das Zahnfleisch mit kreisförmigen Bewegungen in Richtung auf die Zahnwurzeln. Wenn die Außenseiten des Zahnfleisches und das umgebende Gewebe gebürstet werden, bleibt der Kiefer geschlossen. Der Kopf ist leicht nach vorn gebeugt.

  Die Eltern mögen beim Kauf der Zahnbürsten darauf achten, daß sie die kleinste erhältliche Bürste nehmen. Mit ihr kann das die Zähne umgebene Gewebe besser erreicht werden. Viele erfahrene Zahnärzte betonen, daß das Massieren des Zahnfleisches genau so wichtig – wenn nicht noch wichtiger – als das Putzen der Zähne sei. Das Zahnfleisch hält die Zähne fest und stützt sie.

  Bei den ersten Versuchen der Zahnpflege mit der Bürste wird keine Zahnpasta verwendet. Die Kinder können den sich ansammelnden Speichel und die Paste noch nicht aktiv ausspucken. Erst nach und nach wird immer ein wenig mehr Zahnpasta, die nicht zu scharf sein darf, auf die Zahnbürste gedrückt.

Eine sichere Abstützung des Kopfes ist Voraussetzung für die Zahnreinigung. Der Unterkiefer wird mit der linken Hand umfaßt, der Mittelfinger gibt einen leichten Öffnungsdruck auf das Kinn, der Zeigefinger entspannt Wange und Lippen. Hierdurch wird erreicht, daß die Zahnbürste keine unangenehmen Berührungseffekte ausübt. Gleichzeitig können die die Muskelspannung regulierenden Übungen – Entspannen und Anspannen der Wangen- und Lippenmuskulatur – durchgeführt werden.

Zeigt das Kind Ablehnung und Unwillen, versucht die Mutter, es mit einem Lied oder einem selbsterfundenen Vers abzulenken

„BÄRBEL, MACH DAS MÜNDCHEN AUF, DASS DIE ZÄHNCHEN BLINKEN. MAMA KOMMT MIT BÜRST UND CREM' UND WILL SIE ZUM GLÄNZEN BRINGEN!"

oder

„AUF UND NIEDER, AUF UND NIEDER, HIN UND HER, HIN UND HER, MÖGEN DIE ZÄHNCHEN GAR SEHR!"

- Hat das Kind seine Scheu oder anfängliche Ablehnung gegenüber der Mundhygiene verloren und öffnet es den Mund weit, können und sollen die Zähne und das Zahnfleisch auch auf der Innenseite geputzt werden.

  Wahrscheinlich wird das Kind zu Beginn die Zahnpasta mit dem Spülwasser hinunterschlucken. Dies ist nicht weiter schlimm. Die Eltern werden dem Kind dementsprechend wenig Wasser in den Becher geben.

- Allmählich gehen die Eltern zu einer härteren Zahnbürste über, bis sie schließlich um das dritte Lebensjahr die elektrische Zahnbürste verwenden.

  Es gibt drei wichtige Gründe, die für den frühen Einsatz der elektrischen Zahnbürste sprechen. Der Umgang mit der elektrischen Zahnbürste erfordert vom Kind weniger Geschicklichkeit als das bei einer herkömmlichen Bürste der Fall ist. Die elektrische Zahnbürste massiert das Zahnfleisch und das umgebende Gewebe intensiver. Der Reinigungseffekt bei den Zähnen ist um vieles höher.

  Die Eltern werden die elektrische Zahnbürste nicht gleich beim ersten Versuch in den Mund des Kindes stecken. Das Zähneputzen mit einem „Gerät" muß stufenweise eingeführt werden:

  a) Die Eltern putzen ihre Zähne mit der elektrischen Zahnbürste und lassen das Kind zuschauen. Sie lachen dabei und bringen deutlich zum Ausdruck, daß es ihnen Spaß macht.

  b) Sie legen die vibrierende Bürste auf ihre Handfläche, an die Wangen und sagen mit Worten und durch Mimik und Gestik, daß die Vibrationen angenehm sind.

  c) Das Kind darf die elektrische Zahnbürste in die Hand nehmen und sie ein- und ausschalten.

  d) Die vibrierende Zahnbürste wird an die Wangen und später an die Lippen des Kindes gelegt. Zeigt das Kind starke Abneigung, wird das Bürstenteil abgenommen und das Kind bekommt nur den glatten, geschmeidigen Haltegriff.

  e) Die elektrische Zahnbürste wird behutsam in den Mund eingeführt und sachte an die Zähne angelegt.

  Während des Putzens sprechen die Eltern mit dem Kind, lassen es in den Spiegel schauen, erklären ihm, was sie gerade tun, benennen die Gegenstände, die verwendet werden und erfinden kleine lustige Reime.

„Oben, unten, vor und zwischen –
nicht nur einfach drüberwischen!
Links und rechts und drüber, drunter:
‚kommt der ganze Schmutz herunter!' "

(Roselinde Warneke und Wilhelm Schramm)

Manche Kinder möchten unbedingt ihre Zähne alleine putzen. Die Eltern werden das Kind gewähren lassen, müssen jedoch jeweils nachputzen, da das Kind *alleine* die Zähne nicht gründlich genug reinigen kann.

- Das Ausspucken des Wassers ist für viele Kinder nicht einfach. Zunächst werden die Eltern es dem Kind viele Male vormachen. Sie nehmen einen Schluck Wasser in den Mund, schließen die Lippen und schieben das Wasser deutlich sichtbar von einer Backenhälfte in die andere. Die Backen werden etwas stärker aufgeblasen, so daß der Spülvorgang deutlich sichtbar und hörbar zum Ausdruck kommt. Wenn notwendig, setzen sich Mutter und Kind vor einen Spiegel, nehmen einen Schluck Wasser in den Mund und spülen kräftig. Läuft das Wasser gleich wieder aus dem Mund, hält die Mutter nach dem Aufnehmen des Wassers den Mund zu (s. Kieferkontrolle) und neigt den Kopf des Kindes nach vorn. Wenn das Wasser zu tief in den Mundraum gelangt, besteht die Gefahr, daß der Schluckreflex ausgelöst wird und das Kind das Wasser ohne vorherigen Spülvorgang hinunterschluckt.

- Das Gurgeln ist der schwierigste Abschnitt im gesamten Übungs- und Trainingsablauf. Zuerst werden die Eltern das Gurgeln mehrere Male demonstrieren und zeigen. Ahmt das Kind nicht nach, lassen sie es einen Schluck Wasser in den Mund nehmen, legen ihren gestreckten Zeigefinger oberhalb des Kehlkopfes an den Hals des Kindes und üben einen leichten Druck aus. Der hintere Zungenrücken soll sich an die Rachenwand anlehnen und den Abfluß des Wassers verhindern. Langsam neigen sie den Kopf des Kindes nach hinten. Je weiter sie den Kopf des Kindes nach hinten neigen, desto stärker soll der Druck werden. Durch das Ausatmen durch den Mund, das durch vibrierende Bewegungen auf die Brust unterstützt werden kann, gurgelt und sprudelt das Wasser in der nach oben strömenden Luft.

  Nach zwei, drei Gurgeltönen neigt das Kind den Kopf nach vorn und spuckt das Spülwasser ins Waschbecken. Das Kind wird kräftig gelobt.

  Wer beim Einüben des Gurgelns nicht mit Wasser beginnen möchte, kann die gleiche Übung „trocken", d. h. ohne Wasser durchführen. Manchmal genügt es schon, wenn das Kind den Kopf stark nach hinten neigt und versucht, Laute zu produzieren. Es entstehen Ch-ähnliche Rachenlaute.

- Entscheidend für eine erfolgreiche Mundbehandlung sind Konsequenz und Regelmäßigkeit. Die Eltern mögen es sich zur Pflicht machen, mit ihrem Kind in bestimmten Abständen den Zahnarzt aufzusuchen. Es soll nicht so sein, daß das Kind erst Zahnschmerzen hat, bevor sich die Eltern für einen Zahnarztbesuch entschließen.

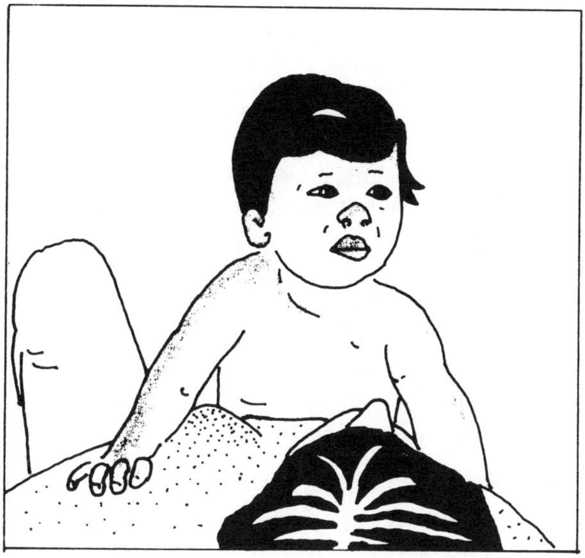

Begabung und Bewegung bedingen sich gegenseitig.
Das eine regt das andere an. Mangelnde Bewegungsfähigkeit verzögert nicht nur die körperliche, sondern auch die geistige Entwicklung.

Wichtig:

DEM KIND WENIGSTENS EINMAL AM TAG DIE MÖGLICHKEIT GEBEN, SICH AUSZUKRABBELN, SEINEN BEWEGUNGSDRANG ZU BEFRIEDIGEN.

Sitzen – Krabbeln – Aufrichten – Stehen – Laufen sind eine Entwicklungsfolge.

- Die Mutter, der Vater liegen auf dem Boden und bilden für das Kind einen lebendigen Klettergarten.
  a) Das Kind soll von rechts nach links über den Bauch krabbeln.
  b) Das Kind, das auf dem Bauch des Erwachsenen liegt, wird auf und ab gewippt.
  c) Der Erwachsene hält das auf dem Bauch liegende Kind fest und dreht sich halb nach rechts und links.
  d) Der Vater winkelt seine Knie an und läßt das Kind die schräge Ebene herunterrutschen.
  e) Das Kind soll durch die angewinkelten Beine des Erwachsenen krabbeln.
  f) Der Vater stemmt das auf seinem Bauch liegende Kind nach oben (Flieger).
- Das Kind liegt rücklings auf der ausgebreiteten Decke. Die Mutter beugt sich über es, hält ihm einen Besenstiel hin, legt seine Hände um das Rundholz und zieht den Stiel langsam und behutsam nach oben. Zuerst wird sie während des Hochziehens noch ihre Hände um die Hände des Kindes legen und sie festhalten. Später soll sich das Kind ohne Hilfe und aus eigener Kraft in der Art des Klimmzuges selbst hochziehen.
- Der Besenstiel wird quer über zwei Sessel- oder Stuhllehnen gelegt, so daß das Kind sich stehend festhalten kann. Ertönt eine flotte Musik, versucht das Kind im Rhythmus zu wippen. Das rhythmische Auf und Ab ist bei Kindern sehr beliebt. Läßt das Kind sich durch die Musik allein nicht anregen, wird die Mutter ihm die Bewegungen vormachen oder sanft seinen Körper auf- und abwärts bewegen.
- Mutter und Kind befinden sich auf der Bodenmatte und sind für die tägliche Gymnastik bereit:
  a) Das Kind liegt auf dem Rücken, unter dem Kopf ein Kissen. Die Mutter faßt die beiden Beine oberhalb der Fußgelenke und zieht das liegende Kind langsam hoch bis es kopfüber in der Luft hängt. Beim Hinlegen wird behutsam der Hinterkopf auf das Kissen aufgesetzt, dann folgen Schultern, Rücken und Becken.
  b) Das Kind sitzt vor der knienden Mutter. Diese umfaßt mit der rechten Hand die Füße und mit der linken die beiden Hände des Kindes. Das Kind soll sich steif machen und sich wie ein gerader Stab mit durchgedrückten Knien hochstemmen. Die Mutter zieht leicht an, bis das Kind vor ihr steht.

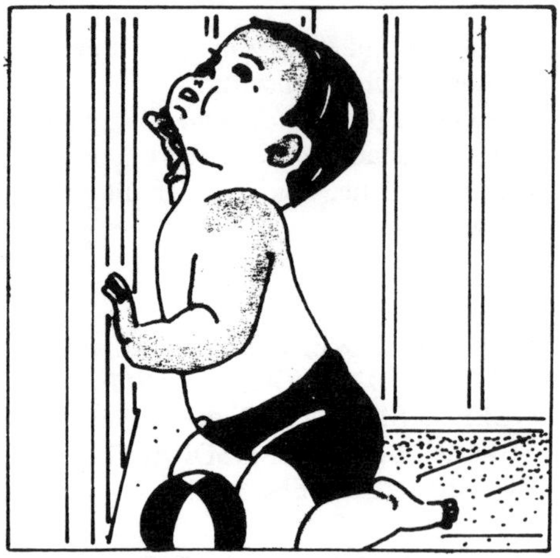

- Vater und Kind krabbeln auf dem Fußboden herum. Der Vater bleibt sitzen, holt eine Spielzeugente und schiebt sie mit lautem Geschnatter auf dem Teppich entlang. Das Kind hat Freude an der Lautimitation und an dem sich bewegenden Tier und schaut dem Vater interessiert zu.

  Plötzlich verschwindet die Ente unter dem Schrank. Der Vater schaut das Kind fragend an und sagt: „DIE ENTE IST WEG. HOL DIE ENTE WIEDER!“

  Ist die Aufgabe noch etwas zu schwer, wird der Vater die Ente noch einmal unter dem Schrank hervorschauen lassen und rufen:

  „Hallo, da bin ich! Hol mich doch!“

- Der Erwachsene sitzt mit dem Kind auf dem Teppichboden. Er schiebt ein Spielauto hin und her und ahmt das Motorgeräusch nach. Das Auto fährt ganz langsam hinter den Rücken des Erwachsenen. Es ist nicht mehr zu sehen. Krabbelt das Kind von sich aus hinter den Rücken des Erwachsenen, um das Auto zu holen? Wenn nicht, wird der Erwachsene es dazu ermuntern.

  Auf die gleiche Art und Weise kann das Spielzeug hinter einem Kissen, hinter einer Schachtel, in einer Dose oder gar hinter dem Rücken des Kindes selbst versteckt werden. In allen Fällen soll das Kind aufgefordert werden, das aus seinem Gesichtsfeld verschwundene Ding wieder zu holen.

- Die Geschwister führen mit dem Jüngsten ein Hinderniskrabbeln durch. Es geht unter Stühlen und Tischen, über Kissen, auf Holzböden, Teppichböden und Kunststoffböden entlang.

  Geschwister regen sich gegenseitig an. Die Größeren besuchen den Kindergarten, erhalten dort Anregungen und bringen diese mit nach Hause, die Kleinen greifen sie auf und versuchen, die Großen nachzuahmen.

  Ältere Geschwister sind die Zugpferde, die den Entwicklungswagen, auf dem die jüngeren sitzen, kräftig mitziehen. Es sei daher immer empfohlen, so viel wie möglich die Geschwister gemeinsam spielen zu lassen.

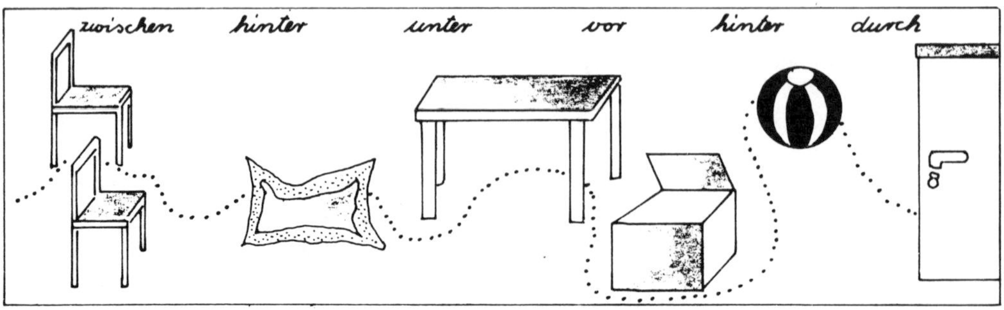

- Während der Vater mit dem Kind und dem Lieblingsspielzeug in der Nähe einer Treppe spielt, wird er, ohne es dem Kind aus der Hand zu reißen, dieses auf die zweite Treppenstufe stellen und das Kind mit Worten und Gesten auffordern, das Spielzeug wieder zu holen. Zuerst wird es nur eine Stufe erklettern können, später mehr und mehr.

13–15 Monate
Entwicklungsalter

Hier können Sie eine Fotografie Ihres Kindes einkleben!

Die Zeit um und nach dem ersten Geburtstag ist geprägt von dem Drang des Laufenlernens. Alles andere ordnet sich diesem Bewegungsbedürfnis unter. Am auffälligsten ist dies an der Zunahme des Wortschatzes zu beobachten. Zu Beginn des zweiten Lebensjahres vergrößert sich sein Wortschatz nur langsam. Sein Streben und Wollen ist ganz auf das Laufenlernen und die damit verbundene Umwelterkundung gerichtet. Die wenigen Wörter, die das Kind schon sprechen kann, haben die Bedeutung eines ganzen Satzes. Sie bezeichnen noch nicht einen festen, eindeutigen Begriff, sondern beziehen die ganze Situation, in der es das Wort gehört und erfahren hat, mit ein.

Seine Handmotorik ist so weit entwickelt, daß es seine Finger zielbewußt einsetzen und kleine Dinge (Rosine) mit Daumen und Zeigefinger aufnehmen und wieder fallenlassen kann. Mit Vorliebe steckt es seinen gestreckten Zeigefinger in alles Lochartige hinein.

Das Kind kann seinen Kinderwagen schieben, klatscht bei Versen und Liedern in die Hände und räumt leidenschaftlich aus und ein.

BEOBACHTUNGEN und FRAGEN

Zieht sich das Kind zum Stehen hoch? ....

Kann es frei stehen und wie lange? ....

Versteckt es sich hinter dem Sessel oder Sofa und wartet darauf, daß die Erwachsenen es suchen? ....

Läßt es sich gerne krabbelnd fangen? ....

Kann es schon die Zimmertüre öffnen? ....

Schiebt es seinen Kinderwagen vor sich her? ....

Wieviel Schritte kann es alleine laufen? ....

Hantiert es gerne mit Bauklötzchen? ....

Wieviel Bauklötze stellt es hintereinander? ....

Zeigt es mit gestrecktem Zeigefinger auf einen begehrten Gegenstand oder eine Speise?	....
Gibt es die Hand, wenn der Erwachsene ihm seine zum Gruß hinhält?	....
Klatscht es selbst in die Hände beim „Backe, backe Kuchen-Spiel“?	....
Ahmt es das Händefalten beim Beten nach und imitiert es andere Familienmitglieder in ihrem Tun?	....
Spielt es gerne mit anderen Familienmitgliedern?	....
Lacht es, wenn die anderen lachen?	....
Räumt es die Schubkästen aus und ein?	....
Findet es einen bestimmten Gegenstand aus einer Ansammlung anderer heraus?	....
Welche und wieviel Bilder (Abbildungen) erkennt es und kann sie den jeweiligen Gegenständen zuordnen?	....
Erinnert es sich an Ereignisse des vergangenen Tages?	....
Welche Aufforderungen versteht das Kind und kommt ihnen nach?	....
Welche und wieviel Wörter spricht es?	....
Haben einzelne Wörter schon Satzbedeutung und welche?	....
Hat es Spaß an Kniereitern?	....

Persönliche Anmerkungen:

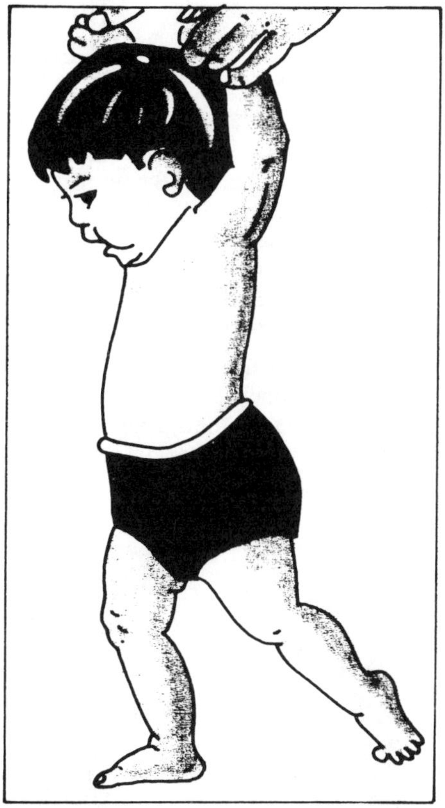

Das Laufenlernen ist ein besonders wichtiger Abschnitt in der kindlichen Entwicklung. Die ersten Schritte sind noch kurz und unregelmäßig, die Fersen berühren den Boden nicht, das Kind trippelt auf Zehen und Fußballen. Beim Laufen hebt das Kleinkind die Füße bei jedem Schritt sehr hoch, so daß es leicht sein Gleichgewicht verlieren kann. Obwohl die motorische Entwicklung weitgehend von Reifungsprozessen des Gehirns abhängt, kann doch eine gezielte Anleitung und die Gelegenheit zur Übung beschleunigend auf die weitere Entwicklung einwirken.

Das tägliche Bewegungstraining fördert nicht nur die Entwicklung der gesamten Muskulatur, des Sehnenapparates und der Gelenke des Kindes, es übt auch einen gesundheitsfördernden Effekt auf die Mutter oder den Vater aus.

Bevor die Eltern die hier beschriebenen oder auch selbst ausgedachten Übungen mit dem Kind durchführen, sollten sie zuvor den Arzt oder die zuständige Mütterberatungsstelle fragen, ob diese Bewegungen dem Kind in seiner Entwicklung nicht schaden könnten.

- Das Kind lehnt sich mit dem Rücken an die Beine der Mutter und streckt seine Arme in die Höhe. Die Mutter hält ihm einen Besenstiel als Reckstange hin und ermuntert es, die Stange mit beiden Händen zu umfassen. Zunächst zieht die Mutter das Kind nur bis zum Zehenstand hoch, d. h. das Gewicht ruht auf den Zehenspitzen.

  Bei diesem Hänge- oder Hochziehversuch erfährt das Kind die Grenze zwischen der eigenen Kraft und seinem Körpergewicht.
  Spürt die Mutter, daß das Kind die Stange fest im Griff hat und daß seine Kraft ausreicht, zieht sie die Stange noch etwas höher und läßt das Kind für einige Sekunden in der Luft hängen.

- Der Vater stellt das Kind auf seine Füße und läßt es passiv mit laufen. Dabei hält er es an den Händen und achtet darauf, daß es so viel wie möglich das Gleichgewicht selbst ausbalanciert.

- Das sogenannte „Rudern“ macht allen Kindern sehr viel Spaß. Das Kind sitzt zwischen den gegrätschten Beinen der sitzenden Mutter und faßt mit beiden Händen einen Besenstiel als Ruder an. Die Mutter faßt ebenfalls zu und bewegt ihren Oberkörper mit ausgestreckten Armen vor und zurück. Diese Bewegung zieht das Kind mit. Durch Anfeuerungsrufe wird ein gleichmäßiger Rhythmus betont.

- Mutter und Kind sitzen im Grätschsitz hintereinander. Die Mutter läßt das Kind den hingehaltenen Besenstiel mit weit gespreizten Armen greifen und wiegt ihren Oberkörper hin und her, dreht sich nach rechts und links und streckt sich. Das Kind soll den Bewegungen folgen.

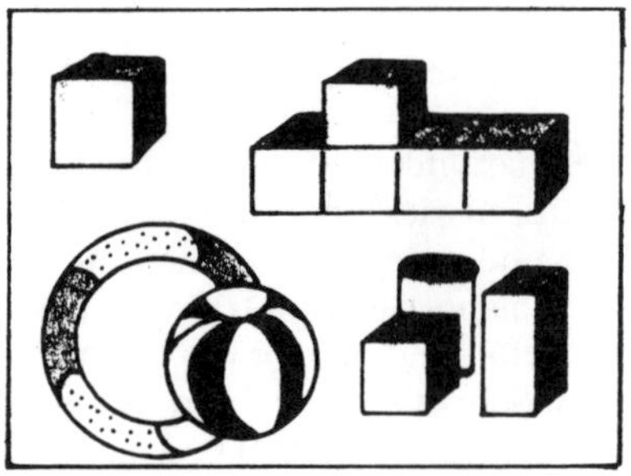

Bauklötze sind die Bausteine der geistigen Entwicklung

Das Bauen mit Bauklötzen ist für die geistige Entwicklung des Kindes von großer Bedeutung. Das Bauen fördert neben der Handgeschicklichkeit vor allem die Phantasie und Kreativität des Kindes. Es erfährt im handelnden Umgang mit den Dingen die physikalischen Gesetzmäßigkeiten der Statik. Das Lernen im Spiel ist bei Kindern der Königsweg zum Erfolg.

Bis das Kind jedoch zu einem bewußteren Bauen kommt, beschäftigt es sich zunächst mit dem Aneinanderreihen der Bauklötze. Später folgt das Aufeinanderstellen, wobei es bei den ersten Malen mehr ein Aufeinanderhalten ist. Das Kind kann zwar einen Baustein greifen, aber nicht so ohne weiteres wieder loslassen. Das gezielte Loslassen in einer bestimmten Höhe, an einer bestimmten Stelle ist noch schwerer. Der erste „Turm" ist eine große und sichtbare Leistung, die gebührend gelobt werden sollte. Das Kind erfährt, daß aus seiner Betätigung etwas entsteht, daß es etwas bewirken kann.

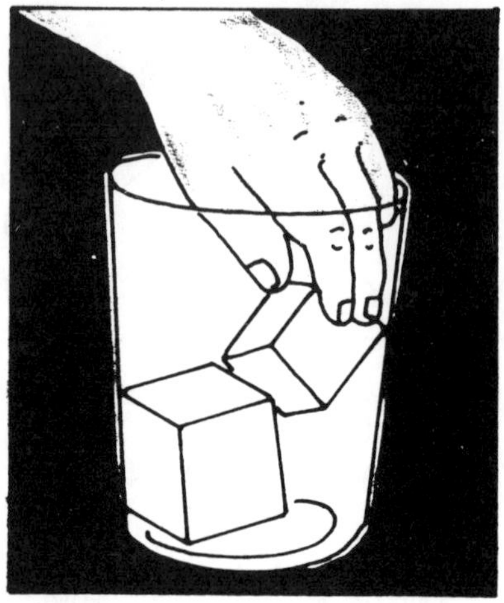

Eine Hilfe für das Turmbauen wäre es, wenn der Vater oder die Mutter in einem breiten Glas den Turm vorbauten und dann das Kind zum Nachbauen ermunterten. Das Wasserglas ist durchsichtig, so daß das Bauwerk und der Bauakt gesehen werden, und das Glas ist so schmal, daß die Bausteine nicht herunterfallen können. Es kann nur in die Höhe gebaut werden. Das Nichtumfallen ist immer gewährleistet.

Ein weiterer Meilenstein in der Entwicklung des Bauens wäre erreicht, wenn das Kind das Prinzip des Überbrükkens beherrschte. Über zwei Klötze mit einem Zwischenraum wird ein längerer gelegt, so daß eine Art Brücke entsteht.

FÜR KLEINKINDER SOLLTEN DIE BAUKLÖTZE EINFACHE FORMEN (Quader, Quadrat, Walze) AUFWEISEN UND DIE KANTEN EINES WÜRFELS NICHT UNTER 3 cm LANG SEIN. DIE KLÖTZE BRAUCHEN ANFANGS NICHT FARBIG ZU SEIN, JEDOCH NICHT ALLZU LEICHT, AUSSERDEM FEST UND SPLITTERFREI.

Obwohl sich das Bauen gerade durch die Unerschöpflichkeit des Formenreichtums auszeichnet, gibt es auch hier eine Gesetzmäßigkeit in der Entwicklung:

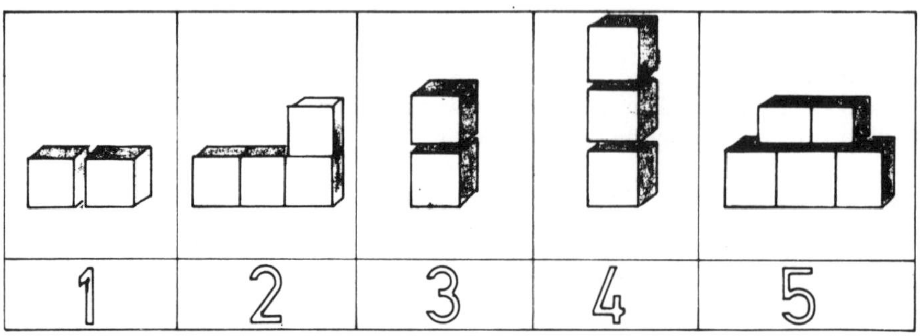

Jedes Ding fühlt sich anders an

Blinde Kinder lernen die Welt und die Dinge über den Tastsinn kennen. Demnach muß dieser Sinn wichtige Informationen über die Beschaffenheit der Dinge vermitteln können. Sachen können kalt, warm, glitschig, rauh, leicht, schwer, glatt, körnig, dünn, dick, faserig, bröselig, samtig usw. sein.

Die Familie sammelt für das Kind eine Vielzahl von „Kleingegenständen" und bewahrt diese in einer speziellen Schachtel auf. In ihr können sich befinden: Tannenzapfen, Muscheln, Steine, Kork, Löffel, Nüsse, Plastikbälle, Gummitiere, Ketten, Federn usw.

In gewissen zeitlichen Abständen setzen sich Mutter und Kind bequem auf das Sofa und befühlen nacheinander diese Sachen, indem sie sie aus- und einräumen. Bei den Dingen, die das Kind schon ein bißchen besser kennt, darf es die Augen zumachen, wenn die Mutter ihm den Gegenstand in die Hand gibt. Wahrscheinlich kann es sie noch nicht benennen; die Mutter wird es anstelle des Kindes tun.

- Gebrauchsgegenstände sollen aus der Hand der Mutter genommen werden. Dies scheint sehr leicht zu sein, jedoch wird die Mutter die Gebrauchsgegenstände jedesmal dem Kind anders reichen. Wird die Gabel mit den Zinken voraus dem Kind gereicht, muß es anders zufassen, als wenn sie mit dem Schaft zuerst gereicht werden würde. Das Kind soll sich mit und in seinem Greifen den Dingen anpassen lernen.

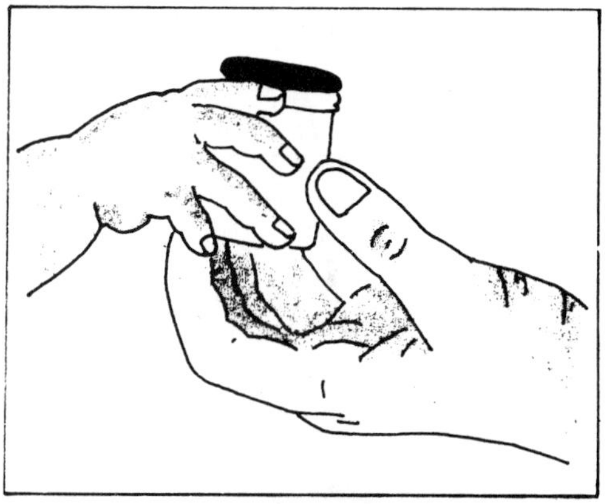

- Sandpapier fühlt sich anders an als Alufolie. Der Vater klebt auf Kartonstücke (DIN A 4) die verschiedensten Materialien: Sandpapier, Samt, Teppich, PVC, Holz, Alufolie, Plastiktüte, Stoff, Leder, Wolle usw.

Wie die Mutter in der zuvor beschriebenen Übung, wird er sich während einer ruhigen Zeit mit dem Kind an den Tisch setzen und beide werden gemeinsam mit geschlossenen Augen über die verschiedenen Materialien fahren. Vielleicht machen die Geschwister mit und es beginnt ein interessantes „Tastraten".

- Eines Tages kommt die Mutter mit einem kleinen Stoffsäckchen. Sie tut sehr geheimnisvoll, greift in das Säckchen, holt einen Gegenstand heraus und wundert sich, was in dem Säckchen alles enthalten ist. Dann macht sie ein fragendes Gesicht und fordert das Kind auf, ebenfalls Dinge aus dem Säckchen zu holen.

Sinn dieser Übung ist, daß das Kind blind, d. h. ohne Zuhilfenahme der Augen, greifen lernt. Es soll sich nur auf seinen Tastsinn verlassen.

Fingergymnastik beeinflußt die Entwicklung der Sprachzentren im Gehirn

Ein russisches Forscherteam konnte auf wissenschaftlicher Grundlage nachweisen, daß ein gezieltes Training der Finger und der Hände den Ausreifungsprozeß der Sprachzentren im Gehirn günstig beeinflußt und sogar beschleunigt.

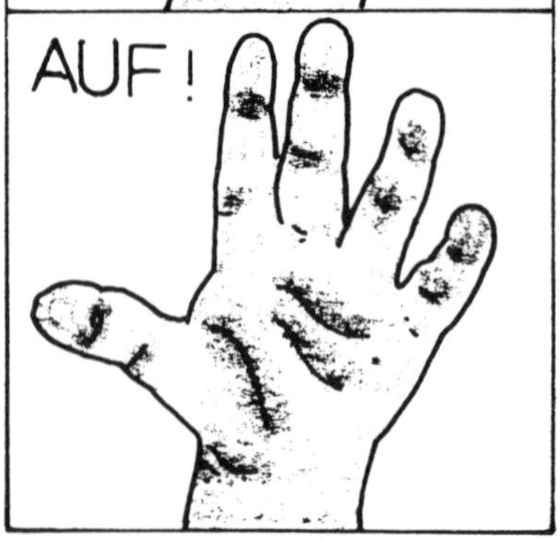

Diese Forschungsergebnisse sind im Grunde ja nur die Bestätigung der uralten Fingerspiele und Ammenreime. Schon die Großmütter wußten, was den Fingern nützt.

Das hier zusammengestellte Trainingsprogramm ist insbesondere für behinderte Kinder geeignet. Jede Übung sollte mehrmals am Tage über eine Dauer von höchstens fünf Minuten durchgeführt werden.

Bei cerebralen Bewegungsstörungen in den Händen sollte vor Beginn der behandelnde Arzt oder die Krankengymnastin gefragt werden.

Vor dem Trainingsprogramm sollen die Finger und Hände leicht geknetet und massiert werden, indem die Mutter (oder der Vater) die Hand des Kindes zwischen die ihrigen legt, leicht andrückt, die Hände hin und her, auf und ab bewegt und leicht dreht. Außerdem können die Hände eingepudert, eingeölt werden, damit sie geschmeidiger werden.

ZU! AUF!

Die Eltern nehmen das Kind auf den Schoß und machen ihm die erste Übung vor.

DIE FÄUSTE WERDEN ABWECHSELND GEÖFFNET UND WIEDER GESCHLOSSEN.

„Papa macht die Hand auf und wieder zu. Jetzt macht Peter die Hand auf und wieder zu. Weil es gar so schön war, machen wir es gleich noch einmal. Jetzt kommt die andere Hand an die Reihe."

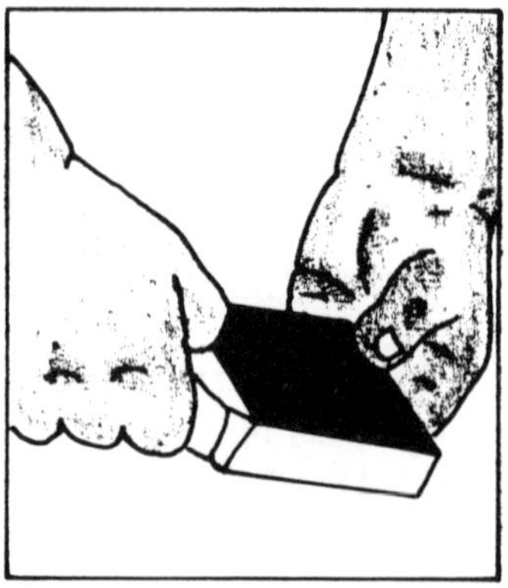

SCHACHTEL AUF UND SCHACHTEL ZU!

Eine Streichholzschachtel oder dergleichen wird vor das Kind auf den Tisch gelegt. Greift es nicht spontan danach und beginnt sie aufzuschieben, wird der Vater es ihm zeigen. Er wird darauf achten, daß der Innenteil nicht ganz herausgezogen wird, da das Hineinstecken der Lade in den Schachtelmantel noch zu schwierig wäre. Hier geht es in erster Linie um das Auf- und Zuschieben der Schachtel und nicht um das Hineinstecken.

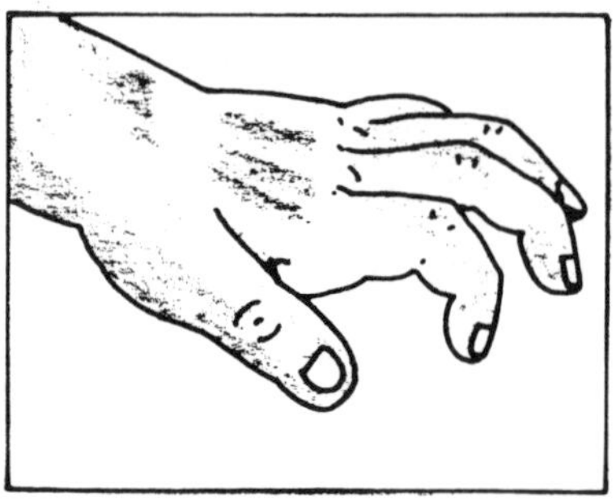

VIELE KLEINE SPINNENBEINE

Das Kind sitzt wieder auf dem Schoß des Vaters. Dieser läßt seine Finger in der Art des Spinnenganges über den Tisch spazieren und fordert das Kind zur Nachahmung auf.

„Viele kleine Spinnenbeine krabbeln hin und her. Krabbeln rechts und krabbeln links, krabbeln rund umher!"

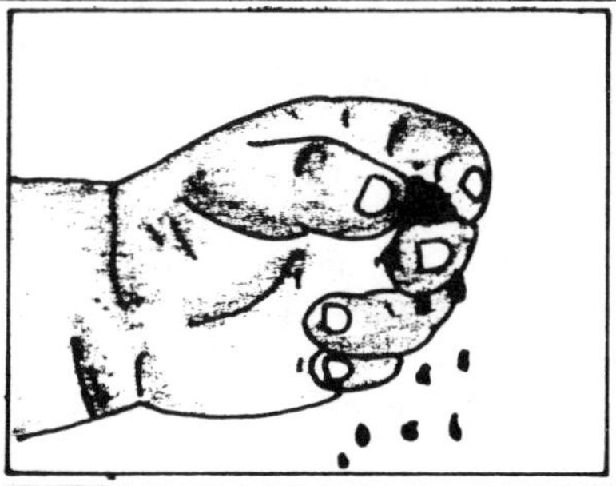

KRÜMEL, KRÜMEL BRÖCKLE AB!

Eine ausgesprochene Freude bereitet es den Kindern, bröselige Dinge zwischen den Fingern zu zerreiben. Im Haushalt fällt immer wieder ein Stück Zwieback, ein angetrocknetes Brotstück ohne Rinde ab.

Wer systematisch vorgehen möchte, der gießt Wasser in Sand, formt Sandkügelchen, läßt sie trocknen und gibt sie dem Kind. Später folgen Torfstückchen und dann erst kommt der Zwieback.an die Reihe.

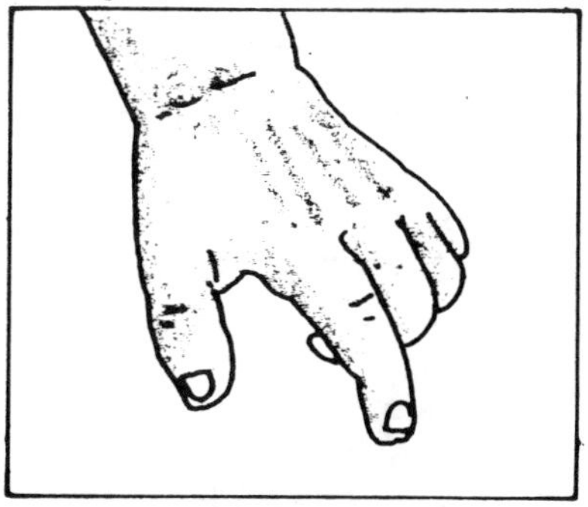

KLEIN, KLEIN MÄUSCHEN KRATZT AN MEINEM HÄUSCHEN!

Dieser abgewandelte Kindervers soll das Kind ermuntern, mit den Fingern auf dem Tisch, auf dem Stuhl oder sonst irgendwo zu kratzen.

Immer wird mit dem leichtesten Teil begonnen. Hier ist es der Zeigefinger, dann folgen nacheinander die übrigen Finger, die an dem Häuschen kratzen.

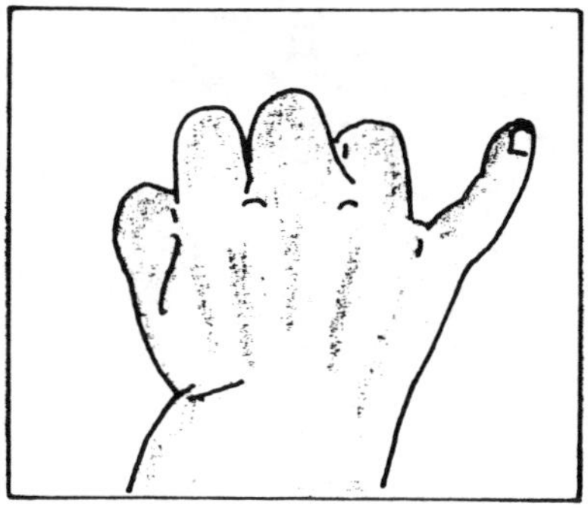

DAUMEN SPREIZ DICH,
ZEIGEFINGER ZEIG DICH,
MITTELFINGER LÄNG DICH,
RINGFINGER RECK DICH,
KLEINER FINGER STRECK DICH!

Zuerst wird der Daumen abgespreizt, dann folgen die anderen Finger. Eine nicht sehr leichte Übung. Wahrscheinlich müssen die Eltern selbst bei den ersten Malen die Finger des Kindes spreizen.

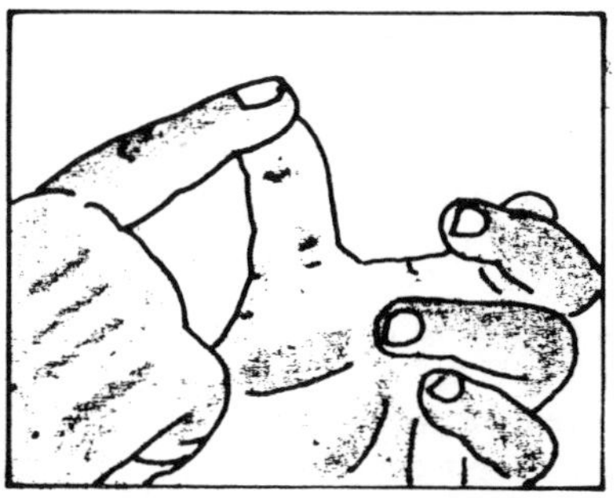

a) ZEIGE DEN RINGFINGER!

   Nacheinander soll das Kind die einzelnen Finger vorzeigen, nachdem der Vater es ihm einige Male vorgemacht und gezeigt hat.

b) SAG DEM DAUMEN GUTEN TAG!

   Jede Fingerkuppe berührt den Daumen und begrüßt ihn.

c) Der Vater schließt seine Hand und fordert das Kind auf, seine Faust mit den Händen zu öffnen. Später werden die Rollen gewechselt.

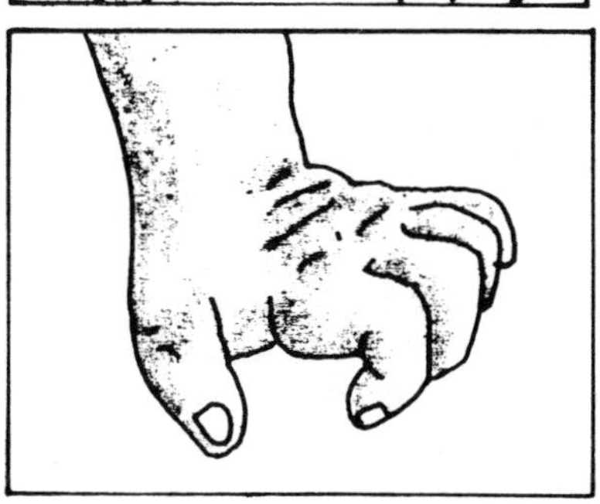

KLEINE KINDER ROBBEN, DAS HÄNDCHEN MACHT ES NACH!

Der Vater macht es vor: Er legt seinen Handballen auf den Tisch und zieht ihn an die Fingerspitzen heran. Diese raupenförmige Bewegung führt er fünf- bis sechsmal aus.

Farben und Formen kennenlernen

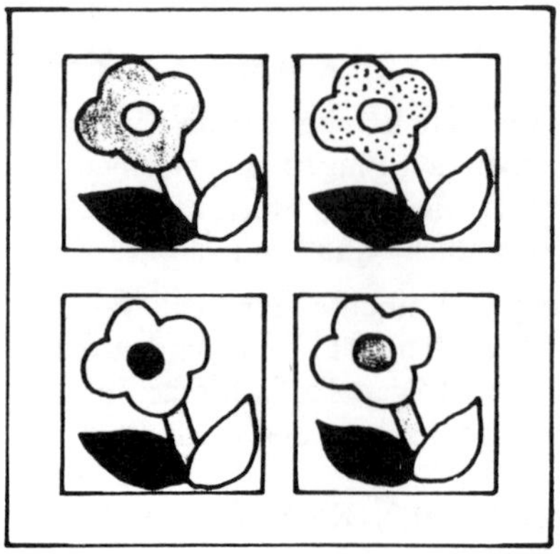

- Das Kind soll immer sicherer werden im Erkennen und Unterscheiden von Farben. Zu diesem Zwecke malt der Vater auf einen Karton (DIN A 4) ein gleiches Motiv in verschiedenen Farben, z. B. eine rote, gelbe und blaue Blume mit jeweils der gleichen Form.

  Dieses Bild hängt er in Augenhöhe des Kindes im Kinderzimmer auf. Je nach Gelegenheit stellt er sich mit dem Kind davor, und beide sprechen über die Farben:

  „Da sind viele Blumen. Da ist eine rote Blume. Da ist eine weiße Blume. Da ist eine blaue Blume. Siehst du die Blumen? Die rote Blume! Richtig, da ist die rote Blume!"

- Farben begegnen dem Kind auf Schritt und Tritt. Ab und zu wird die Mutter auf die rote Tasse oder den blauen Becher aufmerksam machen.

  Sie kann aber auch ein Bild mit wenigen einfachen Gegenständen malen, an die Wand hängen und das Kind nacheinander auf etwas Neues – z. B. eine andere Farbe – aufmerksam machen.

  „Ich habe für dich ein Bild gemalt. Du siehst das Haus mit dem roten Dach. Hier ist der Kamin. Aus dem Kamin kommt Rauch. Die Mutter kocht in der Küche für das Kind einen süßen Brei. Das Haus hat eine Türe und ein Fenster. – Peter schaut gern aus dem Fenster. Komm, wir gehen zum Fenster und schauen hinaus!"

- Warum sollen die Eltern für ihr Kind nicht individuelle Bildkarten basteln? Jedes Kind bevorzugt besondere Gegenstände, und in jedem Haushalt stehen andere Sachen und Dinge im Vordergrund. Außerdem müssen die Bilder für das Kind besonders klar und die Formen sehr einfach sein. Nicht alle gekauften Bilder entsprechen diesen Kriterien.

  Auf einen Karton werden die Bilder aufgemalt oder aufgeklebt und mit durchsichtiger Folie überklebt. Mit der Zeit bekommt das Kind eine ganze Bildkartensammlung zusammen.

  Diese Bildkarten sind nicht nur zum Anschauen da, man kann auch darüber sprechen, sie lassen sich auslegen, sortieren und ordnen.

Vater und Sohn setzen sich an den Tisch und breiten die Karten vor sich aus. Der Vater beginnt mit dem Spiel: „Wo ist das Auto? Ich kann das Auto nicht finden! Wo ist denn das Auto? Kannst du mir helfen? Wir gehen gemeinsam alle Karten durch, bis wir das Auto gefunden haben. Ist dies das Auto? Nein! Ist es vielleicht dieses? Nein! Schau dir diese Karte genau an! Wo ist das Auto? Richtig! Da ist das Auto!"

Wahrnehmen des Gleichen aus einer Vielfalt

Stand bisher vorwiegend das Sehen und Wahrnehmen eines einzelnen, isolierten Gegenstandes im Vordergrund, so wird jetzt das Kind nach und nach dahin geführt werden müssen, einen ihm bekannten Gegenstand aus einer Ansammlung anderer herauszufinden. Die Pädagogen und Psychologen sprechen hier von der Fähigkeit zur Differenzierung, Strukturierung oder Gliederung.

- Auf dem Tisch vor dem Kind liegen Spiel- und Gebrauchsgegenstände, die dem Kind bekannt sind. Die Mutter sitzt neben dem Kind und bringt hinter ihrem Rücken einen Löffel hervor. Sie zeigt ihn dem Kind und fordert es auf, den gleichen Löffel aus den anderen Gegenständen herauszufinden.

  Hat das Kind Schwierigkeiten, den Löffel zu finden, kreist die Mutter mit ihrem Löffel über den Gegenständen und bleibt über dem auf dem Tisch liegenden Löffel stehen. Findet das Kind den Löffel jetzt immer noch nicht, nimmt sie seine Hand und führt sie zum Löffel. Hernach bekommt das Kind beide Löffel in die Hände und darf damit hantieren.

- Nach einiger Zeit des Übens mit anderen Materialien verwendet die Mutter in Größe, Farbe, Form unterschiedliche Löffel.

  Das richtige Finden setzt die Fähigkeit zum Abstrahieren voraus. Das Kind muß von bestimmten Eigenschaften der Löffel wie Größe, Farbe, Beschaffenheit absehen und sich auf das Wesensmerkmal des Löffels konzentrieren können – nämlich die Hohlform mit Stiel, die das Zum-Munde-Führen des Essens erleichtert.

  Die Eltern werden eine Vielzahl solcher Übungen mit den verschiedensten Spielgegenständen (Bälle, Autos, Teddybären, Eimerchen usw.) durchführen.

  Es ist nicht von Anfang an selbstverständlich, daß beispielsweise das Wort AUTO alle nur möglichen Autos umfaßt. Das Wort wird zuerst für ein bestimmtes Auto gebraucht. Erst allmählich „generalisiert" sich der Begriff.

- Auf dem sonntäglichen Spaziergang werden die „Vergleichspiele" fortgesetzt. Am Wiesenrand bleiben die Eltern bei einer Margerite stehen, zeigen sie dem Kind, sagen den Namen und weisen auf die vielen weißen Blütenblätter und den gelben Fruchtstand hin. Sie gehen weiter und sehen noch mehr davon: Jetzt machen sie ein Spiel daraus. „Wer sieht noch mehr Margeriten? Wo sind noch Margeriten zu sehen? Wer sie sieht, darf sie abpflücken, Mutter möchte einen Blumenstrauß mit nach Hause nehmen!"

  Im Wald werden Beeren gesucht – die roten Himbeeren, die blauen Heidelbeeren.

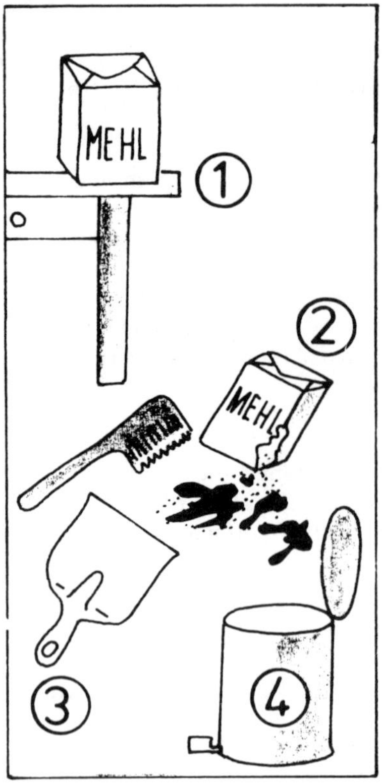

Zusammenhänge, Ursachen, Wirkungen sollen erkannt werden

Das Erkennen und Wissen um die Ursache und deren Folgen ist nicht nur für die Erwachsenen von eminenter Bedeutung. Auch für das Kind kann es lebenswichtig sein, zu wissen, was geschehen wird, wenn es auf diesen Knopf drückt, wenn es jenes fallen läßt oder wenn es etwas bestimmtes anfaßt.

Im häuslichen Alltag geschehen jeden Tag viele Dinge. Die Mutter wird einige Situationen herausgreifen und sie dem Kind als gegliederte *Handlungskette* einsichtig zu machen versuchen.

Ein Beispiel:

1. „Die Tüte Mehl, die auf dem Tisch steht, ist aufgeplatzt. Siehst du den Riß im Papier? Wir müssen vorsichtig damit umgehen!
2. O weh, jetzt ist die Tüte heruntergefallen. Das Mehl liegt auf dem Boden. Vorsicht, nicht hineintreten. – Was machen wir jetzt?
3. Mama holt Schaufel und Besen. Du hältst die Schaufel und Mama kehrt das Mehl darauf.
4. Schau, das Mehl ist schmutzig. Wir werfen es in den Abfalleimer!"

Auf diese Weise erfährt und erlebt das Kind nicht nur isolierte Einzelsituationen, das statische Moment an den Dingen und Situationen, sondern deren Zustandekommen und die möglichen Lösungswege.

In der Regel sollten die Eltern danach trachten, das Kind in den Vollzug der Handlungskette mit einzubeziehen. Irgendetwas wird es schon dabei machen können.

Beispiele für Handlungsketten im Haushalt:

Bilder erkennen und zuordnen

Das Kind kennt seine Spielsachen, viele Gebrauchsgegenstände des Haushalts und manche Handwerkszeuge des Vaters. Es erkennt vielleicht auch schon einige abgebildete Gegenstände, deutet darauf und sagt eine Lautkombination, die in Richtung des Wortklangbildes geht. Es weiß aber vielleicht noch nicht, daß eine Abbildung für den Gegenstand stehen kann.

Ein kleines Programm soll den Eltern helfen, den Kindern diesen Schritt zu erleichtern.

A^{o} A^{x}	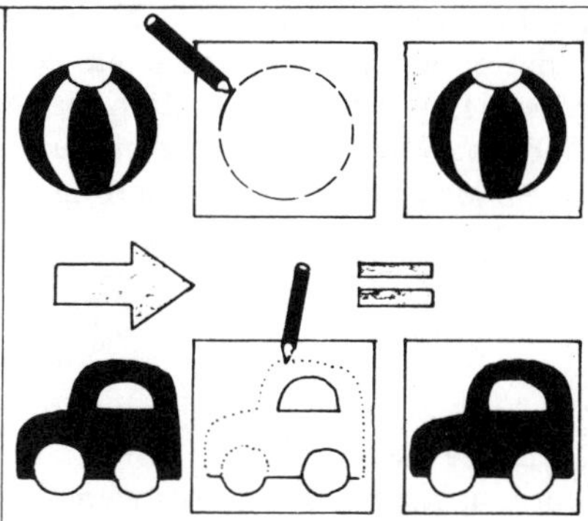 Jdentitätsphase	Dem Kind wird ein ihm bekannter Ball in die Hand gegeben. Dann darf es ihn auf ein Blatt Papier legen, und der Erwachsene fährt die Umrisse nach. Zum Schluß wird der abgebildete Ball in den Originalfarben angemalt. REALGEGENSTAND UND ABBILDUNG SOLLEN SICH WEITGEHEND GLEICHEN.
B^{o} B^{x}	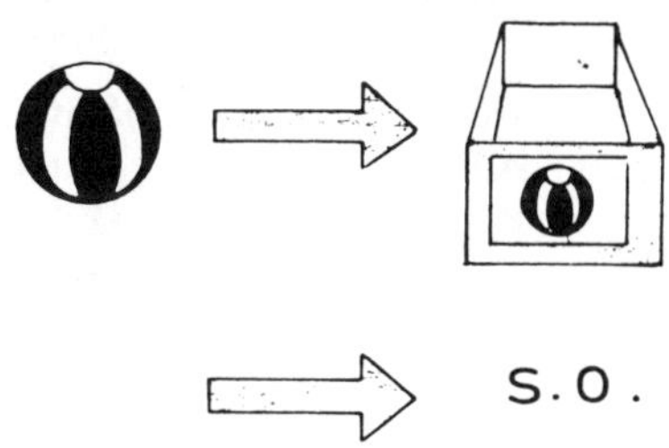 Zuordnungsphase	Das Bild wird auf oder in einen Karton geklebt. Dem Kind wird der reale Ball in die Hand gegeben und es aufgefordert, den Ball in die Schachtel mit dem Ball-Bild zu legen. Auf die Gleichheit wird hingewiesen: „Da ist ein Ball und da ist auch ein Ball.
C o+x	 Entscheidungsph.	Vor dem Kind stehen die Schachteln mit dem Ball-Bild und dem Auto-Bild. Wird es den Realgegenstand in die richtige Schachtel legen, ihn richtig zuordnen können? Wenn nicht, legt der Erwachsene den Ball in die betreffende Schachtel und fordert das Kind auf, das Auto in die andere noch leere zu legen. Bestehen auch hierbei Schwierigkeiten, führt der Erwachsene beide Zuordnungen aus und führt beim zweiten Durchgang die Hände des Kindes.

D°

D^x

Kontrollphase

Vor dem Kind stehen zwei Schachteln, nur an der einen ist ein Bild des später zuzuordnenden Gegenstandes angebracht. Das Kind wird aufgefordert, den Ball in die Schachtel mit dem Ball-Bild zu legen.

Treten beim Kind Schwierigkeiten auf, wird der Erwachsene wie das Kind den Realgegenstand falsch zuordnen, auf die Nichtrichtigkeit hinweisen und sich korrigieren. Die vorgegebene Entscheidungssituation verlangt vom Kind eine Wahl. Die Richtigkeit der Wahl ist ein Maßstab für den Lernerfolg.

E°

E^x

E°'

E$^{x'}$

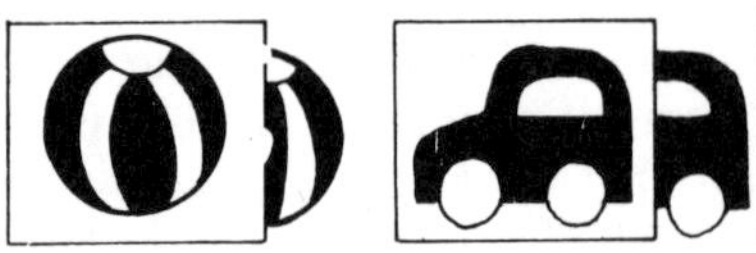

Festigungsphase

Die erworbene Zuordnungsfähigkeit wird zum einen gefestigt durch viele Bring-, Such- und Zuordnungsspiele und zum anderen ausgeweitet durch das Anbieten weiterer Abbildungen.

Vorschläge für kindbezogene Abbildungen:

Gebrauchsgegenstände	Eßwaren	Spielzeug	Kleidung
Teller	Weck	Auto	Schuh
Tasse	Apfel	Ball	Mütze
Becher	Banane	Bär	Hose
Löffel	Brot		Mantel
	Nudel		
	Saft		

F°

F^x

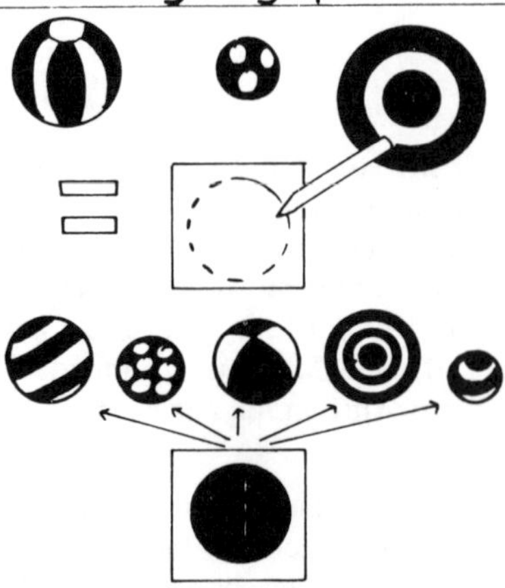

Abstraktionsphase

Vor dem Kind liegen 3 verschiedene Bälle. Der Erwachsene zeichnet auf einen Karton die Umrisse eines Balles und ordnet die Karte wechselweise den drei unterschiedlich aussehenden Bällen zu.

Dann wird das Kind aufgefordert, es dem Erwachsenen gleichzutun.

Es soll erkennen, daß die Abbildung für die verschiedensten Bälle stehen kann.

Denkspiele mit der Eisenbahn

Das Kind schiebt die Eisenbahn unentwegt hin und her. Das, was den Erwachsenen oftmals als monotone, stereotype Spielhandlung erscheint, hat für das Kind einen bedeutsamen und ernsten Hintergrund: es übt eine neue Bewegungsform ein, es möchte immer und immer wieder erfahren, was es mit seinen Armen und Händen alles machen kann.
Allerdings – und das sei mit Nachdruck betont – dürfen diese mehr mechanischen Bewegungsabläufe nicht zu Stereotypien ausarten. Dies wäre entwicklungshemmend, weil die Stereotypien keine anderen Bewegungsformen zulassen.

- Die Eisenbahn oder das Auto eignen sich nicht nur zum Hin- und Herschieben, mit ihnen lassen sich ebenfalls Denk- und Intelligenzspiele durchführen. Das Prinzip ist immer das gleiche: Das Kind wird vor eine Situation gestellt, die es zuerst durch handelndes Tun und später durch einen Denkakt lösen soll. Die erworbene Erfahrung und das vorhandene oder noch anzubahnende *vorausschauende* Denken helfen ihm bei der „Entscheidungsaufgabe."

1. Vater und Kind sitzen gemeinsam am Tisch und spielen mit einer Eisenbahn oder einem sonstigen begehrten Spielzeug. Nach einer Zeit, das heißt, wenn die Aufmerksamkeitsspanne den Höhepunkt erreicht hat, legt der Vater das Spielzeug auf einen Topflappen, ein flaches Kissen oder ein sonstiges Stück Stoff, an dem eine Schnur befestigt ist. In einem Abstand von 20 cm legt er ein zweites Stück Textil mit Schnur hin. Beide Schnüre sollen vorerst außerhalb der Reichweite des Kindes liegen.

   Nun schiebt der Vater die beiden Schnüre in die Nähe der Hände des Kindes und fordert es auf, das Spielzeug zu holen, zu sich heranzuziehen. An welcher Schnur wird es ziehen?

   Zieht es nicht an der Schnur, wird der Vater demonstrativ ein Stückchen weit anziehen und die Schnur in die Hand des Kindes legen.

   Hat auch dieses noch keinen Erfolg, nimmt der Vater die Hand des Kindes und beide ziehen gemeinsam an der Schnur.

   Oder er sagt: „Siehst du, auf dem Topflappen ist dein Auto. Auf diesem hier ist kein Auto. Also ziehen wir an der anderen Schnur. Schau, Papa fährt mit dem Finger an der Schnur entlang bis zu deiner Hand. Jetzt zieh!"

   Sollte dieser Versuch dem Kind übergroße Schwierigkeiten bereiten, wird einfach nur ein Topflappen genommen und ein Keks oder ein Stück Apfel darauf gelegt. Der Topflappen wird sehr nahe an das Kind herangeschoben, so daß es ihn fast greifen kann.

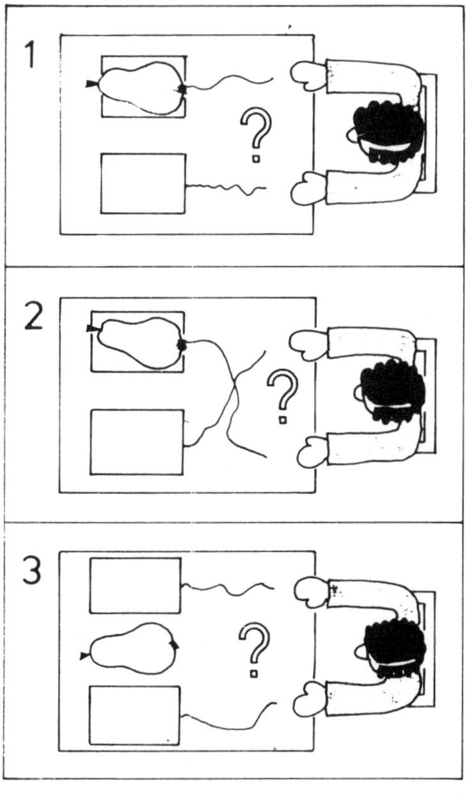

Anstelle der Topflappen kann auch ein Tischtuch hingelegt werden. Nur wird das Kind hierbei nicht mehr vor die Entscheidungssituation gestellt: An welcher Schnur muß ich ziehen, damit ich das Auto bekomme?

2. Auf einer höheren Schwierigkeitsstufe liegt der zweite Versuch. Wieder beginnt der Vater das vorgenannte Spiel und legt den Gegenstand auf einen der beiden Topflappen. Jetzt werden jedoch die beiden Schnüre über Kreuz gelegt.

   Hinführungsmöglichkeiten:

   a) Die Schnüre werden demonstrativ und sehr bedachtsam vor dem Kind hingelegt. Der Vater fährt mit dem Finger vom Kind aus in Richtung der Topflappen an den Schnüren entlang und spricht dazu.
   b) Die Schnur mit dem Topflappen, auf dem sich nichts befindet, wird bei den ersten Malen weggelassen, so daß das Kind nur an der einen diagonal liegenden Schnur ziehen kann.
      Nach mehrmaligem positiven Üben wird die zweite Schnur dazugelegt.
   c) Die Topflappen werden farbig gestaltet. An den roten Topflappen wird eine rote Schnur gebunden, an den grünen eine grüne Schnur.
   d) Die beiden Schnüre werden zuerst parallel hingelegt, kurz daran gezogen, damit die Wirkung zu sehen ist, hernach werden sie demonstrativ vor den Augen des Kindes gekreuzt.
   e) Die Länge der Schnüre kann bis auf 20 cm gekürzt werden.

3. Die dritte Situation stellt gewissermaßen die Kontrolle für die beiden vorausgegangenen Versuche dar. Das Spielzeug wird nun nicht mehr auf einen der beiden Topflappen gelegt, sondern dazwischen. Sieht das Kind, daß die Eisenbahn dazwischen liegt, weiß es, daß es nutzlos ist, an den Schnüren zu ziehen? Dies wäre schon eine gewaltige Denkleistung und ein Zeichen dafür, daß das Kind in seiner geistigen Entwicklung einen großen Schritt vorwärts gekommen ist.

Was ist Intelligenz?

Es gibt unter den Wissenschaftlern keine einhellige Meinung, was Intelligenz sei. Die eine Gruppe sagt, daß es die Fähigkeit sei, neue Aufgaben zu lösen, neue Probleme zu meistern, die andere Gruppe meint, daß es die Fähigkeit sei, bisherige Erfahrungen anzuwenden. Bei den einen steht das *originale Denken,* bei den anderen mehr die *Lernfähigkeit* im Vordergrund.

Neben dieser Diskussion wird die Frage gestellt, ob Intelligenz eine allen geistigen Leistungen zugrundeliegende Fähigkeit sei oder ob sie in dem Ausbilden von Spezialfähigkeiten bestehe.

Im Grunde müssen bei einer Definition alle diese Gesichtspunkte berücksichtigt werden. Es gibt offenbar sowohl einen übergreifenden allgemeinen Faktor als auch Spezialbegabungen. Es gibt intelligente Erfahrungsberücksichtigung neben der Fähigkeit, neue Probleme zu lösen.

Intelligenz wird neben dem Beobachten mit einem Intelligenztest festgestellt. Der Intelligenztest stellt nach Auswertung der erbrachten richtigen Lösungen und Leistungen das Intelligenzalter fest. Dieses wird dann mit dem tatsächlichen Lebensalter in Beziehung gesetzt. Aus dem rechnerischen Teilungsergebnis der beiden Werte ergibt sich der Intelligenzquotient (IQ). Ein durchschnittlich begabtes Kind weist den Wert 100 auf.

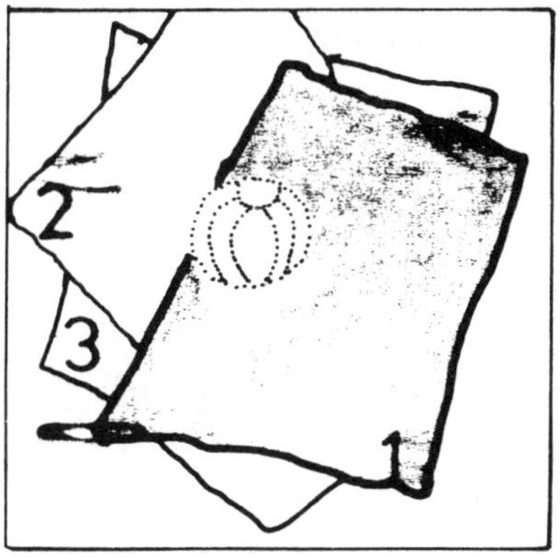

Denken mit Tüchern

- Vor dem Kind liegt ein Ball, eine Kugel oder ein sonstiger Spielgegenstand. Das Kind wird darauf aufmerksam gemacht und aufgefordert, danach zu greifen und mit ihm zu spielen. Vielleicht schaltet sich der Erwachsene in das Spiel ein und beide spielen „Geben-und-Nehmen“. Einmal, bevor das Kind den Ball ergreifen kann, legt der Erwachsene ihn auf den Teppich und deckt ihn zuerst mit einem *weißen*, dann mit einem *grauen* und zum Schluß mit einem *braunen* Tuch zu. Die Tücher sollen so angeordnet sein, daß alle drei Farben zu sehen sind.

Ist das Darüberdecken der Tücher über den Ball als Reiz nicht stark genug, um den Ball darunter hervorzuholen, wird der Erwachsene das Kind dazu ermuntern. Zuerst wird er jedoch das Kind beobachten. Was macht das Kind? Nimmt es alle drei Tücher weg? Hört es nach dem ersten, zweiten auf, weil der Ball noch nicht sichtbar wird?

Der Erwachsene hilft, indem er nacheinander die Tücher wegnimmt. „Schau, zuerst nehme ich das braune Tuch weg, dann das graue und jetzt noch das weiße. Hier ist der Ball! Wir machen das gleiche noch einmal, und ich führe deine Hand dabei!“

- Der Erwachsene breitet die drei Tücher in den gedämpften, unauffälligen Farben vor dem Kind in einer Reihe auf dem Boden aus. Dann nimmt er den Lieblingsgegenstand des Kindes in seine Hand und beginnt mit der Hand unter den Tüchern zu wandern. Zuerst schiebt er seine Hand unter das graue, dann unter das weiße, dann unter das braune und wieder zurück unter das weiße Tuch.

War das Kind aufmerksam? Hat es genau verfolgt, wo der Erwachsene den Gegenstand abgelegt hat?

Der Schwierigkeitsgrad dieser Übung kann gesteigert werden, indem die Anzahl der Tücher erhöht wird.

Anstelle der Tücher können genau so gut Joghurtbecher, Töpfe, Kissen, Baubecher, Pappkartonstücke u.ä. verwendet werden.

- Das Spiel beginnt von neuem. Der Erwachsene legt unter irgendeinem Tuch einen Gegenstand oder auch etwas Eßbares ab. Diesmal zeigt er dem Kind nach dem Ablegen nicht die offene, sondern die geschlossene Hand. Wo sucht das Kind den Gegenstand? Unter den Tüchern oder in der geschlossenen Hand? Wo sucht es ihn, wenn der Erwachsene die Hand öffnet und der Gegenstand nicht zu sehen ist?

„Überlege! In meiner Hand ist die Ente nicht. Wo kann sie noch sein? Schau unter den Tüchern nach!“

Gibt es für alle Kinder einen geeigneten Test?

Es gibt keinen Test, der für alle Kinder anwendbar ist, es gibt keinen Test, der eine hundertprozentige Aussage machen kann, und es gibt keinen Test, dessen Ergebnis für immer Gültigkeit hätte.

Kleinkinder lassen sich mit dem herkömmlichen Intelligenztest nicht messen und einordnen. Hier bieten sich die sogenannten „Entwicklungsreihen“ an. Für jeden Lebensmonat (0–3 Jahre) wird abschnittsweise festgestellt, was die meisten Kinder dieser Entwicklungsstufe können.

Das Kind wird in seinem Verhalten und in seinen Leistungen beobachtet und dann mit den Angaben der Entwicklungsreihen verglichen. Daraufhin lassen sich Aussagen machen, welchem Entwicklungsalter (EA) die einzelnen Funktionen (z.B. Wahrnehmung, Gehör, Sehen, Sprache, Motorik usw.) entsprechen.

Fingerspiele und Reime

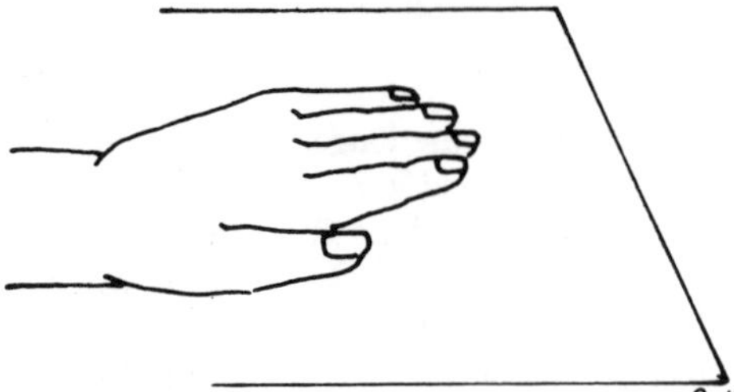

Da kommt ein Bär,
der trabt so schwer,
da kommt ein Mäuschen,
schlüpft schnell ins Häuschen.

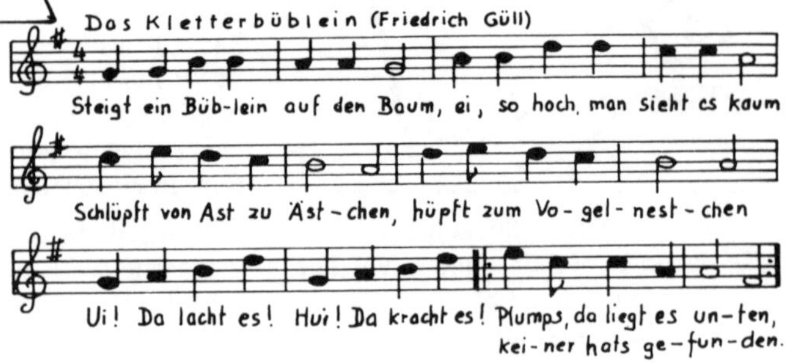

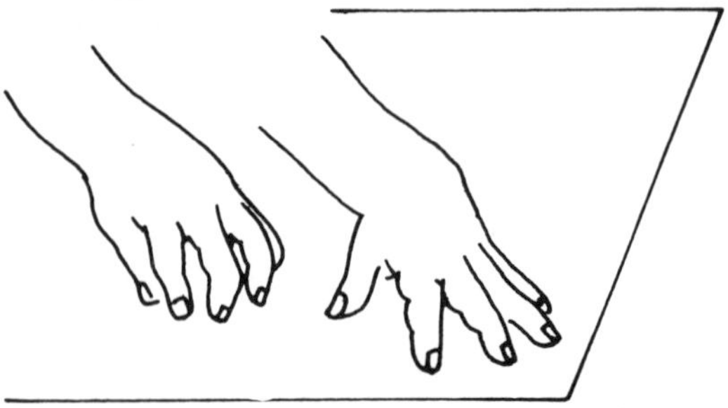

Fünf kleine Mäuslein am Boden daher,
suchen nach Krümeln und sonst noch mehr.
(die Finger einer Hand krabbeln flink auf dem Tisch umher).
Fünf kleine Mäuslein auf hohem Brett,
knabbern am Kuchen sich dick und fett.
(die Hand wird hochgereckt und läßt die Finger dort krabbeln).
Aber die Katz mit den Augen so rund
denkt: Die treiben mir's zu bunt!
(die Hände werden ringförmig um die Augen gelegt).
Sie macht einen Satz – (beide Hände springen vor und greifen zu)
doch die Mäuslein sind fort,
sie sind im Versteck am sicheren Ort. (die Hände werden rasch hinter dem Rücken verborgen).

Himpelchen und Pimpelchen (beide Fäuste stehen mit erhobenen Daumen vor der Mitte des Leibes)

Himpelchen und Pimpelchen
stiegen auf einen hohen Berg. (die Fäuste bewegen sich abwechselnd in kleinen „Schrittchen" aufwärts)
Himpelchen war ein Heinzelmann, (der rechte Daumen bewegt sich)
Pimpelchen war ein Zwerg. (der linke Daumen bewegt sich)
Sie blieben lange da oben sitzen und wackelten mit den Zipfelmützen. (beide Daumen bewegen sich)
Aber nach fünfundfünfzig Wochen sind sie in den Berg gekrochen.
(die Fäuste werden heruntergenommen, die Daumen schlüpfen unter die Finger)
Dort schlafen sie in guter Ruh,
nun sei fein still und hör mal zu:
ch ch ch ch ch ch . . . .
Da ruft der Hahn: Kikerikiii!
Himpelchen und Pimpelchen sind wieder hie.
(die beiden Daumen werden wieder aufgestellt).

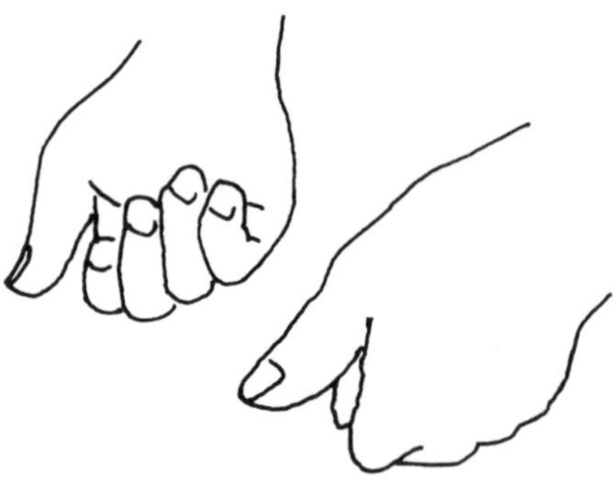

Tiere laufen im Galopp,
laufen immer hopp, hopp, hopp,
laufen über Stock und Stein,
laufen in den Wald hinein.

Kniereiter und allerhand lustige Kinderverse

„Hopp, hopp, hopp, zu Pferde,
wir reiten um die Erde.
Die Sonne reitet hinterdrein,
wie wird sie abends müde sein.
Hopp, hopp, hopp!"

„Ich bin a kloans Binkerl
und stell mich ins Winkerl,
und weil i nix kann,
drum fang i nix an!"

„Ich bin ein kleiner Pumpernickel,
ich bin ein kleiner Bär,
und wie mich
Gott geschaffen
hat,
so zottel' ich daher!"

„Eisenbahn, Lokomotiv,
fahre los und mach ein Pfiff!
Mach ein' Pfiff, mach ein' Pfiff!
Noch ein' Pfiff!"

„Jakob hat kein Brot im Haus,
Jakob macht sich gar nichts draus,
Jakob hin, Jakob her,
Jakob ist ein Zottelbär!"

„Hopp, hopp, Rößchen!
Droben steht e' Schlößchen,
droben steht en Hähren haus,
et gucken drei Madämchen heraus:

Die ähn, die wickelt Weiden,
die ähn, die spinnet Seiden,
die ähn, die macht e' rode Rock
für de liewen Herregott."

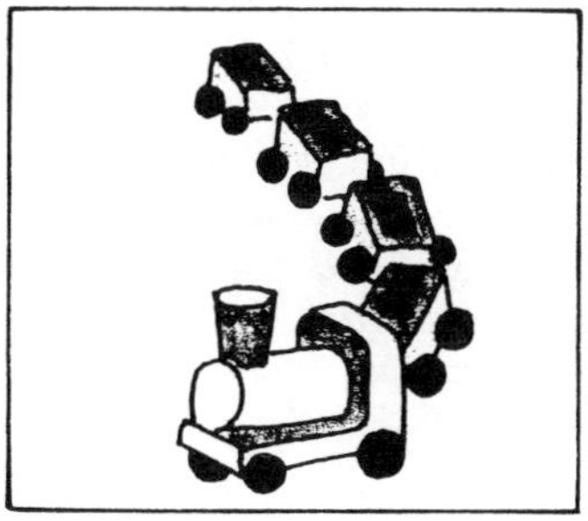

Kinderreime für viele Gelegenheiten

Wenn das Kind beim Essen trödelt oder etwas nicht gern ißt:

„Mach auf, mach auf, das Scheunentor,
es steht ein Fuder Heu davor!“

Die Mutter sagt das Sprüchlein und schiebt bei dem Wort „Heu“ den vollen Löffel in den Mund.

„Fünf Engel haben gesungen,
fünf Engel kommen gesprungen,
Der erste bläst des Feuer an,
der zweite stellt das Pfännel dran,
der dritte schütt's Süppchen ein,
der vierte tut brav Zucker drein,
der fünfte sagt: S'ist angericht't!
Iß, mein Kindchen, brenn dich nicht!“

„Hinterm Hause Nummer drei
ist die schöne Bäckerei!
Dort gibt's Torten,
alle Sorten,
Zuckerbrezeln, süße Kuchen,
wollen Sie davon versuchen?
Danke sehr. Ich hätte gern:
Gugelhupf und Mandelstern!“

„Bim, bam, beier,
Die Katz mag keine Eier,
Was mag sie dann?
Speck aus der Pfann!
Ei, wie lecker ist unsre Madam!“

„Hanne, Popanne,
steck Feder an'n Hut!
Frau Mutter, Herr Vater,
der Kuchen schmeckt gut!“

„Heini, popeini, popeller,
was macht der Wein im Keller?
Was macht der Wein in unserm Haus?
Trinkt das Katherl alles aus?“

Wenn das Kind den „Schluckauf“ hat:

„Schluckauf und ich,
gingen übern Steg,
Schluckauf fiel 'rein,
und ich lief weg!“

„Schlückchen,
fahr über'n Rücken,
fahr über'n Rhein,
laß den Schelmen Schlucken sein!“

Wenn das Kind mißmutig ist, versucht die Mutter es wieder aufzuheitern:

„Der Müller tut mahlen,
das Rädle geht rum,
Mein Kind ist erzürnet,
weiß ja selbst nicht warum!“

„Ich hab ein bös Schätzle,
wenn's immer so bleibt,
so stell ich's in Garten,
daß es die Vögel vertreibt!“

„Vögel, die nicht singen; Glocken, die nicht klingen;
Pferde, die nicht springen; Pistolen, die nicht krachen;
Kinder, die nicht lachen: Was sind das für Sachen?“

Gebete und religiöse Lieder

Die erste religiöse Betätigung des Kindes ist das Beobachten und Nachahmen der Eltern. Gebete und Lieder sind ein äußeres und sichtbares Zeichen der religiösen Haltung der Familie. Ein amerikanisches Sprichwort sagt: „Eine Familie, die zusammen betet, steht auch zusammen.“

Für das gemeinsame Gebet vor dem Einschlafen eignet sich sowohl das frei formulierte als auch das fest formulierte, das sogenannte „Kindergebet“.

Für die frühe Kindheit sind die fest formulierten Gebete von größerer Bedeutung, weil sie dem Kind durch den gleichbleibenden Text eine gewisse Orientierung geben und durch die Möglichkeit des Singens, des rhythmischen und betonten Sprechens die besondere Atmosphäre beim Beten betonen.

Abendgebete

„Müde bin ich, geh zur Ruh,
meine Augen fallen zu.
Morgen will ich froh erwachen,
und der Mutter Freude machen!“

„Schlaf mein kleines Mäuselein,
schlaf bis morgen früh,
bis der Hahn im Häuschen
ruft sein Kikeriki!“

„Leg ich mich zum Schlafen nieder,
lieber Gott erweck mich wieder,
frisch und gesund zur Morgenstund!“

Hab ich Unrecht heut getan,
sieh es lieber Gott nicht an;
deine Gnad und Christi Blut
machen allen Schaden gut.

„Kinderlein,
geht in euer Bett hinein!
Schlaft in Ruh!
Deckt euch tüchtig zu!“

„Segne, Vater, mich am Abend,
segne du das Herze mein.
Segne Vater und die Mutter,
segne mein Geschwisterlein!“

„Wir danken dir, du lieber Gott,
daß du uns hilfst aus aller Not!
Amen.“

Alle, die mir sind verwandt,
Gott, laß ruhn in deiner Hand,
alle Menschen, groß und klein,
sollen dir befohlen sein.

Kranken Herzen sende Ruh,
nasse Augen trockne du.
Nimm uns endlich allzumal
auf in deinen Himmelssaal.

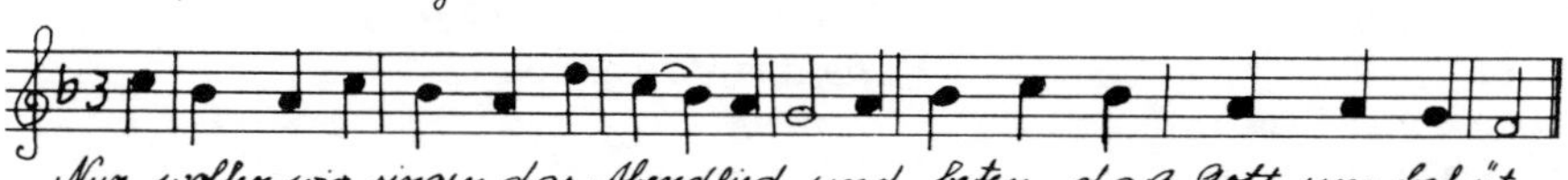

Morgengebete

„In Gottes Namen steh ich auf.
Herr Jesu, leite meinen Lauf,
begleite mich mit deinem Segen,
behüte mich auf allen Wegen!"

„Vom Schlaf bin ich gesund erwacht.
Dir, lieber Gott, sei Dank gebracht.
Nimm mich auch heut in deine Hut
und mache mich recht fromm und gut,
daß ich, o Gott, den ganzen Tag
dein liebes Kindlein bleiben mag!"

„Rinke, ranke, Rosenschein,
lieber Morgen komm herein!"

„Des Morgens, wenn ich früh aufsteh,
des Abends, wenn ich schlafen geh,
sehn meine Augen, Herr auf dich,
Herr Jesu, dir befehl ich mich!"

„Wie fröhlich bin ich aufgewacht,
wie hab ich geschlafen so sanft die Nacht.
Hab Dank, du Vater im Himmel mein,
daß du hast wollen bei mir sein.
Behüte mich auch diesen Tag,
daß mir kein Leid geschehen mag!"

„Nun grüßen wir den neuen Tag,
der Glück und Heil uns bringen mag!"

Tischgebete

„Komm, Herr Jesu, sei unser Gast,
segne, was du uns bescheret hast!"

„Segne, Vater, diese Speise,
uns zur Kraft und dir zum Preise!"

„Alle guten Gaben, alles was wir haben,
kommt, oh Gott, von Dir, wir danken Dir dafür!"

„Du gibst uns Kleid und Brot,
du hilfst in aller Not,
du gibst Sonnenschein und Regen,
hab Dank für deinen Segen!"

„Herr Gott, wir danken Dir
für das Mittagessen.
Amen!"

Essen mit dem Löffel

Mit ungefähr 7 Monaten beginnt das Kind zu kauen, mit ca. 10 Monaten fängt es an, feste Kost zu essen, mit 3 Jahren benutzt es das Kaumuster des Erwachsenen, bei dem der Kiefer eine rotierende Bewegung ausführt. Mit 14 bis 18 Monaten möchte das nicht behinderte Kind selbständig essen. Wenn das Kind sitzen kann, bekommt es *seinen* Platz am Familientisch. Es kann Vater und Mutter und die Geschwister beim Essen beobachten, hört wie die Bestecke heißen, welche Gerichte es immer wieder gibt und erlebt die Atmosphäre des gemeinsamen Mittag- und Abendtisches.

- Der Platz des Kindes soll so gewählt werden, daß die Mutter rechts vom Kind übers Eck sitzt. Auf diese Weise kann sie besser füttern und Mutter und Kind können sich anschauen.
- Bevor das Kind mit dem Löffel essen soll, werden ihm kleine Brotstückchen, Bananenscheiben usw. auf den Teller gelegt, die es mit der Hand greifen und in den Mund stecken soll. Zuerst bekommt es nur ein einziges Stückchen, später drei bis vier Teile hingelegt. Die Brotstücke werden auf dem Teller so angeordnet, daß sie einzeln zu sehen sind und genügend Abstand zum Greifen vorhanden ist.
- Nach dieser Vorübung bekommt das Kind selbst einen Löffel zum Essen. Das Essen wird appetitlich auf dem Teller angerichtet, darf nicht zu heiß sein, nicht zu kalt und soll nicht durcheinandergerührt sein.

  Für die Eßerziehung eignen sich folgende Übungsschritte:

1. Die Mutter füllt den Löffel mit einer kleinen Portion, umschließt mit ihrer Hand die löffelhaltende Hand des Kindes und führt den Löffel an den Mund. Die Unterlippe wird vorsichtig berührt, damit das Kind den Mund öffnet und sich auf den Löffel zu bewegt. Im geöffneten Mund wird der Löffel in möglichst waagerechter Haltung belassen. Das Kind soll die Speise mit den Lippen abnehmen.
2. Die Mutter hilft dem Kind beim Füllen des Löffels, indem sie seine Hand führt. Beim Weg zum Mund wird sie nicht mehr die ganze Hand der Kindes umfassen. Sie führt das Kind am Handgelenk, so daß es den Löffel selbständig halten muß. Zwischendurch wird sie versuchsweise die Führungshilfe ab und zu einmal lockern oder gar die Hand ganz loslassen.
3. Mit wachsender Sicherheit des Kindes nimmt die Führungshilfe der Mutter ab. Sie stellt sich hinter das Kind und führt die Hand vom Ellenbogen aus. Den Weg vom Teller zum Mund führt das Kind alleine aus. Die Mutter hilft noch beim Aufnehmen der Nahrung auf den Löffel.
4. Das Kind führt den selbständig gefüllten Löffel alleine zum Mund. Die Mutter steht hinter oder neben ihm und legt lediglich ihre Hand auf die Schulter. Bei dieser Geste spürt das Kind die Nähe der Mutter, weiß, daß die Mutter ihm hilft, wenn es nicht mehr weiter essen kann.

- Wird das Essen mit dem Löffel nicht am Familientisch geübt, stellt die Mutter vor das Kind einen Spiegel auf den Tisch. Es ist dann selbst sein Gegenüber und erlebt seine Selbständigkeit intensiver.
- Das Essenlernen geht nicht stumm vor sich. Der gesamte Eßvorgang wird mit betonter Zuwendung (Streicheln, Sprechen, Lieder) begleitet.

Esshilfen

Um dem Kind und der Mutter das Essenlernen und das selbständige Essen zu erleichtern, können eine Vielzahl von Hilfsmitteln eingesetzt werden.

Teller:

- Weil das Essen oder das Füttern mitunter eine lange Zeit in Anspruch nimmt und kalte Speise nicht mehr schmeckt, ist es ratsam, einen „Wärmeteller" zu verwenden. Der Teller besitzt eine Doppelwand. Zwischen die Wände wird warmes Wasser gegossen.
- Die Bewegungen des Kindes sind noch unsicher, eckig, ausfahrend. Um das Verrutschen oder gar Herunterfallen des Tellers zu vermeiden, können vier Hilfsmittel eingesetzt werden:
  1. Es wird solch ein Teller gekauft, dessen unterer Rand mit einem Gummiring versehen ist (rutschfester Teller).
  2. Eine Doppel-Gummisaugplatte wird sowohl auf den Tisch als auch an den Teller gedrückt. Sie haftet an beiden Teilen und verhindert ein Wegrutschen. Hierbei kann jeder beliebige Teller verwendet werden.
  3. Unter den Teller wird eine rutschfeste Unterlage gelegt. Dieses weiche Kunststoffmaterial ist in verschiedenen Farben und Formen erhältlich. Es eignet sich zusätzlich als Spiel-, Zeichen- und Modellierunterlage.
  4. Aus einem tellergroßen Brett werden die Umrisse eines Tellers ausgesägt. Das Brett wird mittels einer Schraubzwinge am Tisch befestigt.

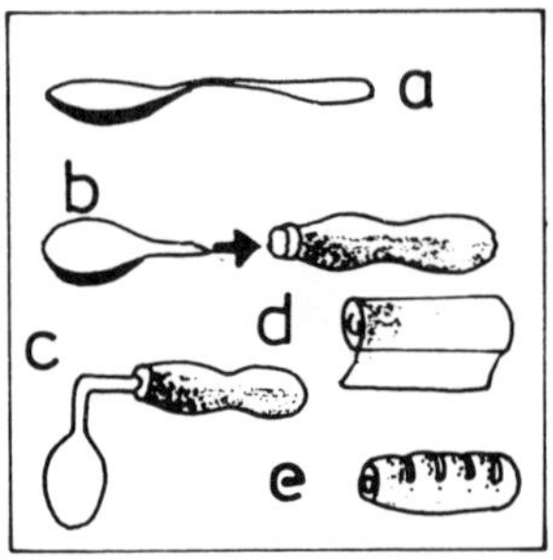

- Das Aufnehmen der Speise auf den Löffel erfordert Geschicklichkeit und die Gefahr, daß ein Teil der Speise über den Tellerrand rutscht, ist besonders groß. Im Handel gibt es Kinderteller mit erhöhtem Rand oder auch einen Spezialrand aus farblosem Plexiglas. Er wird auf einen normalen Tellerrand gesteckt und verhindert, daß das Essen über den Rand geschoben werden kann.

Löffel:

Der Löffel soll in Größe und Form den anatomischen Verhältnissen des Kindermundes angeglichen sein. Er darf nicht zu breit, zu tief und zu spitz sein. Außerdem soll er nicht aus Plexiglas sein. Die Verletzungsgefahr bei einem unachtsamen Daraufbeißen wäre zu groß.

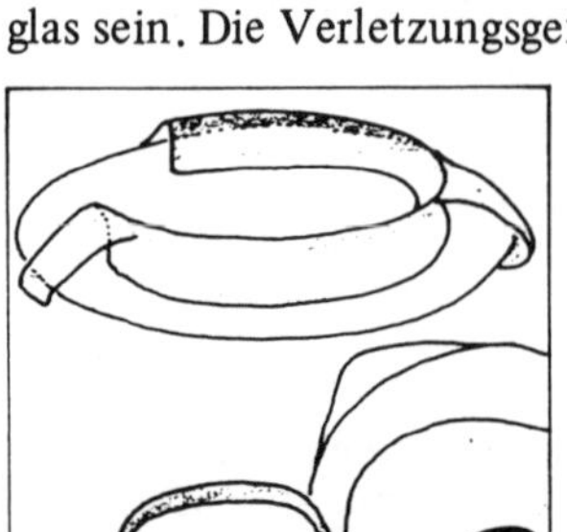

Um dem Kind einen besseren Halt und dem Löffel eine größere Griffigkeit zu geben, kann der vordere Teil eines Normallöffels in einen Werkzeugschaft gesteckt werden. Wer den Löffel den exakten anatomischen Verhältnissen der Kinderhand anpassen möchte, nimmt vom Kind einen Handabdruck, läßt die Öffnung für den Löffelstiel frei und brennt das formbare Material (Tonal) im Backofen.
Nicht so schwierig ist das Umwickeln des Löffelstiels mit „Moosgummi" oder „Leukoplast".
In der Regel eignet sich der abgewinkelte Löffel für das erste Üben am besten. Bei ihm entfällt die Drehbewegung im Handgelenk. Der gefüllte Löffel kann leichter zum Mund geführt werden.
Der Löffel kann links- und rechtsabgewinkelt im Handel bezogen werden. Er ist auch mit verstärktem Griff erhältlich.

16–20 Monate
Entwicklungsalter

Hier können Sie
eine Fotografie
Ihres Kindes
einkleben!

Das Entwicklungstempo verlangsamt sich. Das Ausreifen der neuen Fähigkeiten und Fertigkeiten, das Kombinieren und das Zusammenspiel derselben erfordern Zeit. Isolierte Seh-, Hör- und Greifübungen sind kaum mehr möglich. Sie sind Bestandteil einer Handlungskette.

Die Sprachentwicklung, das Laufenkönnen und die Differenzierung der Handmotorik in Verbindung mit Denkvollzügen sind die Schwerpunkte dieser Entwicklungsepoche.

Beim Laufen sind die Beine noch gespreizt und steif, es können noch nicht alle Laute gebildet werden und der Gebrauch des Einwortsatzes ist noch die Regel. Das Kind kann seinen Gefühlen jetzt stärkeren Ausdruck verleihen. Es ist verärgert, beleidigt, erfreut, erstaunt, es kann wütend, stolz und verschämt sein.

Das Kind versteht eine zweigliedrige Aufforderung: Gib den Hammer dem Vater! Allerdings muß diese Aufforderung in eine Gesamtsituation eingebettet sein.

Wenn das Kind mit 18 Monaten noch kein einziges Wort sprechen kann und wenn es mit ca. 2 Jahren noch keinen einfachen Satz versteht, sollte ein Fachmann zu Rate gezogen werden.

Beobachtungen und Fragen

Ist es dem Kind möglich, frei stehend etwas aufzuheben? ....

Klettert oder krabbelt das Kind auf dem Bauch einige Treppenstufen hinauf? ....

Wieviele Meter kann es ohne Hinfallen rennen? ....

Steigt es auf einen Stuhl? ....

Kann es einen in Zeitungspapier eingewickelten Schuh auspacken? ....

Mit wieviel Würfeln, Klötzchen baut es einen Turm? ....

Kann das Kind schon einen Reißverschluß öffnen? ....

Seit wann zieht es sich selbständig die Schuhe, die Mütze und die Handschuhe aus? ....

Hilft es auch beim Anziehen? Holt es zum Beispiel seine Schuhe? ....

Spielt es im Sandkasten und hantiert es mit Ton oder Knete? ....

Rollt das Kind schon einen Ball zurück? ....

Steckt es Walzen, Rollen und dergleichen in Löcher, Vertiefungen (Steckspielzeug)? ....

Betrachtet das Kind mit dem Erwachsenen zusammen ein Bilderbuch und zeigt es sich interessiert? ....

Kann es einige Formen erkennen und sie bei den Steckspielen in die dafür vorgesehenen Öffnungen stecken? ....

Ordnet es schon ein Ding einem gleichen Ding zu? ....

Weiß es, ob und welcher Gegenstand von einer Ansammlung anderer weggenommen wurde? ....

Welche und wieviele Bilder kann es zuordnen? ....

Erkennt es Personen von weitem? ....

Reagiert es auf seinen eigenen Namen? ....

Versteht und befolgt es zweigliedrige Aufforderungen? ....

Plappert es beim Bilderbuchbetrachten mit? ....

Wie groß ist sein aktiver Wortschatz? ....

Welche Verben (Zeitworte) gebraucht es in seiner aktiven Sprache? ....

Kann es die Laute u, e, d, t, w, l aussprechen? ....

Ahmt es Tierlaute (muh, mäh, ia) nach? ....

Erkennt es schon den Zusammenhang von Ursache und Wirkung in einfachen Alltagssituationen? ....

Persönliche Anmerkungen:

Erweitern der Hand- und Fingergeschicklichkeit

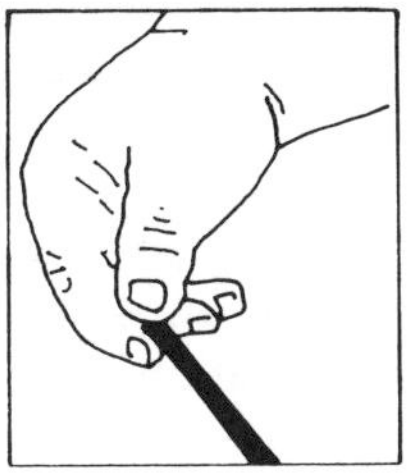

Unser Endziel bei dieser Übungsreihe soll das Perlenauffädeln sein. Davor liegen jedoch viele Einzelfähigkeiten, die alle gelernt und geübt sein wollen.

Zuerst muß das Kind in jeder Hand einen Gegenstand halten und die Hände zur Körpermitte führen können.
Dann muß es kleine, dünne, winzigere Dinge aufnehmen und zwischen Daumen und Zeigefinger halten können. Die Übungen mit dem sogenannten „Pinzettengriff" sind zahllos: Rosinen vom Tisch nehmen, Steinchen in eine Dose werfen, an einer Schnur ziehen, ein Stäbchen hochnehmen.

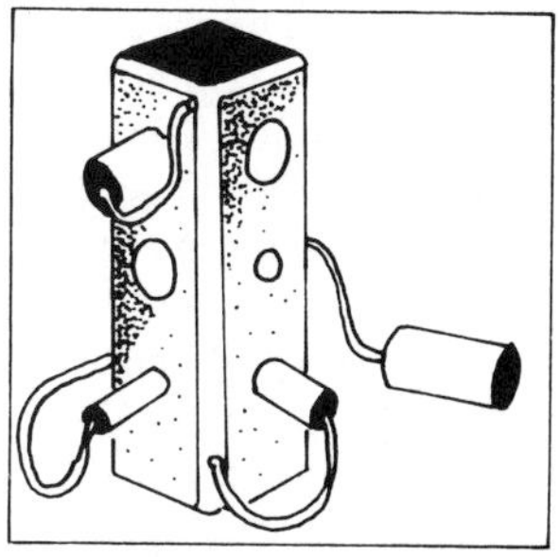

Das gezielte Hineinschieben, Einstecken, Durchschieben stellt den zweiten wichtigen Teilschritt dar. Kinder, die diese Fähigkeit erlernen möchten, stecken alles irgendwo hinein: ein Rundholz durch die Löcher rings um den Kinderspiegel, eine Holzscheibe durch den großen Schlitz in der Pappschachtel, ein Stäbchen durch den Lüftungsschacht, eine Kugel durch die Pappröhre, einen Kugelschreiber durch das Heizungsgitter. Die Eltern werden achtgeben müssen, daß das Kind nicht metallene Gegenstände in die Steckdose steckt.

Um dieses Steckbedürfnis etwas befriedigen zu können, werden die Eltern dem Kind ein sogenanntes „Stöpselholz" schenken: In ein Holzklötzchen können verschieden starke und verschieden lange Rundstäbe, die mit einer Schnur mit dem Klötzchen verbunden sind, in die passenden Bohrlöcher gesteckt werden.

Schließlich eignen sich als Vorübung zum späteren Auffädeln die käuflichen „Riesenstecker" aus Plastik. Der Vater gibt in jede Hand des Kindes einen Stecker und schiebt die Verbindungsteile zusammen.

Zuerst wird er das Zusammenstecken noch selbst übernehmen müssen, weil die Kraft des Kindes hierfür wahrscheinlich nicht ausreicht.

Er gibt dem Kind in jede Hand eine Plastikperle, schaut, daß die Verschlußteile aufeinander passen und schiebt die Hände des Kindes aufeinander zu, bis sich der Zapfen ein wenig in die Öffnung gebohrt hat. Mit mehr oder weniger leichtem Druck führt er die Hände des Kindes, so daß diese die Verschlußteile ineinanderdrücken können. – Ergeben sich für das Kind übergroße Schwierigkeiten, steckt er die Kette selbst zusammen und läßt anschließend die Perlen vom Kind einzeln wieder abtrennen.

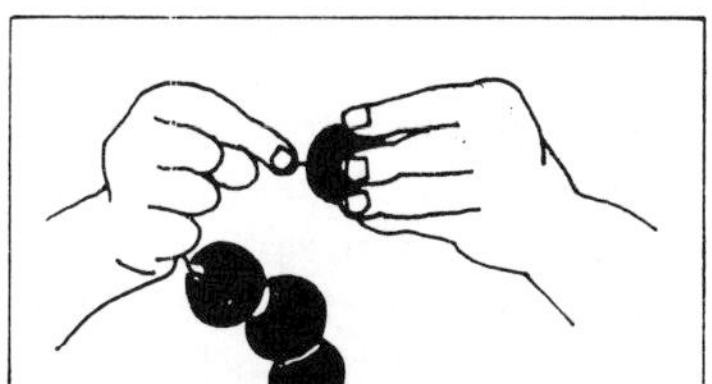

Vor dem eigentlichen Perlenauffädeln wird diese Fähigkeit mit einem dickeren, vollen Plastikschlauch und großen Perlen, Walzen, Scheiben mit weiten Bohrungen geübt. In der linken Hand hält das Kind eine Walze und in der rechten den dicken Plastikschlauch. Die Mutter führt die rechte Hand des Kindes in Richtung der Bohrung und ermuntert es, den Schlauch in und durch die Bohrung zu schieben.

Es wird nicht beim ersten- und auch nicht beim zweitenmal das Loch treffen, aber seine Bewegungen werden von Übung zu Übung gezielter werden.

Denken ist verinnerlichtes Handeln

Es ist immer wieder zu beobachten, daß die Kinder, die durch irgendeinen Umstand in ihrer frühen Jugend nicht ausreichend und genügend Greif- und Hantiermöglichkeiten hatten, in ihren Denkfähigkeiten Lücken aufweisen. Eines unserer wichtigsten Hilfsmittel beim Denken ist die Fähigkeit zu erkennen, daß manche Dinge einander gleich sind, daß Unterschiede bestehen, und worin diese sich zeigen.

- Die Eltern werden oftmals den Karton mit den angesammelten Legosteinen, Bauklötzen, Muggelsteinen (Plastiksteinchen) auf den Boden kippen und mit dem Kind beginnen, Ordnung in das Durcheinander zu bringen: „Die Legosteine kommen in diese Schachtel und die hölzernen Bauklötzchen in jene." Zuerst sortiert das Kind nach zwei sehr augenscheinlichen Kriterien. Die Unterschiede sollen klar und deutlich für das Kind sein: Gebrauchswert, Farbe, Beschaffenheit, Form, Material, Größe und Gewicht, wobei die letzteren erst später als Auslesekriterien dazugenommen werden sollen.

Der Haushalt ist ein Paradies für die „Sortiersucht" des Kindes. Der Ausdruck „Sucht" wird in diesem Zusammenhang deshalb verwendet, weil das Kind eine Tätigkeit so lange und so intensiv ausführt, daß es beinahe wie eine Sucht aussieht.

Im Haushalt gibt es Dosen, Päckchen, Schachteln, Fläschchen, Geschirr, Besteck, Kleidungsstücke, Eßwaren, Obst, Gemüse – alles läßt sich sortieren und ordnen.

Zuerst werden die Eltern dem Kind das Sortieren vormachen müssen. Möchte es nach dem dritten Versuch noch immer nicht mitsortieren, wird es dazu freundlich aufgefordert oder es wird gar die Hand geführt. Es genügt, wenn das Kind zunächst drei Steine und drei Klötze einer Sorte einordnen kann.

- Ist das Sortieren nach Kategorien noch zu schwierig, wird eine einfachere Übung vorgeschaltet:

  Das Kind soll eine Anzahl von Knöpfen in verschiedene Becher (Eierbecher, Joghurtbecher, Dosen) verteilen: „Einer da hinein, einer hier hinein und einer noch dort hinein – und noch einmal."

- Eine besondere Art des Sortierens ist das Zuordnen der Gegenstände zu anderen Personen oder später auch zu anderen Dingen. Die „Stück-für-Stück-Zuordnung", wie die Mathematiker und Psychologen diese Fähigkeit nennen, ist die Grundlage und Voraussetzung für das Zählen und Rechnen. Das Kind muß von verschiedenen Dingeigenschaften der Gegenstände absehen und sie exakt und eindeutig verteilen können. Die nackte, abstrakte Zahl steht später für das konkrete Ding.

Vor dem Kind stehen zwei Schüsselchen. Die Mutter stellt vor jedes eine gefaltete Karte mit einer Fotographie des Kindes und eines Elternpaares. „Mama soll ein Auto bekommen und Peter eines. Verteile die Autos! Richtig, dieses bleibt übrig! Jetzt nehmen wir noch mehr Autos. Verteile diese genau! Eines bekommt die Mama, eines bekommt der Peter, eines ..."

Spiel- und Beschäftigungsmaterial als Hilfsmittel der pädagogischen Förderung

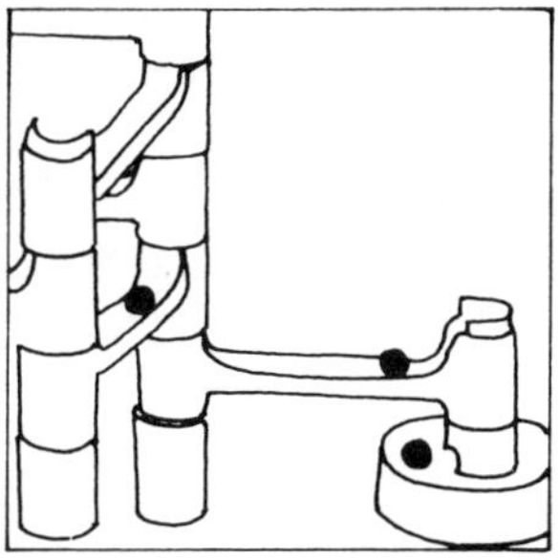

Kugelturm: Auf dem Spielwarenmarkt sind die unterschiedlichsten Kugeltürme erhältlich. Es gibt grundsätzlich zwei Arten: solche, deren Fahrrinne in einem festen Gestell verleimt oder verbohrt sind, und solche, die aus Einzelteilen individuell aufgebaut werden können und sollen. Mit wenigen Ausnahmen ist der letzteren Art der Vorzug zu geben. Am Anfang brauchen nur zwei oder drei Steckelemente zusammengesteckt werden. Später wird das eine um das andere dazugefügt.

Fahrzeuge mit und ohne Steckfiguren: Bei manchen Kindern heißen die ersten Worte nicht Mama und Papa, sondern Auto. Das Auto hat einen besonderen Stellenwert im Kinderleben bekommen. Ein Lastwagen kann nicht nur hin- und hergeschoben, eine schräge Ebene heruntergefahren, er kann auch endlos mit allem möglichen Material be- und wieder entladen werden.

Gesellt sich zu dem üblichen Fahrzeugpark noch ein Auto hinzu, in das Männchen gesteckt werden können, entstehen neue Spielqualitäten.

Die Männchen verkörpern richtige Menschen.

Das Kind beginnt mit dem Rollenspiel. Die Müllabfuhr, der Milchmann, der Postbote, die Handwerker werden lebendig.

Puzzle: Die Eltern beginnen mit einem zweiteiligen Puzzle. Aus einer Zeitschrift wird ein gut gestaltetes Motiv ausgeschnitten, auf einen Karton geklebt und in zwei unregelmäßige Stücke geteilt. Die Eltern zeigen dem Kind, wie die zwei Teile wieder richtig zusammengefügt werden. Danach werden noch andere zweiteilige Puzzle angefertigt mit folgenden Motiven:

BAUM, AUTO, HAUS, APFEL, BANANE, SCHUH usw. Allmählich wird die Anzahl der Teile bis auf vier gesteigert.

Beim Puzzlespiel übt das Kind, aus einzelnen Teilen geistig und manuell wieder etwas Ganzes zusammenzusetzen. Es muß genau vergleichen, eine Vorstellung von dem „Ganzen" haben und jeden Versuch an dieser Vorstellung überprüfen und kontrollieren. Jede falsche Handlung wird augenscheinlich. Puzzeln ist also mehr als nur etwas zusammensetzen. Sehen, Vergleichen, Kombinieren sind die Fähigkeiten, die beim Puzzeln geübt werden.

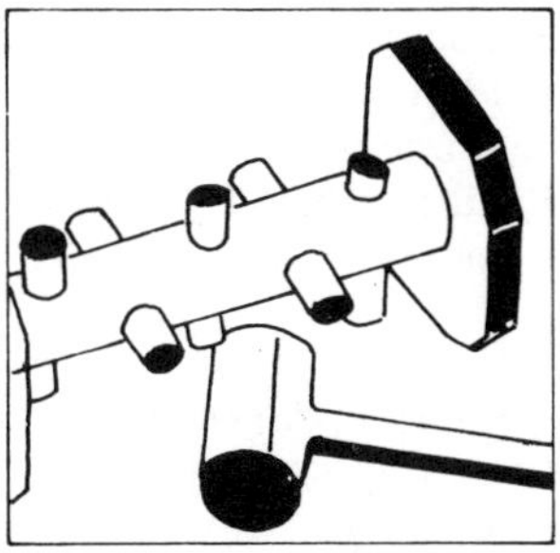

Klopfspiel: Kinder klopfen für ihr Leben gern. Möchten die Eltern zwar diesem Bedürfnis nachkommen, aber auf der anderen Seite vermeiden, daß ihr Kind mit dem Löffel zu oft auf den Teller oder auf den Tisch schlägt, werden sie ihm ein Klopfspiel kaufen. Holz- oder Plastikstecker werden mit einem Hammer durch vorgebohrte Rinnen oder Löcher geklopft.

Formen genauer kennenlernen

Die Gebrauchs- und Umgangsqualitäten der Formen kennt das Kind von den verschiedenen Bauklötzchen her. Das Wahrnehmen der Formen soll durch besondere Übungen bewußter und gerichteter werden.

- Der Vater malt auf je einen großen Karton (Teil einer Verpackungsschachtel ca. 60 x 60 cm) die Umrisse eines Dreiecks, eines Quadrates, eines Kreises. Dann legt er einen der Kartons auf den Boden, fährt mit seiner Hand den Linien entlang und spricht dazu: „Das ist ein Dreieck! Schau, hier sind die drei Ecken – eins, zwei, drei = Dreieck. Wir legen jetzt Bauklötze auf die drei Ecken! Nun legen wir noch mehr Klötzchen entlang den Linien. Wollen wir auf der Linie einmal entlang gehen! Weißt du was, jetzt fährt das rote Lastauto auf den Linien entlang und sammelt die Bausteine wieder ein! Kannst du allein die Bauklötzchen auf die Linien legen?

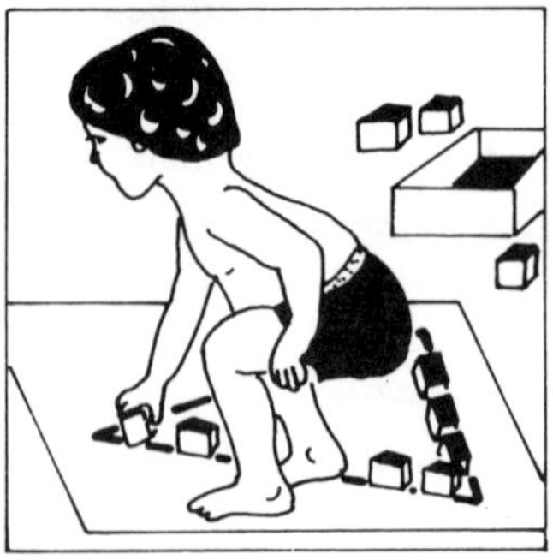

- Im Freien geht das Spiel weiter. Im Garten wird in die weiche Erde ein Kreis gezogen. Vater und Tochter gehen auf der Linie entlang. Sie ziehen noch mehr Kreise und legen in jeden Kreis etwas anderes.
- Der Sandkasten ist eine ideale Zeichenunterlage. Mit einem Stöckchen wird ein Quadrat eingegraben. In die Rillen legt die Mutter kleine Stöckchen, die sie zuvor mit dem Kind im Park gesammelt hat. Danach soll das Kind das gleiche tun. Noch mehr Spaß macht es dem Kind, wenn die Stöckchen in die Furchen hineingesteckt werden. Es entsteht auf diese Weise ein Gatter für die Schaffiguren. Der Wolf schleicht um den Zaun und schaut an allen vier Ecken, ob er nicht durch den Zaun schlüpfen kann.

Noch einige Ideen:

- Der Vater zeichnet auf einen Karton die Umrisse einer Form, bestreicht die Innenfläche mit Kleister und schüttet mit dem Sohn Sand darüber. Nach dem Abtrocknen ist ein sandiger Kreis zu sehen.

- Wieder werden aus Karton oder Bodenbelagresten Formen ausgeschnitten und auf dem Fußboden verteilt. Es entsteht ein heiteres Familienspiel. Zuerst darf nur auf die Kreise, dann nur auf die Dreiecke usw. gehüpft werden, dann muß man um die einzelnen Formen herumkrabbeln. – Ein Spiel ohne Ende.
- Entweder schneiden die Erwachsenen aus Pappe Formenplättchen (Kreis, Quadrat, Dreieck) aus oder besorgen sich im Handel befindliche Formenboxen. Sie stellen zwei, später drei und vier Schachteln vor das Kind hin und erklären ihm, daß es in die eine Schachtel alle Kreise und in die andere alle Quadrate legen soll. Hat das Kind die verbale Erklärung und Aufforderung nicht verstanden, führen die Erwachsenen die erste Zuordnung selbst aus.

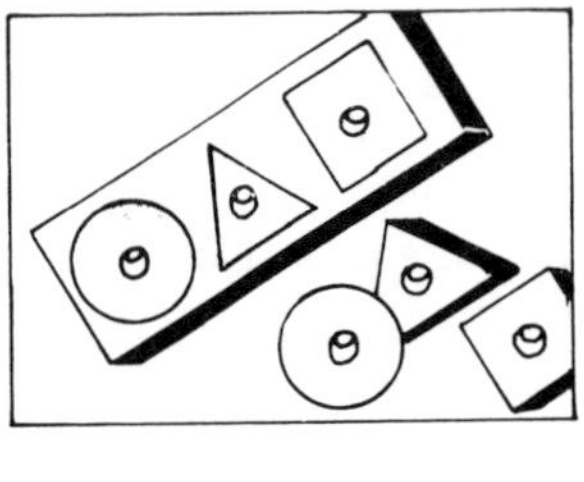

ERST WENN DAS KIND DIE FORMEN GROSSMOTORISCH ERFAHREN UND ERLEBT HAT, SOLL AUF DIE KLEINEREN FORMTEILE EINGEGANGEN WERDEN.

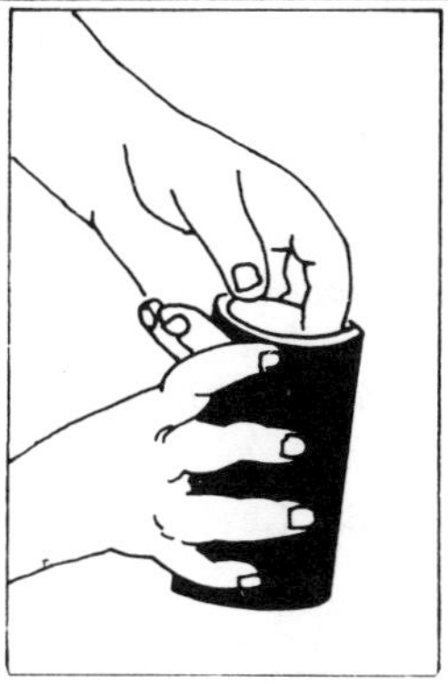

Beschäftigungsmaterial für die Festigung der Formenkenntnis

Bei dem Wahrnehmenkönnen der Formen kann das Kind nicht stehen bleiben. Es soll seine Formenkenntnis unter Beweis stellen. Es muß kontrollierbar sein, ob das Kind wirklich die Formen wahrnehmen und unterscheiden kann.

Dies alles geschieht am sinnvollsten durch das Zuordnen, Einordnen und Sortieren bestimmter Formenteile.

Vor dem Sortieren oder Hineinstecken einer Rundform in eine kreisförmige Öffnung steht das bloße Hineinstecken eines Gegenstandes in einen Schlitz oder in eine andere Öffnung.

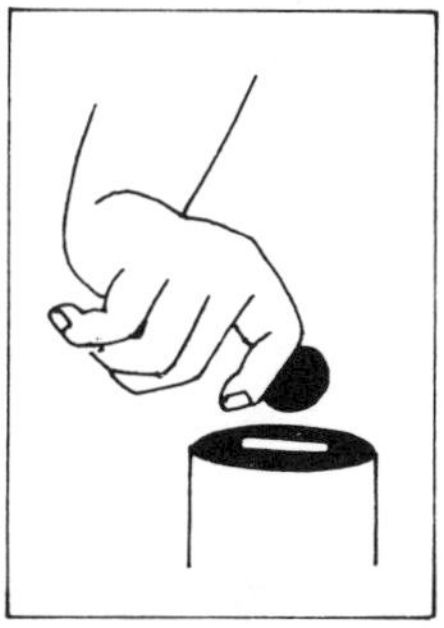

Die Formenkenntnis ist für das heranwachsende Kind von besonderer Bedeutung. Überall im Alltag begegnen ihm Formen. In der Küche sind es die Flaschen, Päckchen, Dosen, Schachteln, im Kinderzimmer die Ringe, Bälle, Bauklötze, im Freien die Steine, Sandformen, im Verkehr die Verkehrsschilder, auf der Straße die Reklametafeln, die Hinweisschilder. Das Kind muß die Formen sehen und unterscheiden können. Was sind Ziffern, Buchstaben anderes als Formen. Lesen, Schreiben, Rechnen setzt Formenkenntnis voraus.

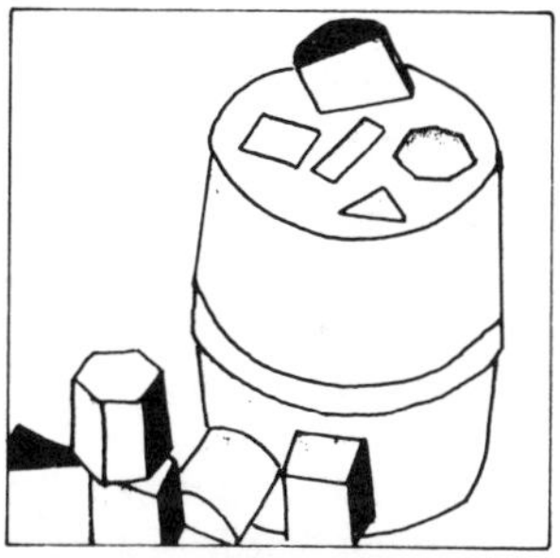

Formenbox: In den Deckelteil eines faßförmigen Plastikbehälters sind Öffnungen eingelassen. Die Ausschnitte sind jeweils so gestaltet, daß immer nur eine bestimmte Form hineingesteckt werden kann. Die fünf oder sechs Formenteile (Quadrat, Halbrund, Dreieck, Rechteck, Kreis) sind für den Anfang zu verwirrend. Die Eltern werden daher bis auf eine oder zwei Formenöffnungen alle anderen zukleben und auch die Formenteile bis auf die zwei genannten weglegen.

Kann das Kind die Kreis- und Quadratform richtig in die Öffnungen stecken, kommt die Dreiecks- und später die Rechteckform dazu.

Formenkiste: Bei allen Formensteckspielen besteht das gleiche Grundprinzip: in eine ausgesparte oder eingelassene Öffnung sollen die entsprechenden Formenteile hineingeschoben oder hineingelegt werden.

Die Formenkiste ist aus Holz und der Deckel herausziehbar. Die Formen bestehen aus Plastikmaterial. Die Formen brauchen nicht unbedingt in die Holzkiste geschoben werden, der Deckel kann auch auf die Erde gelegt und als Schablone verwendet werden. Das Kind soll dann die Formen in die Umrisse, die auf dem Papier oder Karton zu sehen sind, legen.

Formenhaus und Schlüssel: Der Reiz, aber auch der erhöhte Schwierigkeitsgrad liegt bei diesem Formenhaus darin, daß die verschiedenfarbigen Türen mit dem jeweils dazu passenden Schlüssel aufgeschlossen werden können.

Kinder hantieren gerne mit einem Schlüsselbund herum. Wenn sie damit gar noch die Türen eines Häuschens aufschließen können, bedarf es für dieses Spielzeug keiner besonderen Anregung.

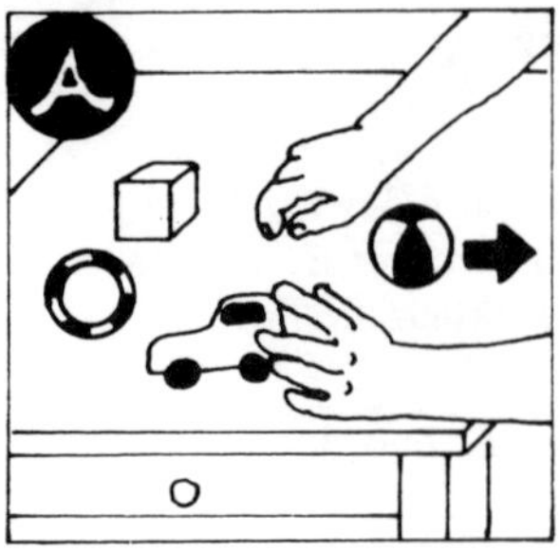

Kim-Spiele

Beobachtungs-, Konzentrations- und Gedächtnisspiele werden seit einiger Zeit auch „Kim-Spiele" genannt nach dem Buch „Kim" von Rudyard Kipling. Hier soll der Titelheld angeben, wieviel Arten von Edelsteinen auf einem Tablett liegen, das ihm für die Dauer einer Minute gezeigt wird.

Kim-Spiele gibt es viele: Geruchs-Kim, Tast-Kim, Geschmacks-Kim, Geräusch-Kim, Material-Kim usw.

- Der Vater erfindet eigene Kimspiele für seine Tochter. Er legt auf den Tisch vier bekannte Gegenstände (Ball, Rassel, Auto, Bauklotz oder Kamm, Seife, Waschlappen, Spiegel) und fordert das Kind auf, sich diese Gegenstände gut zu merken. Dann soll es sich umdrehen. Der Vater nimmt eine Sache weg. Das Kind wird gefragt: „Was habe ich weggenommen?" Sollte die Frage und die Aufgabe für das Kind noch nicht ganz verständlich sein, spielt der Vater das Ganze mit den Geschwistern einige Male vor.

  Erinnert sich das Kind dann an den weggenommenen Gegenstand, wird es gebührend gelobt.

- Bei einer Variation dieses Spiels wird die Lage eines Gegenstandes verändert. Zuerst lag der Kamm in der MItte, jetzt liegt er ganz in der rechten Ecke am oberen Ende des Tisches.

- Noch schwieriger wird es, wenn ein Gegenstand durch einen anderen vertauscht wird.

  Kimspiele sind für jede Altersstufe und jeden Schwierigkeitsgrad geeignet. Die Anzahl der zu merkenden Dinge und die Art des Merkens kann jeweils individuell geändert und angepaßt werden.

- Eine andere Art des Wahrnehmungs- und Gedächtnistrainings ist die „hauseigene Ausstellung". Jede Woche oder jede zweite Woche stehen unter einem anderen Motto. Auf dem letzten Spaziergang hat die Familie Kastanien, Eicheln, Bucheckern, Hagebutten gesammelt. Sie werden zu Hause fein säuberlich in ein Regal gelegt. Hin und wieder stellen sich Mutter und Kind davor und sprechen über die gesammelten Sachen.
  In der nächsten Woche möchte die Mutter das Kind mit den verschiedenen Südfrüchten bekannt machen (Orange, Banane, Grapefruit, Mandarine, Zitrone).
  Die jeden Tag sichtbaren Dinge bleiben eher im Gedächtnis haften.

- Die gesammelten Naturdinge können nicht unbegrenzte Zeit im Regal oder im Schrank des Kinderzimmers aufbewahrt werden. Wie wäre es, wenn die Eltern mit dem Kind zusammen ein „Pflanzenbuch" anlegten. Sie besorgen sich aus dem Schreibwarengeschäft ein etwas dickeres Heft, pressen und trocknen die gesammelten Blumen oder sonstigen Pflanzen und kleben sie später in das Heft. Vielleicht fügen sie noch eine kleine Zeichnung als Merkhilfe hinzu. Beim Durchblättern erzählen sie dem Kind, wie die Pflanze heißt und fragen es, ob es sich noch erinnern kann, wo sie sie gepflückt haben.

  Haben die Eltern an etwas Spaß, wird auch das Kind Freude daran finden.

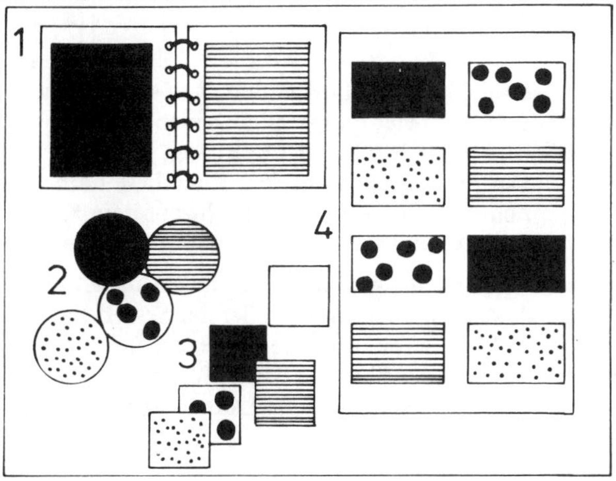

Farben und Muster erkennen und unterscheiden

Das Kind soll die Farben

WEISS – GELB – BLAU – GRÜN – SCHWARZ

wahrnehmen und unterscheiden können. Das Benennen mit dem richtigen Namen steht erst an zweiter Stelle. Kinder verstehen den Begriff, das Wort zuerst, bevor sie ihn in ihren aktiven Sprachschatz übernehmen.

Wenn das Kind die obengenannten Farben unterscheiden kann, werden BRAUN, ORANGE und VIOLETT dazugenommen. Die Zwischentöne werden auf diesem Entwicklungsniveau noch beiseite gelassen.

- Fast alle Dinge in des Kindes Umgebung haben eine Farbe. Während des Spiels wird auf die rote Farbe des Autos, das blaue Klötzchen, den gelben Legostein usw. aufmerksam gemacht.

- Eine systematischere Übung stellt das sogenannnte „ Farben- und Musterbuch“ dar. In einem Ringbuch (DIN A 4 oder 5) werden die Seiten mit Farb- und später auch mit Musterblättern beklebt.

  Zu jeder Farbseite werden die entsprechenden Farbkreise oder Farbtafeln hergestellt. Der Vater schlägt eine Seite auf und läßt die entsprechende Farbtafel suchen und zuordnen. Die Rollen werden getauscht. Das Kind schlägt eine Seite auf und der Vater soll die richtige Farbe finden.

- Auf dem Tisch liegen viele Farbscheiben. Das Kind wird aufgefordert, alle roten Scheiben hier und alle blauen Scheiben dort hinzulegen. Dann werden wieder alle Farbscheiben gemischt und das Kind erhält folgenden Auftrag: „ Bring der Oma eine gelbe Scheibe! Jetzt bring dem Opa eine grüne!“ Die zweigliedrige Aufgabe setzt einen gewissen Spannungs- und Konzentrationsbogen beim Kind voraus. Es wird nicht von heute auf morgen Aufgaben dieser Art ausführen können.

  Später könnte der Auftrag so lauten: „Bring dem Papa eine braune *und* eine schwarze Karte!“

- Auf einen Pappkarton werden von jeder Farbe oder von jedem Muster immer zwei gleiche Papierstücke aufgeklebt. Das Kind soll sich diese Farben anschauen und die beiden gleichen finden. Danach werden die entsprechenden Farbtäfelchen herausgesucht und auf die richtige Stelle der Großfarbtafel gelegt. Das erste Lottospiel ist entstanden.

- Der Vater vermischt die auf dem Tisch liegenden Farbtafeln. Er legt alle roten, alle blauen, alle braunen Tafeln usw. in je eine Reihe. Dann vermischt er sie wieder und fordert das Kind auf, es ihm gleichzutun. Ist das Kind mit dem Bilden von Farbketten fertig, werden die Tafeln gestapelt. Es entstehen braune, gelbe Kartontürme. Hupend kommt das Lastauto angefahren. Der Fahrer steigt aus und sagt, daß er die gelben und die braunen Farbtafeln aufladen möchte. Auf diese Weise werden nacheinander alle Farbtürme wegtransportiert.

ALS REGEL GILT: DIE ELTERN MÖGEN IMMER DANACH TRACHTEN, DIE ÜBUNG IN EIN SPIEL ZU KLEIDEN, AUS UND WÄHREND EINES SPIELS DIESE ODER JENE ÜBUNG SO NEBENBEI MIT EINFLIESSEN ZU LASSEN!

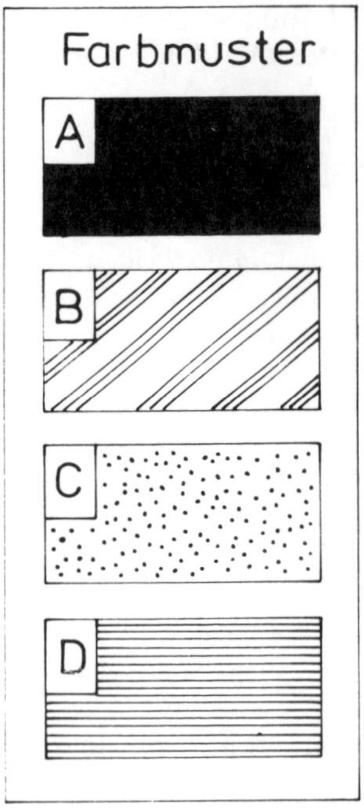

- Eine Farbmustertafel ist schnell hergestellt. Auf einen Karton (DIN A 4) werden bis zu vier Farbstreifen geklebt (ROT, WEISS, SCHWARZ, GRÜN oder GELB, BLAU, ROT, BRAUN usw.) Der Erwachsene zeigt dem Kind diese Farbmustertafel, spricht mit ihm darüber und geht mit dem Kind in der Wohnung umher und sucht die entsprechenden Farben:

„Jetzt gehen wir einmal ins Wohnzimmer und schauen, ob wir dort nicht die gleichen Farben finden. Hier der Sessel! Findest du diese Farbe auf der Farbmustertafel? Richtig, hier ist BRAUN. Der Sessel hat eine braune Farbe. Wo ist noch die braune Farbe zu sehen? Du meinst den Lampenschirm? Schau genau! Vergleiche!“

Im Kinderzimmer ist es noch viel interessanter. Was es da nicht alles zu sehen gibt! Rote Autos, braune Bären, grüne Bäume, blaue Bälle und vieles mehr.

Das Kind hat während seiner bisherigen Entwicklung schon oftmals den Namen einer Farbe gehört. Es weiß auch schon damit etwas anzufangen, denn es bekam ein Auto, das sah „rot“ aus und einen Bus, der sah „blau“ aus. Obwohl es die Begriffe noch nicht bewußt in sich aufgenommen hat, nahm es den Unterschied im Aussehen wahr.

Ein Sehtest:

Es läßt sich bei einem Kind nicht immer mit absoluter Sicherheit sagen, ob es die Dinge nicht genau sieht oder ob es nur deren Namen, Bedeutung nicht versteht oder noch nicht kennt. Die Eltern mögen daher in gewissen Abständen das Sehvermögen ihres Kindes überprüfen. Dabei werden nur solche Dinge erfragt, von denen die Eltern wissen und sicher sind, daß das Kind sie kennt.

Während einer Spazierfahrt sieht die Mutter aus einer größeren Entfernung einen Hund, einen Baum, ein Haus. Sie dreht das Gesicht des Kindes in die entsprechende Richtung und fragt, was es dort sehe. Kann das Kind nicht sprechen, darf es auf das entsprechende Bildchen zeigen, das die Mutter vorsichtigerweise mitgenommen hat.

Im Wohnzimmer sitzen Vater und Sohn auf dem Sofa und schauen sich das an der gegenüberliegenden Wand hängende Bild an. Kann das Kind auch Details erkennen? Den Finger am Krug, die Münzen auf dem Boden? Auf dem Fensterbrett sitzt eine Fliege, auf dem Fernsehgerät liegt ein kleiner Nagel. Kann das Kind die Dinge sehen?

Ab wann erkennt das Kind den heimkehrenden Vater aus der Entfernung?

Wie weit geht das Sehvermögen des Kindes bei Dämmerung und Dunkelheit? Die obigen Testreihen werden im dämmrigen Zimmer wiederholt.

Sehfehler:
Etwa 2–3 % der Kinder im Vorschulalter schielen. Die Ärzte unterscheiden eine grosse Anzahl von Arten und Ursachen des Schielens. Am häufigsten ist das sog. „Begleitschielen“ zu beobachten. Die Blicklinien verlaufen hierbei nach innen.

Die meisten Sehfehler wie Schielen, Kurz- und Weitsichtigkeit können heute durch entsprechende therapeutische Maßnahmen behandelt und korrigiert werden. Bei motorisch stark behinderten Kindern mögen die Eltern darauf achten, daß die Brillengläser der Verletzungsgefahr wegen unzerbrechlich sind. Es gibt auch die Möglichkeit, daß die Kinder, die noch nicht sicher auf den Beinen sind, ein besonders festsitzendes Gestell mit langen Ohrenbügeln verordnet bekommen.

Materialien für die Seherziehung

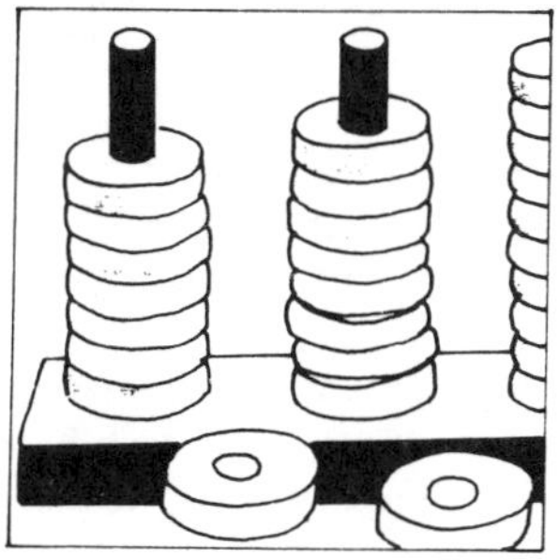

Fast alle in den Spielwarengeschäften käuflichen didaktischen Spielsachen lassen sich für die Seherziehung und Wahrnehmungsschulung einsetzen.

Scheibenbrett: Auf einem Standbrett befinden sich drei senkrechte Holzstäbe, über die farbige, gelochte Scheiben gesteckt werden.

Die einfachste Übung besteht darin, daß über jeden Stab nur die Scheiben einer Farbe gesteckt werden. Zu einem späteren Zeitpunkt kann eine Variation eingebaut werden: Gesteckt wird in folgender Reihenfolge: ROT – BLAU – ROT – BLAU usw. Je älter das Kind wird, desto differenzierter kann die Reihenfolge sein.

Die bunten Scheiben werden sortiert: Die roten Scheiben in diese Dose, die blauen in jene.

Die Scheiben werden aufgefädelt: Eine Kette mit blauen Scheiben, eine Kette mit weißen Scheiben und eine mit roten und weißen im Wechsel. Die Scheiben werden in einer Reihe, in Paaren auf dem Tisch ausgelegt, an bestimmte Personen verteilt und wieder eingesammelt.

Walzensteckbrett: In Grundbrettchen mit fünf oder zehn Bohrlöchern können entsprechend große Walzen gesteckt werden.

In das eine Brettchen werden die roten und in das andere die schwarzen Walzen gesteckt. Wenn alle Brettchen voll sind, wird ein Zug gebildet. Zuerst kommt das Brettchen mit den roten Walzen, dann das mit den gelben Walzen usw.

Alle Walzen werden in ein Säckchen getan. Das Kind darf hineingreifen und eine Walze nach der anderen herausholen und entsprechend zuordnen oder zu Farbtürmchen aufbauen.

Wenn das Kind ein wenig älter ist, holt die Mutter den Farbwürfel hervor, und beide spielen und würfeln so lange, bis alle Steckbrettchen voll sind.

Farbendomino: Das Farbendomino-Spiel kann sehr einfach selbst hergestellt werden.

Kartonstreifen werden in zwei Hälften unterteilt. Jede der beiden Flächen wird mit einer anderen Farbe angemalt. Geschickte Väter besorgen sich dünne Latten und sägen gleichgroße Teile ab.

Auf diese Weise lassen sich auch hölzerne Farbtäfelchen, auf denen Bildkarten und dergleichen aufgezogen werden, herstellen.

Gestalten und Formen ist auch Lernen

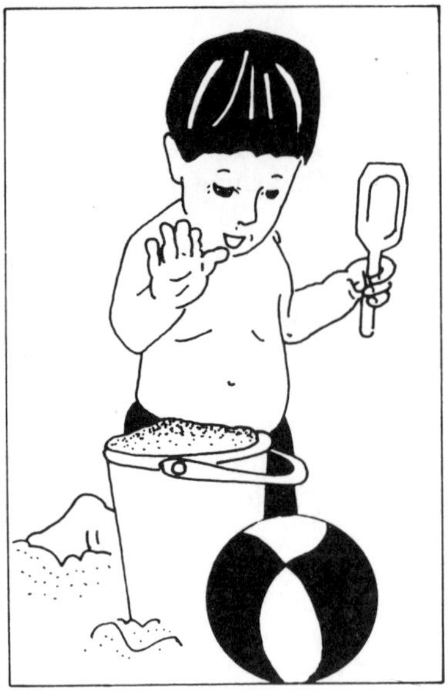

Alle Welt spricht von der mangelnden „Kreativität“ der Kinder. Sie sagen, die Kinder hätten keine Phantasie mehr und könnten nicht mehr schöpferisch mit einfachen Materialien umgehen.
Die Eltern werden, um diesen wirklich vorhandenen Mangel nicht erst aufkommen zu lassen, ihr Kind schon früh Erfahrungen mit Sand, Lehm, Erde, Kiesel, Wasser, Schnee, Eis sammeln lassen.

- Beim Spielen in der Sandkiste lernt das Kind den Umgang und die Gestaltungsmöglichkeiten mit trockenem und mit nassem Sand kennen: Er kann einmal rinnen, dann klumpen, er läßt sich glätten, rieselt durch ein Sieb, kann in eine Form gepreßt oder zu einem Berg aufgetürmt werden. Manches wird das Kind von den Spielkameraden abgucken, aber das meiste werden die Mutter, der Vater ihm zeigen und vormachen müssen.
  Mit der Schaufel wird ein Loch, mit den Händen ein Tunnel durch den Berg gegraben. Eine Straße wird geglättet und viel, viel Kuchen gebacken.

- Im Winter werden ein Schneemann gebaut, Schneebälle geformt und die Eiszapfen angeschaut. Die Welt ist für das Kind voller Wunder.

- Ohne Ton und Plastilin geht es nicht.
  Zu Anfang benötigt das Kind nur Plastilin einer Farbe, später können noch zwei bis drei Farben dazugenommen werden. Die richtige Menge für das erste Kneten ist ein Block von 10 x 10 x 5 cm Ausmaß. Eltern und Kind setzen sich gemeinsam an den Tisch, breiten eine Plastikunterlage aus und beginnen das Plastilin zu walken und zu kneten bis es weich genug ist. Sodann kann der Batzen zu einer flachen Schale auf den Tisch gedrückt oder zu einer Wurst gerollt werden. Wenn eine Wurst zu kurz ist, rollt die Mutter sie noch weiter, bis eine ganz lange Schlange zum Vorschein kommt.

  In die Knetmasse lassen sich auch Gegenstände hineindrücken. Vielleicht sind es anfangs nur einige dünne Rundstäbe oder Streichhölzer, vielleicht sind es aber auch die Holztiere und Holzfiguren. Regen die Umrisse der Figuren nicht zu neuen Spielen an?

- Ton oder Lehm besitzen therapeutische Kräfte. Viele Kinder, bei denen in der frühen Jugend zu sehr auf Sauberkeit geachtet wurde, können später sehr pedantisch und pingelig sein. Ihnen wird in therapeutischen Behandlungsstunden ein Klumpen Ton oder Lehm vorgesetzt. Sie sollen durch den Umgang mit dem braunen, weichen, nassen Material das nachholen, was ihnen in ihrer Kindheit nicht gewährt wurde – das „Dreckeln“. Kinder rühren mit Wonne Ton, Erde, Lehm, Sand und Wasser zu der sogenannten Eierpampe an. Je verschmierter und schmutziger ihre Hände sind, desto wohler fühlen sie sich.

  Die Eltern werden aus diesem Grunde an einem warmen Sonntag ihrem Kind im Freien einen Batzen Lehm, eine Schüssel Wasser, eine Schaufel und einen Becher anbieten. Zeigt das Kind Scheu und Ekel, werden zuerst die Eltern den Lehm walken und kneten und ihrem Kind so nebenbei ein Stückchen abgeben. Zeigt es immer noch Abwehr, soll das Spiel abgebrochen werden. Das Kind soll nicht zu etwas gezwungen werden, das es aus irgendeinem Grunde ablehnt. Vielleicht ist es später eher zu diesem Spiel bereit.

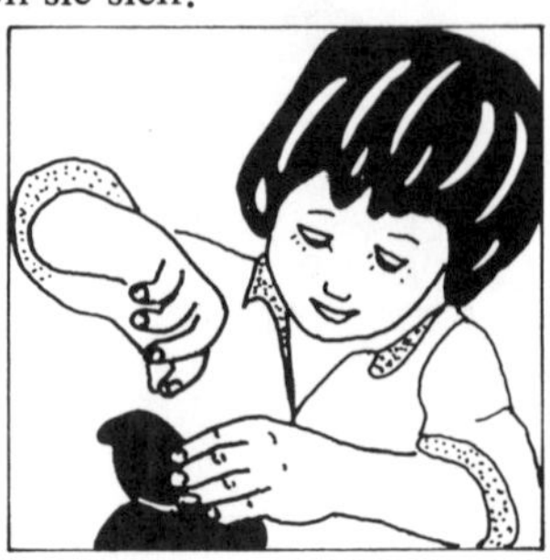

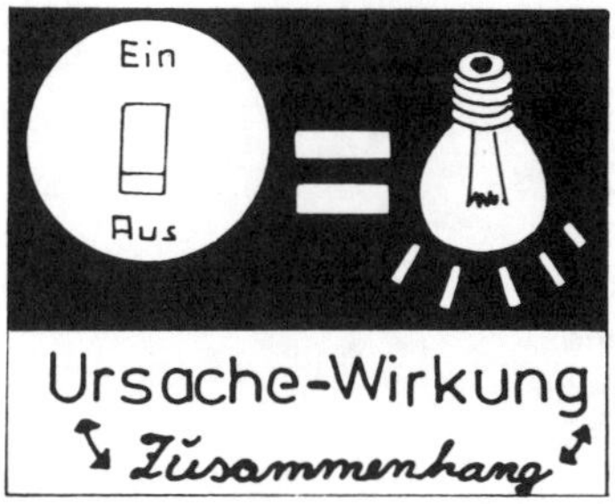

Ursache und Wirkung stehen in einem Zusammenhang

Im häuslichen Alltag gibt es viele Situationen, in denen das Kind sehen und erleben kann, daß auf eine bestimmte Handlung oder Tätigkeit immer das gleiche Ereignis folgt. Diese Verbindung, die die Erwachsenen schlußfolgernd feststellen können, entsteht beim Kind durch eine Vielzahl gleicher Beobachtungen.

Hier einige Beispiele:

1. Jedesmal, wenn der Vater auf diesen Knopf oder Schalter drückt, geht das Licht an oder aus. Das Kind soll selbst die Erfahrung machen können: „Siehst du, das Licht geht an, wenn du auf diesen Knopf drückst. Drücken – das Licht ist an! Drücken – das Licht ist aus!“ Dieser Vorgang mit der begleitenden und erklärenden Sprache wird viele Male wiederholt.
2. Aus einer geringen Höhe wird ein Ball in eine Schüssel mit Wasser geworfen. Das Wasser spritzt nach allen Seiten.
   Die gleiche Situation ergibt sich im Sandkasten oder nach einem Regen, wenn Steine oder Erdklumpen in die Pfütze geworfen werden.
3. Eine alte Zeitung wird zerrissen. Papier ist nicht so stabil wie andere Materialien. Wenn fest daran gezogen wird, reißt das Papier.

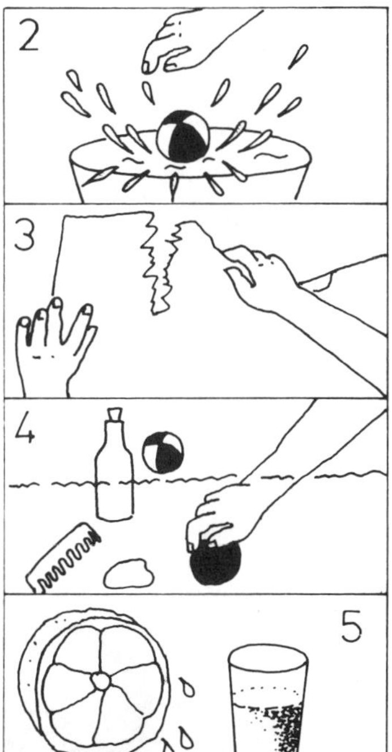

4. Das Kind sitzt in der Badewanne. Eine verkorkte Flasche, ein Ball schwimmen um es herum. Jedesmal, wenn das Kind den Ball oder die Flasche unter Wasser drückt, kommen sie wieder an die Oberfläche. Wenn es den Kamm oder die Seife in das Wasser wirft, gehen sie unter und kommen nicht mehr an die Oberfläche.
5. Eine Orange wird ausgepreßt. Das Kind schaut zu.
   Der Saft wird in ein Glas gegossen, und das Kind darf trinken.
   Es sieht, daß Saft aus der Orange fließt, wenn die Mutter sie auspreßt.
6. Das gute Eis schmilzt! Warum? Die Sonne scheint.
   Also – wenn die Sonne scheint, muß das Kind das Eis schneller lecken, sonst schmilzt es, und dann schmeckt es nicht mehr so gut.

Was heißt – Gedächtnis?

Gedächtnis ist die Fähigkeit, eine Vielzahl von Wahrnehmungen, Beobachtungen, Erlebnissen, Informationen und Erfahrungen in sich aufzunehmen, sie im Gehirn zu speichern und bei Bedarf wieder hervorholen zu können.
Das Gedächtnis ist eine wesentliche Voraussetzung für das Lernen.

Manchmal genügt das Wahrnehmen eines einmaligen Vorganges, oftmals werden es viele Wiederholungen sein. Alle Wissenschaftler sind sich darüber einig, daß Gedächtnis trainierbar ist.

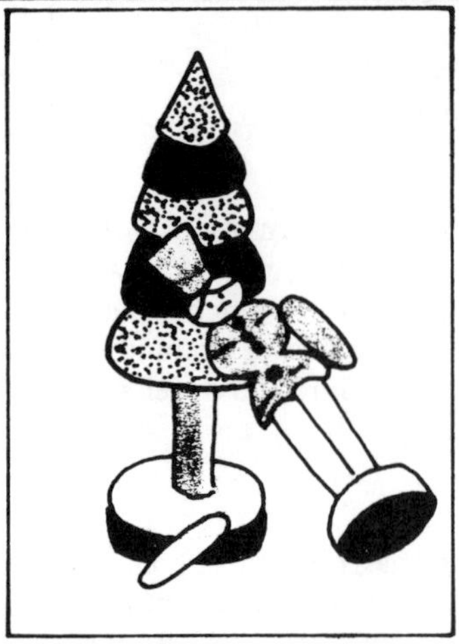

Hand- und Klatsch-Spiele

*„Händedrücken, Händedrücken,
ist 'ne schöne Kunst.
Ich drücke dir die rechte Hand,
ich drücke dir die linke Hand.
Da hast du sie, da nimm sie dir,
jetzt hast du alle beide.
Händeklatschen, Händeklatschen,
ist 'ne schöne Kunst.
Ich klatsch die, ich klatsch die,
und du klatscht die, und du klatscht die.
Wir klatschen alle beide."*

*„Klatsch, klatsch Händchen,
Wo seid ihr gewesen?
Wir waren bei der Oma.
Was habt ihr denn gegessen?
Wir haben Brei gegessen.
Was habt ihr denn getrunken?
Wir haben Saft getrunken.
Der Brei ist aufgegessen.
Der Saft ist ausgetrunken.
Husch, husch, husch, weg sind sie.
Auf dem Kopfe sitzen sie: Kikeriki."*

*„Fingerschnalzen, Fingerschnalzen,
ist 'ne schöne Kunst.
Ich schnalz mal hier,
ich schnalz mal da.
Du schnalzt mal hier,
Du schnalzt mal da.
Wir schnalzen alle beide."*

*„Meine Hände sind verschwunden.
Ich habe keine Hände mehr.
Hei, da kommen meine Hände wieder her!
Meine Finger sind verschwunden.
Ich habe keine Finger mehr.
Hei, da kommen meine Finger wieder her!"*

(Die Hände werden hinter dem Rücken und die Finger in den Fäusten versteckt)

*„Die linke Hand, die ist das Haus,
das Däumchen ist die kleine Maus.
Die rechte Hand ist unsre Katze
mit der weichen Sammettatze.
Seht, da schleicht das Kätzchen ran,
sieht sich unser Mäuschen an!
Und die Mietzekatz
springt mit einem Satz
auf das arme Mäuschen zu.
Mäuselein, wo bist denn du?"*

Die Finger der linken Hand werden leicht gebogen, der Daumen wird hin- und herbewegt.

Die rechte Hand bewegt sich langsam auf den Daumen der linken Hand zu und versucht ihn zu fangen.

*„Unsre Katz hat Junge,
sieben an der Zahl,
eins davon hat Kringel,
die andern sind normal."*

Sehen, Hören und Fühlen gehören gemeinsam zur Sprachentwicklung

Es gibt Kinder, die sehen nichts, die hören nichts und fühlen weniger. All diese Kinder haben Schwierigkeiten in der Sprachentwicklung.

Sehen, Hören und Fühlen gehören in das Förderprogramm „Sprache" mit hinein. Der Mund formt sich beim O rund und ist beim M geschlossen. Die gehörlosen Kinder verstehen durch Mundablesen, was der andere sagt. Jeder Laut, jedes Wort hat ein charakteristisches Klangbild, das ihn von allen anderen unterscheidet. Die Laute, Silben, Wörter und Sätze sind auch fühlbar. Die Brust, der Kehlkopf, die Wangen, die Stirn vibrieren, der Lufthauch, der Luftstoß sind auf der Hand zu spüren.

Alle diese zusätzlichen Sinnesempfindungen und Informationsträger werden beim Anbilden eines neuen Wortes eingesetzt.

Ein Beispiel:

1. Die Mutter hat auf dem Schoß eine Schachtel mit einer Blume darin. Um die Spannung und die Konzentration zu erhöhen, deckt sie ein Tuch darüber und deutet mit Mimik und Gestik auf etwas Geheimnisvolles hin. Das Kind wird neugierig und möchte wissen, was sich in der Schachtel befindet.

2. Die Mutter nimmt die Blume heraus, hält sie in Mundhöhe und Mundnähe und spricht das Wort B l u m e erst dann aus, wenn das Kind ihr auf den Mund schaut.
   Der Blick des Kindes wird über den in Mundnähe gehaltenen Gegenstand auf den sprechenden Mund gelenkt.

3. Die Mutter faßt die offene Hand des Kindes, führt sie an den Mund und spricht das Wort B l u m e nochmals deutlich in die offene Handfläche.
   Ein andermal spricht sie das Wort ins Ohr oder hält die offene Hand des Kindes an ihre Wange oder an ihren Kehlkopf.
   Das Kind soll den Luftdruck, die Atemwärme und die Vibration spüren.

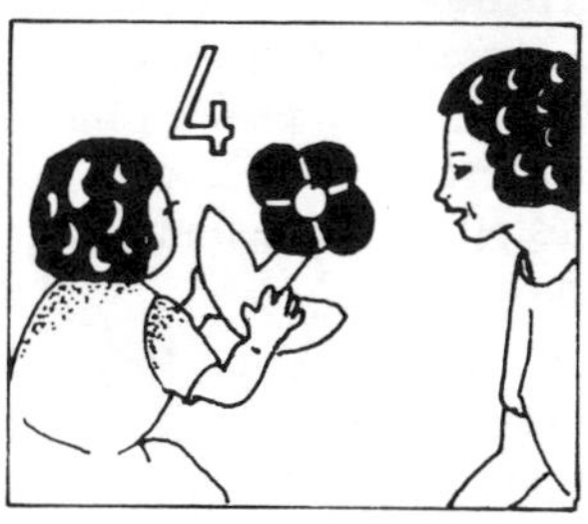

4. Erst nach dieser Ein- und Hinführung bekommt das Kind die Blume zum Betrachten und zum Spielen.
   „Bettina hat eine Blume. Die Blume hat eine rote Blüte. Sie hat grüne Blätter.
   Bettina hole bitte eine Vase. Stell die Blume in die Vase.
   Jetzt gehen wir gemeinsam zum Wasserhahn und geben der Blume Wasser."

Sprachfördernde Spiele

Das gleiche Spiel, dasselbe Spielmaterial kann unter verschiedenen Aspekten gesehen werden. Hier sollen einige Möglichkeiten aufgezeigt werden, wie die sprachliche Seite eines Spiels betont werden kann.

- Ein Kartonstück DIN A 4 wird in der Mitte gefaltet und, wie in der nebenstehenden Abbildung zu sehen ist, ein Fenster im oberen Teil herausgeschnitten. Schließlich soll noch eine Scheibe gleichen Durchmessers wie der gefaltete Karton (DIN A 5) ausgeschnitten und ringsherum mit Bildern versehen werden. Diese können entweder selbst gemalte oder aus Illustrierten, Tierzeitschriften, Katalogen ausgeschnittene sein. Die Scheibe wird mit Hilfe einer Briefklammer so befestigt, daß sie sich dreht und daß während des Drehens jeweils eines der Bilder im Fenster erscheint.

Das Spiel kann beginnen.

Das Kind sitzt am Tisch oder auf dem Schoß der Mutter und schaut gespannt auf die unter dem Tisch gehaltenen Hände der Mutter: „So, mein Liebling, heute zeige ich dir etwas sehr Schönes. Schau auf das Fenster! Hier ist etwas zu sehen! Ia, ia, so schreit es! Das ist ein Esel! Der Esel schreit ia, ia. Erinnere dich bitte an den Zoobesuch. Dort war ein Esel. Dreh bitte weiter!“

- Auf einen Kartonwürfel (wie das Netz eines Würfels gezeichnet wird, kann in jedem Bastelbuch nachgeschaut und nachgelesen werden) werden sechs Bildkarten angeklebt. Später können wieder andere darüber geheftet werden.

Der Vater sitzt mit dem Kind auf dem Teppich und beide betrachten nacheinander jedes Bild genau: „Hier ist ein Schuh, da das Auto und dort der Ball. Jetzt bekommst du den Würfel und dann zeigst du mir den Schuh. Richtig! Und wo ist der Ball? – Weißt du was, wir lassen den Würfel über den Teppich rollen und schauen, welches Bild obenauf liegt. Später werden wir die entsprechenden Gegenstände holen und den Bildern zuordnen.

Deine Lieblingskatze bleibt derweil hier stehen und schaut uns zu.“

Die Eltern basteln für das Kind ein Leporello. Dies ist ein ziehharmonika-ähnlich gefalteter Karton, auf den Bilder geklebt werden. Jedes Kind hat bestimmte Dinge, die es gern mag, die es mit Vorliebe betrachtet und deren Bezeichnungen es mit Lauten auszudrücken versucht. Die Eltern suchen Bilder dieser Gegenstände, Farben oder Aktivitäten und kleben sie auf die einzelnen Seiten des Leporellos.

Während einer ruhigen Zeit setzen sich Mutter und Kind in den Sessel und betrachten die Bilder. „Heute habe ich etwas Neues für dich. Ein Ziehharmonika-Buch! Dieses werden wir jetzt gemeinsam anschauen. Oh! Was ist denn auf dem ersten Bild zu sehen? Ein Tier! Das kennst du. Das hast du doch so gern. Sag Mami den Namen leise ins Ohr. (Flüsterton) Ja, Helmut, das ist eine Kuh. Die schauen wir uns genau an ...“

Am Abend beschäftigt sich der Vater mit dem Kind. Er stellt das Leporello auf den Boden und fordert das Kind auf: „Fahre mit dem Auto zur Kuh! Fahre mit dem Bus zum Schaf!“

- Auf dem Fußboden liegen viele Bildkarten. Dies können selbst gebastelte oder auch gekaufte sein. Es gibt eine ganze Reihe recht guter und brauchbarer Bildkarten für dieses Entwicklungsalter.

Vor dem Kind stehen zwei oder auch mehr Schachteln. Die Mutter setzt sich zum Kind und ermuntert es, ihr die Bildkarte mit der Puppe herauszusuchen. Findet das Kind die Karte und gibt sie sie der Mutter, wird diese sich bedanken und die Karte in eine der Schachteln legen. In die erste Schachtel kommen alle Spielsachen, in die zweite werden alle Eßwaren und in die dritte alle Kleidungsstücke gelegt.

Nach dieser schweren Arbeit stellen sie zwei der drei Schachteln weg und widmen sich etwas genauer und intensiver dem Inhalt einer Schachtel.

- Die Mutter sagt: „In der Schachtel sind viele Bilder, alles Sachen zum Essen. Du gibst mir eines und ich stecke es in diese Steckleiste. Suche zuerst den APFEL! Gib mir den APFEL! Jetzt suche das BROT! Nein, nicht den Schuh! Der Schuh gehört nicht in diese Schachtel. Da haben wir vorhin nicht aufgepaßt. Der Schuh gehört in jene Schachtel. Wir machen weiter. Suche das BROT! Fein gemacht! Das ist das BROT!"

Das Spiel geht weiter bis die Steckleiste voll ist. Dann kommt der Lastwagen angefahren und alle Karten werden aufgeladen und in die andere Ecke des Zimmers transportiert. In der Zwischenzeit hat die Mutter eine zweite Garnitur der Bilder ausgelegt. Wenn das Kind mit dem Lastauto ankommt, erhält es den Auftrag, die aufgeladenen Bilder richtig auf die anderen zu legen, das gleiche Bild zum gleichen Bild.

- Die Gleichheit der Bilder und Bildteile gilt es auch bei dem Bilderdomino zu erkennen. Am Anfang werden fünf bis sechs zusammenpassende Steine ausgesucht, später wird die Anzahl erhöht.

Die Mutter fängt an. Sie legt den Stein mit dem Apfel- und dem Ball-Bild hin. Das Kind wird ermuntert, einen Stein zu suchen, auf dem entweder ein Apfel oder ein Ball zu sehen sind. Beim richtigen Anlegen hilft die Mutter. Bald benötigt das Kind die Hilfe der Mutter nicht mehr. Es sucht sich die gleich aussehenden Steine heraus und legt sie richtig an. Im Zimmer entsteht eine lange Dominostraße. Die Mutter holt ein kleines Püppchen und läßt es auf der Straße entlang spazieren. Sie deutet jedoch zuvor an, daß sie nur bis zu der Stelle gehen möchte, wo der Stein mit der Puppe liegt. Dort angekommen, setzt sie sich nieder. Der Bär möchte auf der Dominostraße bis zum Stein mit dem Bagger laufen.

Das Kind hat bisher dem Treiben der Mutter zugeschaut, nun soll es das Auto, das Flugzeug, die Lokomotive, den Kasper auf der Straße entlangschieben bis zu jenem Stein, den die Mutter nennt.

Die im Handel käuflichen Dominosteine sind mitunter zu klein für die Hand des Kindes oder die Abbildungen entsprechen nicht dem Sprachverständnis des Kindes. Die Eltern könnten aus dikkerem Karton Karten schneiden und mit Bildern bekleben, oder der Vater zersägt einen Sperrholzrest und erhält so griffige und stabile Bildplättchen.

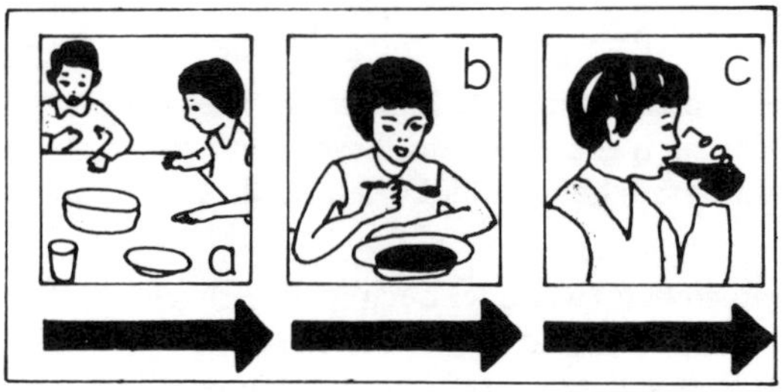

Gebrauch der Tätigkeitswörter (Verben)

Standen bis jetzt die Hauptwörter (Substantive) bei weitem im Vordergrund der sprachbildenden Spiele, so sollen nun mehr und mehr die Tätigkeiten und deren Bezeichnungen beachtet und benannt werden.

- Alle Zeitungen, Zeitschriften, alten Kinderbücher werden durchgeblättert und die Bilder, auf denen etwas getan wird, herausgeschnitten. Vorteilhaft und sinnvoll wäre es, wenn zwischen einigen Bildkarten ein Zusammenhang, eine Reihenfolge bestünde.

  Ein Beispiel: auf dem ersten Bild *sitzen* der Bub und das Mädel am Tisch, auf dem zweiten Bild *ißt* das Mädel und auf dem letzten *trinkt* der Junge seine Limonade.

  Die methodische Vorgehensweise ist ähnlich wie bei den zuvor beschriebenen Spielen. Die Karten werden ausgelegt, betrachtet, und das Kind soll die verlangte und gewünschte Karte erkennen oder heraussuchen.

  Als Variation könnte der Vater eine Geschichte erzählen, bei der die Karten als Verstehenshilfen und Veranschaulichung in der Reihenfolge der Erzählung auf den Tisch gelegt werden.

  Einige Zeit später wird sich aus dieser Vorgehensweise die sogenannte „Bildergeschichte" entwickelt haben.

- Bewegliche Figuren und Bilder erhöhen die Aufmerksamkeit bei den Kindern. Wer dies weiß, wird versuchen, so viel wie möglich Bewegung und Aktivität in seine Förderprogramme einfließen zu lassen.

  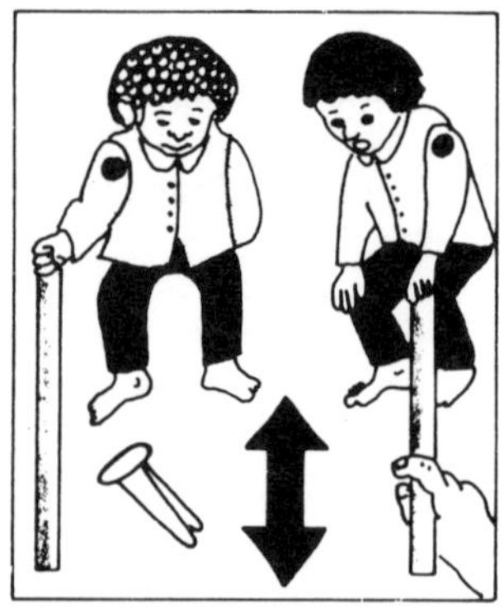

  Ein Beispiel: In den schon oft erwähnten Illustrierten, Monatsheften, Kindermagazinen, Elternzeitschriften wird nach zwei lustig aussehenden Figuren gesucht. Diese werden ausgeschnitten und auf Karton geklebt, damit sie stabiler und steifer werden. Dann werden entweder ein Arm oder ein Bein ausgeschnitten und mittels einer Briefklammer wieder beweglich angeheftet. Ein schmaler angeklebter Kartonstreifen läßt den Arm oder das Bein auf- und abbewegen. Diese lustigen „Kerle" erzählen dem Kind nicht nur Geschichten, sie machen ihm auch vor, was es tun soll: „Peter, schau genau auf uns und mache alles nach. Achtung! *Hebe* den Arm! *Senke* den Arm! *Hebe* das Bein! *Senke* das Bein! Das hast du gut gemacht. Dafür erzählen wir dir die Geschichte von dem Dicken Bär."

  Während des Erzählens, wobei viele Verben verwendet werden sollen, gestikulieren die beiden, so daß das Kind keinen Blick mehr von ihnen läßt.

- Einige Bilderbücher sind so gestaltet, daß beim Umblättern der Seiten die Figuren und Landschaften hochklappen. Es entsteht die Wirkung einer Theaterkulisse. Im Vordergrund stehen das Rotkäppchen und der Wolf, weiter im Hintergrund ist der tiefe Wald zu sehen. Manchmal lassen sich auch einige Teile an den Figuren bewegen.

Ein gezeichnetes Erlebnis

Ein dem Alter entsprechend gestaltetes Bilderbuch ist ein sehr hilfreicher Ausgangspunkt für sprachliche Übungen. Die Bilder werden gemeinsam betrachtet, darüber gesprochen und schließlich noch dieses oder jenes fragend erarbeitet. Wo ist – ? Was macht – ? Wie ist – ? Die Kinder können und sollen nicht genug davon bekommen.

Ein Bilderbuch eigener und besonderer Art ist das selbstgestaltete „Erlebnis- oder Geschichten-Bilderbuch".
Ein Beispiel:
Die Familie war letzten Sonntag im nahegelegenen Zoo. Alle hatten viel Freude und Spaß an diesem Sonntagnachmittag. Am nächsten Abend setzt sich der Vater neben sein Kind, legt Papier und Farbstift vor sich hin und beginnt, den Zoobesuch noch einmal mit wenigen Strichen vor den Augen des Kindes nachzuvollziehen:

MAMA, PAPA UND KLAUS SITZEN IM AUTO.

SIE FAHREN IN DEN ZOO.

PAPA KAUFT DIE EINTRITTSKARTEN.

MAMA UND KLAUS WARTEN.

DA IST EIN BÄR. DER BÄR IST GROSS.
DER BÄR HAT EIN BRAUNES FELL.
DER BÄR IST IM KÄFIG.

DA IST EIN AFFE. PAPA KAUFT ERDNÜSSE.
KLAUS FÜTTERT DEN AFFEN.

KLAUS SCHAUKELT.

KLAUS BEKOMMT EIN EIS. DAS EIS IST GUT.

MAMA, PAPA UND KLAUS SITZEN IM AUTO.

SIE FAHREN HEIM.

Der Junge hat sehr aufmerksam der Geschichte zugehört und das Malen verfolgt.
Der Vater schneidet die Bilder zurecht und klebt sie in der richtigen Reihenfolge in ein Heft. Jetzt ist Klaus an der Reihe. Vater schlägt die Seiten nacheinander auf und fordert Klaus zum Sprechen auf: „Was siehst du hier? Was ist das? Was macht dieser da? Wo ist der Bär? Welche Farbe hat der Bär?"

Die Mutter möchte vor dem nächsten Zoobesuch mit dem Kind dieses Heft nochmals betrachten, um es noch besser auf das bevorstehende Ereignis einstimmen zu können. Außerdem möchte sie wissen, was beim Kind vom letzten Zoobesuch im Gedächtnis haften blieb.

Wer sich das Zeichnen nicht zutraut, könnte mit Hilfe einer Sofortbildkamera den gleichen Zweck erreichen.
Diese Art von Bilderbuch hätte den großen Vorteil, daß das Kind beim Herstellen verfolgen kann, daß es selbst Akteur beim Geschehen ist. Die Personen auf den Bildern sind ihm vertraut. Sie haben einen Erlebnis- und Gefühlshintergrund beim Kind.

Blas- und Pusteübungen

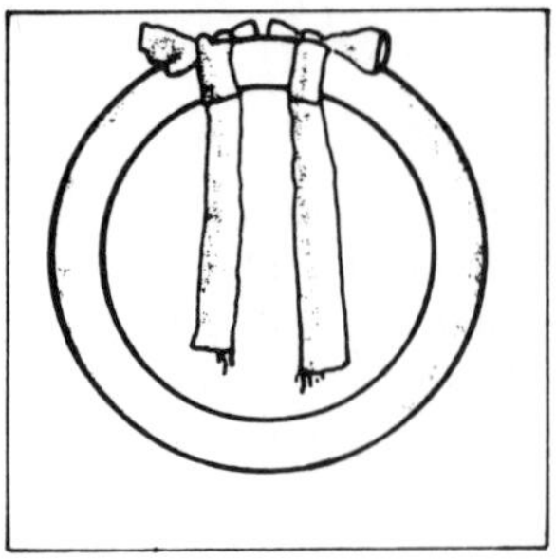

Ohne richtiges Ausatmen, ohne gezielte Luftführung ist Sprechen nicht möglich. Wohl gibt es einige wenige Kinder, die beim Einatmen Laute produzieren können, zu einer verständlichen Aussprache gelangen sie jedoch auf diesem Wege nicht. Aus diesem Grunde sollen immer wieder einmal Blasübungen mit dem Kind durchgeführt werden. Ziel dieser Übungsreihe ist das Variierenkönnen der Stärke des Ausatmungsstromes und das Verändernkönnen der Richtung desselben.
Gleichzeitig werden die Lippenbeweglichkeit und das Schließen des Mundes kräftig mittrainiert.

Schon bald wird die Mutter für ihr Kind einen „Pustering" basteln. An einen Rasselring werden zwei bunte Seidenbändchen gebunden. Ganz sachte bläst die Mutter die beiden Bändchen an. Das Kind schaut den flatternden Bändern zu und spürt den Lufthauch.

Es wird noch manche Zeit vergehen, bis das Kind selbst die Bänder zum Flattern bringt.

Wenn das Kind älter ist, wird der Ring, der Reif größer und die Bänder länger.

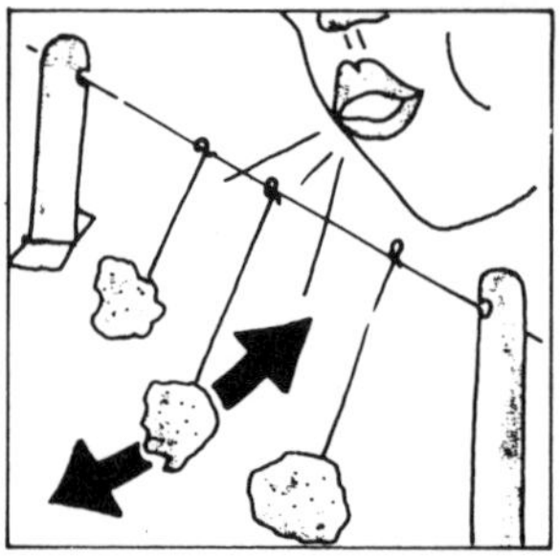

Eine andere Möglichkeit des Wegpustens sieht so aus, daß der Vater dem auf dem Rücken liegenden Kind eine Feder auf den Mund legt. Irgendwann muß das Kind ausatmen – und die Feder schwebt in die Höhe. Das Kind sieht, was es durch sein Blasen bewirken kann und bekommt Freude an dem Spiel.

Allmählich ist die Pustefähigkeit schon so ausgebildet, daß das Kind Papiermännchen, die auf dem Tisch aufgereiht sind, umblasen, daß es Wattebäuschchen, die an einem Faden hängen, hin- und herschaukeln kann. Vielleicht schiebt der Vater ein Stück gefaltetes Transparentpapier zwischen die Sitze eines offenen Spielautos und versucht, es durch Pusten vorwärts zu bewegen. Ganze Wettfahrten, Geschicklichkeitsturniere können auf diese Weise veranstaltet werden. Diese Spiele sind nicht nur für das einzelne Kind da, die ganze Familie kann sich daran beteiligen.

Seifenblasen wegpusten verlangt schon einige Geschicklichkeit. Augen, Hand und Mund sind gleichermaßen beteiligt.

Hin und wieder wird dem Kind das Blasspiel angeboten, ohne daß gleich von ihm höchste Perfektion erwartet wird.

Zuerst bläst die Mutter, und das Kind soll die schillernden Blasen mit der Hand fangen. Später hält die Mutter die Schleife vor den Mund des Kindes und fordert es auf, durch die Schleife zu blasen.

Übungen mit den Sprechwerkzeugen

Es wird nicht bei allen Kindern notwendig sein, gezielte Übungen mit den Sprechwerkzeugen durchzuführen. Bei Kindern, die längere Zeit auf dem gleichen Sprech- und Sprachniveau stehen bleiben, die beispielsweise keine neuen Laute dazu lernen, die die Laute nicht zu Silben und später zu Wörtern verbinden, die unverständlich sprechen – bei all diesen Kindern kommt es sehr darauf an, daß Kiefer, Zunge, Lippen bewegt werden, so daß sich das Bewegungsempfinden in diesem Körperbereich steigert.

Lippenübungen:

- Die Lippen werden mit dem Zipfel eines Taschentuches berührt. Sie sollen versuchen, den Taschentuchzipfel zu fangen.
- Die Luft wird angehalten und die Lippen aufeinandergepreßt. Die Luft wird explosionsartig herausgestoßen.
- Die Lippen werden rüsselartig nach vorn gestülpt („sch – sch –, so macht die Eisenbahn".)
- Die Lippen werden gespitzt, so als ob das Kind ein Küßchen geben wollte.
- Die Oberlippe wird über die Unterlippe und danach die Unterlippe über die Oberlippe geschoben.
- Korken, Rundhölzchen werden zwischen den zusammengepreßten Lippen gehalten und vom Tisch aufgenommen.
- Stäbchen werden auf der Oberlippe gehalten, der Kopf wird gesenkt.

Zungenübungen:

- Zunge auf Kommando heraus- und hereinstrecken. Geschwindigkeit steigern.
- Heraustrecken der Zunge abwechselnd im rechten, linken Mundwinkel.
- Zunge weit herausstrecken und von Mundwinkel zu Mundwinkel hin- und herbewegen.
- Zunge an die Oberlippe legen und darüber streichen.
- Zunge an die Unterlippe legen und darüber streichen.

Atemübungen:

- Kind steht aufrecht und gelöst da. Der Kopf ist etwas nach vorn geneigt. Während des Einatmens werden die locker herunterhängenden Arme langsam über den Kopf geführt. Beim Ausatmen werden die Arme wieder langsam gesenkt.
  Die Zeit des Ausatmens soll verlängert werden.
- Die gleichen Übungen werden im Sitzen und Liegen ausgeführt.
- Das Kind und der Erwachsene, der diese Übungen jeweils vor- und mitmachen muß, knien am Boden bzw. sitzen auf den Fersen. Die Hände sind auf die Oberschenkel gestützt, der Kopf hängt leicht gebeugt nach vorn. Während des Einatmens richtet sich der Körper und der Kopf auf bis zur maximalen Streckung. Beim Ausatmen geht der Körper wieder in die Ausgangslage zurück.

- In sitzender, stehender und liegender Position durch die Nase langsam, tief und recht lange ein- und wieder ausatmen.
- Die gleiche Übung wie oben, jedoch nur durch ein Nasenloch ein- und ausatmen. Das andere Nasenloch wird zugehalten.
- Durch die Nase tief einatmen und durch den weit geöffneten – den zugespitzten – den breitgezogenen Mund ausatmen.
  Eventuell muß die Nase hierbei zugehalten werden.
- Verlängerung des Ausatmungsstromes durch sichtbares Bewegen flatternder Gegenstände.
  Mutter und Kind sitzen vor dem Spiegel. Die Mutter läßt während ihrer Ausatmung den Zipfel eines Seidentuches flattern.
  Das Kind soll nachahmen.
  Andere sich bewegende Gegenstände: Seidenbändchen, Windrad, Paperstreifen, Pfauenfeder.

Lautierübungen:

- Die Lippen werden vor dem Spiegel zu den vokalischen Lauten u e i o u geformt, dann wird lautiert.
- Die Zunge wird vom Mundboden (unter Kinn) abwechseld leicht nach oben gedrückt, währenddessen wird la-la-la gesungen.
- Während der Kaubewegungen wird gebrummt (m – m)
- Die Lippenlaute m und b werden vorgemacht, einzeln geübt und dann mit den Vokalen verbunden (ma – mo – mu – me usw.)
- Tierlaute (Stofftiere bereithalten) werden vorgesprochen und das Kind zur Nachahmung angeregt:

Hund	–	wau-wau	Schaf	–	mä-mä
Katze	–	miau	Esel	–	ia-ia
Vogel	–	piep	Ente	–	ga-ga
Kuh	–	mu			

Die Bildung der Konsonanten d und t (Vorderzungenlaute) kann gut eingesehen und demonstriert werden. Sie werden von den Kindern früh und sehr häufig gelallt. Aus dem „dadada" wird das „da" isoliert, indem die Eltern es langsam und deutlich vorsprechen und durch eine Handbewegung nach dem Sprechen der Silbe andeuten, daß nicht mehr weiter gesprochen werden soll.
Kann das Kind schon „Mama" und „Papa" sagen, ist in Verbindung mit „da" der erste gesprochene Satz fertig: „Mama da!" und „Papa da!"
Konsonanten und Konsonantenverbindungen, deren Lautgestalten sich aus Umweltgeräuschen ableiten lassen, werden durch entsprechende Mimik und Gestik eingeübt.

brrr	=	ein Spielauto, ein Holzpferd soll stehen bleiben;
grrrr	=	nach dem Zähneputzen wird der Mund ausgespült;
fff fff	=	ein heißer Gegenstand wird angefaßt, es muß geblasen werden;
tut tut	=	die Autos fahren durch die Straßen und hupen;
bim bim	=	ein Glöckchen wird angeschlagen, es bimmelt;
psss pss	=	die Puppe will schlafen, sie braucht Ruhe.

Die Welt ist voller Geräusche und Klänge

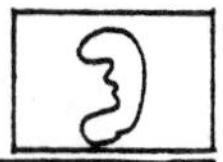

Auf alle Klänge und Geräusche, die im Haushalt vorkommen, wird das Kind hingewiesen. Sehr beliebt sind die „Horchspiele" bei den Kindern.

- Die Mutter geht mit dem Kind zum Wasserhahn, läßt das Wasser laufen, weist auf das Geräusch hin und nimmt es mit einem Tonbandgerät auf. Auf diese Art und Weise nimmt sie anfangs 3 bis 4 unterschiedliche Geräusche auf, spielt sie später wieder ab und fordert das Kind auf, nach dem Zuhören das Geräusch wieder zu erkennen und wieder zufinden.

Bei unserem Beispiel müßte das Kind nach dem richtigen Erkennen ins Bad laufen und den Wasserhahn aufdrehen.

Weitere beliebte Geräusche: Kinderlachen, Husten, Niesen, Türklingel, Staubsauger, Türezuschlagen, Hämmern, Telefon, Autohupe, Pfeifen, Singen, Tierstimmen (Bellen, Miauen, Vogelgezwitscher).

- Kinder sind fasziniert, wenn sie auf Tonband ihre eigene Stimme oder die der Mutter hören. Ab und zu wird ein gemeinsames Gespräch oder ein gemeinsam gesungenes Lied mit dem Tonbandgerät aufgenommen und dann wieder abgespielt.

  Das Hören ist hierbei objektiver, konzentrierter. Die Ablenkung durch den Sprechbewegungsvorgang fällt weg. Der Vergleich zwischen der eigenen Lautproduktion und der der Mutter gelingt besser und leichter für das Kind.

- Das Kind steht mit dem Gesicht zur Wand. Die Mutter führt ein Geräusch mit einem der bereitliegenden Gegenstände aus. Das Kind soll raten, welcher Gegenstand das Geräusch verursachte.

- Das Kind schließt die Augen. Die Mutter läßt einen der Gegenstände auf den Boden fallen, das Kind soll genau hinhören. Später soll es sagen oder zeigen können, welcher Gegenstand es war.

- Während der gemeinsamen Spiel- und Beschäftigungszeit wird die Mutter ab und zu die neuen Wörter hinter vorgehaltener Hand oder Zeitung aussprechen. Das Kind soll entweder auf das entsprechende Bild zeigen oder das Wort nachsprechen.

  Das Kind muß sich hierbei allein auf sein Gehör verlassen.

- Nach dem Betrachten des Tierbilderbuches soll das Kind sich umdrehen. Die Mutter ahmt einen Tierlaut nach und das Kind soll anhand der Bilder im Buch zeigen, welches Tier es war.

  Nach einiger Zeit werden die Rollen getauscht.

Lieder zum Vor- und Mitsingen

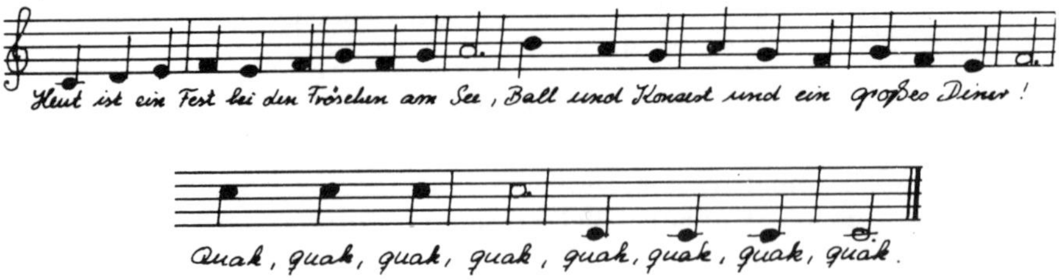

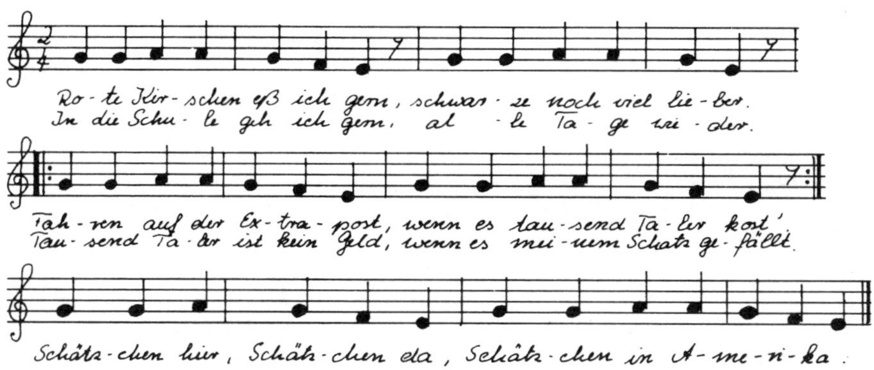

Der Kuckuck sprach: „Das kann ich!"
und fing gleich an zu schrein.
„Ich aber kann es besser, ich aber kann es besser,"
fiel gleich der Esel ein, fiel gleich der Esel ein.

Das klang so schön und lieblich,
so schön von fern und nah,
sie sangen alle beide, sie sangen alle beide:
„Kuckuck, Kuckuck, I-a, Kuckuck, Kuckuck, I-a."

Das Steckenpferd als Bindeglied zur Welt der Erwachsenen

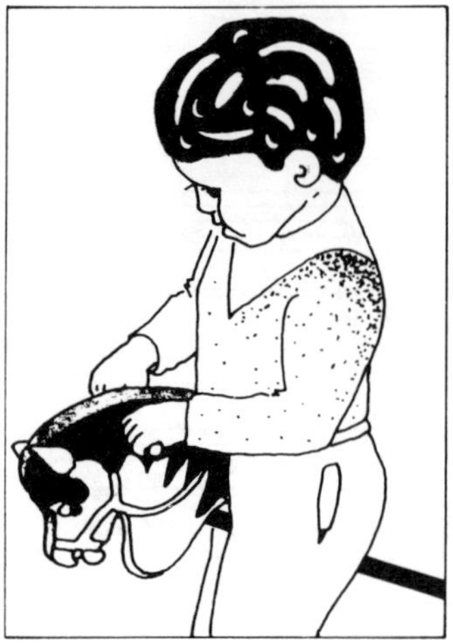

Kinder beobachten aufmerksam die Erwachsenen in ihrem Tun und Verhalten und ahmen sie nach. Sie übernehmen gute und schlechte Verhaltensweisen, so wie sie ihnen gerade geboten werden.

Das „reitende" Kind stärkt mit Hilfe des hölzernen Steckenpferdchens sein Selbstgefühl. Es reitet, es reitet wie die Erwachsenen, es ist schon groß – und welches Kind möchte nicht groß sein.

Der Vater wird sich einen Besen oder Schrubber nehmen und dem Kind die Freude bereiten, gemeinsam mit ihm auszureiten. Keinem Vater tut dies weh, und doch ist es das größte Geschenk für sein Kind – der Vater spielt mit ihm. Wenn sie so nebeneinander herreiten, sagt der Erwachsene einige lustige Reiterverschen:

„Ein alter Posthalter
von siebzig Jahren,
der wollte gerne
ins Himmelreich fahren.
Die Schimmel, die Schimmel,
die waren so keck,
und warfen den alten Posthalter
in den Dreck!"

„Troß, troß, trill,
der Bauer hat ein Füll,
das Füllen will nicht laufen,
der Bauer will's verkaufen,
verkaufen will's der Bauer,
das Leben wird ihm sauer,
sauer wird ihm das Leben,
der Weinstock, der trägt Reben,
Reben trägt der Weinstock;
Hörner hat der Ziegenbock,
der Ziegenbock hat Hörner,
im Wald, da wachsen Dörner,
Dörner wachsen in Wald,
der Winter, der ist kalt,
kalt ist der Winter,
vor der Stadt wohnt der Schneider,
wenn der Schneider 'gessen hat,
so ist er satt."

„Komm, mein Pferdchen her zu mir,
sollst mich einmal tragen,
aber rasch, das sag ich dir,
sonst muß ich dich schlagen!
Lustig in die Welt hinein,
Lustig über Stock und Stein,
heisa, lustig, hopp, hopp, hopp,
bald im Trab, bald im Galopp."

„Drei Reiter zu Pferde,
wo kommen sie her?
Von Sixen, von Sachsen,
wo die schönen Mädchen
auf den Bäumen wachsen!
Hätt' ich früher dran gedacht,
hätt' ich dir eins mitgebracht."

„Hopp, hopp, to Mölen,
Peter op dat Föhlen,
Lisbeth op de bunte Koh,
so riden se beid na Mölen to.
Und as se hen to Mölen kamen,
do stunn de Mölen still.
„Möller, Möller, male!"
Lütje Deerens kost't en Daler,
lütje Jungen kost't en Dubendreck;
schmiet se mit de Schüffel weg!"

21–29 Monate Entwicklungsalter

Hier können Sie eine Fotografie Ihres Kindes einkleben!

Das Kind hat bis jetzt viele Erfahrungen aus dem Umgang mit den Dingen in seinem Gedächtnis speichern können. Alle Spiele, die irgendeine aktive Beteiligung des Kindes verlangen, tragen so nebenbei zur Ausbildung von Gedächtnisinhalten bei. Das Denken bekommt auf diese Weise eine neue Dimension. Das Kind kann Handlungen in seiner Vorstellung durchprobieren, durchdenken. Es ist nicht mehr so sehr an den konkreten Vollzug gebunden. Es wählt sich die erfolgversprechendste oder die sympathischste Lösung aus. Das vorstellende Denken entwickelt sich.

Eine ähnliche Umstrukturierung vollzieht sich im Wahrnehmungsbereich. Die Wahrnehmungen können durch Vorstellungen ersetzt und durch Symbole (Sprache) benannt werden. Der Gegenstand bleibt existent, unabhängig, ob er gerade gesehen oder vorgestellt wird. Die Welt erhält Bestand.

Der Spracherwerb und die Erweiterung der Denkfähigkeit hängen eng miteinander zusammen und stützen sich gegenseitig. Als grobe Regel kann gelten, daß ein zweijähriges nichtbehindertes Kind über einen Wortschatz von ca. 250 Worten, ein zweieinhalbjähriges Kind einen Wortschatz von ca. 500 Worten und ein dreijähriges Kind von ca. 1000 Worten besitzt.

Es fängt am Ende des zweiten Lebensjahres mit der Bildung von Zweiwortsätzen an. Die Aussprache kann noch Mängel aufweisen. Bestimmte Konsonanten und Konsonantenverbindungen (r, k, s, sch) können möglicherweise noch nicht korrekt ausgesprochen und Endsilben können noch weggelassen werden.

Den praktischen Umgang mit Dingen, die bei den Erwachsenen eine Rolle spielen, lernt das Kind durch Nachahmung oder durch das Experiment. Der Erfolg, das Beherrschen einer Handlungskette hebt und stärkt sein Selbstbewußtsein. Das Selbstgefühl tritt in den Vordergrund.

BEOBACHTUNGEN und FRAGEN

Kann das Kind einen Fußball mit einem Fuß fortstoßen, ohne umzufallen? ....

Geht das Kind die Treppe hinauf, indem es sich mit einer Hand am Geländer festhält? ....

Wann ging es zum erstenmal die Treppe frei hinauf? Einen Fuß setzt es dabei immer nach. ....

Kann es schon die Treppe hinuntergehen, indem es sich am Geländer festhält? ....

Sicher tobt und klettert es gerne mit dem Vater? ....

Traut es sich, aus einer niederen Höhe mit beiden Beinen herunterzuspringen? ....

Kann es die Seiten im Bilderbuch schon alleine umblättern? ....

Kritzelt das Kind mit Wachsfarbstiften über ein Blatt Papier (gerade Striche, Winkel und Ecken)? ....

Kann es eine steife, feste Schnur in eine Perle stecken? ....

Schraubt es ein Fäßchen ein wenig oder ganz auf? ....

Kann das Kind in jeder Hand auch mehr als einen Gegenstand halten? ....

Versucht es, die Kurbel eines Schneebesens zu drehen? ....

Erkennt es, daß an einer Abbildung etwas nicht richtig ist? ....

Sieht es, daß an einer Abbildung etwas fehlt? ....

Wieviel Gegenstände kann das Kind nach der Größe sortieren? ....

Wieviel Formen kann es schon in ein Formenbrett stecken? ....

Welche Zweiwortsätze verwendet es? ....

Gebraucht es Tätigkeitswörter (Zeitworte)? ....

Kann es seinen Vornamen auf Befragen nennen? ....

Wieviel Eigenschaftswörter verwendet es schon? ....

Äußert es einen Wunsch sprachlich? ....

Sind schon kleine Rollenspiele wie das Füttern des Bären zu beobachten? ....

Welche Tätigkeiten kann es im Haushalt ausführen? ....

Fingerspiele und Reime

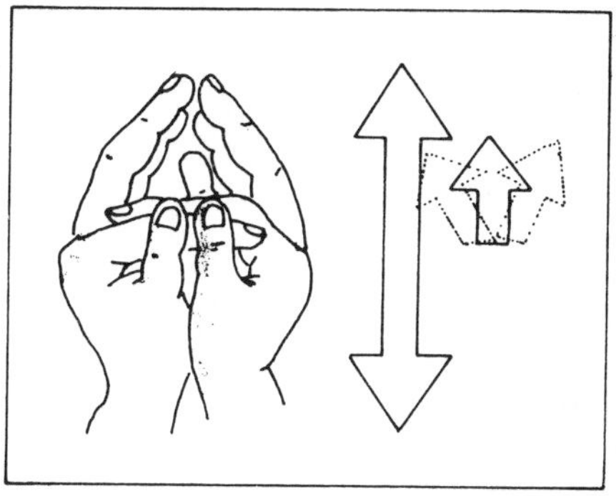

Fingerspiele sind nicht nur beliebte Spiele für zu Hause auf der Mutter Schoß, auch im Wartezimmer, im Zugabteil, an der Haltestelle sind sie die allerbesten Zeitvertreiber.

Wenn auch noch manche Fingerbewegungen und Handstellungen nicht sofort von den Kindern nachgeahmt werden können, so übt das Kind beim Zuhören und Zuschauen sein Gedächtnis und seine Vorstellungskraft, und es lernt so nebenbei, wie Sätze gebildet werden.

- *„Fritz und Fränzchen stehen vorm Laden,*
wollen Zuckerkringel haben,
aber Flips, der Kaufmann spricht:
„Zuckerkringel hab ich nicht!"
Darauf gehen beide weiter
zu dem Zuckerbäcker Reiter.
Der kriecht hintern Ladentisch,
holt hervor, noch warm und frisch,
Kuchenkrümel, Plätzchen, Wecken,
Brezeln, Kringel, Zuckerschnecken,
und in allbekannter Güte
schenkt er jedem Kind 'ne Tüte!"

  „Säge, säge Holz entzwei,
kleine Stücke, große Stücke,
schni, schna, schni, schna, schnucks!"

  Mit beiden schräg gestellten Händen wird der Kaufladen dargestellt. Die beiden Zeigefinger bilden die Theke. Der kleine Finger ist der Kaufmann und die beiden Daumen die Jungen Fritz und Franz.

- Beim nachfolgenden Fingerspiel werden die beiden kleinen Finger ineinander gehakt und abwechseld im Rhythmus des Pumpens hin- und herbewegt.

  Für den zweiten Teil bauen wir ein Haus und lassen den Daumen zum „Fenster" herausschauen und tüchtig schimpfen:

  „Zwei Mädchen wollen Wasser holen,
zwei Buben wollen pumpen,
Da guckt der Herr zum Fenster raus
und sagt: Was wollt ihr denn, ihr Lumpen?
Ihr habt die ganze Nacht gepumpt
und habt die Pumpe leergepumpt,
Lia–Lia–Lumpen, nun dürft ihr
nicht mehr pumpen!"

  „Pumpernickels Hänschen
saß hinterm Ofen und schlief.
Da brannten seine Höschen an,
potztausend wie er lief!"

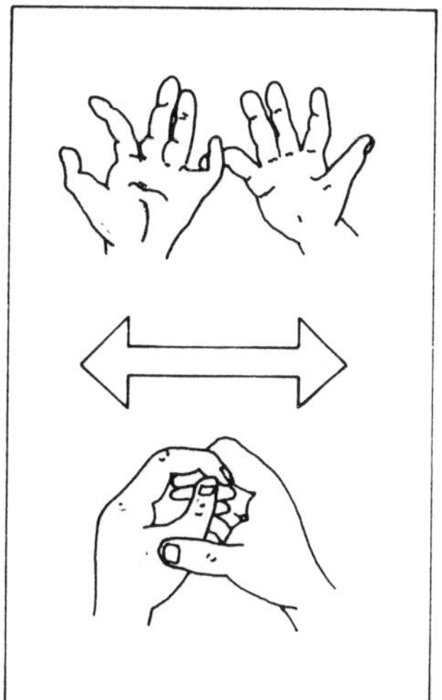

„Grüß Gott, Grüß Gott, was wollen Sie?
Zucker und Kaffee.
Da haben Sie's, da habens Sie's.
Ade! Ade! Ade!
Warten Sie doch! Warten Sie doch!
Sie kriegen noch was raus!
Behalten Sie's, behalten Sie's!
Wir müssen jetzt nach Haus!"

„Zwei Däumlein, dick und fein,
steigen in ein Schifflein ein.
Das Schifflein fährt aufs weite Meer.
Da freun sich beide Däumlein sehr.
Da kommt der böse Wind daher.
Er bläst und bläst aufs weite Meer.
Den Däumlein wird ganz bang zumut:

„Ach, lieber Wind, sei doch so gut
und stell das dumme Blasen ein!
Wir fürchten uns so ganz allein!
Da bläst der dumme Wind nicht mehr
und schickt den Sonnenschein aufs Meer.
Die Däumlein fahren heim geschwind
und sagen: Dankeschön, Herr Wind!"

Zuerst werden die beiden dicken Daumen vorgezeigt, dann wird mit den Händen der Rumpf eines Schiffes gebildet. Die Daumen steigen ein, und das Schiff schaukelt auf den Wellen auf und nieder. Der Wind kommt und bläst. Hier muß das Kind kräftig mithelfen. Zum Schluß kommen die beiden Daumen wieder aus dem Schiffsrumpf hervor und bedanken sich artig beim Herrn Wind.

„Im Walde steht ein Haus,
guckt ein Reh zum Fenster raus,
kommt ein Häslein angerannt,
klopfet an die Wand.
Hilfe, Hilfe! Hilf mir doch,
sonst schießt mich der Jäger tot.
Armes Häslein komm herein.
Reich mir deine Hand."

Mit den beiden Händen wird ein Haus angedeutet. Wenn das Häslein anklopft, legt der Erwachsene die Hand über die Augen und schaut in die Ferne. Nach der Wehklage des armen Hasen öffnet das Reh das Haus, und das Häslein schlüpft hinein.

„Knipp, knapp, Knoweloch.
Wer lacht, der kommt ins Ofeloch;
lache nicht, lache nicht!
und zeige deine weiße Zähne nicht!"

Der Vers reizt zum Lachen, doch Lachen ist hier verboten, zumindest sollten sich die Mitspieler zu beherrschen versuchen.

Verse – Reime – Sprüche – Lieder

Was essen die Studenten? — Enten!
Was ißt der Herr Maier? — Eier!
Was gibt es nach dem Reis? — Eis!
Wer braucht die Fanni? — Anni!
Wer findet mich? — Ich!
Wer lacht über mich? — Ich!

„Auf dem li la bunten Berge,
wohnen li la bunte Zwerge.
Und die li la bunten Zwerge
haben li la bunte Kinder.
Und die la la bünten Kinder
essen li la bunte Eier."

„Es geiget ein Esel,
es tanzt eine Kuh,
die alte Rungkunkel
schlägt Pauke dazu!"

Seine große lange Flinte
schießt auf dich den Schrot,
schießt auf dich den Schrot,
daß dich färbt die rote Tinte,
und dann bist du tot,
daß dich färbt die rote Tinte,
und dann bist du tot.

Liebes Füchslein, laß dir raten
sei doch nur kein Dieb,
sei doch nur kein Dieb,
nimm, du brauchst nicht Gänsebraten,
mit der Maus vorlieb,
nimm, du brauchst nicht Gänsebraten,
mit der Maus vorlieb.

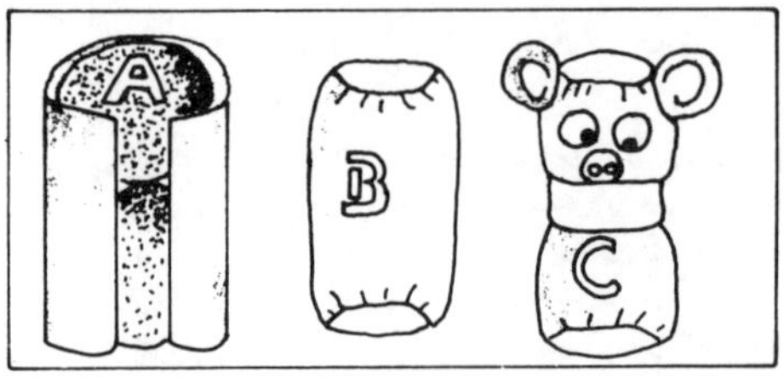

Tiere und Puppen, die zum Sprechen Anlaß geben

- **Papierbär**: Zeitungspapier ist in jedem Haushalt vorhanden. Die Mutter wird zwei faustgroße Papierbälle zusammenknüllen, ein Stück Packpapier in der aufgezeigten Weise um die Bälle wickeln und die Enden zusammenkleben. Danach wird ein Papierstreifen fest um die Mitte gebunden, so daß durch das Einschnüren ein Kopf und ein Rumpfteil sichtbar werden. Schließlich braucht die Mutter nur noch die Ohren anzukleben und dem kleinen Papierbar Augen und eine Nase anzumalen. Kinder mögen diese Bären, weil sie so herrlich knistern, wenn man damit spielt.

- **Kochlöffelpuppe**: Aus einem Kochlöffel läßt sich in Windeseile eine amüsante Stockpuppe basteln. Mit Plaka-Farben werden Augen, Nase, Mund gemalt und ein paar Wollfäden als Haare angeklebt. Wer möchte, kann der Puppe ein zu einem Sack zusammengezogenes Taschentuch als Kleid anziehen.

  Lustig singend oder pfeifend taucht die in der Hand gehaltene Stockpuppe hinter der Sessellehne auf, wünscht dem Kind einen „recht schönen Guten Morgen“ und stellt ihm allerlei Fragen. Dann beginnen die beiden nach Gegenständen zu schauen und zu suchen: „Ich sehe ein rotes Auto. Siehst du das auch? Zeige es mir einmal!“

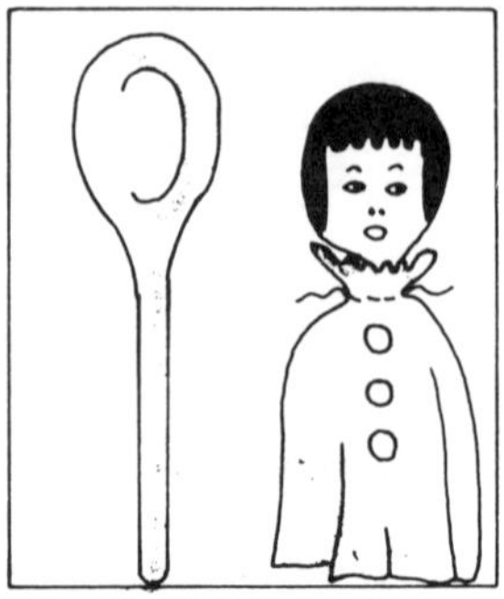

- **Papierkegel-Indianer**: Aus einer Papierscheibe wird ein Ausschnitt (ca. 50 °) herausgeschnitten. Der restliche Teil wird zu einem Kegel zusammengedreht und an den beiden Enden zusammengeklebt. Je nach Indianerstammzugehörigkeit werden Gesicht und Rumpf angemalt. Wer Lust hat, kann dem Indianer als besondere Zierde eine Vogelfeder an den Kopf heften.

  Es ist nicht unbedingt notwendig, daß nur Indianer gebastelt werden, Chinesen, Neger oder Muselmänner benötigen nicht mehr Aufwand.

  Je nach Größe des Kegels wird die Papierpuppe über den Finger gestülpt oder in die Hand genommen.

- **Bierdeckel-Gesichter**: Aus der „kleinen Kneipe in unserer Straße“ stammen die Bierdeckel. Auf die Rückseite wird eine Lasche für den Zeigefinger geklebt, auf die Vorderseite wird ein Gesicht gemalt – mehr ist nicht notwendig.

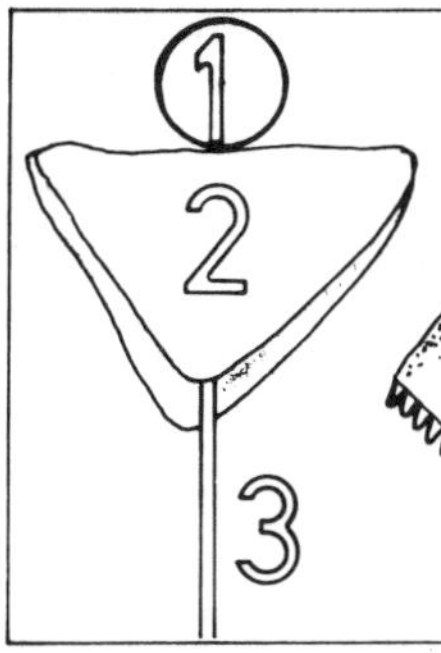

- **Kugel-Stabpuppe;** Für diese Puppe benötigen wir drei verschiedene Bastelmaterialien: eine Holz-, Watte- oder Styroporkugel, ein Rundholzstäbchen und ein taschentuchgroßes Stück Stoff.

  Der Rundstab wird durch die Mitte des Stoffes geschoben und in die Kugel gesteckt. Dann wird der Kopf nach Belieben angemalt und geschmückt. Ein Pelzrest, ein paar Wollfäden oder ein wenig Hanf ergeben die Haartracht.

  In den Stoff werden zwei Schlitze, durch die später Daumen und Zeigefinger gesteckt werden können, geschnitten. Die übrige Hand bleibt unter dem Stoff verborgen.

- **Wollknäuel-Puppe:** Kreativ ist jemand dann, wenn er aus Materialien, die ursprünglich für einen anderen Zweck bestimmt sind, Gestalten, Gebilde entstehen lassen kann.

  Hier wird aus zwei Wollknäuel, einer Stricknadel, zwei Nähseidenröllchen und einigen Knöpfen eine Puppe „kreiert". Sie fühlt sich weich und kuschelig an und wenn sie bewegt wird, schwabbelt alles an ihr, sogar die Nase wackelt hin und her.

  Die Puppe bewegt sich auf das Kind zu, tanzt und hüpft vor Freude und singt dem Kind ein lustiges Liedchen vor. Das Kind faßt die Puppe an den Armen und bewegt sich im Rhythmus des Taktes mit.

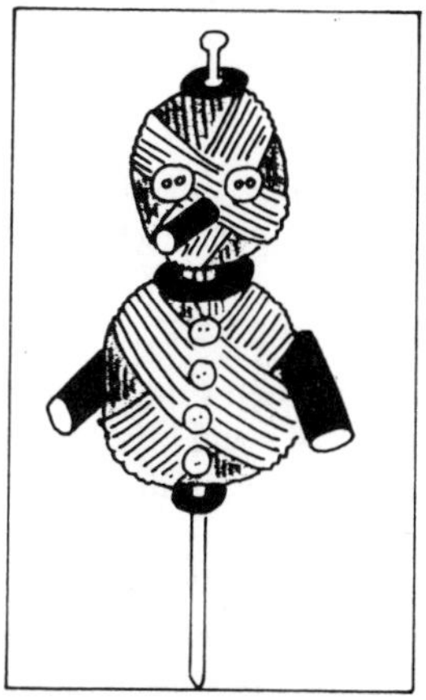

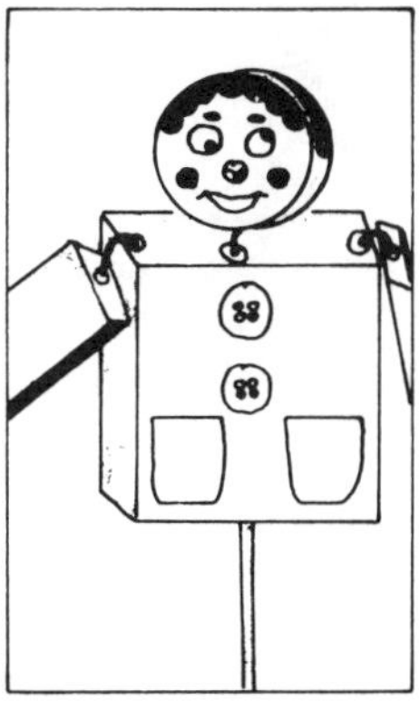

- **Zigaretten- und Arzneischachtel-Puppe:** Wer hätte gedacht, daß leere Zigarettenschachteln auch zu etwas nütze sein können.

  Die Mutter sammelt in einem Sack alle leeren Schachteln und hebt sie für die Bastelstunden auf.

  Heute wird für das Kind eine Stockpuppe aus Kleinschachteln gebastelt. Die Arme und der Kopf (Käseschächtelchen) werden mit einer Kordel mit dem Rumpf verbunden. Eine andere Idee sähe so aus, daß Papier- oder Leukoplaststreifen ans Verbindungselemente dienen. Diese Art der Verbindung läßt eine große Beweglichkeit der Körperteile zu. Beim Drehen des Rumpfholzes schlenkern die Arme und der Kopf hin und her.

- **Papiermaus:** Ein Papierkegel wird durch Ankleben von Ohren, einem Schwanz und anschließendem Bemalen zu einer Maus umgestaltet.

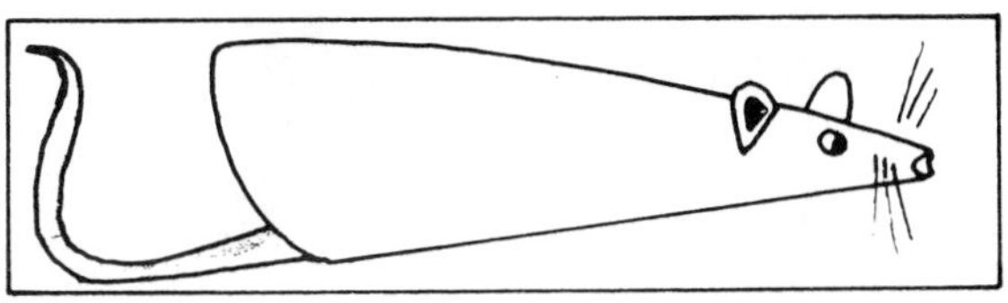

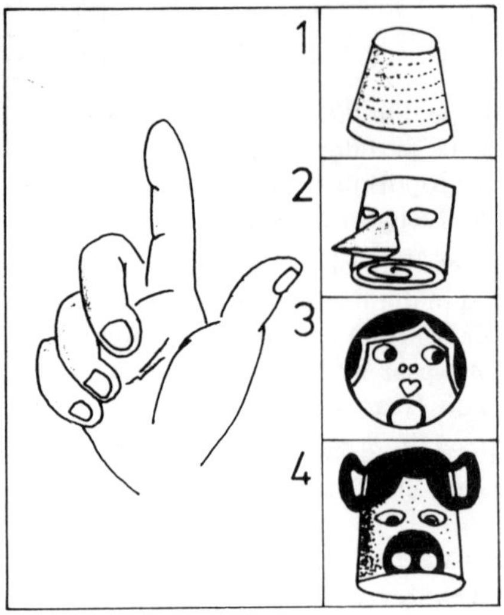

Lustige Sprechsituationen

Die von manchen Eltern und Fachleuten vertretene Meinung, daß das Kind „in Sprache gebadet" werden solle, muß nicht unbedingt richtig sein. Ein „Dauerregen" ist auf die Dauer unerträglich und kann Unlustgefühle und Ablehnung hervorrufen. Vielleicht stumpft er auf lange Sicht hin auch ab.

Das andere Extrem wäre eine spracharme, wortkarge Umgebung für das Kind.

Kinder brauchen Sprechanregungen und sprachliche Reize.

Eine sehr kindgemäße und alle Beteiligten belustigende Möglichkeit ist die, daß „Puppen" auftreten und das Kind in die Sprechspiele mit einbeziehen. „Puppen" können die unterschiedlichsten Gestalten haben und annehmen.

Hier einige Vorschläge, wie mit den eigenen Händen und einfachen Materialien „sprechanregende Puppen" gebastelt werden können:

Fingerpuppen:

Die eigenen Finger trägt jeder bei sich, sie stehen immer bereit, um dem Kind eine frohe Begebenheit zu erzählen. Waren es im ersten Lebensjahr vorwiegend die Finger ohne jedes Beiwerk, so sollten jetzt die Finger mit den notwendigen Puppenutensilien ausgestattet werden. Dies können sein: ein ganz gewöhnlicher Fingerhut, einer aus Plastik, der sich bemalen läßt und an dem Farben haften, ein zu einer Rolle gedrehtes Stück Wellpappe, eine bemalte Holz-, Styropor- oder Wattekugel, ein fingergerechter Filzfingerling mit Ohren, einem Schnurrbart oder was sonst gewünscht wird.

Die Fingerpuppen verneigen sich vor dem Kind, hüpfen aufgeregt in die Höhe oder wackeln hin und her. Das Kind schaut fasziniert dem Spiel zu und wird hierbei eher bereit und motiviert sein, einmal einen Ton, ein Wort nachzusprechen, wenn es von einer Puppe darum gebeten wird.

Kork-Zappelmännchen:

Nach einer Familienfeier werden die übrig gebliebenen Korken nicht weggeworfen, sondern zu einem Zappelmännchen umgestaltet. An einer Papprolle werden die aufgefädelten Korkteile befestigt und das Männchen in der Art einer Marionette bewegt.

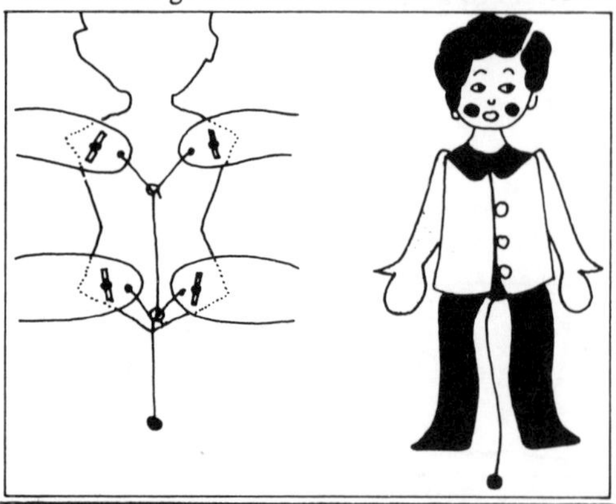

Daß das Kind all diese Gebilde auch in die Hand zum Spielen bekommt, braucht wohl nicht besonders erwähnt zu werden.

Hampelmann:

Die Beliebtheit des Arme und Beine spreizenden Hampelmannes hat seit Urgroßmutterszeiten nicht nachgelassen. Dies ist nicht nur, weil dieser Kerl so quicklebendig sein kann, vielmehr liegt das Geheimnis darin, daß das Kind das Männchen selbst zum Hampeln bringen kann.

„Oh du mein Hampelmann, mein Hampelmann bist du."

Bemalte Hände

Die eigenen Hände sind die allereinfachsten Handpuppen.

Mit Finger-, Plaka- oder Deckfarben werden die Handoberflächen bemalt.

Vorsicht, keine Ölfarben, Filzstifte oder Kugelschreiber verwenden! Diese Farben sind zum einen nicht abwaschbar und können zum anderen giftig sein.

Wem das Gesicht der Puppen nicht mehr gefällt, geht einfach unter den Wasserhahn und wäscht die Farbe ab. Es sind keine Kleider notwendig oder sonstige aufwendige Utensilien.

Die beiden bemalten Fäuste erscheinen hinter der Stuhllehne und stellen sich als Herr Professor Siebenkunst und Madam Rosenduft vor. Es entsteht eine Unterhaltung, in die das Kind und alle anderen Zuschauer mit einbezogen werden.

Die französische Dame möchte die deutsche Sprache erlernen und bittet den Lehrmeister, ihr dabei zu helfen. Sie kennt so viele Wörter und Begriffe nicht. Auch der Herr Professor hat manchmal Schwierigkeiten, aber die Zuschauer können ihm ja aushelfen.

Das Kind wird so viel Freude an dem lustigen und „bewegten" Spiel bekommen, daß es gar nicht abwarten kann, bis auch ihm die Hände bemalt werden.

Fingerschattenbilder

Wenn es draußen anfängt zu dämmern, das Feuer im Ofen knistert, setzt sich die Mutter ihren Sohn auf den Schoß, zündet eine Kerze an und gestaltet mit ihren Händen die merkwürdigsten Figuren an der Wand.

Der Schatten entsteht, wenn die Hände zwischen einer Lichtquelle (Tischlampe, Diaprojektor, Taschenlampe, Kerze) und einer weißen Wand gehalten werden.

Die Nähe einer vertrauten Person ist für diese Spielerei unbedingt notwendig, da diese Schattenfiguren dem Kind nicht vertraut sind und der Raum dunkel ist. Möglicherweise könnte es Angst bekommen. Die Stimme der Mutter, die leibliche Nähe wirken beruhigend und anregend.

Auch das Kind soll seine Hand als Schatten an der Wand sehen.

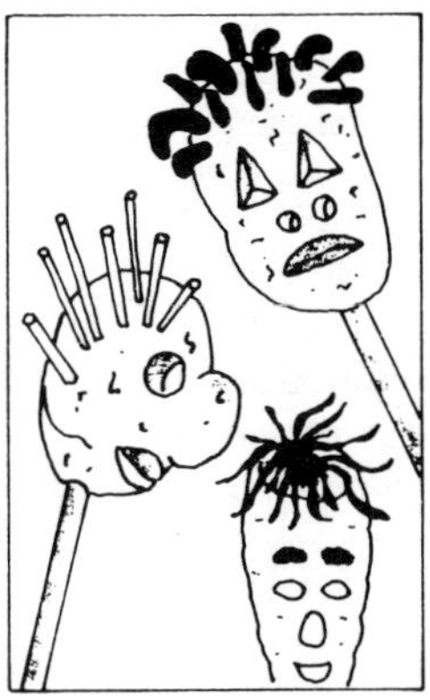

Gemüsetheater

Aus einer Kartoffel, Karotte, Gurke werden Augen, Nasenlöcher und der Mund ausgeschnitten. Als Haare können bei der Karotte das Kraut genommen werden, bei der Kartoffel werden Streichhölzer als Haarersatz eingesteckt. Zum Schluß wird der lustige Kopf auf einen Stab gesteckt und das Lustspiel für das Kind kann beginnen.

„Guten Tag, Frau Hagen,
darf ich's wagen,
Sie zu fragen,
wieviel Kragen
Sie getragen,
in den Tagen,
da sie lagen
krank am Magen,
in der Hauptstadt
Kopenhagen?"

Kaspertheater

Die erste Begegnung mit einer Kasperpuppe muß behutsam vorbereitet werden. Alle Dinge, die dem Kind unbekannt und fremd sind, verursachen zuerst eine gewisse und auch verständliche Distanziertheit. Erst nach einer bestimmten Zeit überwindet das Kind seine Fremdheitsgefühle und nähert sich dem Gegenstand. Die Eltern sind oftmals die Brücke, über die sich das Kind dem Neuen erschließen kann.

Vielleicht setzen sich die Mutter oder der Vater eines Tages neben das spielende Kind und haben eine flauschige Kasperpuppe in der Hand. Sie beginnen damit zu spielen. Die Hand streicht über das Fell, deutet auf die Ohren, die Nase und die Augen und schlüpft dann in die Öffnung. Die Mutter drückt die Kasperpuppe an ihre Wangen und betont, daß sie diese lieb habe. Dann beginnt sie ein kleines Zwiegespräch mit der Puppe. Es ist eine Geschichte aus dem Alltag des Kindes:

Wie sie aufgestanden sei, was sie gegessen habe und was sie jetzt tun möchte. Reagiert das Kind auf die sich bewegende Figur, indem es danach greift, wird die Mutter die Puppe ganz nahe an das Kind halten und es ermuntern, die Puppe zu streicheln. Reagiert es noch nicht, wird das Spiel an einem der nächsten Tage wiederholt. Vielleicht tritt das Kind jetzt etwas mehr aus seiner Reserviertheit heraus und untersucht die Puppe.

Es wäre auch denkbar, daß die Mutter die Puppe nach dem Spiel so nebenbei auf einen der Stühle legt und weggeht. Wird das Kind sich der Puppe nähern?

Das eigentliche Kaspertheaterspiel ist so recht eine Sache für Kindergeburtstage oder andere Kinderfeste. Wie gebannt verfolgen die Kinder die Bewegungen der Puppen und quitschen vor Vergnügen, wenn der Kasper das gefräßige Krokodil erledigt.

Ein wenig ältere Kinder identifizieren sich mit den Kasperpuppen und sind leibhaftig an dem Geschehen beteiligt. Am Ende der Vorstellung glühen ihre Wangen und ihr Puls schlägt schneller.

Die Bedeutung solcher Kasperspiele liegt neben dem sprachlichen Gewinn gerade in dem Steigernkönnen der Gefühlswelt. Die Handlung erzeugt einen gewaltigen Spannungsbogen, der ganze Körper ist gestrafft, die Augen sind weit geöffnet und das Herz beginnt zu klopfen. Jede Phase der Handlung wird intensiv miterlebt. Die Mit-Gefühle gehen einmal hinauf und das anderemal wieder herunter, bis am Ende der erlösende und befreiende Ausklang und Ausgleich kommt.

Darum gehören Kasperspiele einfach zu jeder Kindererziehung dazu.

Ebenfalls dazu gehören die Lieblingspuppen oder -tiere. In dem Maße, wie sich das Kind seinem Spielzeug zum Liebhaben zuwendet, erwirbt es die Fähigkeit, nicht nur zu nehmen, sondern auch zu geben. Das Kind erkennt den Gegenstand als Nicht-Ich.

Doktor Bär
schickt mich her,
ob der Kaffee fertig wär!
Morgen um sieben
wird er gerieben,
morgen um acht
wird er gemacht,
morgen um neun
kommt er herein,
da soll der Kaffee fertig sein!"

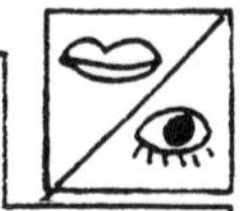

Sätze bilden

Bevor das Kind in Sätzen wie der Erwachsene sprechen kann, muß es noch viele Entwicklungsschritte gehen. Das Sprechen entwickelt sich vom Lallen über den Einwortsatz („ham" – bedeutet: Ich habe Hunger. Mama kocht den Brei. Die Flasche steht da.) zum Zweiwortsatz. Das Kind beginnt, zwei Wörter sinnvoll zusammenzuziehen (Papa ade. Peter Ball. Wauwau weg.) Erst nach diesem Schritt wird es nach und nach Wörter zu satzähnlichen Gebilden (Telegrammstil) zusammenfügen, bis es endlich kleine, einfache aber grammatikalisch richtige Sätze bilden kann.

Haben die Kinder ein gutes sprachliches Vorbild, helfen ihnen die Eltern bei ihren Versuchen der Satzbildung, geben sie ihnen „Satzmuster" vor, werden die Kinder eher zur richtigen Satzbildung kommen.

- Ein Kartonstück (12 x 7 cm) wird so eingeschnitten, daß ein schmalerer zweiter Streifen (16 x 5 cm) wie durch ein Sichtfenster hin- und hergeschoben werden kann (vergleiche die Abbildung). Auf den größeren Kartonstreifen wird beispielsweise eine Hundehütte und auf den anderen ein Hund in Richtung Hundehütte schauend gezeichnet. Schiebt der Erwachsene den schmalen Streifen nach rechts, entsteht der Eindruck, als ob der Hund in die Hundehütte liefe.

  Hinter dem Spaß steht jedoch eine ernste Absicht: Jedesmal, wenn der Hund in die Hütte läuft, sagt der Erwachsene den Satz: „DER HUND LÄUFT IN DIE HÜTTE." Oder in umgekehrter Weise: „DER HUND KOMMT AUS DER HÜTTE."

  Analog dieses Satzmusters werden und sollen andere, ähnliche Sätze gebildet werden: Der Hund läuft in den Wald. Das Schwein läuft in den Stall. Der Junge läuft in das Haus.

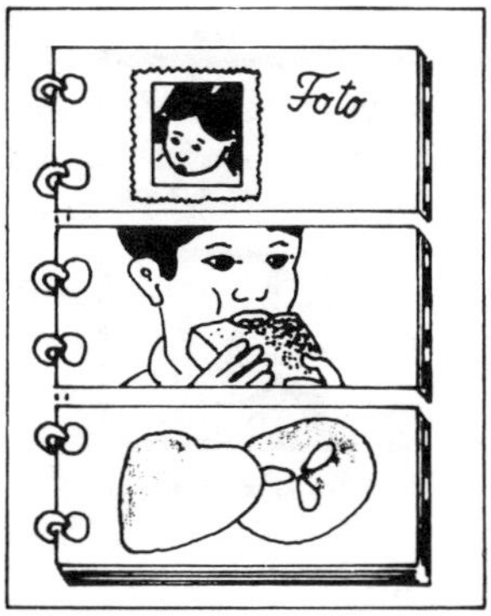

- Die Seiten eines Ringbuches werden in zwei, später in drei Teile geteilt. Auf die oberen Blätter werden Bilder von Personen geklebt; auf die erste Seite ein Bub, auf die zweite ein Mädchen, auf die dritte eine Frau usw. Auf die unteren Blätter kommen Bilder von Tätigkeiten: auf die erste Seite ein rennender Junge, auf die zweite ein sitzender und auf die dritte Seite ein fallender Junge.

  Das so vorbereitete „Satzmusterbuch" wird vor das Kind auf den Tisch gelegt. Der Erwachsene, der jeweils nur die unteren Seitenteile umblättert, sagt nacheinander die Sätze: „Der Bub rennt. Der Bub sitzt. Der Bub fällt." Dann werden alle unteren Seiten zurückgeblättert und die zweite obere Seite kommt an die Reihe: „Das Mädel rennt. Das Mädel fällt."

  Unsere Abbildung zeigt einen dreigliedrigen Satz: Peter ißt Keks.

- Das Kind wird jeden Tag mit einer Vielzahl von neuen Wörtern und Satzmustern konfrontiert. Es wird ihm nicht immer leichtfallen, sich da hindurchzuhören. Hat die Mutter gestern diese Tätigkeit mit jenem Satz umschrieben, so drückt sie heute die gleiche Tätigkeit ganz anders aus. Wie soll das Kind sich hierbei orientieren können, wie Sicherheit in seinem Sprachgefühl bekommen?

  Den Eltern sei empfohlen, sich zu bemühen, bei bestimmten Tätigkeiten immer die gleichen Sätze zu verwenden.

  GLEICHE REDEWENDUNGEN FÜR GLEICHE TÄTIGKEITEN!

Gleiche Redewendungen für jeden Tag

Beim Aufwecken
Guten Morgen, Peter. Hast du gut geschlafen? Steh auf! Komm aus dem Bett! (Putze die Zähne! Geh ins Bad!)

Beim Ankleiden
Peter zieht sich an! Da ist die Hose. Zieh die Hose an! Das ist das Hemd. Zieh das Hemd an! Da sind die Schuhe. Zieh die Schuhe an!

Vor dem Frühstück Komm! Wir frühstücken. Wir setzen uns an den Tisch. Da ist die Tasse. Mama gießt Kaba in die Tasse. Da ist das Brot. Die Wurst ist auf dem Brot.

Beim Spielen Komm! Wir spielen im Zimmer (Garten, Sandkasten). Peter, hol die Bauklötzchen! Peter baut einen Turm. Da ist das Auto. Die Bausteine sind auf dem Auto.

Zur Mittagszeit Peter, wasch die Hände! Wir essen. Vorsicht, die Suppe ist heiß! Möchtest du noch Suppe? Da ist das Fleisch. Da sind die Kartoffeln. Das Fleisch schmeckt gut. Möchtest du trinken?

Im Badezimmer Zieh die Hosen aus! Steig in die Wanne! Das Wasser ist nicht heiß. Da ist die Seife. Da ist der Waschlappen. Wasch das Gesicht! Wasch den Hals! Peter macht Schaum. Der Schaum ist weich.

Auf dem Klo Mußt du aufs Klo gehen? Mach die Türe zu! Wisch gut ab! Drück auf den Knopf! Das Klo ist wieder sauber. Zieh die Hose hoch! Wasch die Hände!

Beim Spaziergang Komm! Wir gehen spazieren. Zieh die Jacke an! Knöpf die Jacke zu! Schau! Ein Pferd! Geh weiter! Wir gehen wieder heim.

Papa kommt heim Papa kommt. Guten Tag, Papa! Was machst du, Peter? (Peter) Ich baue einen Turm.

Im Sandkasten Wir spielen im Sandkasten. Hol die Eimer! Hol die Schaufel! Peter füllt den Eimer. Wir graben ein Loch. Komm, wir backen Kuchen aus dem Sand.

Auf dem Spielplatz Wir gehen auf den Spielplatz. Da ist die Wippe. Setz dich auf die Schaukel! Hans möchte auch schaukeln. Halte dich fest!

Vor dem Schlafengehen Geh ins Bad! Wasch das Gesicht! Wasch die Füße! Nimm Seife! Hol das Handtuch! Trockne dich ab! Lege die Hose auf den Stuhl! Stell die Schuhe vor das Bett! Die Hose ist schmutzig.

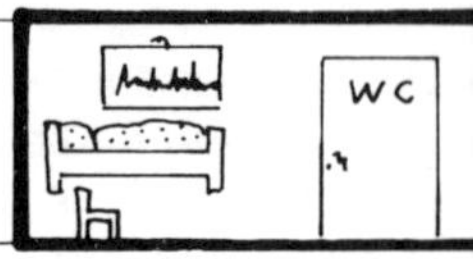

Im Bett
Schlaf gut! Mach die Augen zu! Gute Nacht! Wir beten. Mama singt ein Lied. Falte die Hände. Mach das Licht aus.

Wortschatz

In jeder Familie wird im deutschen Sprachbereich fast der gleiche Laut- und Wortbestand für die Erziehung des Kleinkindes verwendet. Es mag hier und da kleine Abweichungen, andere Akzente, möglicherweise auch mundartlich gefärbte andere Bezeichnungen geben.

Am Ende des zweiten Lebensjahres kann ein durchschnittlich begabtes Kind die nachfolgend aufgeführten Wörter verstehen und etwa 30 – 40 davon aussprechen. In der Regel werden das Hauptwörter sein.

Die Tabelle möge als Orientierung gelten und eine Hilfe für die Auswahl der anzubildenden, einzuführenden Wörter sein.

Die Aufstellung stimmt mit den Angaben U. Diekmeyer „Das Elternbuch Bd. II" weitgehend überein.

Hauptwörter			**Zeitwörter**	**Eigenschaftswörter**	**Andere Wörter**	
Abend	Hose	Schirm	baden	blau	alles	warum
Apfel	Hund	Schlitten	bauen	fein	am	was
Arm	Hut	Schnee	essen	gelb	an	wer
Arzt	Igel	Schuh	fangen	groß	auf	wie
Auge	Kern	Sonne	finden	gut	aus	wo
Auto	Kind	Stein	geben	hell	da	zu
Bach	Kuchen	Stern	graben	hoch	das	
Ball	Leder	Stuhl	haben	kalt	dein	
Bär	Licht	Tag	heben	klein	dem	
Baum	Loch	Tasche	helfen	lang	der	
Bein	Maler	Tasse	holen	naß	dich	
Bett	Mama	Teller	hören	neu	die	
Blatt	Mann	Tisch	kaufen	rot	du	
Blume	Maus	Tuch	kommen	rund	ein	
Brot	Messer	Turm	kochen	schwer	für	
Buch	Mond	Tüte	können	voll	heim	
Butter	Mund	Uhr	lächeln	warm	her	
Doktor	Name	Uhu	lachen	weich	heute	
Ei	Nase	Vogel	laufen	weiß	ich	
Eimer	Ohr	Wald	legen	weit	ihm	
Eis	Oma	Wand	machen		im	
Feld	Opa	Wasser	malen		in	
Fenster	Papa	Weg	öffnen		ja	
Fleisch	Post	Wiese	rennen		kein	
Frau	Puppe	Wind	rufen		mein	
Gabel	Rad	Wolke	sagen		nein	
Garten	Radio	Wurst	schlafen		nicht	
Glas	Regen	Zahn	schneiden		oben	
Gras	Rose	Zug	sein		oder	
Gummi	Rutsche		singen		schon	
Hand	Sachen		spielen		so	
Hase	Sack		suchen		über	
Haus	Saft		tun		um	
Haut	Sand		waschen		und	
Himmel	Schere		weinen		uns	
Holz	Schiff		zeigen		vor	

Bilderbücher und illustrierte Vorlesebücher

Die heutigen Kinderbücher unterscheiden sich häufig von den früheren. Die Kinder sollen nicht nur die Bilder anschauen und den Geschichten zuhören. Die Texte und Illustrationen sollen die Kinder zum Denken, Sprechen und Experimentieren anregen. Die Bücher wollen zusätzlich auf Spiel- und Beschäftigungsmöglichkeiten hinweisen und die Kinder zum Tun ermuntern.

Ins Kinderzimmer gehören mehrere Kinderbücher. Der Bildteil soll im Vordergrund stehen. Es sollen pro Seite nicht mehr als durchschnittlich 8 Zeilen Text vorhanden sein, wobei dieser in einfachen, kurzen Sätzen gehalten sein muß. Der Text sollte eine durchgehende Geschichte mit zwei bis drei Höhepunkten erzählen. Der Inhalt muß aus dem Erlebniskreis des Kindes kommen. Er muß vom Kind nachvollziehbar sein.

Die Eltern werden eine große Sorgfalt auf die Auswahl der Kinderbücher legen müssen, denn Kinderbücher prägen sehr stark.

Ein Beispiel:
„Ich habe ein Bilderbuch. Schlage bitte die erste Seite auf! Oh, was da zu sehen ist! Richtig, da sitzt ein Vogel! Wir schauen uns den Vogel genau an. Wo ist der Schwanz? Zeige den Flügel! Wo sind die Beine? Was der Vogel wohl macht? Hast du schon einen Vogel gesehen? Wo? Was hat dieser gemacht?"

Betrachtend und besprechend wird das Bilderbuch angeschaut, dann klappt die Mutter das Buch zu und fragt ihr Kind, ob es ihr wohl die Seite zeigen könne, wo der Vogel auf den Baum fliegt. Das Kind bekommt das Buch in die Hand und beginnt, die Seiten umzublättern. Vielleicht kommt es hierbei zu spontanen Äußerungen, zu den ersten kleinen Sätzen.

Am anderen Tag malen Mutter und Kind den Baum, auf den der Vogel flog, oder das Nest mit den runden Eiern. Wenn sie nicht mehr weiter wissen, schauen sie sich noch einmal die betreffende Seite des Bilderbuches an.

Beim nächsten Spaziergang in den Wald greift die Mutter das Vogelthema wieder auf und zeigt dem Kind die Vögel in den Zweigen.

Zu Hause formen sie Eier aus Knet, legen sie in ein Nest und sprechen noch einmal von dem Vogel und dem Nest. Zwischendurch tippt die Mutter dem Kind einige Male in die hohle Hand und spricht das Verslein vom Vogel und dem Nest.

Eine Auswahl der ersten Sachbilderbücher

„Erstes Bilderbuch", Albertine Dependorf
10 farbige Seiten auf Pappe, ohne Text.

„Erste Bilder", Dick Bruna
10 farbige Seiten auf Pappe, ohne Text.

„Meine ersten Sachen", Helmut Spanner
12 farbige Seiten auf Pappe, ohne Text.

„Von morgens bis abends", ohne Verfasser
kleines Spiralbuch, 18 Seiten, ohne Text.

„Allerlei zum Spielen", Dick Bruna
10 farbige Seiten auf Pappe, ohne Text.

„Für mich zum Essen", Wolfgang des Haen
12 farbige Seiten auf Pappe, ohne Text.

„Das ist meins", Hermann Wernhard
12 farbige Seiten auf Pappe, ohne Text.

„Das eß ich gern", Albertine Dependorf
Spiralbilderbuch

„Essen und Trinken", Albertine Dependorf
dickes Pappbilderbuch, 12 Seiten, innen und außen abwaschbar.

„Vor dem Einschlafen", Albertine Dependorf
dickes Pappbilderbuch, 12 Seiten, innen und außen abwaschbar.

„Baden", Albertine Dependorf
dickes Pappbilderbuch, 12 Seiten, innen und außen abwaschbar.

„Tiere", Albertine Dependorf
Spiralbilderbuch, 10 farbige Seiten auf Pappe, ohne Text.

„Spielen", Margret Rettich
dickes Pappbilderbuch, 12 Seiten, abwaschbar.

„Dies und das", Margret Rettich
dickes Pappbilderbuch, 10 Seiten, unzerreißbar und abwaschbar.

„Das sehe ich in meinem Zimmer", Eva Scherbarth
Pappbilderbuch, 8 Seiten.

„Was sich schon kann", Ali Mitgutsch
12 farbige Seiten auf Pappe, ohne Text.

„Emma", Gabriele Lorenzer
10 farbige Seiten auf Pappe, ohne Text.

Sprechfehler und Sprechkorrektur

Es kommt gar nicht so selten vor, daß ein Kind bestimmte Laute oder Lautverbindungen nicht exakt ausspricht oder aussprechen kann. Dazu gehören häufig „s“ und „sch“, „k“, „r“ und „l“.

Vorgehensweise:

- Die Eltern suchen einige Wörter, die mit diesem Laut beginnen und deren Inhalt das Kind kennt.
- Durch einen kleinen Scherz lenken sie die Aufmerksamkeit des Kindes auf sich und fordern das Kind auf, ihnen in das Gesicht und auf den Mund zu schauen.
- Das Wort wird mehrmals deutlich, langsam und sehr prägnant ausgesprochen. Das Kind soll beobachten, wie das Wort geformt wird.
- Zusätzlich sprechen die Eltern dem Kind das Wort in die Handfläche und ins Ohr. Die Hand und das Ohr nehmen den Druck des Luftstromes und die ausgehauchte Wärme des Atemflusses besonders gut auf.
- Am nächsten Tag wird ein anderes Wort, das mit dem gleichen Laut beginnt, dem Kind vorgesprochen. Das Kind wird aufgefordert, das Wort zu wiederholen.
- Spricht das Kind den Laut hierbei falsch aus, wird vorerst noch nicht korrigiert. Die Eltern dürfen die fehlerhafte Aussprache nie wiederholen; das Kind braucht ein exaktes akustisches Vorbild.
- Spricht das Kind nach einigen Wochen den Laut immer noch nicht richtig aus, wird der Laut isoliert geübt.

Beispiel: „s“

Die Mutter oder der Vater beißen gut sichtbar die Zähne aufeinander, ziehen den Mund zu einem breiten Lachmund und seufzen oder hauchen: „hss – hss“.

Die ausströmende Luft reibt sich an den Zahnkanten und es entsteht der charakteristische Klang.

Zur Unterstützung und Verdeutlichung des ausfließenden Luftstromes wird eine vorwärtsgleitende Handbewegung ausgeführt.

Treten bei der ersten Lautbildung Schwierigkeiten auf, beginnen die Eltern nicht mit dem „hss“, sondern sprechen zuvor „hfff – hfff“ oder „hchch – hchch“ und drücken während des Aussprechens leicht den Unterkiefer nach oben, bis die Zahnreihen geschlossen sind.

Immer werden die Eltern versuchen, das Sprechen in ein Spiel zu kleiden: „Zuerst spreche ich das ‚hss‘, dann du und dann wieder ich!“

Die Mutter hat eine Wollhummel geholt, zeigt sie dem Kind und läßt sie um es herumsummen: „Ssss, sss, die Hummel summt um Marie herum, sss, sss. Sie fliegt nach oben, sie fliegt nach unten. Ssss, sss, jetzt setzt sie sich auf deine Hand. Nimm die Hummel und mach auch so!“

Blasübungen

- Die Kerzenflamme reagiert auf den geringsten Lufthauch. Sie ist ein ideales Prüfgerät für die Atem- und Blasübungen. Wird stärker geblasen, flackert die Flamme mehr, wird nur gehaucht, zuckt die Flamme ein wenig.

Schwieriger wird es, wenn das Kind durch eine Papröhre, durch ein fingerdickes Schläuchchen und schließlich durch einen Trinkhalm die Kerze anblasen soll.

Zur Abwechslung halten die Mutter oder der Vater den Trinkhalm in ein Glas mit Seifenlauge. Das Kind wird staunen, wenn plötzlich Seifenblasen aus dem Glas quillen; je mehr und kräftiger es bläst, desto mehr kommen heraus.

- Ein Tischtennisball oder eine Wattekugel werden in ein passendes Papprohr gesteckt. Bläst das Kind kräftig in die Röhre, schießt der Ball mit Schwung heraus.

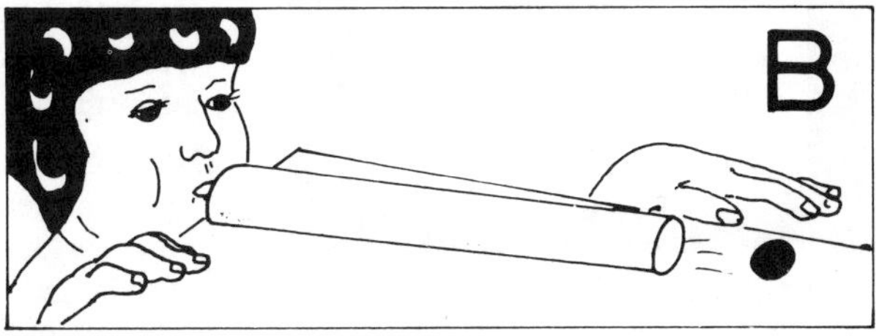

Wenn das Kind diese Übung nicht nach dem ersten Zeigen und Versuch kann, wird die Mutter es ihm ein zweites und ein drittes Mal vorführen.

Um das Spiel noch etwas lebhafter zu gestalten, könnte der Tennisball in eine Schüssel mit Wasser geblasen werden. Jedesmal, wenn er auf die Wasseroberfläche trifft, spritzt es.

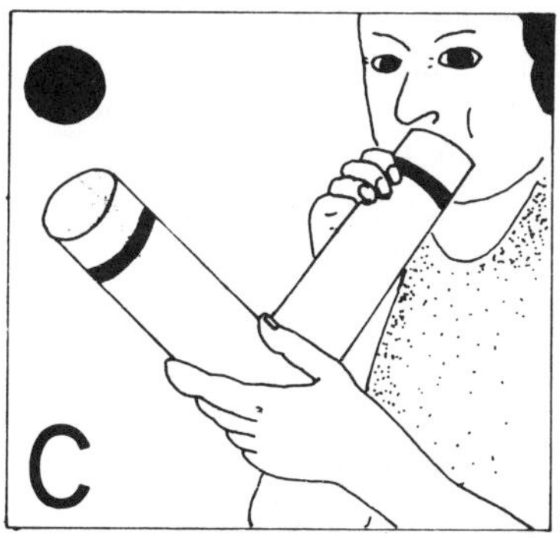

Es geht weiter: Der Tennisball soll nicht mit der Hand, sondern mit einem Suppenschöpfer wieder aus der Schüssel geholt werden.

- Wer kann schon um die Ecke pusten? Es liegt einzig und allein am Pusterrohr. Des Vaters Hilfe ist notwendig. Er schneidet ein Papprohr so entzwei, daß die beiden schräg abgeschnittenen Enden im Winkel von 45° wieder zusammenpassen. Die Nahtstellen werden mit Isolierband fest miteinander verbunden.

Mit diesem „Um-die-Ecke-Pusterohr" lassen sich viele Spiele und Neckereien ausdenken.

- Einen Luftballon aufzublasen ist eine nicht ganz leichte Sache. Der Vater wird ihn zuerst aufblasen und ihn dann dem Kind zum Spielen geben.

a) Die Luft soll so aus dem Ballon entweichen, daß das Kind sie spürt,
b) Luftballon an einer Pappepumpe befestigen und langsam vor den Augen des Kindes prall aufpumpen.
c) Aufgeblasenen Ballon vom Kind anfassen lassen und mehrmals gegen das Gesicht drücken, damit es die weiche, elastische Hülle spürt.
d) Luftballon durch Zimmer schnurren lassen.
e) Luftballon auf den Bauch legen und ganz still lieben bleiben.

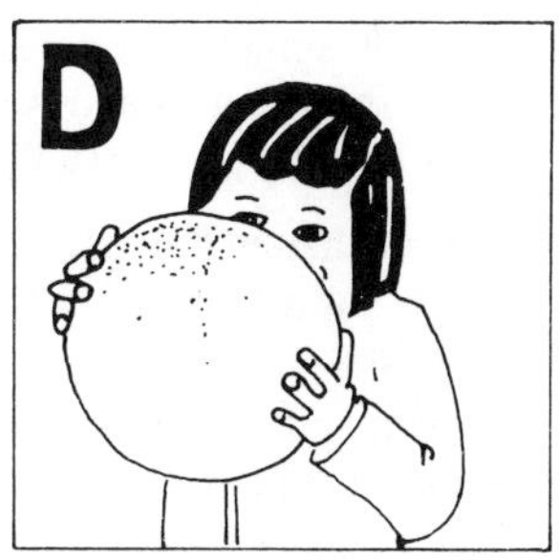

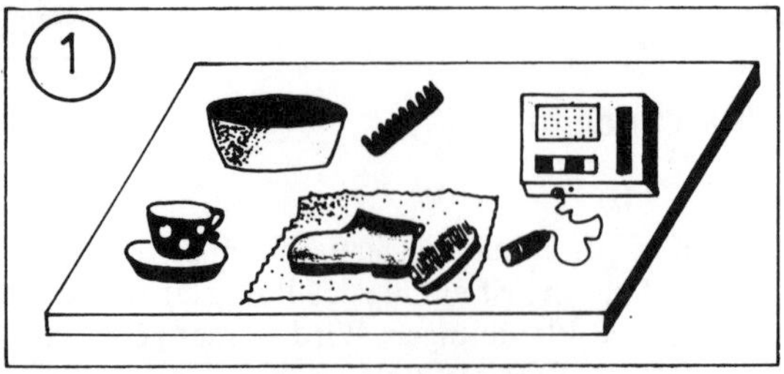

Hörerziehung

Das bewußte Hören unterscheidet sich vom oberflächlichen Hinhören durch den vorhandenen Willensimpuls. Die Konzentration wird auf ein Objekt gerichtet und alle zur Verfügung stehenden geistigen Aufnahmestellen und Organe sind bereit, das, worauf die Konzentration sich eingestellt hat, aufzunehmen. Aus diesem Grunde ist eine bewußte und systematische Hörerziehung notwendig. Das Kind soll hören lernen.

Methodisches Vorgehen:

1. Auf dem Tisch liegen drei bis vier Gegenstände, die bei ihrer Handhabung ein charakteristisches Geräusch erzeugen. Mit dem Kind wird ein Gespräch über diese Gegenstände geführt.

   WAS IST DAS? – Erkennen und benennen der Gegenstände.

2. Die Mutter geht mit den erkannten und benannten Gegenständen um. Sie putzt die Schuhe, gießt Milch in die Tasse, stellt die Tasse geräuschvoll auf die Untertasse und plätschert mit der Hand in einer Schüssel mit Wasser oder windet einen nassen Lappen aus. Das Kind darf die gleichen Tätigkeiten ausführen.

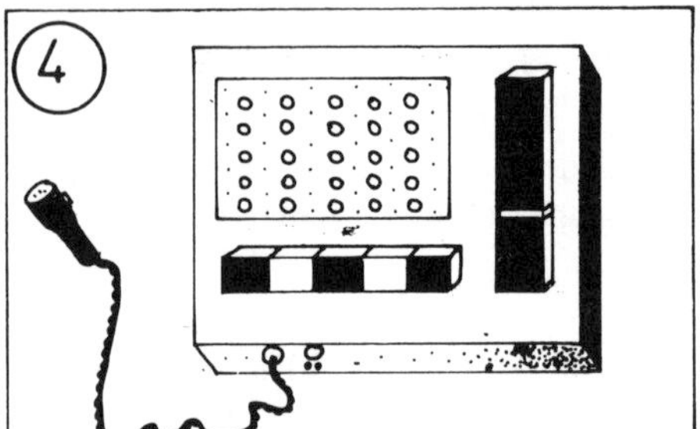

   Zwischendurch fordert die Mutter das Kind auf, genau auf die entstehenden Geräusche zu achten.

   Zum Schluß werden die Geräusche auf Tonband aufgenommen. Das gemeinsame Aufnehmen der Geräusche regt das Kind sehr zum genauen Hinhören an. Es weiß nun, daß es bei dieser Übung auf die Geräusche ankommt.

   Vielleicht bindet die Mutter dem Kind auch die Augen zu und läßt es die Geräusche erraten.

3. Aus Zeitungen und dergleichen sucht sich die Mutter Abbildungen, die mit den Geräuschen in Verbindung stehen, und zeigt sie während der Tätigkeiten dem Kind.

   Bild und Tätigkeit (Geräusch) sollen miteinander gekoppelt werden.

4. Am nächsten Tag legt die Mutter dem Kind die Bildkarten vor, schaltet das Tonband ein und fragt, was es jeweils höre. Spricht das Kind schon, sind die Bildkarten nicht unbedingt notwendig.

   Es wäre auch möglich, daß das Kind auf Grund des Höreindrucks die Tätigkeit wiederholt und zur Eigenkontrolle dasselbe Geräusch nochmals erzeugt.

   Nach einiger Erfahrung im Umgang mit Tonbandgeräten sollten die Eltern das Gerät mit ins Freie nehmen und Geräusche aufnehmen.

Übungsprogramm mit Fingerhüten

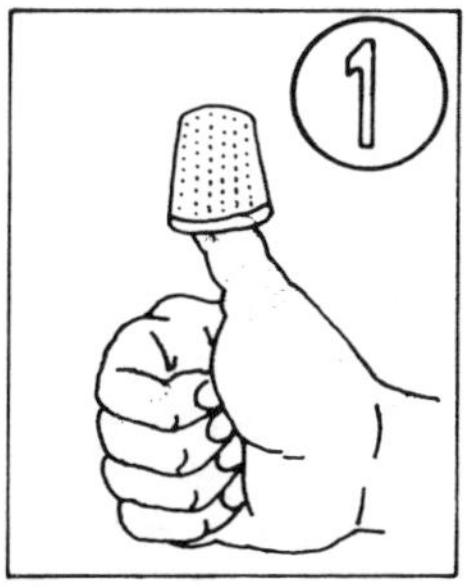

Großmutters Fingerhüte werden einem neuen Zweck zugeführt: Fingergymnastik auf besondere Art.

- Zuerst wird ein Fingerhut über den Daumen gestülpt. Dieser bewegt sich auf und nieder, verbeugt sich artig und wünscht den Versammelten einen ,,Guten Tag“. Dann bewegt sich der Daumen so weit wie möglich nach rechts und nach links und fragt, ob dies jemand nachmachen könne.

- Der Zeigefinger erhält nun auch einen Helm. Bevor das Spiel beginnt, muß er sich ebenfalls tief verbeugen. Weil nicht alle zugeschaut haben, wiederholt er die Verbeugung. Plötzlich bekommt er mit dem Daumen Streit. Sie schlagen ihre Köpfe aneinander, versuchen sich von der Seite und von hinten anzugreifen, knicken ein und stürzen aufeinander los.

- Drei Finger haben jetzt einen Hut auf. Sie werden einzeln vor und zurück, hin und her bewegt. Am ungelenkigsten ist der Ringfinger. Er muß jede Übung zweimal ausführen. Leise Musik ertönt und die drei Finger beginnen, sich im Rhythmus der Melodie zu bewegen. Am Ende sind sie müde und fallen einfach auf die Handfläche um. Aber schnell wird wieder aufgestanden, denn es geht weiter.

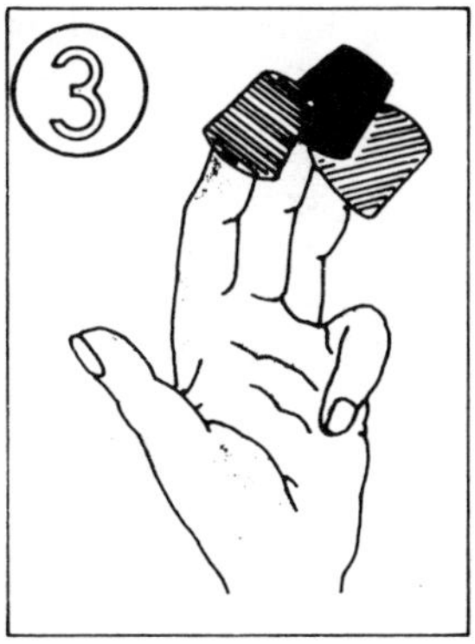

- Alle fünf Finger besitzen ein Gesicht. Sie werden einzeln vom Daumen begrüßt: Er schlägt seinen Kopf an den der anderen. Dann sollen sich immer zwei Finger gegenseitig berühren: der Zeige- und der kleine Finger, der Zeige- und der Ringfinger, der Zeige- und der Mittelfinger.

  Bevor die Fingerhüte wieder abgenommen werden, schließen sich die Finger einige Male zu einer Faust; einmal kommt der Daumen dabei in die Mitte, das andere Mal bleibt er draußen.

Etwas Wichtiges wurde bis jetzt nicht erwähnt: Die Fingerhüte dürfen bei den Bewegungen nicht herunterfallen.

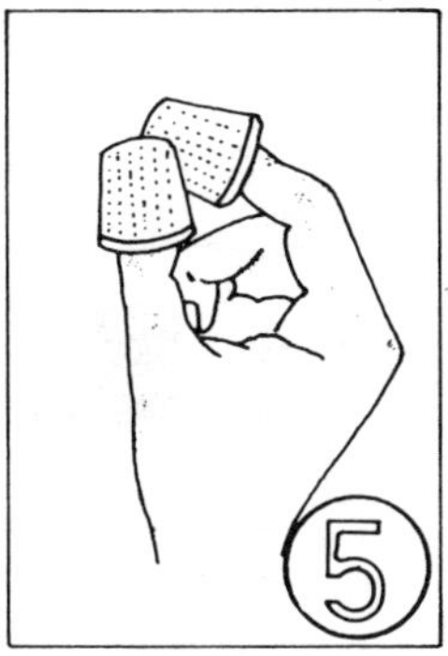

- Der Daumen und der Zeigefinger begleiten als Trommler die Musik oder das Lied.

  Später wird gewechselt, Daumen und Mittelfinger trommeln gegeneinander. Dann wird wieder gewechselt, bis alle Finger an der Reihe waren.

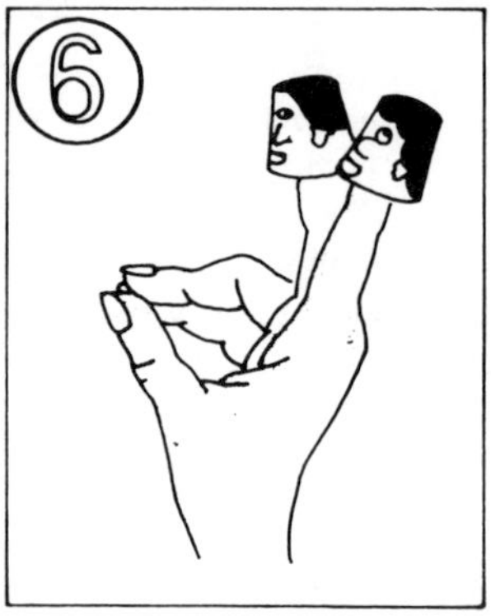

- Herr Meier und Herr Schulze haben gewettet. Jeder glaubt, daß er am schnellsten zappeln kann. Die Wette gilt. Zuerst bewegt sich der Zeigefinger so schnell er kann auf und ab, dann der Mittelfinger. Der Sieger kann nicht ermittelt werden. Also müssen beide gemeinsam zappeln. Es sieht lustig aus, wenn sich die beiden Finger wie Sprinter bewegen.

  Was der Zeige- und Mittelfinger kann, können der Ring- und der kleine Finger auch. Ob der Ringfinger das Tempo durchhalten kann?

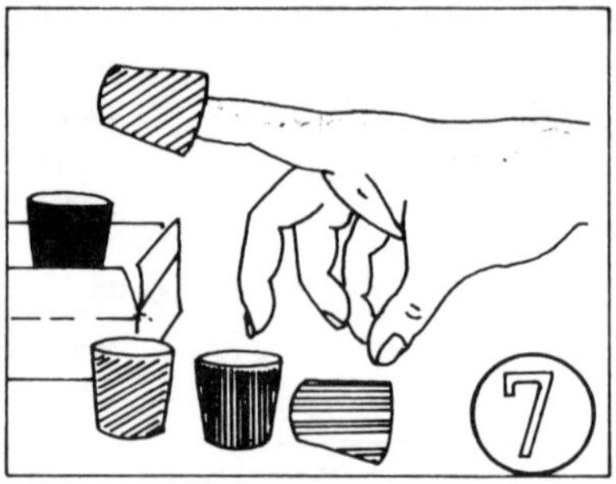

- Die Finger sind richtige Akrobaten. Sie können fünf Fingerhüte, die mit der Öffnung nach oben auf dem Tisch stehen, aufnehmen, hochheben und behutsam in eine Schachtel legen, d.h., wenn sie zu straff sitzen, müssen sie abgestreift werden. Es kommt jeweils auf die Größe der Fingerhüte an.

- Die beiden Hände bilden das Dach eines Hauses – wie es auf der Abbildung zu sehen ist. Die Daumen sind die Akteure. Sie sollen abwechselnd jeden Finger der Hand berühren. Dabei müssen sie sich immer weit in das Innere des Hauses beugen.

  Danach machen sie Kreisbewegungen, einmal der rechte Daumen und dann der linke.

  Solche Kreisbewegungen wären übrigens für die anderen Finger auch angebracht.

- Die eine Hand bildet eine runde Öffnung und die andere Hand soll ihren Fingern sagen, daß sie die aufgereihten Fingerhüte einzeln durch die Öffnung auf ein Kästchen legen sollen.

  Später werden die Hände gewechselt. Das trifft auf alle hier beschriebenen Übungen zu. Rechte Hand und linke Hand werden abwechselnd trainiert!

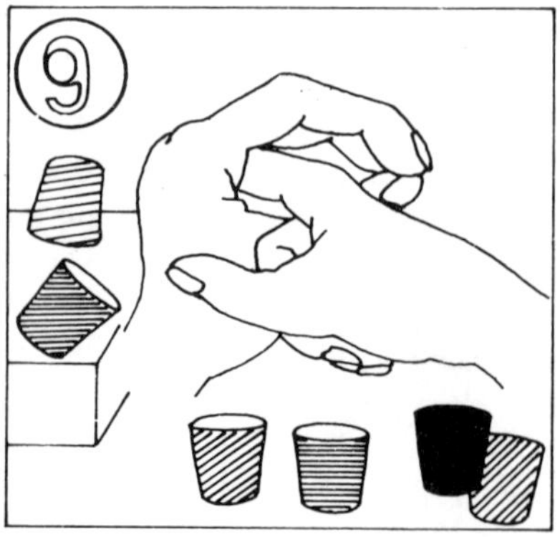

Der lange Weg zur Selbständigkeit

Kein Kind kommt auf die Welt und kann sich schon waschen, die Zähne putzen, die Strümpfe anziehen, die Schuhe zubinden. Alle diese Fähigkeiten müssen erlernt werden. Es muß jemand da sein, der es dem Kind vormacht, der das Kind anleitet.

Das Händewaschen

Beim Anleiten des Kindes zum Händewaschen sollten von den Eltern die verschiedenen methodischen Stufen oder Schritte beachtet werden.

a) Vertrautmachen mit den Gegenständen und der Wirkung des Wassers:

Von klein auf spielt das Wasser eine große Rolle im Leben des Kindes. Im allgemeinen baden die Kinder sehr gerne. Das warme, wohlige Element, das sie umgibt, schafft ihnen das Gefühl der Geborgenheit und ein angenehmes Empfinden.

Während des Badens und Waschens werden Mutter und Vater das Kind sprachlich und durch ihre Handlung auf die verschiedensten Dinge und Zustände aufmerksam machen: Der Wasserhahn wird geöffnet, das kalte oder warme Wasser sprudelt heraus, es entsteht ein bestimmtes Geräusch. Der auftreffende Wasserstrahl verursacht Spritzer und Wellen. Die Haut, auf die der Wasserstrahl trifft, prickelt, die Empfindung ist verschieden, je nach dem, ob die Hand über oder unter der Wasseroberfläche in den Strahl gehalten wird. Die Seife im Wasser ist glitschig und anfangs noch kalt. Der Waschlappen saugt sich mit Wasser voll, der Lappen kann ausgedrückt werden. Zum Schluß wird der Körper trockengerieben, die Haut wird ganz warm.

b) Aktivitäten, die das Kind während des Badens und Waschens selbst ausführen soll:

Im Badewasser kann mit den Schwimmtieren hantiert werden, mit dem Becher wird Wasser geschöpft und wieder ausgegossen. Die Seife wird mit den Händen gesucht. Mit dem Waschlappen wird der Wannenrand gewischt, dann wird er ausgedrückt und wieder ins Wasser geworfen. Der Wasserhahn wird schrittweise geöffnet; zuerst kommt ein kleines Rinnsal, dann ein dicker Wasserstrahl heraus. Die trockene Seife wird geholt, die nasse wieder zurückgelegt. Das Handtuch wird abgehängt und wieder aufgehängt.

c) Gezielte, selbständige Betätigungen beim Händewaschen:

Die Bewegungen werden zunächst mit dem Kind gemeinsam ausgeführt, dann wird allmählich die Hilfe schrittweise zurückgenommen:

1. Aufmerksamkeit auf die beschmutzten Hände lenken.
2. Begleiten in den Waschraum, zum Waschbecken.
3. Dosiertes Öffnen des Wasserhahns, Feineinstellung des Wasserstrahls.
4. Ergreifen der Seife und Einseifen der Hände, Zurücklegen der Seife.
5. Reiben der eingeseiften Handflächen, Entstehen von Seifenschaum.
6. Abwaschen, Abspülen des Seifenschaumes unter dem Wasserstrahl.
7. Schließen des Wasserhahns (Drehrichtung beachten).
8. Abschütteln der nassen Hände und Ergreifen des Handtuchs.
9. Abtrocknen der Handflächen und der Handrücken.
10. Loslassen des Handtuchs bzw. Aufhängen des Handtuchs.

Das sind 10 Schritte, die nicht auf einmal, sondern immer der eine um den anderen eingeübt werden müssen.

Aus- und Ankleiden

Die Erziehung des Kindes zur Selbständigkeit ist eines der vornehmsten und wichtigsten Bildungs- und Erziehungsziele. In der Regel beginnt das Kind von sich aus, einige Kleidungsstücke abzustreifen. Das Ankleiden ist schwieriger und steht im Übungsaufbau erst an zweiter Stelle.

In methodischer Hinsicht gelten für das Aus- und Ankleiden die gleichen Lernziele und Regeln:

- Möchte das Kind nicht von sich aus beim Aus- und Ankleiden mithelfen, werden die Eltern es durch vermehrte Zuwendung (Liedchen singen, Kinderreime, Streicheln, Finger-, Fußspiele u.ä.) aus seiner Passivität herauszulocken versuchen. Außerdem werden sie jede Handlungsweise versprachlichen:

  „Jetzt hebt Martin seinen rechten Arm und steckt ihn in das rechte Armloch. Schieb den Arm noch ein wenig nach, bis die Hand unten herausschaut!"
- Die Eltern mögen darauf achten, daß ein Teilvorgang – in der Regel ist es der letzte Schritt – vom Kind selbst ausgeführt wird. Die Mutter zieht beispielsweise die Hose an, veranlaßt das Kind jedoch, die Hose von Kniehöhe aus selbst hochzuziehen.
- Die angebotenen und zuerst auch notwendigen Hilfen sollen schrittweise zurückgenommen werden. Wird die Hose zuerst noch gemeinsam gehalten, so wird die Mutter nach und nach die eine Hand des Kindes loslassen, dann die andere und schließlich nur noch ganz leicht die Hose halten, bis das Kind sie selbst festhalten kann.
- Bestimmte Techniken, die beim An- und Ausziehen notwendig sind, können in besonderen Übungssituationen vorgeübt werden.

  Das Auf- und Zuknöpfen wird zum Beispiel an anderen Materialien geübt:
  + Große und später kleine Holz- oder Plastikscheiben werden durch einen mehr oder weniger breiten und langen Schlitz in einen Karton (Stoff) gesteckt.
  + Große und kleine Knöpfe werden zwischen zwei Holzleisten gesteckt.
  + An einem Knopfrahmen (Montessori-) wird das Auf- und Zuknöpfen geübt.
  + An vor dem Kind liegenden Kleidungsstücken und am Partner werden die Knöpfe zu- und aufgeknöpft.
- Das Kind soll eine Beziehung zu seinen Kleidern bekommen.
  + Es soll seine eigenen Kleidungsstücke erkennen.
  + Es soll manchmal wählen und mitbestimmen dürfen bei der Auswahl der Tageskleidung.
  + Es soll die Bezeichnung der einzelnen Kleidungsstücke verstehen lernen und nach Möglichkeit auch aussprechen können.
  + Es soll die Kleidungsstücke richtig anfassen können.
  + Es soll auf Mängel (Beschmutzung, Löcher) aufmerksam gemacht werden.
  + Es soll bei der Kleiderpflege mithelfen.
  + Es soll beim Einräumen der Kleidungsstücke in den Schrank mithelfen.
  + Es soll beim Sortieren schmutziger Kleidungsstücke mithelfen dürfen.
  + Es soll der Mutter beim Waschen und Bügeln zuschauen dürfen.

Hänschen klein, ging allein . . .

Die Welt um das Kind herum wird immer weiter und größer. Es gehört schon viel Mut und Selbstsicherheit dazu, auf all die unbekannten Dinge zuzugehen, sich auf die nicht vorhersehbaren Erlebnisse einzulassen.

Kinder gehören ins Freie. Sie sollen den Raum, die Weite, die Distanz erfahren. Sie sollen sich mit der gesamten Umwelt auseinandersetzen. Sie sollen sich entscheiden lernen. Sie sollen Persönlichkeiten werden.

- Täglich wird das Kind vor drei Wahlsituationen, die es mit Erfolg meistern kann, gestellt:

1. Möchtest du lieber einen Keks oder einen Apfelschnitz?
2. Möchtest du lieber die rote oder die blaue Hose anziehen?
3. Möchtest du lieber mit der Eisenbahn oder mit dem Lastauto spielen?

- An einem Nachmittag nimmt die Mutter das Kind auf den Schoß und sie schauen sich gemeinsam die alten Fotos an: „So klein warst du einmal, und jetzt bist du schon so groß!"

- Das Kind bekommt Spielsachen zum Hinterherziehen. Mit diesen unternimmt es Forschungsreisen. Es fühlt sich nicht so allein.

  Die Klingelente, die rollende Walze regen zum Gehen und Laufen an, außerdem geben solche mit einem starren Stab und Griff dem noch unsicher laufenden Kind zusätzliche Sicherheit.

- Kinder sollen in festen Gewohnheiten aufwachsen, damit sie sich orientieren und daran anlehnen können. Sie sollen jedoch nicht aus ihren Spielhandlungen herausgerissen werden. Die Mutter kündigt die Essenszeiten rechtzeitig an: „Das Essen ist bald fertig. Denk daran, daß du bald mit dem Spielen aufhören kannst!"

- Kindern soll Gelegenheit gegeben werden, mit anderen Kindern zusammen zu spielen. Sie bekommen wesentliche Impulse und Anregungen durch das gemeinsame Tun. So läßt z.B. jeder sein Auto die schräge Ebene hinunterrollen, einer nach dem anderen oder alle beide gemeinsam.

  Das Erlernen sozialer Verhaltensweisen geschieht in der Auseinandersetzung mit anderen, nicht durch Alleinsein.

„Hänschen klein ging allein
in die weite Welt hinein,
Stock und Hut, steht ihm gut,
ist gar wohlgemut.
Mütterchen, das weint so sehr,
hat nun gar kein Hänschen mehr.
Da besinnt sich das Kind,
kommt zurück geschwind!"

Wissen und überlegen, was kommen wird

Das Vorausschauenkönnen, das Wissen, was eintreten oder zu sehen sein wird, sind die Bausteine für das kombinierende Denken. Nicht alle Aufgaben und Probleme können später durch das praktische Durchspielen, durch das Ausprobieren bewältigt werden. Vieles läßt sich kombinierend und schlußfolgernd lösen.

Beispiel: Das Kind hat Sandförmchen geschenkt bekommen und möchte gleich damit Sandkuchen backen. Das geht nicht so ohne weiteres. Der trockene Sand würde nicht zusammenkleben. Weil es jedoch Vorerfahrung, im Sandeln hat, nimmt es sich einen Eimer Wasser mit. Wenn nicht, führt es die Mutter auf den richtigen Weg, indem sie die Situation im Sandkasten erzählend vorwegnimmt: „Du sitzt im Sandkasten und füllst die Formen voll mit Sand. Du kippst die Formen um, aber der weiche, trockene Sand zerfließt. Du bekommst keine Kuchenform. Was hättest du zuvor machen müssen?"

Bis diese kombinierende Form des Denkens erreicht wird, vergeht viel, viel Zeit. Aber anfangen müssen die Eltern einmal. Dies geschieht am geschicktesten, wenn sie bei einigen Situationen das auf sie Zukommende vorweg beschreiben und schildern.

- Der Vater geht mit dem Kind spazieren. Sie kommen durch die bekannten Straßen. Das Kind ging schon oft hier entlang. Bald kommen sie an eine Straßenkreuzung. „Peter, bald kommen wir an die große Straßenkreuzung. Dort steht eine Ampel. Erinnerst du dich an die Ampel? Einmal leuchtet ein rotes Licht, dann ein gelbes und schließlich leuchtet das grüne Licht auf. Wir bleiben an der Ampel stehen. Ich zeige dir die Lampen."

- Auf dem Weg nach Hause kommen Vater und Sohn an einer Baustelle mit einem großen Kran vorbei: „Schau, dort ist ein großer Kran. Siehst du den Kran? Mit dem Kran heben sie die schweren Steine auf die Mauer. Das Seil mit dem Haken kommt immer näher an die Steine. Wenn es dort ist, wird der Mann die Steine daran festbinden. Siehst du, jetzt macht er es! Was wird der Kran jetzt tun?"

- Vater und Kind stehen wieder an der Straßenkreuzung. Sie beobachten die Autos und den Schutzmann. Der Vater macht das Kind auf das Armheben des Schutzmannes aufmerksam. „Siehst du, immer wenn der Schutzmann den Arm hochhebt, bleiben die Autos stehen, wenn er ihn senkt, dürfen sie fahren. Jetzt hebt er ihn wieder! Was werden jetzt die Autos machen?"

„Lauf doch nicht so nämisch, spannenlanger Hans!
Ich verlier die Birnen und die Schuh noch ganz."
„Trägst ja nur die kleinen, nudeldicke Dirn,
und ich schlepp den schweren Sack mit den großen Birn'."

Weißt du, wieviel Mücklein spielen
in der heißen Sonnenglut?
Wieviel Fischlein auch sich kühlen
in der hellen Wasserflut?
Gott, der Herr, rief sie mit Namen,
daß sie all ins Leben kamen,
|: daß sie nun so fröhlich sind. :|

Weißt du, wieviel Kinder frühe
stehn aus ihrem Bettlein auf,
daß sie ohne Sorg und Mühe
fröhlich sind im Tageslauf?
Gott im Himmel hat an allen
seine Lust, sein Wohlgefallen
|: kennt auch dich und hat dich lieb. :|

Materialbeherrschung und Eigeninitiative beim Bauen

Beim Umgang mit Bausteinen entfaltet das Kind seine schöpferische Begabung. Es setzt Baustein auf Baustein, bis das Gebilde seinen Vorstellungen entspricht. Beachtet es nicht die statischen Gesetzmäßigkeiten und Regeln, fällt sein Bauwerk wieder um oder kann erst gar nicht errichtet werden.

Je mehr Gestaltungsmöglichkeiten das Material zuläßt, das heißt am Anfang, je einfacher die Formen sind, desto geeigneter sind sie für das Kleinkind. Quader, Rolle Würfel sind die Grundelemente jedes Bausatzes. Farben sind anfangs nicht notwendig.

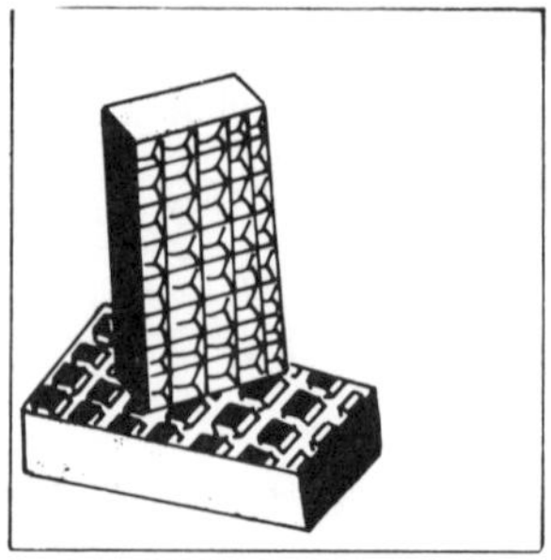

In den Spielwarengeschäften werden sehr viele und unterschiedliche Bauspiele angeboten.

Eine kleine Beschreibung:

1. Naturklötze in verschiedenen Holzarten mit verschiedenen Formen und in unterschiedlichen Farben.
2. Plastikelemente in verschiedenen Formen zum Stapeln und Bauen (Baubecher, Plastikwürfel).
3. Plastikbausteine, die an allen Seiten mit Noppen versehen sind, so daß sie dadurch eine recht gute Klemmeigenschaft besitzen (NOPPER).
4. Große Plastikbausteine, die auf der Oberseite mit runden Zapfen und auf der Unterseite mit Klemmfächern ausgestattet sind (LEGO, DUPLO).
5. Holzbausteine mit einer reichlicheren Auswahl an Formen. Die Bausteine weisen z.B. Löcher, Zapfen, Einkerbungen, Aussparungen auf (Lochbausteine).
6. Gelochte Klötze verschiedenster Form und Größe, die mit Holzstäben verbunden werden (MATADOR-Großformat).

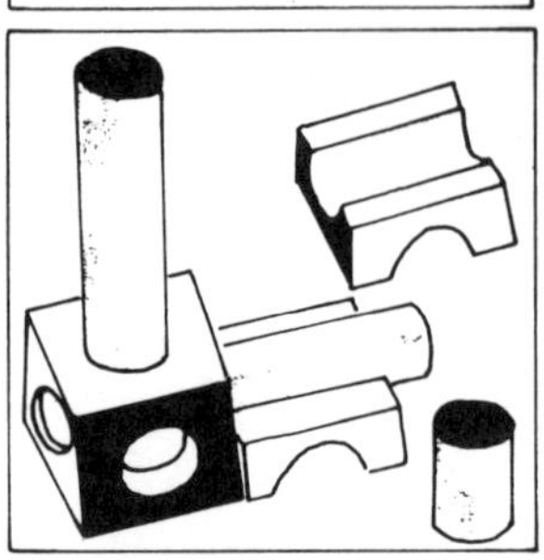

7. Holzleisten unterschiedlicher Länge mit Bohrungen. Große Holzschrauben und -muttern verbinden die einzelnen Teile (BAUFIX).
8. Konstruktionsbaukästen sollen erst jenseits des Entwicklungsalters von 3 Jahren eingesetzt werden. (PLASTIKANT, LEGO, CONSTRI, FISCHER-TECHNIK 3 – 6, BRIO-Holzschienenbahnen u.a.)

In den vorerst zufälligen Gebilden seines noch ziellosen Hantierens entdeckt das Kind gewisse Ähnlichkeiten mit Realgebilden. Es erlebt sich und erfährt sich als denjenigen, der dieses Gebilde gestaltet hat. Aus der bisherigen Lust am Hantieren entsteht die Lust am kreativen Schaffen. Das Kind baut Straßen, Zäune, Autos usw. Die Akzentverschiebung zum „Schöpferischen" darf das reine Hantieren nicht außer acht lassen. Es gibt noch viele Materialien, die das Kind in seinen Werkeigenschaften erst ergründen muß, bevor es sinnvolle und deutbare Gebilde entstehen lassen kann. Die Eltern mögen das eine wie das andere fördern, indem sie das Kind zum „Bauen" animieren und über die „Bauwerke" sprechen.

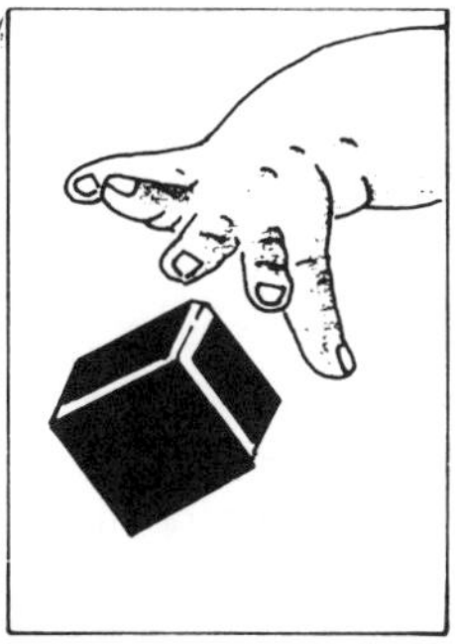

Öffnen und Schließen von Schraubenverschlüssen

Es ist ein weiter Weg vom ersten gezielten und gewollten Greifen bis zum Aufdrehenkönnen eines Wasserhahns oder dem Umgang mit einem Schlüssel.

Kinder sind sehr neugierige Wesen. Sie verfolgen mit ihrem Blick jede Bewegung des Erwachsenen, möchten wissen, was in dieser oder jener Schachtel sich befindet und bemühen sich, es den Großen gleichzutun. Diese Grundhaltung des Kindes ist ein wesentlicher Motor für seine Entwicklung.

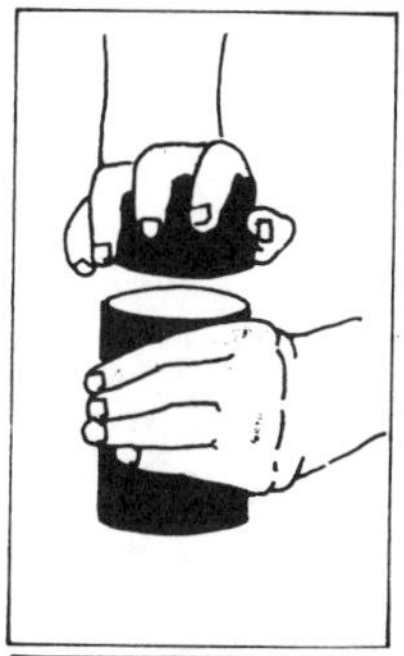

Ist das eine oder andere Kind nicht in dem gewünschten Maße neugierig, werden die Eltern versuchen müssen, seine Neugierde zu wecken.

- Vor den Augen des Kindes geben sie eine Rosine oder ein dem Kind bekanntes und von ihm begehrtes Bonbon in eine Dose mit Deckel und stellen diese vor das Kind auf den Tisch. Öffnet das Kind nicht von sich aus die Dose, werden die Eltern ihm das Öffnen zeigen oder gegebenenfalls seine Hände führen.

  Später werden sie etwas, das ein Geräusch verursacht, in die Dose legen und damit die Neugierde des Kindes zu wecken versuchen.

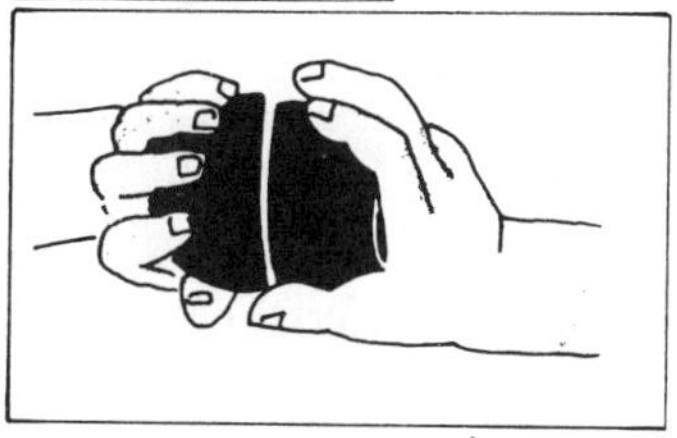

- Hatte der Deckel der Dose bisher keinen Schraubverschluß, so wird der Vater jetzt eine Schraubverschlußdose oder die im Handel erhältlichen „Schraubfäßchen" nehmen, dem Kind das Öffnen zeigen und dann den gleichen Weg wie oben beschrieben einschlagen mit dem Unterschied, daß die beiden Fäßchenteile nur mit einer halben oder einer ganzen Umdrehung geschlossen werden. Für die erste Begegnung und das erste Einüben wären vier oder fünf Umdrehungen noch zu viel.

  Auch sollen solche Gegenstände mit Schraubenverschlüssen verwendet werden, die das Kind mit dem „Breitgriff", d.h. mit einer Hand umfassen kann.

- Erst nach all den Übungen und Versuchen wird das Kind so weit sein, daß die Drehbewegungen des Unterarms eine große Plastikmutter von einer Schraube lösen oder den Deckel eines Kaffeeglases öffnen können.

- Das Baden in der Wanne kann neben dem hygienischen Aspekt auch unter dem der Handschulung gesehen werden. Das Kind sitzt in der Wanne und fühlt sich in dem warmen Wasser recht wohl. Die Mutter gibt ihm eine Dose mit Schraubverschluß. Die Dose schwimmt auf der Wasseroberfläche. Wird sie niedergetaucht, kommt sie wieder hoch. Versucht das Kind nicht von sich aus, den Deckel abzuschrauben, demonstriert es die Mutter oder löst den Verschluß so weit, daß das Kind durch eine Umdrehung den Deckel lösen kann.

  Das Wasser wird kälter. Es muß warmes Wasser nachgefüllt werden. Die Mutter führt die Hand des Kindes an den Wasserhahn und dreht ihn ein Stück weit auf. Dann darf das Kind selbst einige Male auf- und zudrehen.

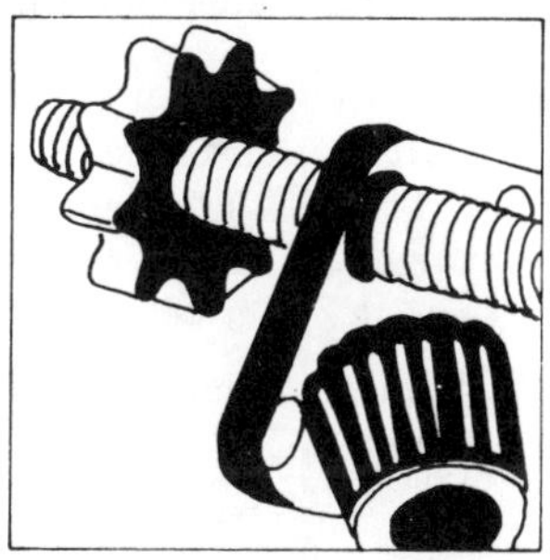

Ordnenkönnen der Dinge auf Grund bestimmter Beziehungen ist die Voraussetzung für das Begreifen und Verstehen der Zahlen und Mengen

Es mag auf den ersten Blick nicht einsichtig sein, warum das Auftürmen der unterschiedlich großen Bauklötzchen zu einem sich verjüngenden Turm, das Einpassen der unterschiedlich großen Formen und Walzen in ein Steckbrett etwas mit Rechnen und den Zahlen zu tun haben soll. Und doch ist es so.

Bei der Begriffbestimmung der Zahl ergibt sich, daß jede Zahl hinsichtlich dreier Kategorien bestimmt werden kann:

a) Die Zahl stellt eine gewisse Mächtigkeit (Anzahl) dar.
b) Die Zahl ist in eine bestimmte Rangreihe (Abfolge) gestellt.
c) Die Zahl ist bestimmt durch ihre Beziehung zu anderen Mengen und Rangreihen.

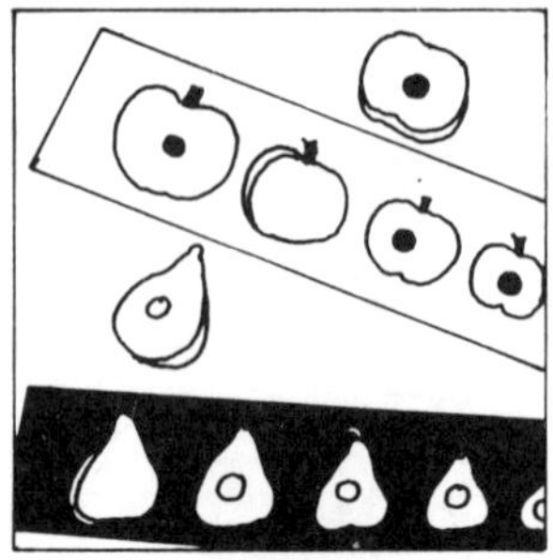

Ein Beispiel: Die Zahl 5 umfaßt die Menge 5, sie steht in der Reihenfolge zwischen 4 und 6 und in einem Beziehungsgeflecht zu jeder anderen Zahl. Sie ist z.B. die Hälfte von 10 oder der vierte Teil von 20 oder 5 mal mehr und größer als 1.

Dieses wichtige Merkmal der Beziehung soll schon früh, d.h. auf einer der Entwicklungsstufe angemessenen Art und Weise, geübt werden.

- Unten wird der größte Würfel hingestellt, dann kommt der etwas kleinere, dann der noch kleinere und ganz oben soll der allerkleinste Würfel liegen.

  Vor jedem Hinlegen müssen die Würfel als Gesamtes und jeder Würfel als Einzelner betrachtet werden, weil jeder Würfel hinsichtlich seiner Größe in Beziehung zu den anderen steht.

- Genauso ist es mit den Einlegebrettchen. Zuerst kommt der größte und zum Schluß der kleinste Apfel. Natürlich kann das zuvor genannte Denkmodell nicht sofort vom Kind erwartet werden. Auch werden zu Anfang nicht 5, sondern nur 2 oder 3 Gegenstände unterschiedlicher Größe angeboten. Das Kind geht hierbei nach dem Prinzip „Versuch und Irrtum" vor. Paßt der Apfel nicht in diese Aussparung, dann vielleicht in die nächste oder in die übernächste.

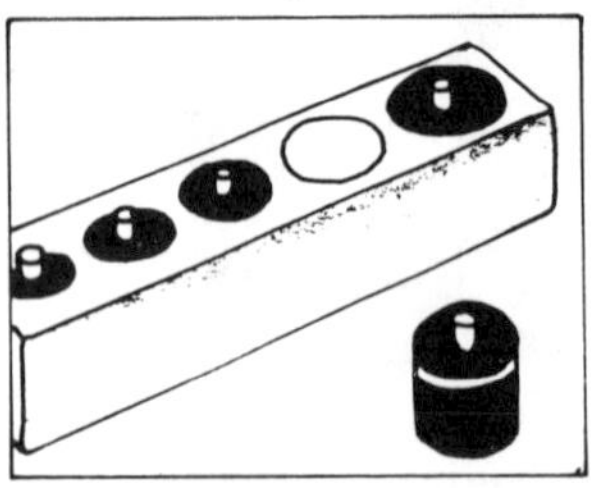

  Allmählich lernt das Kind aus seinen Mißerfolgen und seinen Erfolgen. Werden die Erfolge von den Eltern entsprechend gelobt, ist die Chance, daß sie sich öfters ereignen, größer.

- Der Urlaub ist zwar in erster Linie für die Erholung da, aber niemand nimmt Schaden, wenn hin und wieder eine Übungsviertelstunde dazwischengeschoben wird.

  Das Kind spielt am Strand im Sand. Neben ihm liegen drei unterschiedlich große Eimer. Der Vater hat eine Idee. Schnell werden alle Eimer mit Sand vollgeschaufelt, dann werden sie der Größe nach geordnet. Damit alles noch wirkungsvoller wird, suchen sie sich drei verschieden lange Stecken oder unterschiedlich große Muscheln und ordnen sie den Eimern zu. Der größte Eimer bekommt den längsten Stecken, der kleinste den kürzesten Stecken.

  Ähnliche Spiele lassen sich im Wald, am Bach, im Gebirge oder wo sonst auch immer durchführen.

Größenzuordnung

Die Mutter beginnt bei der Größenzuordnung mit Gegenständen, die in Farbe und Form gleich sind, aber einen auffallenden Größenunterschied zeigen (Kinderschuhe – Erwachsenenschuhe, Teelöffel – Eßlöffel).

„Alle kleinen Gegenstände kommen in diese und alle großen in jene Schachtel."

Die Sortierübungen werden nach und nach auf 3 und 4 Dinge unterschiedlicher Größe ausgedehnt.

Der Haushalt bietet eine Fülle von Übungsmöglichkeiten: Kochlöffel, Plastiktassen, Schlüsseln, Töpfe, Bleistifte, Topfdeckel, Trinkhalme.

Von den im Handel erhältlichen Bausätzen (Baubecher, Schraubfässer, Legebrettchen) werden dem Kind am Anfang nur jeweils das größte und das kleinste Teil angeboten. Erst später kommen die mittleren Größen hinzu.

Die Mutter stellt drei unterschiedlich große Baubecher demonstrativ ineinander, nebeneinander, stapelt sie zu einem Turm, stülpt sie übereinander, so daß am Ende nur noch der größte zu sehen ist und läßt sie nacheinander wieder auftauchen.

Jedes einzelne Spiel wird mit Sprache begleitet und dem Kind zur Nachahmung angeboten: „Den kleinen Baubecher stelle ich hier hin, den mittleren daneben, und den größten stelle ich da hin!"

Paarbildung

Auf einer früheren Entwicklungsstufe hat das Kind ein Steinchen in diese Schachtel und ein Steinchen in jene Schachtel gelegt. Heute soll es auf einmal zwei Steinchen (Perlen, Pfennige, Plastikscheiben, Kugeln) in eine Schachtel legen. Das Kind kennt noch nicht die Vorstellung 1 + 1 = 2. Aus diesem Grunde nimmt der Erwachsene *zwei* Scheiben zwischen die Finger und legt sie in die Schachtel, dann trennt er wieder zwei (ein Paar) von der Menge ab, nimmt sie zwischen die Finger und legt sie in das Gefäß. Nun sagt er dem Kind: „Lege auch *zwei* Scheiben in diese Schachtel!"

Es ist nicht richtig, wenn das Kind eine Scheibe in die Schachtel legt und der Erwachsene wartet, bis es noch eine dazu legt. Die zwei Dinge sollen als eine Einheit gesehen werden.

Später wird das „Mengensortieren" auf die Mengen Drei und Vier ausgedehnt. Das Kind trennt dann jeweils 3 bzw. 4 Dinge ab und sortiert sie ein oder zu.

Figuren nachlegen

Auf dem Tisch liegen Knöpfe, Muggelsteine oder flache, runde Kiesel. Der Vater beginnt, mit den Steinchen ein Motiv zu legen – eine Kette bestehend aus drei vier Steinen, einen Kreis mit fünf Steinen. Er fordert das Kind auf, es ihm gleichzutun.

Erscheint die Aufgabe für das Kind zu schwierig, zeichnet er auf einem Stück Karton die Figur des Kreises auf und ermuntert das Kind, die Steine auf die jeweilige Linie zu legen.

Beherrscht das Kind die Technik des Nachlegens, wird der Vater die Farbe als weiteres Kriterium dazunehmen. Bei der Kette kommt zuerst ein roter Knopf und dann ein weißer. Auch hier kann zuvor die Abfolge der Glieder bunt auf Karton aufgemalt werden.

Zählen

Zählen bedeutet nicht, die Zahlennamen in der richtigen Reihenfolge auswendig aufsagen zu können. Gewiß gehört das Erlernen der Zahlennamen dazu, aber ohne Mengenkenntnis bleiben die Namen leer. Mit dem Erlernen des Zählens soll daher immer der Umgang mit Mengen, das Wissen, daß die Zahl eine Menge von Gegenständen oder Personen meint, verbunden sein.

- Die zählbaren Dinge, die lange Zeit immer etwas Greifbares sein müssen, werden vor dem Kind ausgebreitet. Die Mutter sagt: „Wir zählen jetzt die Untertassen und dann decken wir den Tisch für uns beide und Vati. Eins (hierbei faßt die Mutter den ersten Teller an), zwei (die Mutter berührt den zweiten Teller), drei (der dritte und letzte wird angefaßt). Drei Teller sind das! Wir brauchen 3 Teller. Stell sie auf den richtigen Platz; den ersten für Vati, den zweiten für Mutti und den dritten für dich!"

- Hin und wieder zählt die Mutter die Finger des Kindes ab. Das Kind kann sich die Zahlennamen und deren Reihenfolge leichter merken, wenn sie mit Verschen verbunden werden:

„Ein, zwei, drei,
Zuckersiederei.
Finger kommt herbei!"

„Eins, zwei, drei,
Butter auf den Brei,
Salz auf den Speck,
und dieser Finger muß weg!"

„Eins, zwei, drei,
du bist frei!"

„Eins, zwei, drei,
bicke, backe, bei,
bicke, backe Hafermus,
die Gänse gehen barfuß!"

„Eins, zwei, drei, vier, fünf,
mach dich auf die Strümpf,
mach dich auf die Schuh,
die ganze Hand kriegst du!"

„1, 2, 3, 4, 5, 6, 7
eine alte Frau kocht Rüben,
eine alte Frau kocht Speck,
und der Fritz mag Weck!"

„Eins, zwei, drei;
in der Meierei
steht ein Teller auf dem Tisch.
Kommt die Katz und setzet sich!"

„Eins, zwei, drei, vier,
du trinkst kein Bier
und spielst auch kein Klavier!"

- Dem Kind wird eine Kastanie gereicht: „Hier hast du eine Kastanie! Hier hast du eine zweite Kastanie, und hier hast du noch eine dritte! Wir zählen die Kastanien noch einmal: Eins, zwei, drei!"

„Eins, zwei, drei,
alt ist nicht neu,
arm ist nicht reich,
hart ist nicht weich,
frisch ist nicht faul,
Ochs ist kein Gaul!"

„Eins, zwei, drei,
alt ist nicht neu
sauer ist nicht süß,
Händ' sind keine Füß',
Füß' sind keine Händ',
's Lied hat ein End!"

Suchspiele als Wahrnehmungstraining

- Wenn vor dem Schlafengehen die Kleidungsstücke ordentlich hingelegt werden, brauchen sie am Morgen nicht gesucht zu werden. Der Alltag des Kindes bietet viele Möglichkeiten, nach etwas zu suchen:

  Die Tochter hat nur einen Hausschuh an. Die Mutter sieht das, nimmt das Mädchen an die Hand, und sie gehen gemeinsam in der Wohnung umher und suchen nach dem verlegten Schuh. Es wäre sicher nicht richtig, das Kind allein auf die Suche zu schicken. Auch das Suchen will gelernt sein.

  „Zuerst suchen wir im Badezimmer, denn dort hast du gestern Abend deine Zähne geputzt. Schau hinter den Wäschekorb! Hier ist der Schuh nicht! Wir gehen ins Kinderzimmer und schauen in allen Ecken. Die erste Ecke, die zweite Ecke, die vierte Ecke. Halt, wir haben eine Ecke ausgelassen. Nichts zu sehen! Hast du schon unter deinem Bett nachgesehen?"

  Die Mutter sucht mit System, denn das Kind soll lernen, daß es wirkungsvoller ist, wenn planmäßig und nicht kopflos gesucht wird.

- Bei einer anderen Gelegenheit, wenn das Kind einige Male mit suchen durfte, lenkt die Mutter den „Suchweg" nur noch durch Worte: „Geh zuerst in die Küche! Hast du auch im Besenschrank nachgesehen? Geh nur noch einmal dort hin und schaue nach!"

- Die Eltern erfinden besondere Suchspiele. Sie verstecken hinter dem Sofa den Lieblingsbär und sagen dem Kind, es möchte im Wohnzimmer suchen. Sucht es in der falschen Ecke, bringen die Eltern dies zum Ausdruck indem sie „kalt, kalt" rufen, nähert es sich der richtigen Stelle, rufen sie immer erregter „heiß – heiß."

- Während des Osterspaziergangs werden in gewissen Abständen kleine Schokoladeneier versteckt.

  Im Urlaub versteckt der Vater die rote Schaufel im Sand am Strand. Auf der Wiese wird der gepunktete Ball im hohen Gras versteckt.

- Ein besonderer Spaß ist es für alle, wenn die Eltern die alten Zeitungen zu Bällen und Würsten zusammenknüllen und unter dem riesengroßen Zeitungshaufen eine Süßigkeit oder sonst etwas Beliebtes verstecken. Das raschelnde Geräusch, die Tastempfindungen, das Herumwühlen motivieren das Kind auf eine ganz besondere Weise.

- Radios, Fernsehgeräte oder andere technische Geräte sind oftmals in und zwischen Schaumstoffteilchen verpackt. Dieses Material reibt sich beim Durchwühlen aneinander und es entsteht ein schleifendes, quietschendes Geräusch, das einem durch Mark und Bein gehen kann. In solch eine Schachtel verstecken die Eltern einen Plastiklöffel. Das Kind tastet wie blind den Boden ab und sucht nach dem Gegenstand.

Erkennen von Gleichem

- Die leeren Plastikdosen, Flaschen, Verpackungen werden nicht weggeworfen, sondern gesammelt und für ein Wahrnehmungstraining umgemünzt.

  In ein Regal oder auf ein gewöhnliches Brett werden verschiedene Päckchen – jedoch immer zwei gleiche – gestellt. Zu Beginn dieses Programms wird dem Kind jeweils eines davon gezeigt. Es wird aufgefordert, das andere, gleiche herauszufinden.

  Später soll es ohne vorheriges Zeigen die gleichen Dinge finden. Die Übungen mit der Gleichheit oder Ähnlichkeit der Dinge wird mit einer Vielzahl von Materialien und Gegenständen durchgeführt: Gemüse, Geschirr, Töpfe, Würste, Spielsachen, Bleistifte usw.

  Die Wahrnehmungsfähigkeit wird geschulter, das Kind erkennt und beachtet immer mehr Unterschiede und Details. Gleichzeitig nimmt der Umfang des Wortschatzes zu, denn jeder Unterschied muß und soll versprachlicht werden.

  Unterscheidungsübungen können ebenso gut im Zoo, während eines Spaziergangs oder in der Badewanne durchgeführt werden. Das Ziel ist, die Erfahrungsgrundlage zu festigen und das Wissen zu erweitern.

- In den Kindermagazinen, auf den Kinderseiten der Illustrierten sind sehr oft die sogenannten „Labyrinthe" zu sehen: Von einem Ausgangspunkt soll durch ein Gewirr von Wegen und Irrwegen der richtige Weg zum Ziel gefunden werden. Für das Kleinkind sind diese Labyrinthe noch viel zu schwer, auch könnte es noch keine Überschneidungen wahrnehmen.

  Die Eltern stellen ein kleines Lern- und Übungsprogramm auf:

  Auf einem Blatt Papier (DIN A 4) zeichnen sie in die eine Ecke eine große Ente und in die andere Ecke eine kleine. Von der einen zur anderen Ente führt ein Weg, der sich einmal in Form einer Schlinge überschneidet.

  Dem Kind wird eine Geschichte erzählt, daß es bald dunkel werde und daß das junge Entlein nach Hause zu seiner Mama gehen möchte. Dann wird das Kind aufgefordert, mit dem Finger den Weg zu suchen. Es fährt mit dem Finger – möglicherweise anfangs mit Hilfe – den Linien entlang.

  Allmählich wird die Anzahl der Kurven und Überschneidungen gesteigert, jedoch nicht mehr als drei pro Übungsblatt.

  Werden die Übungsblätter in einem Leitzordner abgeheftet, bekommen die Eltern im Laufe der Zeit einen recht guten Überblick über die Fortschritte ihres Kindes.

- „Den Weg zuerst mit den Finger finden, später nur noch mit den Augen", dieses Lernziel kann durch vielerlei anderes Material variiert werden.

  Auf den Karton werden nicht Linien als Wege gezeichnet, sondern Schnüre aufgeklebt. Ein andermal fährt der Vater der gezeichneten Linie mit Klebstoff nach und schüttet auf die Klebespur Sand. Das Kind fährt der Sandspur nach.

  Zum Ziel führt eine rote und eine blaue Linie. Welcher Weg ist richtig?

Schauen + Denken = Sehen

- Der Vater zeichnet auf Karton die Umrisse eines Autos, schneidet sie aus und bekommt so eine Schablone. Diese kann er so oft er mag auf ein Blatt Papier legen, den Rand umfahren und erhält immer wieder die gleichen Autos.

  Er legt vor das Kind vier Bild auf den Tisch. Alle bis auf eines sind gleich. Nun fordert er das Kind auf, ihm das zu geben, das anders aussieht, das sich von den anderen unterscheidet.

  Das nächstemal soll es ihm alle gleichen, alle die gleich aussehen geben.

Der Vater wird bei jeder Übung immer die gleichen Worte und Sätze verwenden. Ein zu häufiger Wechsel in der Wortwahl würde das Kind verunsichern.

- Der Vater setzt sich mit Papier und Malstiften zum Kind und sagt, daß er ihm eine Ente malen möchte: „Schau aber genau zu. Ich male etwas Falsches. Du sollst die Fehler finden. – Was male ich jetzt gerade? Hat eine Ente auch Hände? Paß weiter gut auf!"

  Es werden bekannte abgebildete Gegenstände markant verändert, so daß der Fehler gleich augenscheinlich wird: Der Teddybär bekommt eine dicke Brille dazu gemalt, die Katze einen Rüssel.

- Sieht das Kind, wenn an einem abgebildeten Gegenstand wichtige und markante Teile fehlen?

  Die Eltern werden nicht gerade mit sehr differenzierten Abbildungen anfangen, sondern mit solchen Gegenständen, die dem Kind gut bekannt sind.

Das gleiche Lernziel kann bei Kindern, die hier noch Schwierigkeiten haben, mit Knet durchgeführt werden. Was fehlt bei dem Männchen?

Diese Übung ist deshalb leichter, weil das Kind hier ein dreidimensionales Gebilde vor sich sieht. Diese kann nicht nur angeschaut, sondern auch berührt und betastet werden. Sieht das Kind nach mehreren Übungen nicht, daß an einer menschlichen Figur bestimmte Körperteile fehlen, ist sein „Körperschema", das Wissen um und das Erleben seines Körpers, noch zu wenig ausgeprägt.

- Bei dieser Übung werden die Umrisse einer Gestalt, eines Gegenstandes durch Punkte vorgegeben. Das Kind soll der Punktlinie nachfahren oder, wenn die Punkte weiter auseinander liegen, die einzelnen Punkte miteinander verbinden.

Bei den ersten Versuchen punktiert der Erwachsene nur eine gerade Linie mit vier bis fünf Punkten, dann folgen geschwungene Linien, Kreise und erst ganz am Schluß ein „Motiv". Die ungeübte Hand des Kindes wird nicht von heute auf morgen die Wachskreide in der Hand halten können. Der Erwachsene legt den Wachsstift in die Hand des Kindes und führt sie beim Verbinden der Punkte. Nach und nach lockert er die Führungshilfe bis das Kind schließlich alleine die Linien ziehen kann.

Singen + Bewegen = Tanzen

Singen, Musizieren und sich bewegen stehen in einem engen Zusammenhang. Das melodische und rhythmische Element des Liedes zieht das Schütteln, Nicken, Hopsen, Drehen, Wiegen nach sich. Der Bewegungsumfang nimmt zu und wird gefestigt. Die Kinder lernen einen wechselnden Krafteinsatz kennen: lauter, leiser. Sie üben wechselnde Richtungsformen: vorwärts, rückwärts, seitwärts, auf und nieder.

Zum Tanzen sind Partner notwendig. Im Bewegungsspiel nimmt das Kind Kontakt mit seinem Gegenüber auf. Sie lachen sich an, sie klatschen die Hände aneinander, sie fassen sich an den Händen, sie legen die Hände auf die Schultern des anderen.

- Das gesprochene Wort ist die ursprünglichste Form rhythmischer Bewegungsbegleitung. Die Worte, ob in Reimform oder ungebunden, entsprechen dem Ablauf der Bewegung und provozieren sie.

Beispiele:

Um sich selbst drehen	–	*Dreh dich um mein Kindchen, dreh dich nur schnell um, aber falle nur nicht, falle nur nicht um.*
Hüpfen wie ein Frosch	–	*Disch, dusch, dosch, wir hüpfen wie ein Frosch.*
Springen wie ein Känguruh	–	*Springen wie ein Känguruh, Müllers Esel, der bist du.*
Robben wie ein Seehund	–	*Vorwärts robben, vorwärts robben, wie ein Seehund vorwärts robben.*
Krabbeln wie eine Ameise	–	*Kribbel, krabbel, Krabbelei, auch die Ameis ist dabei, bis sie nicht mehr weiter kann und stößt sich ihr Beinchen an.*

- Einige Kinder erfassen schneller die melodischen Eindrücke, darum sollen von Anfang an beide Anregungen gegeben werden. Alte Kinder-Reigen eignen sich am besten hierzu.

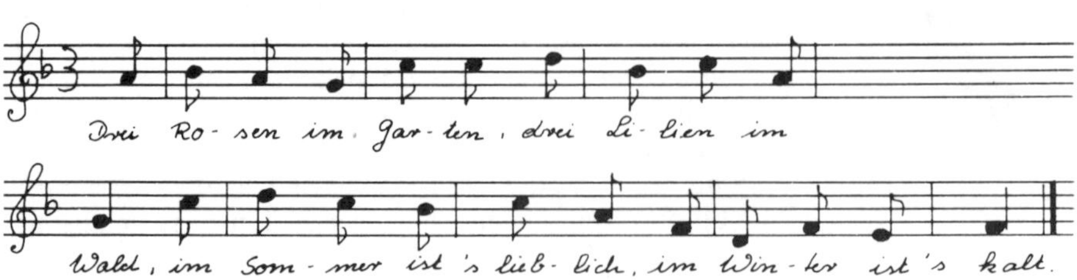

Übungen mit dem Ball

Die Übungen der Bewegungserziehung machen um so mehr Spaß, je mehr sie mit Spielgegenständen verbunden sind.

Hier einige Übungen mit dem Ball:

- Mutter und Kind sitzen sich mit gegrätschten Beinen gegenüber. Zuerst rollt die Mutter den Ball genau zwischen die Beine des Kindes und verlangt ihn wieder zurück.
- Diesmal setzen sich beide im Schneidersitz, d.h. mit gekreuzten Beinen hin und rollen den Ball hin und her. Genaues Zielen ist notwendig, denn sonst muß immer wieder aufgestanden und der Ball zurückgeholt werden.
- Bei der dritten Variation sind die Beine im Sitzen lang gestreckt (Langsitz) und liegen parallel nebeneinander. Der Ball wird einmal von der rechten Seite und dann von der linken Seite zum Partner gerollt.
- Mutter und Kind legen sich in einem Meter Abstand flach auf den Bauch, so daß sie sich anschauen können. Aus dieser Lage heraus wird der Ball hin- und hergerollt. Allmählich wird die Entfernung zwischen den Partnern vergrößert.
- Jetzt kommen die Füße an die Reihe. Die Partner sitzen sich gegenüber, stützen sich mit den Händen rückwärts ab und versuchen, sich den Ball mit den Füßen zuzustoßen.
- Die Mutter baut eine schräge Ebene, auf der der Ball hinuntergerollt werden kann. Einmal sitzt das Kind am Fußboden und fängt den auf es zukommenden Ball ab, das anderemal läßt es den Ball hinunterrollen und die Mutter fängt ihn ab.
- Der Ball wird durch die gegrätschten Beine gerollt. Der andere Partner steht dahinter und nimmt den Ball in Empfang.
- Der Ball wird unter, hinter und um verschiedene Hindernisse gerollt, mit dem Fuß gestoßen oder mit einem Rundholz geschoben.
- Mutter und Kind stehen sich in 1 Meter Abstand gegenüber und werfen sich gegenseitig den Ball zu. Der Ball soll nicht ins Gesicht geworfen werden.
- Die Mutter steht hinter dem Kind und führt seine Hände beim Hochwerfen und Auffangen des Balles.
- Der Ball – so zeigt es die Mutter – wird hoch über den Kopf gehalten und dann nach vorn geworfen.
- In der Mitte des Zimmers steht ein Topf oder eine Schüssel. Zuerst wird der Ball über den Topf gehalten und fallen gelassen.

  Allmählich wird der Abstand nach oben und zur Seite vergrößert bis schließlich der Ball in den Topf geworfen werden kann.

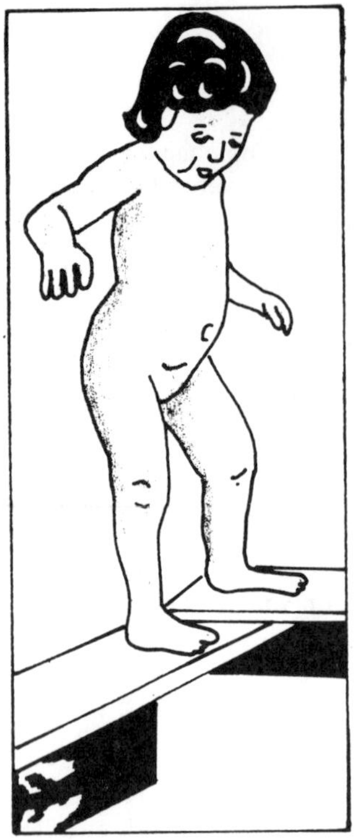

- Der Vater steigt mit dem Kind auf einen niedrigen Schemel und springt mit ihm auf den Fußboden. Er macht dabei deutlich vor, daß er mit beiden Beinen zugleich abspringt und auch auf dem Boden ankommt.

  Faßt das Kind etwas Mut, hält der Vater zunächst noch eine Hand des Kindes. Später soll es alleine herunterspringen. Der Vater steht dabei und klatscht Applaus.

  Zeigt sich das Kind sehr ängstlich, gibt der Vater anfangs noch mehr Hilfestellung. Er hält es unter den Armen fest und geht beim Aufkommen mit in die Knie.

- Vielleicht liegt irgendwo eine alte Federkern-Matraze. Auf ihr kann das Kind gehen und hüpfen. Das ist nicht so einfach, denn das Kind muß erst lernen, sein Gleichgewicht in außergewöhnlichen Situationen zu halten.

- Ein kurzer ausgedienter, zusammengerollter und mit Schaumstoff umwickelter Teppich ist ein ideales Turngerät. Das Kind setzt sich mit gegrätschten Beinen auf die Rolle, beugt den Oberkörper nach vorn, nach hinten, zur Seite, legt sich rücklings auf die Rolle und läßt sich seitlich auf den Boden fallen. Es schiebt und rollt die Walze vor sich her und benutzt sie schließlich als Reitpferd.

- Ein noch schöneres Reitpferd für das Kind ist Vaters Rücken. Wenn das Kind keine Angst zeigt und sich an diese Position gewöhnt hat, kann der Vater mit ihm springen, hüpfen, sich drehen, leicht schütteln und wie ein unberittenes Pferd „bocken".

- Der eigene Körper und der der Eltern sind die Turngeräte:

  1. Der Vater faßt das Kind an den Händen und dreht sich mit ihm im Kreise, zuerst nur dreimal, nach und nach kann die Anzahl der Umdrehungen erhöht werden.
  2. Ein schnelleres Drehen der beiden Partner ist das „Karussell". Wieder faßt der Vater das Kind fest an den Händen und läßt es fliegend um sich kreisen.

     Eine andere Variation ist der „Flieger": Das Kind wird an einer Hand und an einem Fuß festgehalten und dann schnell herumgewirbelt.

  Jede Übung soll mit Maß durchgeführt werden. Zeigt das Kind Angst, unterbleibt die Übung. Ein verkrampftes Kind erhält keinen Übungszuwachs.

- Das Kind liegt auf dem Bauch. Der Vater faßt beide Füße und hebt sie hoch, so daß das Kind sich mit seinen Händen abstützen muß. Hat das Kind genügend Halt, schiebt der Vater den Körper nach vorn. Er ist der Gärtner und das Kind die „Schubkarre".

  Einen Purzelbaum schlagen ist schon ein schwieriges Ding. Auf der Wiese führt ihn der Vater dem Kind einige Male vor, dann fordert er das Kind auf, den Kopf vornüber bis zur Erde zu beugen. Er schiebt das Kind sachte nach vorn, hält die Hand unter den Kopf und drückt leicht auf dessen Brust. Das Kind purzelt.

Hier können Sie
eine Fotografie
Ihres Kindes
einkleben!

30 – 36 Monate Entwicklungsalter

Das Kind soll mehr und mehr eine selbständige und eigenständige Persönlichkeit werden. Auch wenn es sich häufiger den Einflüssen der Eltern widersetzt und auf seine Unabhängigkeit und Selbständigkeit pocht, wird es doch noch in einem hohen Maße von der Führung und Anleitung der Älteren abhängig sein.

Das Kind entdeckt sich als den Urheb er der Gedanken, Vorstellungen und Gefühle. Es empfindet sich als ein Ich, das sich von anderen unterscheidet, das selbst Entscheidungen treffen kann, das einen Willen haben und diesen auch durchsetzen kann.

Gewiß muß dem Kind in dieser Entwicklungsphase Raum für seine Selbstfindung gegeben werden, aber es sollte nicht so sein, daß alles nur nach *seinem* Willen geht. Es könnte sonst passieren, daß das Kind fünf, acht und zehn Jahre alt wird und immer *nur* sein Wille im Vordergrund steht. Die anderen haben auch Rechte und Wünsche, die akzeptiert werden müssen.

Im Wahrnehmungsbereich vollzieht sich ein Wandel. Konnte das Kind bisher einen Gegenstand nur dann intensiv und lange betrachten, wenn es ihn gleichzeitig befühlen und betasten konnte, so lösen sich jetzt die optischen Wahrnehmungen allmählich vom Tastempfinden. Das bedeutet, daß die Augen nunmehr die Handbewegungen kontrollieren. Die optische Wahrnehmung übernimmt die führende Funktion.

Das Denken erhält ebenfalls eine neue Dimension. Das Kind erkennt Zusammenhänge. Es kann Dinge, die zusammengehören nach augenscheinlichen Kriterien zu Gruppen ordnen. Es kann Analogieschlüsse ziehen. Wenn der Stein, der schwer ist, im Wasser untergeht, wird auch die „Metallschraube untergehen, weil auch sie schwer ist.“

Sprechen und Sprache erweitern und verbessern sich, sind aber noch nicht voll ausgebildet. So wird es dem Kind schwerfallen, die Konsonanten „k“ oder „g“ und „sch“ und „r“ und „z“ und „x“ richtig auszusprechen. Folgen in einem Wort zwei Konsonanten hintereinander (**schw**immen, **fl**iegen), wird häufig einer davon weggelassen. Dieses „Stammeln“ ist entwicklungsbedingt, weil die Koordination von Lippen, Zunge, Kehlkopf, Kiefer noch nicht voll aufeinander abgestimmt ist. Sprechfehler sind bis zum Alter von vier Jahren normal. Eine zu bewußte und übertriebene Sprechkorrektur sollte vermieden werden.

Das Kind sagt nach, was es hört. Die „echten Zweiwortsätze“, die aus Hauptwort, Tätigkeits- oder Eigenschaftswort bestehen, werden allmählich von den Drei- und Mehrwortsätzen (Konjunktionen wie aber, und, weil; Pronomen wie ich, du; Präpositionen wie auf, unter, vor, hinter) abgelöst.

Eine Statistik sagt, daß ein Kind mit 2,0 Jahren durchschnittlich 1,7 Wörter pro Satz, eines mit 2,6 Jahren etwa 2,4 Wörter und eines mit 3 Jahren in der Regel 3,3 Wörter pro Satz verwendet. Gegen Ende dieser Entwicklungsperiode kann das Kind alle Hauptformen von Sätzen in einfacher Form bilden.

Das Kind spielt gern mit anderen Kindern zusammen, wobei das Nebeneinanderspielen langsam durch das Miteinanderspielen abgelöst wird. Es kann sich in einer Gruppe ein- und unterordnen und nimmt Anregungen von Älteren an.

Beobachtungen und Fragen

Sprachlicher Bereich

Fragt das Kind nach dem Namen und der Bezeichnung eines Gegenstandes in der Frageform: „Was'n das?" oder „Is'n das?" ....

Kann es einen Satz, der aus vier Silben besteht (Ma – ma – geht – fort) nachsprechen? ....

Verwendet es die Artikel der, die und das? ....

Kann es die Laute: g, k, r, sch, z und x aussprechen? ....

Verwendet es Präpositionen wie vor, unter, hinter? ....

Spricht das Kind schon im Dreiwortsatz? ....

Handmotorischer Bereich

Holt das Kind mit einem Stöckchen eine entfernt liegende oder eine auf einem Kissen liegende Süßigkeit zu sich heran? ....

Kann es Wasser von einem Becher in einen anderen gießen? ....

Steckt das Kind einen Stock in ein Papprohr, wenn es beides angeboten bekommt? ....

Kann es ein DIN A 5 Blatt Papier einmal falten? ....

Fädelt es schon Perlen auf einen Draht oder eine sehr steife Schnur auf? ....

Kritzelt es bereits Kreise und runde Bogen? ....

Optischer Bereich

Kann das Kind seinen Mantel von einem anderen unterscheiden? ....

Wieviel Formen kann das Kind schon unterscheiden und welche? ....

Kann es bekannte Gegenstände nach der Größe sortieren? . . . .

Wieviel versteckte Dinge findet das Kind wieder? . . . .

Kann das Kind eine Tätigkeit (laufen, schwimmen, essen) auf einem Bild erkennen? . . . .

Akustischer Bereich

Versteht das Kind den Auftrag:
„Hol in der Küche einen Löffel"? . . . .

Welche Körperteile kann das Kind auf Befragen zeigen? . . . .

Kann das Kind mit geschlossenen Augen drei angeschlagene Instrumente am Klang erkennen? . . . .

Kennt es die meisten markanten Umweltgeräusche und kann es sie der Geräuschquelle zuordnen? . . . .

Hört das Kind zwei Trommelschläge und kann es die gleiche Anzahl nachschlagen? . . . .

Versteht es die Aufforderung:
Gib mir einen Knopf! Gib mir viele Knöpfe! . . . .

Bewegungsbereich

Kann das Kind auf den Zehenballen 2 bis 3 Meter gehen? . . . .

Kann es mit den Zehen etwas greifen? . . . .

Geht das Kind schon die Treppe hinauf und wie? . . . .

Klettert es auf einen Stuhl? . . . .

Kann das Kind mit dem Fuß ein pendelndes Seil fangen? . . . .

Fährt es mit einem Dreirad oder einem Kettcar? . . . .

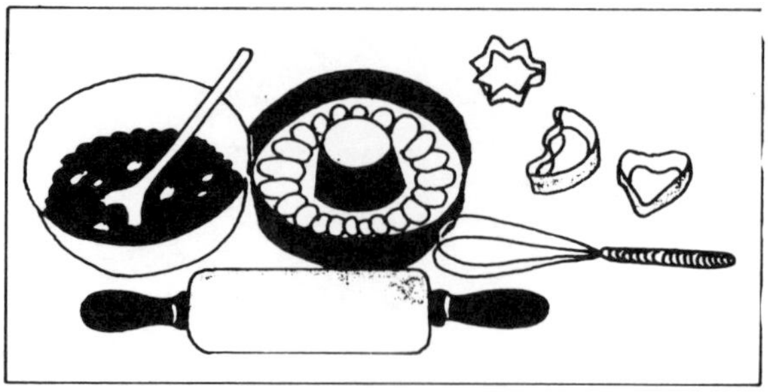

Das Kind soll jeden Tag etwas Neues über seine häusliche Umgebung erfahren

- Die Küche ist ein wahres Paradies für Kleinkinder und nicht nur für diese. Hier geschehen viele interessante und abwechslungsreiche Dinge, so daß jeder Tag etwas Neues bieten kann.

Je nach Jahreszeit werden die verschiedensten Gemüsesorten verarbeitet. Die Gurken werden geschält, die Karotten werden geschält, weil sie eine Schale haben. Der Salat wird gewaschen, ebenso der Blumenkohl. Sie haben keine Schale. Gemüse wird durch Kochen weich und verändert sich geschmacklich.

Vor Weihnachten sieht es in der Küche ganz anders aus als in der Osterzeit oder an einem heißen Augusttag. Die Mutter stellt die Speisen und einige Nahrungsmittel in den Kühlschrank, andere werden im Küchenschrank aufbewahrt.

Backt die Mutter einen Kuchen, ist das Kind mit Feuereifer dabei. Es bekommt einen Batzen Teig und darf ihn auswalken, kneten und formen.

An all dem Geschehen soll das Kind teilhaben, und die Eltern mögen jede günstige Gelegenheit nutzen, das Kind in ihr Tun mit einzubeziehen. Gerade in dem „Sonebenbei-Tun", in dem „Mittun" erweitert sich der Erfahrungsschatz des Kindes in einem kaum geahnten Maße.

- Im Schlafzimmer steht der Wäscheschrank. Die Eltern sollten sich ab und zu die Mühe machen, die wichtigsten Kleidungsstücke des Kindes mit ihm und vor ihm auszubreiten: „Das ist deine Unterhose, hier ist dein Unterhemd, . . ."

  Vielleicht spielen Mutter und Tochter auch gleich „Modenschau" oder sie legen den Boden des Kinderszimmers mit Kleidungsstücken aus, sammeln sie wieder ein und sortieren sie: die Gleichen zu den Gleichen. Was paßt nicht zusammen?

- Vaters Werkzeugkasten ist eine Fundgrube. Was es da nicht alles zu sehen und anzufassen gibt. Der Vater benennt, zeigt und demonstriert. Dann darf das Kind seine ersten Klopfversuche mit Hammer und Nagel probieren. Natürlich wird der Vater nicht das härteste Holz und den kleinsten Nagel aussuchen. Flach-, Beißzange und Draht, Schrauben und Schraubenzieher gehören ebenfalls zum Experimentiermaterial.

- Die Kiste oder Schachtel mit den alten Kleidern, Mänteln, Hüten wird für lange Zeit im Vorliebebereiche des Kindes stehen. Einen langen Mantel, einen verbeulten Hut, viel zu große Schuhe anzuziehen und aufzusetzen sind nicht nur ein lustiges Spiel, das Kind vervollkommnet hierbei das Aus- und Anziehen. Die Knöpfe des Herrenmantels sind größer als die an seinem Mäntelchen, der Reißverschluß an Mutters erstem Ballkleid wird dem Kind lange zu schaffen machen. Stolziert es in der neuen Ausstattung auf und ab, kommt es sich wie ein Erwachsener vor. Es übt und spielt das Erwachsensein.

Naturbegegnung

Die Eltern gehen mit ihrem Kind viel spazieren. Die weitere Umgebung ist für das Kind eine Welt, die erforscht und erobert werden will.

Jeder Tag ist eine Entdeckungsreise für das Kind.

- Bei einem Gang durch die Wiesen oder die Felder sammeln und pflücken die Eltern einige Blumen, sagen ihren Namen, riechen ihren Duft und arrangieren sie zu einem Strauß. Die Blumen dürfen jedoch nicht weggeworfen werden. Zu Hause werden sie in eine Vase gestellt. Das Kind soll zur Ehrfurcht vor der Natur erzogen werden. Ein schmutzig und unordentlich verlassener Picknickplatz ist für das Kind nicht nachahmenswert.

  Beeren haben Namen, Farben und manche können dazu noch gegessen werden. Während der Erdbeerzeit bekommt das Kind ein eigenes Körbchen und pflückt selbst die Beeren.

  Im Herbst sucht es mit den Eltern nach Kastanien und Eicheln, sammelt Tannenzapfen und Rindenstücke. Es gibt nichts Schöneres, als wenn sich Eltern und Kind an einem verregneten Sonntagnachmittag zusammensetzen, die gesammelten Schätze ausbreiten und zu basteln beginnen.

- Ein Besuch im Zoo gehört mit zu den Höhepunkten des Kinderalltags. Die Tiere im Käfig, die Kletterkünste der Affen, die tauchenden und prustenden Seehunde erregen die Neugierde des Kindes.

  Es mag jedoch sein, daß es nicht so sehr die großen, imposanten Tiere sind, die Eindruck auf das Kind machen, sondern eher die Kleintiere, die vor den Augen des Kindes daherwatscheln, davonkriechen wie Enten, Schildkröten, Zwerghasen.

- Am Bach, am See stehen die Experimente mit dem Wasser im Vordergrund. Steine werden ins Wasser geworfen. Es entstehen sich fortpflanzende Ringe und Wellen. Steine gehen unter, Holz schwimmt.

  Vater faltet eine Zeitung zu einem Schiffchen. Ob es wohl über die „Stromschnellen" kommt?

- Neben den Ausflügen in die Natur darf das Erforschen und Kennenlernen der städtischen Einrichtungen nicht zu kurz kommen: Ein Besuch auf der Post, im Bahnhof, die Vielfalt eines Kaufhauses und des Verkehrs. Verkehrserziehung fägt schon sehr früh an.

- Nicht jede Familie wird einen eigenen Garten besitzen, in dem das Kind neben der arbeitenden Mutter oder dem Vater seine kleinen Tätigkeiten verrichtet. Im Frühjahr wird umgegraben, gesät, im Sommer gegossen und Unkraut gejätet, im Herbst wird geerntet. Das Kind darf beim Pflücken der Tomaten und Gurken, beim Herausziehen der Radieschen und Rettiche mithelfen. Es bekommt ein kleines Körbchen und darf es mit den reifen Pfirsichen füllen.

  Gartenlose Familien finden in den Parkanlagen, beim Spaziergang durch die Schrebergärten einen Ersatz. Schon ein reichhaltiges und gepflegtes Blumenfenster kann dem Kind das Wachsen und Gedeihen, das Blühen und Verdorren deutlich machen und anschaulich vor Augen führen.

  Das Verhältnis zur Natur ist nicht nur durch Wissen, sondern auch durch Gefühle bestimmt.

Zeichnen und Malen

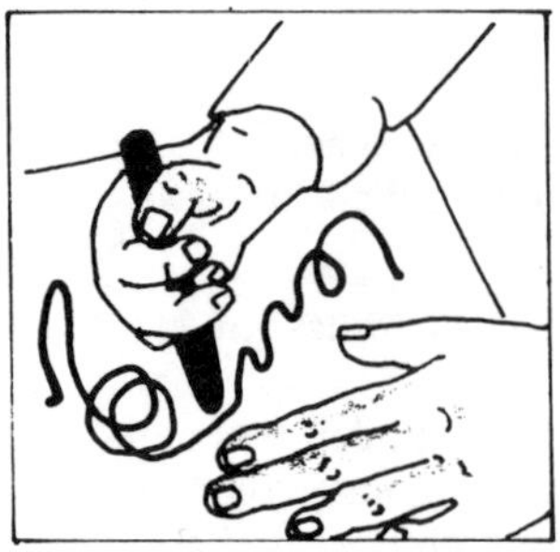

Wenn einem nicht behinderten anderthalb- bis zweijährigen Kind Papier und Wachsstifte in die Hand gegeben werden, wird es bald mit viel Vergnügen zu kritzeln beginnen. Dabei ahmt es zunächst nur rein mechanisch ältere Kinder oder Erwachsene nach. Es fährt mit dem Stift willkürlich über das Papier, ohne dem „Gekritzel" irgendeine Bedeutung beizumessen.

Nach und nach geht es dazu über, das Gekritzel gegenständlich zu deuten. Es sieht in den Strichen und Formen die Mutter, ein Haus, einen Baum. Im Kind erwacht der Wille zum zielgerichteten Gestalten. Es verläßt die Kritzelstufe und geht zum schematischen Zeichnen über.

Das Kind auf dieser Entwicklungsstufe zeichnet oder malt nicht nach der Natur, sondern stellt dar, was es von den Dingen weiß, was in seinen Augen wichtig ist. Um Größenverhältnisse oder Perspektiven kümmert sich das Kleinkind noch nicht. Es kann Dinge übersehen und weglassen, die in den Augen der Erwachsenen wesentlich sind.

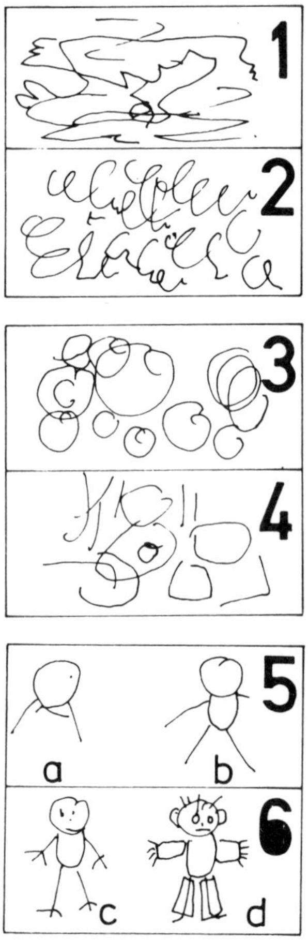

Stufen der Malentwicklung

1 Zunächst fährt das Kind mit dem Bleistift auf dem Papier hin und her.

2 In der zweiten Phase entstehen vorwiegend Spiralen, da es seine Bewegungen noch unzureichend koordinieren kann.

3 In der dritten Phase ist die Strichführung kontrollierter: Es gelingt dem Kind, die Linien zum Kreis zu schließen. Das Kind beginnt, seine Kritzeleien zu deuten. Die Bezeichnungen sind noch austauschbar.
Zuerst kommt die „Schöpfung" und dann erst deren Bezugsetzung.

4 Auf Spiralen oder Kreise folgen eckige Formen und mehr oder weniger gerade Striche. Dem Kind steht ein zeichnerischer Formenschatz zur Verfügung, der durch vielfältige Kombinationen gegenständliche Nachahmungen erlaubt.

5 Bei der Menschen-Darstellung begnügt es sich zunächst mit den in seinen Augen wichtigsten Elementen: dem Kopf und den Beinen.
Der Mensch wird auf sein Schema reduziert.

6 Immer mehr Einzelheiten und Details werden wahrgenommen und auch gezeichnet. Größenverhältnisse und Proportionen werden immer mehr beachtet.

„Punkt – Punkt – Komma – Strich –
fertig ist das Mondgesicht;
gleich zwei Ohren dran,
daß es nun auch hören kann!"

Mal- und Bastelstunden

Das Malen bewirkt in der kindlichen Entwicklung vielerlei: die Handgeschicklichkeit, die Wahrnehmung, das Ausdrucksvermögen, die Selbstfindung werden wesentlich durch das Malen und Zeichnen gefördert. Die gemeinsamen Malstunden sollten schon deshalb nicht zu den Ausnahmen gehören. Natürlich wird bei der „Kritzelei" und „Kleckserei" viel Papier und Farbe verbraucht, alte Zeitungspapierrollen, Reste von Packpapier oder das sogenannte „Kanzleipapier" bekommen die Eltern sehr billig, wenn nicht gar geschenkt. Jede leere Verpackungsschachtel besitzt Malflächen.

Sollte das Kind von sich aus nicht den Willen oder den Mut zum Malen aufbringen, werden die Eltern ihm zum einen viel vormalen und zum anderen anfangs die Hand führen müssen.

Das Papier wird an den Ecken auf der Unterlage (1 x 1,5 m) festgeklebt. Das Kind kann sich so mit der einen Hand aufstützen und mit der anderen malen, ohne daß das Blatt verrutscht. Das gemeinsame Werk wird anschließend gebührend bewundert und dann in der Wohnung aufgehängt.

Fingerfarben:

Die Fingerfarben werden wohl mit zu den ersten Farben zählen. Sie sind weich, sehr intensiv in ihrer Farbe, ungiftig und leicht abwaschbar. Sie lassen sich mit den Fingern verstreichen.

Die Mutter gibt zwei Eßlöffel der Farbe in je einen Joghurtbecher, gießt je nach Konsistenz noch etwas Wasser dazu und klebt die Becher auf ein großes Brett.

Allerdings sollte das Kind nicht nur und nicht allzu lange mit Fingerfarben malen. Alle Striche sind gleich breit, und die Farbe „läuft" nicht so wie bei den Wasserfarben.

Alte Hemden als Malkittel sind notwendig.

Pinsel und Farben:

Mutter und Kind, jeder bekommt ein großes Blatt Papier. Die Mutter beginnt auf ihrem Blatt zu malen und beobachtet das Kind. Vielleicht muß sie ihm helfen, den Pinsel einzutauchen, abzustreifen und dann kreuz und quer über das Blatt zu fahren.

Geeignete Pinsel sind Rundpinsel mit festen Borsten (6 – 10 mm) und Flachpinsel (1,2 – 1,5 cm). Als Farben eignen sich Pulverfarben, die mit Wasser angerührt werden.

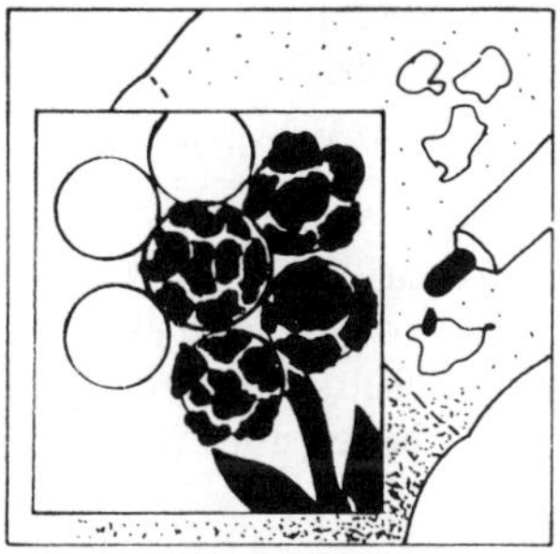

Klebearbeit:

Aus bunten Illustriertenseiten oder dem selbstklebenden Buntpapier können Reißarbeiten angefertigt werden. Die abgerissenen Stücke werden mit „Kleister" aufgeklebt.

Falten und Schneiden

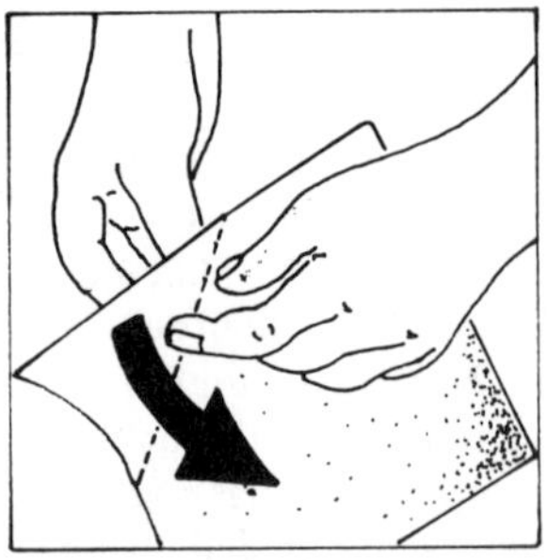

Das Falten und Schneiden verlangt vom Kind eine differenzierte Technik der Finger, des Handgelenks, die Beweglichkeit des Armes und das Zusammenspiel von Augen und Händen.

Aus diesem Grunde ist es ratsam, vor dem eigentlichen Schneiden besondere Übungen vorzuschalten:

Fingerübungen: Das Kind soll mit Daumen und Zeigefinger Quietschpuppen und Gummibälle zusammendrücken und wieder loslassen, dasselbe mit Wäscheklammern. Dann soll es auf Kommando mit Daumen und Zeigefinger (Pinzettengriff) ein ihm hingehaltenes Papier festhalten und wieder loslassen. Papier wird gerissen und gefaltet.

Übungen des Handgelenks und des Armes: Der Vater nimmt die rechte (linke) Hand des Kindes in die seine und beide stanzen gemeinsam mit der Lochzange ein Loch aus einem dünnen Karton. Die Hilfestellung wird nach und nach zurückgenommen.

Über eine Leine werden große Papierbögen gehängt und mit einer Schere, die mit beiden Händen gehalten werden kann, wird daran herumgeschnippelt.

Alle Spiele und Beschäftigungen, bei denen es auf eine dosierte Hand- und Armbewegung ankommt, sind weitere Vorübungen für das Schneiden mit der Schere.

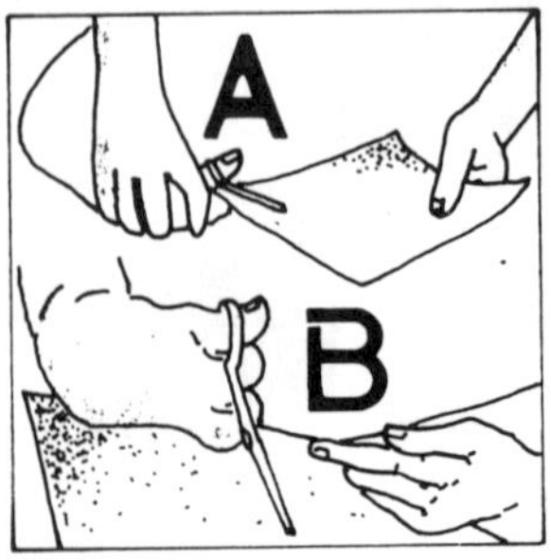

Übungen für das Zusammenspiel von Augen und Händen:
Das Kind soll mit der Hand und später mit dem Finger einer Linie nachfahren.

Es soll die Hand von einem Punkt zu einem anderen Punkt schieben.

Hierher gehören auch Greifübungen aller Art.

Einüben des Schneidens: Die Mutter singt ein Lied, bei dem das Kind eine Gebäckzange auf den jeweiligen Rhythmus „schnipp-schnapp" „auf-zu" bewegen kann. Dann klebt die Mutter Kartonpapierstreifen (sie sind etwas steifer als Papier) am Tisch fest und läßt sie vom Kind abschneiden.

Schließlich läßt die Mutter das Kind Silberpapierstreifen und größere Papierstücke zerschnippeln. Das dabei entstehende Geräusch motiviert zusätzlich.

Dann folgt das Einschneiden von Fransen und das Nachschieben der Schere bei einem hingehaltenen Blatt Papier.

Als letztes soll das Kind schmale Streifen nach Markierung abschneiden, gerade Strecken von Loch zu Loch (Punkt zu Punkt) und Zacken in den Rand schneiden.

Das Kind darf mit der Schere noch nicht allein gelassen werden. Die Verletzungsgefahr wäre zu groß. Zu Beginn der Schneideübungen verwenden die Eltern keine Scheren mit spitzen Schneiden. In Papierfachgeschäften können Scheren mit runden Kanten gekauft werden.

Für linkshändige Kinder gibt es spezielle Linkshänder-Scheren. Sie können entweder über Eisenwarengeschäfte oder über Sanitätsgeschäfte bezogen werden.

Gelingt das Schneiden mit der Schere nach mehreren Versuchen nicht, wird das Papier gerissen (Reißtechnik) und die Schnipsel auf einen Karton aufgeklebt. Nach einigen Wochen wird ein erneuter Versuch unternommen. Wird eine Technik zu lange ohne Erfolg eingeübt, bleiben die Erfolgserlebnisse aus. Aus diesem Grunde ist es besser, einen Versuch abzubrechen und später wieder zu üben.

Spiel- und Beschäftigungsmaterial

- **Nagelspiel**: Zu dem Nagelspiel gehören eine Korkplatte, ein Holzhammer, eine Tüte Nägel und ein Beutel bunter Formplättchen. Obwohl das Aufnageln der Plättchen auf die Korkplatte ein hohes Maß an Finger- und Handgeschicklichkeit verlangt, kann dieses Material den Kindern versuchsweise angeboten werden. Sie ordnen die Dreiecke, Kreise, Rauten, Stäbchen, Monde zu Figuren, gestalten eine Lokomotive oder legen die Formen einfach neben- oder hintereinander. Der Vater wird in gewissen zeitlichen Abständen das Spiel immer wieder einmal hervorholen und einen neuen Versuch beginnen.

Spiele und Beschäftigungsmaterial sollen zu einem späteren Zeitpunkt wieder angeboten werden, wenn sie vom Kind noch nicht beherrscht werden können. Endloses Einüben kann Ablehnung zur Folge haben.

- **Plastikbecher**: Plastikbecher sind für Vieles gut. Man kann je eine Perle hineinwerfen, einen Pfennig hineinlegen oder eine Knetkugel zerdrücken. Unter ihnen können Dinge versteckt werden.

  Sie werden zu Türmen gestapelt, über die Finger gesteckt und im Wasser schwimmen gelassen.

  Im Sandkasten dienen sie als Förmchen und beim Puppenspiel als Tassen. Sie haben unterschiedliche Farben und Größen und können daher nach der Farbe, Größe sortiert und zugeordnet werden.

  Vor dem Kind sitzen zwei Teddybären, ein großer und ein kleiner. Wer bekommt den großen und wer den kleinen Becher zum Trinken?

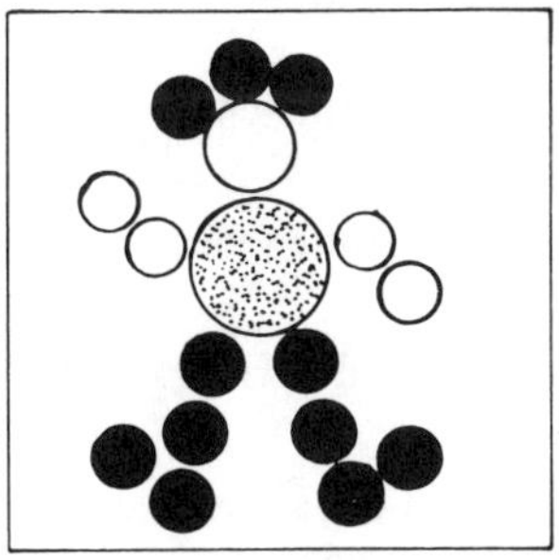

- **Muggelsteine**: Die im Handel erhältlichen Muggelsteine, die es in den verschiedensten Größen gibt, sind ein Allerweltsmaterial. Ihre Einsatzmöglichkeiten lassen sich gar nicht alle aufzählen und beschreiben. Eines steht fest: Kinder lieben die Muggelsteine.

  Ein Beispiel soll hier für viele stehen:

  Die Mutter legt ein Muster vor, und das Kind soll versuchen, es nachzulegen. Natürlich wird die Mutter mit einfachen Mustern und wenigen Steinen anfangen.

- **Baufix**: Dieses Material ist aus Holz, besteht aus verschieden langen Holzleisten, Holzschrauben und Muttern, Rädern und den dazu passenden Schraubenziehern und Schraubenschlüsseln .

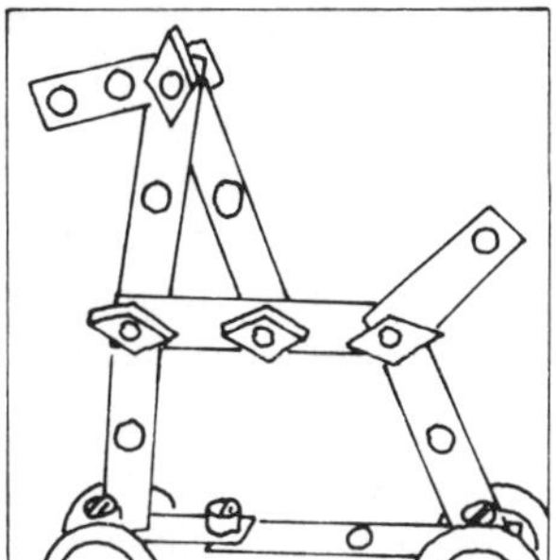

  Die einzelnen Holzleisten können mittels der Schrauben und Muttern miteinander verbunden werden. Am Anfang wird vom Kind noch kein Bauwerk verlangt werden können. Vielmehr wird der Vater etwas gestalten und es dem Kind zum Auseinandernehmen geben.

  Das Kind soll sich eine Zeitlang damit verweilen, d.h. sich auf das Material konzentieren. Das Zusammenbauen der einzelnen Teile zu Gebilden geschieht erst viel später.

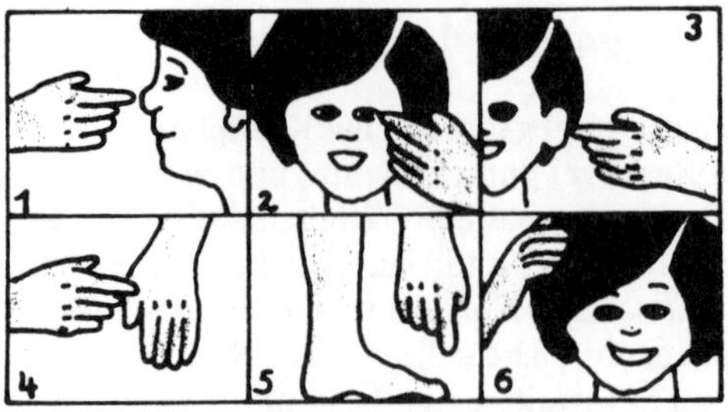

Selbstbewußtsein durch Kenntnis des eigenen Körpers

Ein Kind, das seinen Körper nicht kennt, kann auch kein Selbstbewußtsein, kein Bild seiner Selbst entwickeln.

- Während des Badens führen die Eltern mit dem Kind ein Spiel durch: Jeder darf abwechselnd auf ein Körperteil zeigen und der andere soll die entsprechende Bezeichnung sagen. Ein andermal fordert die Mutter das Kind auf: „Zeige mir deinen Hals! Zeige mir deinen Bauch!“ Später soll das Kind die gefragten Körperteile an der Mutter zeigen: „Wo ist mein Arm? Wo ist mein Rücken?“

  Kennt das Kind einige Körperteile noch nicht, werden die Eltern darauf deuten, den Namen sagen und betonen, daß sie ebenfalls einen Ellenbogen, einen Knöchel, eine Ferse haben.

  Genügt dieser mehr allgemeine Hinweis nicht, wird der betreffende Körperteil in den Mittelpunkt eines Einseif- und Pustespiels gestellt:

  „Heute waschen wir deine Schultern einmal sehr gründlich! Ich seife sie fest ein. Spürst du deine Schultern? Ich streiche über deine Schultern. Jetzt gieße ich warmes Wasser über deine Schultern. Das tut gut! Der ganze Seifenschaum ist weg. Gib mir deine Hand. Ich lege deine Hand auf deine Schulter!“

- Kinder sind geschlechtliche Wesen, und die Geschlechtsteile haben Namen. Es ist ratsam, von Anfang an immer die gleichen und richtigen Bezeichnungen zu verwenden (Scheide, Glied). Die Eltern können sich bei der Erklärung der Geschlechtsteile gegenseitig abwechseln. Alles geschieht so nebenbei, ohne daß eine besondere Atmosphäre aufkommt oder die Stimme in eine andere Tonlage verfällt.

  Für das Kind sollen die Geschlechtsteile so etwas sein wie der Arm und die Ohren.

- Die Funktion bestimmter Körperteile oder Organe kann dem Kind bewußt gemacht und demonstriert werden. Sprachliche Erklärungen allein nützen nicht viel.

  Der Vater hebt einen schweren Stein hoch und läßt das Kind seine angespannte Oberarmmuskeln fühlen.

  Er legt die Hand des Kindes an seine Brust und dann an die eigene und läßt den Herzschlag spüren, nachdem sie eine weite Strecke schnell gelaufen sind.

  Das Kind hat sich irgendwo gestoßen und blutet. Die Mutter tupft die Wunde ab und verpflastert sie. Während des Verarztens erklärt sie, was sie tut und warum sie das tut.

- Alte Zeitungen sind überall zu haben. Die Eltern werden sich an einem verregneten Sonntagnachmittag mit dem Kind in die Küche setzen, die alten Zeitungen zu Papierschnipsel zerreißen und sie mit Wasser und Tapetenkleister zu einer knetbaren Masse mischen. Das Pappmaché ist ein Allzweck-Bastelmaterial. In unserem Zusammenhang formen die Eltern eine fingerdicke Scheibe, drücken die Hand oder den Fuß des Kindes und ihre eigene Hand oder den eigenen Fuß in die weiche Masse und lassen alles zwei bis drei Tage trocknen. Sie bekommen einen großartigen Abdruck der Hände oder Füße. Wer Lust hat, kann die Formen mit Plakafarbe ausmalen.

  Die Bastelspaß hat einen pädagogischen Sinn. Die Größe, die Form der Hände und Füße des Kindes und der Erwachsenen können zum einen verglichen und beschrieben werden, zum anderen sieht das Kind die Form und Größe seiner *eigenen* Hände. Die Hände werden augenscheinlich und rücken stärker ins Bewußtsein.

Übungen mit den Zehen

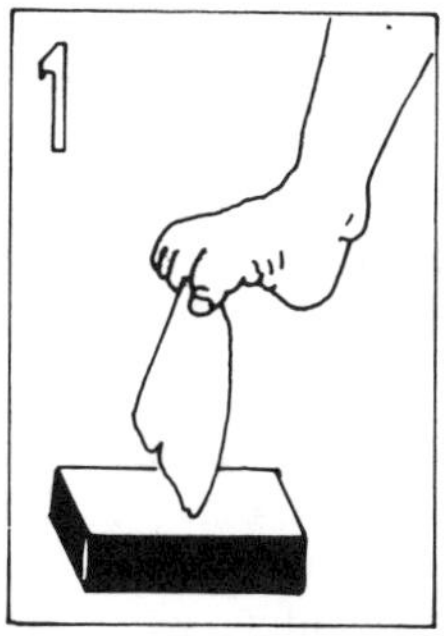

Die Füße und Zehen sind den Kindern nicht sehr bewußt. Viele wissen gar nicht, welche Bewegungsmöglichkeiten in den Zehen stecken. Die Füße werden in den Strümpfen und Schuhen versteckt. Unzweckmäßiges Schuhwerk kann die natürlichen Bewegungsanlagen verringern und verkümmern lassen.

Dabei hat besonders die große Zehe Bedeutung für das Gleichgewicht und das Abrollen beim Gehen.

Bei Kindern mit Plattfüßen trainieren Beuge- und Streckübungen die notwendigen Muskeln.

Fersen- und Zehengang üben einen stabilisierenden Einfluß auf die Gleichgewichtsreaktionen aus. Schließt das Kind bei den Übungen die Augen, wird zusätzlich der Tastsinn trainiert.

Wichtig ist, daß jeweils beide Füße in den Übungsablauf einbezogen werden, da viele Kinder dazu neigen, bevorzugt ihren dominanten Fuß zu benutzen.

- Auf dem Boden liegen viele Kleingegenstände: Filzstifte, Tücher, Radiergummi, Wattebälle, Luftballons, Holzperlen. Das Kind soll, nachdem es ihm vorgemacht und gezeigt wurde, die Gegenstände zwischen großen Zeh und Faußballen klemmen und in eine Schachtel werfen.

  Die Übung wird im Sitzen und im Stehen ausgeführt.

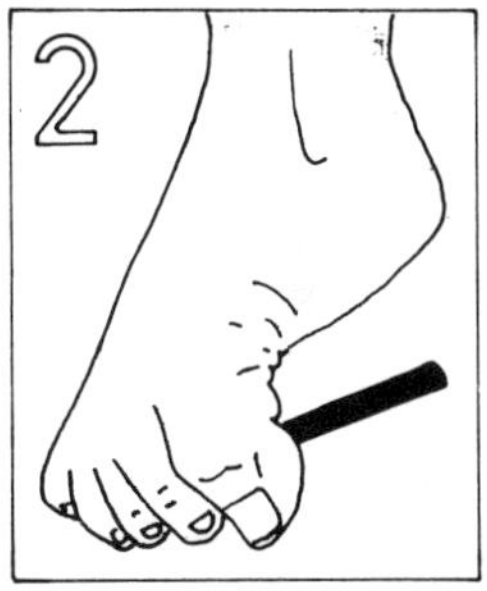

- Das Kind sitzt auf dem Boden und spreizt einige Male hintereinander alle Zehen ab, dann nimmt es mit allen Zehen zugleich einen Bleistift auf, dreht den Fuß nach rechts und links und rundherum.

  Ein andermal steckt es zwischen jeden Zehen einen Bleistift oder Pinsel und bewegt den Fuß.

  Eine zusätzliche Übung sähe so aus, daß das Kind mit jedem Fuß ein Holztäfelchen aufnimmt, hochhält und den Eltern das darauf gemalte Motiv zeigt.

  Wie wäre es, wenn die Sortierübungen einmal nicht mit den Händen, sondern mit den Füßen durchgeführt würden?

- Der Vater gibt ein Rundhölzchen, das er zwischen den großen und den zweiten Zeh geklemmt hat, an das Kind weiter. Dieses soll es ebenfalls mit seinen Zehen fassen und dann wieder an die Mutter weitergeben.

  Hier können die Eltern feststellen, wie beweglich ihre Zehen noch sind.

- In den Fußsohlen sind – genauso wie in den Handflächen – Tast- und Fühlorgane enthalten. Sie sollen aktiviert und trainiert werden. Das Kind sitzt auf einem Stuhl oder Schemel und reibt seine Fußsohlen abwechselnd auf einem Frotteehandtuch, einem sauberen Schuhabstreifer und einer flauschigen Badewannenvorlage. Jeweils wird das Kind über die Fußsohle andere Empfindungen erhalten und zwischen hart, weich, angenehm, spitz, stechend usw. unterscheiden können.

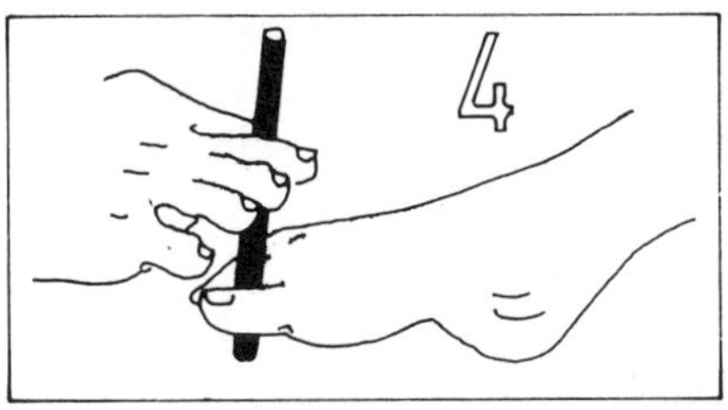

Im Sommer läuft das Kind, wenn immer möglich, barfuß im Sandkasten herum, geht entlang den Gartenwegen und darf im Wald auf den weichen Tannennadeln hüpfen.

Die Wärme- und Kältesinnesorgane werden durch unterschiedlich warmes Wasser angeregt.

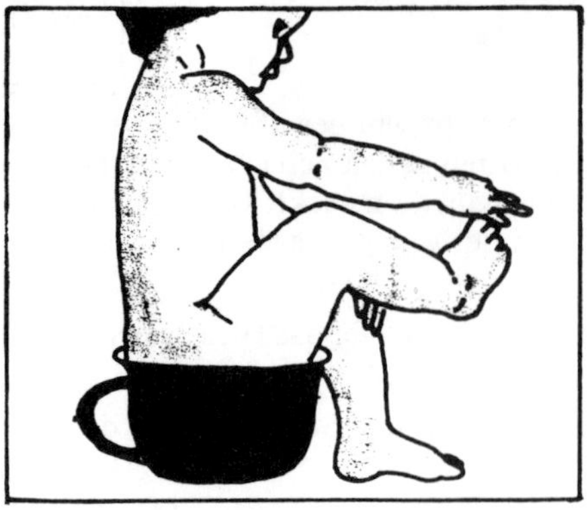

Toilettentraining – Toilettenbenutzung

Das Kleinkind wird regelmäßig abgesetzt. Es soll sich möglichst bald daran gewöhnen, daß es seine Bedürfnisse in der Toilette, auf dem Töpfchen, erledigen soll.

Es empfiehlt sich, recht bald das Toilettenbecken zu benutzen. Die Gewöhnung setzt früh ein. Ziel des Toilettentrainings ist es, daß sich das Kind alleine in der Toilette zurechtfindet.

1. Schritt:

Die Mutter geht mit dem Kind an der Hand in regelmäßigen Abständen in die Toilette. Sie sagt dabei immer den gleichen Satz: „Martin, wird gehen zur Toilette!" Sie setzt das Kind anfangs ca. 1 Minute lang auf die Brille, hält es fest. Zufälliges Ausscheiden wird sehr gelobt. Alle Handgriffe – falls nötig – führt sie noch selbst aus.

2. Schritt:

Die Mutter steigert die Sitzzeiten von 1 Minute auf 1 1/2 bis höchstens 10 Minuten. Sie läßt das Kind zwischendurch für wenige Augenblicke los. Es soll mehr und mehr Sicherheit beim Sitzen auf der Toilette bekommen.

3. Schritt:

Die Mutter ermuntert das Kind immer wieder zum Ausscheiden. Als zusätzliche Hilfe kann sie die Füße des Kindes in warmes Wasser stellen oder den Wasserhahn aufdrehen.

Nach der Sitzung läßt sie das Kind beim Spülen zusehen.

4. Schritt:

Die Mutter geht mit dem Kind zur Toilette (Aus- und Anziehen wird hier nicht beschrieben, siehe Seite 160), reicht ihm noch eine Hand und drückt es sanft nach hinten und unten auf die Brille.

Während das Kind sitzt, reicht sie ihm nur noch eine Hand. Später faßt sie es am Handgelenk – Unterarm – Oberarm – an der Schulter; sie geht mit ihrer Hilfestellung immer weiter zurück.

5. Schritt:

Nach der Sitzung reicht die Mutter dem Kind die Hände und zieht es nach vorn, vom Brillenrand weg. Das letzte Stück soll es alleine herunterrutschen.

Das nächste mal faßt sie nur noch die Hände des Kindes und läßt es alleine vorrutschen. Später reicht sie ihm eine Hand oder steht schließlich nur noch daneben.

6. Schritt:

Das Kind kann die bis jetzt beschriebenen Schritte alleine ausführen. Die Mutter fordert das Kind nach dem Aufstehen auf, die Spülung zu betätigen. Reicht die verbale Aufforderung nicht aus, führt sie die Hand des Kindes an den Knopf und veranlaßt das Kind, den Hebel herunterzudrücken. Darauf führt sie die Hand bis kurz vor den Knopf oder schiebt später den Ellbogen in die Richtung des Knopfes.

Einige Male danach stößt sie den Arm sanft an und sagt: „Zieht (Drück) den Knopf!"

Schließlich legt sie dem Kind die Hand auf die Schulter und fordert nur noch verbal auf.

7. Schritt:

Die Mutter reicht dem Kind ein Stück gefaltetes Toilettenpapier. Das Kind soll danach greifen und es festhalten. Dann führt die Mutter die Hand des Kindes zum After und wischt diesen von vorne nach hinten ab. Sie sagt jeweils: „Putz dich ab!“ Der Vorgang wird in der Regel dreimal wiederholt.

Nach und nach verringert die Mutter ihre Hilfen. Sie reicht ihm beispielsweise das Papier und führt die Hand damit bis kurz vor den After, dann hält sie ihm das Papier hin und fordert es auf, den After abzuputzen, bis das Kind schließlich den Vorgang alleine – einschließlich des Wegwerfens des Papiers – beherrscht.

8. Schritt:

Vor dem Abputzen greift die Mutter mit der Hand des Kindes zur Papierrolle, weist darauf hin, daß es anfassen soll und läßt das Kind an der Rolle ziehen. Dann fordert sie es auf: „Reiß ab!“ Beim Abreißen führt sie abermals die Hand des Kindes und beachtet, daß der Druck schnell und kräftig ausgeführt wird.

Allmählich läßt sie das Kind alleine zur Rolle fassen und das Papier abreißen.

9. Schritt:

Das Kind führt bis hierher alle Teilschritte alleine aus.

Nach dem Toilettengang geht die Mutter mit dem Kind ans Waschbecken, und beide waschen gemeinsam die Hände (siehe Seite 159).

10. Schritt:

Die Mutter fordert das Kind auf, zur Toilette zu gehen, schiebt es in die entsprechende Richtung, bleibt vor der Türe stehen und begleitet die einzelnen Schritte nur noch verbal (mit Worten).

Allgemeine Voraussetzungen für das Toilettenprogramm:

Auf der Toilette soll eine angenehme Temperatur herrschen – eine zugige oder zu kalte Toilette verkrampft das Kind und bringt nicht den gewünschten Erfolg.

Die Höhe und Größe von Becken und Brille sollen der Körpergröße des Kindes angepaßt sein. Eventuell müssen Zusatzeinrichtungen (Kindersitz, Haltegriffe) angebracht werden.

Sitzt das Kind sehr hoch, so daß die Beine in der Luft hängen, ist es ratsam, eine Fußbank hinzustellen. Das Kind soll auf der Toilette eine sichere Sitzposition haben. Zusätzliches Ausbalancieren erschwert die Konzentration auf den Ausscheidungsvorgang. Dauersitzungen sollten vermieden werden. Wenn sich nach einer angemessenen Zeit der Erfolg nicht einstellt, sollte das Kind heruntergenommen werden. Die Toilette ist kein gemütlicher Sitzplatz.

Topfen: Kein Kleinkind kann mit 12 oder gar schon mit 8 Monaten trocken und sauber sein. In diesem Alter beherrscht es noch nicht die Körperfunktionen, die dafür erforderlich sind. Die Nervenbahnen, die die Schließmuskeln von Darm und Blase kontrollieren, sind in der Regel erst zwischen dem zweiten und dritten Lebensjahr entwickelt. Jedes Kind hat hierin ein anderes Entwicklungstempo.

Bevor das Kleinkind auf den Topf gesetzt wird, sollte es frei sitzen können. Bei Kindern, die diese Fähigkeit sehr lange nicht erwerben, sind die notwendigen Sitz- und Stützhilfen zu geben (Toilettenstühlchen mit Seiten- und Rückenlehne). Die Mutter weiß, in welchen zeitlichen Abständen Stuhlgang und Urin beim Kind zu erwarten sind. Sie wird es in regelmäßigen Abständen aufs „Töpfchen“ setzen. Es ist ratsam, einen durchsichtigen Topf zu verwenden, damit das Ergebnis kontrolliert werden kann.

Mithilfe im Haushalt

Die Mithilfe der Kinder im Haushalt ist aus vielerlei Gründen ein sehr zu empfehlendes Erziehungsmittel.

- Erstens lernen die Kinder dabei sehr viel, ihr Wissen wird erweitert: Waschpulver löst sich im Wasser auf, die Haut fühlt sich in der Seifenlauge glitschiger an, Schuhcreme ist fett, nach mehrmaligem Bürsten fängt sie zu glänzen an.

Dann erfahren sie auf eine anschauliche und gegenständliche Art und Weise das Ursache-Wirkung-Prinzip: Wenn ich die Blumen nicht gieße, verdorren sie; wenn ich mit dem Putzlumpen über den Boden wische, nimmt er den Schmutz auf; wenn ich den Lumpen in das Wasser tauche und schwenke, löst sich der Schmutz im Wasser auf.

- Zweitens wird die Geschicklichkeit des Kindes trainiert. Goß es zuerst das Wasser beim Blumengießen daneben, so bereitet ihm diese Bewegung nun überhaupt keine Schwierigkeiten mehr.

- Drittens wird sein Selbstvertrauen und seine Selbstsicherheit gestärkt. Die Mutter hat es gebeten, die Blumen zu gießen. Die Mutter hat ihm erklärt, daß das eine überaus wichtige Aufgabe sei, denn wenn die Blumen nicht gegossen werden, müssen sie sterben. Das Kind spürt und empfindet, daß es eine wichtige Tätigkeit ausübt und daß wohl auch ein bißchen Verantwortung auf seinen Schultern lastet.

- Viertens macht das Kind durch seine Mithilfe der Mutter eine Freude. Die Mutter freut sich, wenn sie sieht, daß ihr Sohn seine Schuhe alleine putzen kann, wenn sie sieht, daß ihre Tochter die gewaschenen und trockenen Strümpfe und Socken alleine in den Schrank räumen kann. Das Kind wird selbständiger, es wird mehr und mehr unabhängig von fremder Hilfe, und das ist Grund zur Freude genug!

Das Vertrauen in das eigene Können ist die wichtigste Voraussetzung für die Selbst- und Ich-Entwicklung des Kindes. Dabei richtet sich das Kind in seinem Anspruchsniveau nach seinen Eltern. Es übernimmt deren Vorstellungen oder versucht sich ihnen anzupassen. Verlangen die Eltern zu viel, überfordern sie es. Die Gefahr des Mißerfolgs ist groß. Eine Vielzahl von Mißerfolgen lähmt wiederum die Leistungsbereitschaft: ein Kreis, der sich schließt.

Auf der anderen Seite hindert eine überängstliche beschützende Haltung der Eltern das Kind im gleichen Maße, selbständig zu werden. Eine überängstliche Mutter überwacht jeden Schritt des Kindes aus Angst, daß ihm etwas zustoßen könne. Sie möchte ihrem Kind Enttäuschungen und Mißerfolge ersparen und hält es beispielsweise von den Werkzeugen des Vaters fern oder geht den Auseinandersetzungen mit anderen Kindern aus dem Wege.

Durch solch eine Erziehungshaltung wird bei dem Kind eine sehr starke Bindung an die Mutter gefördert. Die Ängste der Mutter übertragen sich auf das Kind. Es übernimmt die Haltung der Mutter. Das Kind wird selbst ängstlich und gehemmt, weil es kein Selbstvertrauen entwickeln durfte, weil es nicht selbständig werden konnte.

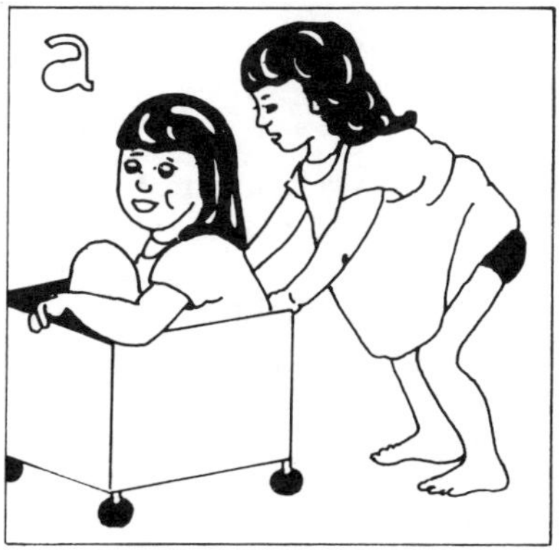

Von der Kontaktfähigkeit zum Rollenspiel

Kinder sollen Kontakt zu anderen Kindern, zu anderen Erwachsenen außer Vater und Mutter finden.

Die Eltern werden daher jede Möglichkeit nutzen, ihr Kind mit anderen Kindern zusammen spielen zu lassen.

Anfangs müssen sie während des Spiels dabei bleiben. Sie müssen Anregungen geben, was die Kinder spielen sollen, indem sie mit ihnen zusammen z.B. einen Turm bauen oder die Knöpfe auf das Lastauto laden, indem sie dem einen diese Tätigkeit und dem anderen jene Beschäftigung empfehlen.

Die Eltern bahnen an, daß die Kinder einander etwas abgeben.

Im gemeinsamen Spiel mit anderen Kindern entfaltet das einzelne mehr Eigeninitiative oder läßt sich durch andere Kinder anregen. Der erfolgreiche Abschluß eines Spieles stärkt sein Selbstvertrauen. Das Kind lernt, sich auf die Interessen des anderen einzustellen. Geben und Nehmen wechseln ab, Tauschen und Teilen, die wichtigsten demokratischen Spielregeln, werden geübt.

Kinder spielen gerne die Rollen der Erwachsenen. Sie ahmen dabei ihre Umwelt nach.

Das Rollenspiel ist eine der Möglichkeiten für das Kind, mit seinen Problemen, die aus der Auseinandersetzung mit der sozialen Umwelt resultieren, sich auseinanderzusetzen.

Die Kinder üben im Spiel die Fähigkeiten, die sie später im Erwachsenenalter benötigen.

Sie spielen „Vater und Mutter“, sie legen das Baby ins Bett, holen es wieder heraus, geben ihm den Schoppen, windeln es und geben ihm vielleicht einen Klaps auf den Po, weil es nicht artig war.

Für diese Spiele benötigen die Kinder nicht unbedingt Puppen oder dergleichen. Besonders sinnvoll sind solche Spielsachen, bei denen sie die eigene Phantasie walten lassen können. Das kann unter Umständen auch ein Besenstiel oder ein Scheitholz sein. In der Regel werden es jedoch Sachen sein, die im Kleinformat aus der Welt der Erwachsenen stammen: Spielzeuggeschirr, Puppenwagen, Puppenhaus, Tierfiguren, Bauernhof, Spieltelefon, Garagen, Lastwagen, Besen, Handfeger usw.

Ri – ra – rutsch,
wir fahren in der Kutsch,
wir fahren in der Eisenbahn,
ri – ra – rutsch!

Ri – ra – rutsch,
wir fahren über Stock und Stein,
da bricht das Schimmelchen ein Bein,
ri – ra – rutsch!

Ri – ra – rutsch,
wir fahren mit der Schneckenpost,
weil es keinen Kreuzer kost',
rit – ra – rutsch!

Ri – ra – rutsch,
wir fahren in dem Schlitten,
das Eis bricht in der Mitten,
ri – ra – rutsch!

Tischtheater

- Die ganze Familie sitzt wie gebannt am Tisch, wenn die Mutter ihre verkleidete Hand über die Tischplatte stolzieren läßt. Sie benötigt dazu nicht viele Utensilien. Aus einem Schuhkarton werden die Brustbilder der Figuren ausgeschnitten und angemalt. Vor dem Auftritt wird der Kartonteil mit Hilfe eines Ringgummis an dem Handrücken befestigt. Die noch sichtbaren Fingerspitzen von Zeige- und Mittelfinger sind die beweglichen Beine. Sie könnnen so beweglich sein, daß sie eine Wattekugel in ein Fußballtor schießen können. Am lustigsten geht es zu, wenn die Figur eine Tänzerin darstellen soll und die Finger in Papierkegelchen schlüpfen. Das Tanzen auf den Zehenspitzen und das Tanzliedchen dazu begeistern das Kind. Natürlich bekommt es dann die Figur auch einmal an seine Hand geheftet.

- Der Vater hat ein zerrissenes Märchenbuch auf dem Speicher gefunden. Er bringt es nicht über das Herz, das Buch wegzuwerfen. Aus diesem Grunde schneidet er die Figuren aus, klebt sie auf einen Karton und heftet einen langen, festen Kartonstreifen an die Figur. Erst jetzt entdeckt er, welche Freude und Spaß sein Kind an den Figuren hat, wenn sie hinter dem Tischrand auftauchen. Die Arbeit hat sich gelohnt.

  „Es war einmal ein kleines Mädchen, das hatte jedermann lieb, der es nur ansah, am allerliebsten aber seine Großmutter, die . . . "

- Auf der Abbildung sind zwei Kartontheater zu sehen. Bei dem ersten (G) werden die Akteure auf einen gefalteten Pappstreifen geklebt, der dann seitlich zwischen die Vorder- und Rückwand geschoben wird.

  Bei der zweiten Art steckt der Spieler seine Figuren in eine papierene Halterung, die so gefaltet ist, daß sie mit einer Hand gehalten werden kann.

Der Wert der hier beschriebenen Puppen und Theater liegt darin, daß die Dinge vor den Augen des Kindes entstehen. Es darf kleine Bastelaufträge erledigen. Es hilft mit. Es ist dabei.

Das Kind hat von vornherein einen Bezug zu dem Spielzeug. Ihm wird nicht etwas fix und fertiges (gekauftes) vorgesetzt.

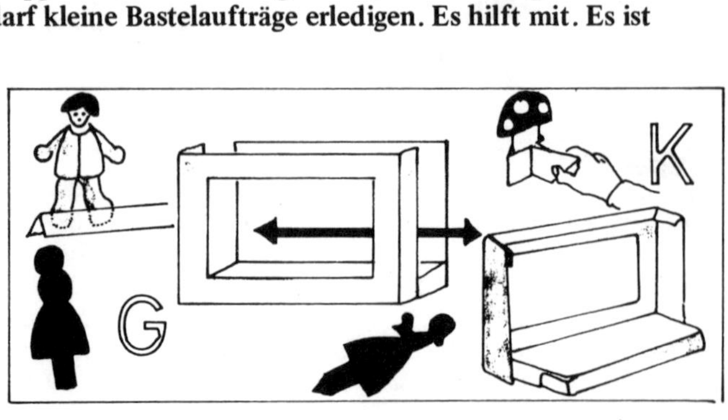

Puppen aus Stoffresten

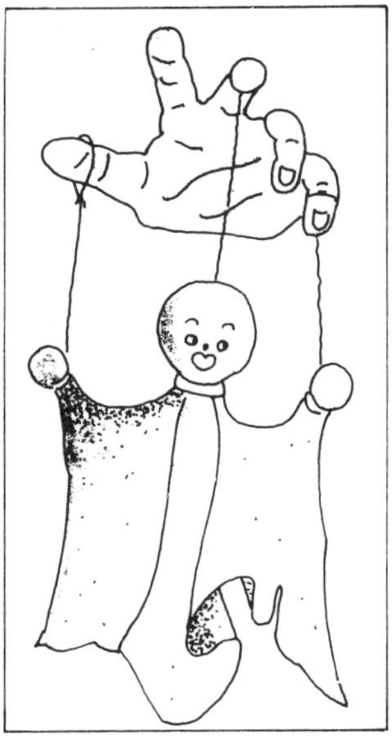

- Ein Wattebausch wird zu einer Kugel geformt und in die Mitte eines Taschentuches gelegt. Dann wird die entstandene Kugel mit einem Faden abgeschnürt, so daß deutlich die Form eines Kopfes zu sehen ist. Ähnlich wird an den zwei gegenüberliegenden Ecken verfahren; die Hände entstehen. Zum Schluß werden die vom Einschnüren übrig gebliebenen langen Fäden mit Schlingen versehen und über drei Finger einer Hand verschoben.

  Das lustige „Gespensterchen“ kann den Kopf bewegen, die Arme hin- und her-, auf- und abschlenkern und am ganzen Leibe zappeln. Es wäre auch denkbar, daß auf das Tuch mit einem Filzstift Augen, Mund und Nase gemalt werden.

  Hui, hui, das Gespensterchen kommt!
  Versteckt euch alle. Ich suche euch!“

- Irgenwann geht im Haushalt einmal ein Socken verloren. Was soll die Mutter mit nur einem Socken anfangen? Sie besorgt sich einen Holzstab, Watte, Wollreste, Knöpfe, Nähseide und ein buntes Band.

  Der Socken wird mit Watte oder Schaumstoff ausgestopft und der Holzstab tief hineingesteckt. Der Sockenrand wird fest verschnürt, damit der Stab nicht so leicht herausrutschen kann. Schließlich werden die Ohren aus Filzresten geschnitten und die Wollfäden als Mähne und die Knöpfe als Augen und Nase angenäht bzw. angeklebt. Damit das Ganze besonders hübsch aussieht, bekommt das „Steckenpferd“ noch eine riesige Schleife umgebunden.

  „Ich bin ein kleines Zottelpferd. Mich kennen alle Kinder.
  Ich hab' zwei Ohren auf dem Kopf und eine lange Mähne.
  Und wer's nicht glaubt, der komm doch her!“

- Zwei nicht gleich große Stoffreste lassen sich zu einer handgroßen Stoffpuppe umgestalten. Alle beiden Tücher werden – wie auf der Abbildung zu sehen ist – zu Würsten zusammengerollt und in Kreuzform übereinander gelegt. Mit Bindfaden werden Kopf, Arme, Leib und Beine durch Abschnüren voneinander getrennt. Hände und Füße werden nachträglich noch zusätzlich abgeschnürt. Ein ponchoähnlicher Umhang verbirgt die vielen Fäden und verleiht der Puppe ein adrettes Aussehen.

„Wenn lüt Katrin nicht tanzen will,
dann weiß ich, was ich tu,
dann steck' ich sie in Hafersack
und bind ihn oben zu!

Wenn hier ein Pott mit Bohnen steht
und dort ein Pott mit Brie,
dann laß' ich Brie und Bohnen stehn
und tanz' mit lüt Marie!“

Verse – Reime – Sprüche – Lieder

Kinder hören gern Reime und kleine Gedichte, besonders dann, wenn sie durch Handbewegungen, durch Mimik und Gestik unterstützt werden. Nach und nach wird das Kind bestimmte Verse wiedererkennen und vielleicht einige Wörter am Reimende nachsprechen können.

Eine kleine Auswahl:

„Die Frösche, die Frösche,
die sind ein lustig Chor,
sie haben ja, sie haben ja,
kein Schwänzchen und kein Ohr."

„Drei Rosen im Garten,
drei Tannen im Wald,
im Sommer ist's lustig,
im Winter ist's kalt!"

„Hör doch auf zu weinen,
die Sonne wird gleich scheinen,
die Glocken werden klingen,
die Vögel werden singen,
der Kuckuck wird auch schrei'n,
es wird bald wieder schöner sein!"

„Drei Gäns im Haberstroh
saßen da und waren froh.
Da kam ein Bauer gegangen
mit einer langen Stangen.
Ruft: Wer do! Wer do!
Drei Gäns im Haberstroh
saßen da und waren froh!"

„Es ging eine Ziege am Weg hinaus,
meck, mereck, meck, meck,
meck, meck.
Die Kuh, die sah zum Stall heraus.
meck, mereck, meck, meck,
meck, meck.
Die Kühe und die Ziegen,
meck, mereck, meck,
meck, meck,
die machen sich ein Vergnügen,
meck, mereck, meck, meck,
meck, meck.

„Regen – Regentröpfchen
regnet mir aufs Köpfchen,
regnet in das grüne Gras.
Meine Füße werden naß!"

„Kleiner Spuntz,
hat's Näslein geputzt?
Hat doch nichts genutzt!"

„Wusele, wusele, was,
die Enten gehn ins Gras,
die Enten patschen ins Wasser hinein,
die Kleinen watscheln hinten drein.
Dort schwimmen sie den ganzen Tag
und schnattern und schreien
gack – gack – gack!"

„Fritz, Fratz, Friederick,
warum bist du so liederlich?
Ik bün ja garni liederlich,
ik heet bloß Fritz, Fratz, Friederich!"

„Ich ging wohl über ein Steglein,
da fiel ich in ein Wasser 'nein,
plump, plump, plump!
Da kam der kleine Fink, Fink, Fink,
und zog mich aus dem plump,
plump, plump.
Er hatte rote Strümpfchen an,
dazu ein weiß Paar Schuh,
das waren rote Bändlein dran,
die band er oben an!"

„Bist so krank als wie ein Huhn,
magst gern essen und nichts tun!"

Die Amsel war der Bräutigam,
die Drossel war die Braute.
Die Gänse und die Enten
die war'n die Musikanten.
Der Uhu, der Uhu,
der bringt der Braut die Hochzeitsschuh.
Der Kuckuck schreit, der Kuckuck schreit,
er bringt der Braut das Hochzeitskleid.
Der Sperling, der Sperling,
der bringt der Braut den Trauring.
Die Taube, die Taube,
die bringt der Braut die Haube.
Die Lerche, die Lerche,
die führt die Braut zur Kirche.
Die Meise, die Meise,
die bringt der Braut die Speise.
Der Seidenschwanz, der Seidenschwanz
macht mit der Braut den ersten Tanz.
Frau Kratzefuß, Frau Kratzefuß
gibt allen einen Abschiedskuß.
Brautmutter war die Eule,
nahm Abschied mit Geheule.
Der Uhu, der Uhu,
der macht die Fensterläden zu.
Der Hahn, der krähet: „Gute Nacht!
Jetzt wird die Kammer zugemacht."
Die Vogelhochzeit ist nun aus,
die Vögel fliegen all' nach Haus.

Sie hat ein ausgestopftes Ränzel
wie ein alter Dudelsack,
und ganz hinten hat's ein Schwänzel
wie ein Stengel Rauchtabak.

Meck, meck, meck, meck.

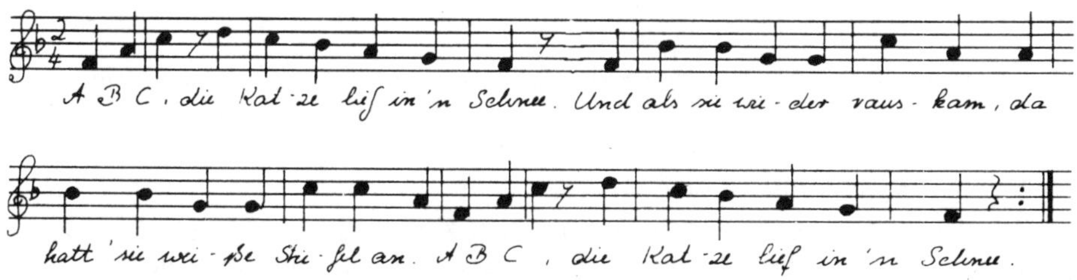

A B C, die Katze lief in'n Schnee.
Das Hündchen lief ihr hinterdrein,
da sprang sie auf ein Bäumelein.
A B C, die Katze lief in'n Schnee.

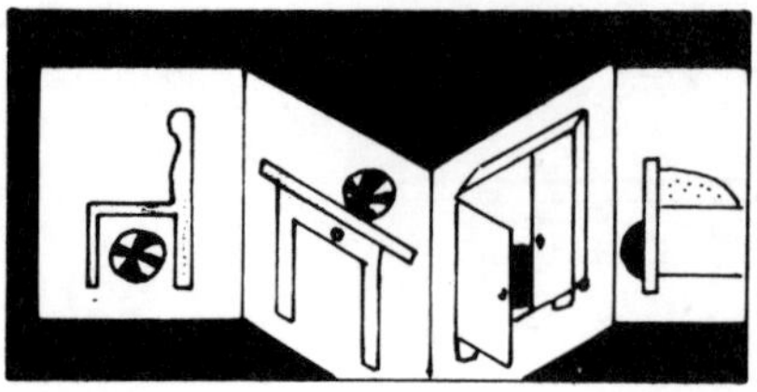

Erweiterung der Sprachfähigkeit

Es genügt für eine verständliche **Umgangssprache** nicht, wenn das heranwachsende Kind nur Dinge oder Personen bezeichnen, Tätigkeiten benennen kann. Es muß lernen, die einzelnen Sachverhalte in eine Beziehung zueinander zu setzen. Die Wörter „Ball" und „Stuhl" weisen zwar auf die betreffenden Gegenstände hin; sagen aber nicht, in welchem Verhältnis sie zueinander stehen. Das Kind soll die „Verhältniswörter" lernen.

Im Spiel legt es einen Knopf **in** den Topf, **auf** den Topf, **neben** den Topf, **hinter** den Topf, **vor** den Topf. Auf den Bildern soll es erkennen, ob der Ball **unter** dem Stuhl, **auf** dem Tisch oder **in** dem Schrank liegt. Mit dem schon beschriebenen „Schiebestreifen" wird ihm das Verschwinden des Balles hinter dem Schrank augenscheinlich vor Augen geführt. Es soll analoge Sätze bilden:

Der Ball rollt hinter den Schrank.
Der Ball rollt hinter den Korb.
Der Ball rollt hinter das Sofa.
Der Ball rollt hinter das Regal.

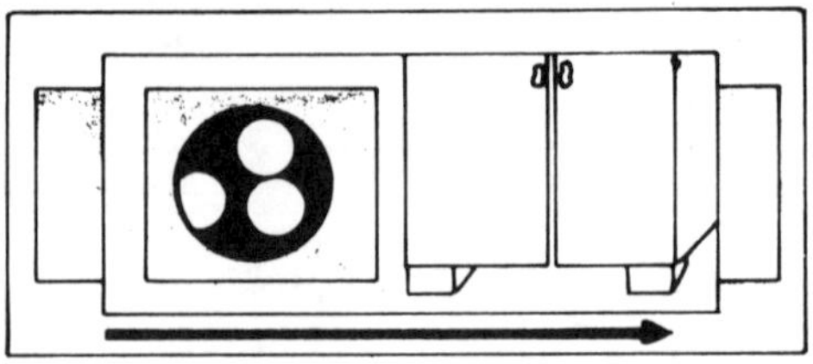

In ähnlicher Weise werden die Sätze beim Betrachten des selbstgebastelten „Verhältniswörter-Bilderbuches" gebildet: „Die Maus ist hinter der Vase. Da ist der Schwanz. Die Maus läuft unter den Schrank. Hier ist der Kopf mit den Ohren."

Die Eltern werden jede Zeitung, jede Illustrierte mit neuen Augen anschauen. Natürlich interessieren die Geschichten, Berichte und Schilderungen mit den Illustrationen den Erwachsenen, aber die Eltern werden gleichzeitig überlegen, eignet sich dieses oder jenes Bild nicht für eine Wahrnehmungs- oder sprachliche Übung. Wäre es nicht möglich, aus dieser Bilderserie eine „Bildergeschichte" für das Kind zusammenzustellen? Nicht alle Bilder eignen sich, aber vielleicht ein Bildausschnitt, ein Teil der Abbildung. Collagen, das sind ausgeschnittene und aufgeklebte Bildteile, sind leicht selbst herzustellen und lassen eine Fülle von sprachlichen Übungen zu. So werden zum Beispiel alle Dinge, die im Bad vorkommen, ausgeschnitten, aufgeklebt und darüber gesprochen.

„Hier ist ein alter Katalog. Wir schlagen die Seite mit den Dingen auf, die wir im Badezimmer sehen. Hier ist die Seite. Sage mir, was du alles siehst! Zeige mir die Dinge, die in unserem Badezimmer vorhanden sind! Jetzt sage ich ‚Seife' und du zeigst mir, wo auf der Seite die Seife zu sehen ist. Wir tauschen: Du sagst und ich muß zeigen.

Wir haben viele Teile ausgeschnitten und auf ein großes Blatt Kartonpapier geklebt. Schau, das Handtuch liegt auf dem Schrank. Die Zahnbürste liegt vor dem Spiegel. – Morgen gehen wir ins Badezimmer und spielen das ‚Hinlegespiel'. Ich oder du sagen, wo der andere etwas hinlegen soll."

Die bekannten und vertrauten Bilderbücher werden beim nächsten Durchblättern unter der Frage: Wo ist was? angeschaut.

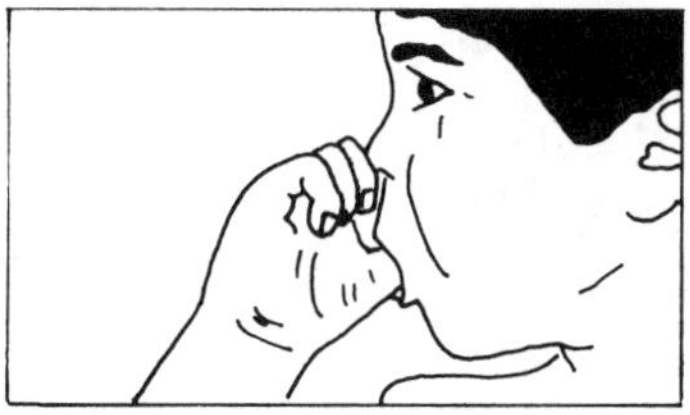

Kiefer- und Zahnstellungsanomalien

Haben Kiefer- und Zahnstellungsanomalien Einfluß auf die Lautbildung? Die Meinungen sind keineswegs einheitlich. Alle Ergebnisse zusammenfassend kann gesagt werden, daß Kiefer- und Zahnstellungsanomalien zur falschen Lautbildung vornehmlich des „s“ verleiten, aber nicht zwangsläufig dazu führen müssen.

Eine ungünstige Beeinflussung der Kieferausformung ist das allzulange und intensive Daumenlutschen. Gelegentliches, mäßiges und zeitlich begrenztes Lutschen kann entwicklungsbedingt sein und verursacht keine Folgeschäden.

Da Gebißfehlbildungen oder zumindest Anzeichen für ihr Entstehen schon im Milchgebiß zu finden sind und zumindest die Gefahr besteht, daß dadurch bedingt Sprachfehler auftreten, mögen die Eltern hin und wieder die Zahn- und Kieferentwicklung ihres Kindes beobachten.

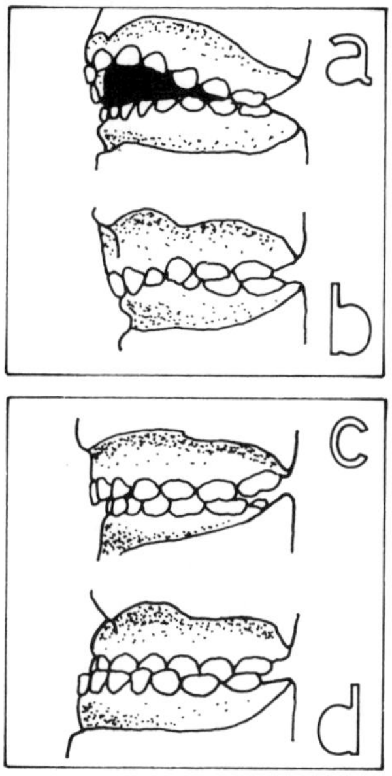

J. Wulff, aus „Gebißanomalien und Sprachfehler“

a) Offener Biß: Die Zähne oder Zahngruppen finden beim Kieferschluß keinen Kontakt mit den Gegenzähnen. Der hochgradig offene Biß (der zumindest durch intensives Daumenlutschen verstärkt werden kann) läßt die exakte Bildung des S-Lautes nicht zu. Die Luft kann sich nicht scharf genug an den Rändern der Schneidezähne reiben.

b) Deckbiß: Die Frontzähne des Unterkiefers werden durch die oberen Schneidezähne überdeckt.

c) Rückbiß (Distalbiß): Der untere Zahnbogen liegt gegenüber dem oberen weit zurück. Der Kontakt zwischen den oberen und unteren Schneidezähnen geht verloren. Der Vorstand kann bedingt sein durch den Vorstand der oberen und einen Rückstand der unteren Frontzähne oder durch den Vorstand des gesamten Oberkiefers.
In der Literatur wird diese Abweichung häufig mit „Prognathie“ bezeichnet.

d) Vorbiß (Mesialbiß): Der untere Zahnbogen d.h. der Kieferkörper steht gegenüber dem oberen weiter vor. Diese Erscheinungsform wird unter dem Begriff „Progenie“ zusamgefaßt.

Zur Ausbildung eines gesunden Gebißes ist eine richtige Ernährungsweise des Kindes nicht unwichtig. Feste Nahrung, die den kräftigen Gebrauch der Zähne zur Folge hat, beeinflußt das Wachstum. Außerdem wirkt sich das Zerkleinern harter Nahrung im Sinne der Selbstreinigung des Gebißes aus. Breiige, weiche Nahrung bleibt in den Nischen und Buchten kleben und fördert das Entstehen von kariösen Defekten.

Zahnen:

Der erste Zahn taucht im zweiten Drittel des ersten Lebensjahres auf. Er kann sich schon Wochen zuvor durch Sabbern und Unruhe ankündigen. Das Zahnen dauert fast bis zum 3. Lebensjahr. Um diese Zeit besitzt das Kind die ersten zwanzig Zähne. Der Durchbruch der Backenzähne nach dem ersten Geburtstag schmerzt das Kind am meisten. Oft hilft hier ein kühler Schluck Tee oder das Betupfen des Zahnfleisches mit Dentinox. Viele Kinder lassen sich durch eine intensivere Beschäftigung mit ihnen zumindest zeitweise ablenken. Sie vergessen im Spiel ihre „Zahnschmerzen“.

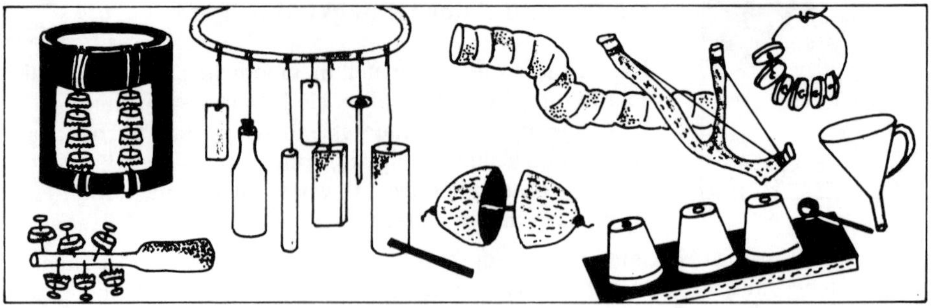

Bei den Kindern im späten Kindergartenalter wird schon manche Erfahrung im Umgang mit den verschiedensten Materialien (Wasser, Flaschen, Gläser, Wind, Luft, Holz, Nußschalen, Pappe, Folie, Papier, Eisen, Blech, Stahl, Stein, Ton, Beton, Plastik, Styropor) vorliegen, so daß die Eltern mit ihnen gemeinsam einfache Geräusch- und Klanginstrumente herstellen können. Das Kind soll an der Arbeit mehr oder weniger mitbeteiligt werden.

Bei Kleinkindern werden die Eltern das Kind zuschauen lassen, eine konkrete Mithilfe werden sie nicht erwarten dürfen. Und trotzdem sollten sie sich die Mühe machen, Geräusch- und Klanginstrumente selbst herzustellen. Vom Bauen ist es nur noch ein kleiner Schritt bis zum Spielen. Das Kind lernt dabei die Vielzahl der akustischen Phänomene kennen und sie richtig einzuordnen, es verfeinert seine Materialkenntnis und das Wissen um den sachgerechten Umgang, und es erlebt und erlernt soziale Spielregeln.

Einige wenige Vorschläge:

KRONENKORKTROMMEL:

Aus einer Waschpulvertonne werden zwei größere Seitenteile herausgeschnitten. In das jeweils freie Feld werden Schnüre mit durchbohrten aufgefädelten Kronenkorken gespannt. Auf dieser – noch schön bunt beklebten – Trommel kann getrommelt und geklopft werden. Sie eignet sich zum Schütteln, Rasseln und Rütteln.

DING-DONG-REIFEN:

An einen Holz- oder Plastikreifen werden gehängt: eine oder zwei verschieden lange Pappröhren, ein Zimmermannsnagel, ein Stück Flacheisen, eine Blechscheibe, ein Kantenholzteil, ein Pappstreifen, eine leere Plastik-Flasche. Mit einem Stäbchen angeschlagen, klingt jeder Gegenstand anders.

ASTGABELZITHER:

Zwischen den Astverzweigungen werden Perlonschnüre gespannt. Je straffer sie gespannt werden, desto höher klingt der Ton.

KOKOSSCHALEN-KLAPPER:

Die zweigeteilte Schale einer Kokosnuß wird an den Enden durchbohrt und mit einer Schnur verbunden. Auf diese Weise können die Teile wie zwei Topfdeckel aneinander geschlagen werden.

BLUMENTOPF-KLANGSPIEL:

Unterschiedlich große oder gefüllte Blumentöpfe werden einfach auf ein Brett gestellt und mit einem Rundstäbchen angeschlagen.

Kinderlieder, die auf den selbstgebastelten Instrumenten begleitet werden können

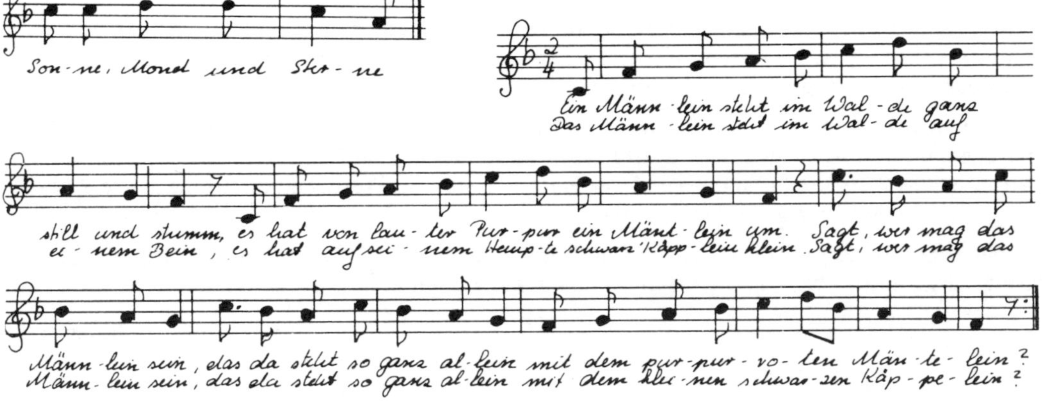

Rhythmisch-musikalische Erziehung

Die rhythmisch-musikalische Erziehung ist ein Königsweg in der Erziehung und Förderung von Kindern. Das rhythmische Bewegen, das Einfühlen und Eingehen auf die Melodie bezieht die ganze Person des Kindes mit ein. Es hört, sieht, greift, bewegt sich und singt oder spricht.

- Das erste Instrument des Kindes ist sein eigener Körper. Mit der ganzen Fußsohle, den Fußballen kann es stampfen, schleifen, mit der Ferse klopfen und mit der Fußspitze tippen. Beide Hände klatschen gegeneinander. Die hohle Hand erzeugt tiefe, dumpfe Töne, die flache Hand helle, hohe Töne. Das Klatschen wird schnell und bewegt oder langsam und getragen ausgeführt. Mit der flachen Hand patscht es auf die Oberschenkel, auf die Brust, den Boden oder an die Wand. Die Hand kann zur Faust geschlossen werden, die Fingerknöchel klopfen. Die Finger trippeln schnell über das Tamburin.

- Die Rhythmik- und Gymnastik-Instrumente lassen durch ihre Einfachheit und Natürlichkeit ein weites Spektrum von Übungen und Spielen zu

1. Rundhölzer mit Vertiefungen an den Enden:

Es war Mimi Scheiblauer, die eine besondere Art der rhythmischen Erziehung entwickelte und die die hierzu notwendigen Geräte schuf.

Die Rundstäbe werden hintereinander auf den Boden gelegt, dann hochkant hingestellt. Zwischenräume reizen das Kind, zwischendurch zu laufen, darüber zu steigen. Auf das stehende Hölzchen wird vorsichtig ein Ball gelegt. Die runden Hölzer können angeschoben von einer Ecke in die andere gerollt werden. Zwei Hölzchen verwandeln sich beim Aneinanderschlagen zu Klangstäben.

2. Reifen:

Von den am Boden verteilt liegenden Reifen darf sich jeder ein „Häuschen" heraussuchen. Die Wohnungen werden gewechselt, in langen, weiten Storchenschritten schreitet das Kind von einem zum anderen.

Eine liegende Reifenreihe ist eine horizontale Leiter. In einem Reifen rollt eine Kugel. Wer kann die kreisende Kugel fassen? Wer kann zwei kreisende Kugeln fassen? Geschicklichkeit und Reaktionsvermögen werden im Spiel trainiert.

Der Reifen wird aufgestellt und das Kind krabbelt hindurch oder muß versuchen, in gebückter Haltung hindurch zu steigen. Die Mutter faßt den Reifen an, das Kind steht in der Mitte. Die Mutter ist das Pferdchen und das Kind der Kutscher, der das Pferdchen durch die ganze Wohnung oder die Gartenwege entlang dirigiert.

Wieder liegen die Reifen verstreut auf dem Fußboden. In jedem Reifen befindet sich ein andersfarbiger Ball. Zuerst werden die roten und dann die grünen Bälle eingesammelt.

3. Seile:

In der Mitte des Raumes steht ein Stuhl. Das Seil wird um den Stuhl herumgelegt, zwischen die Stuhlbeine, über die Stuhllehne.

Zwischen zwei Stühlen ist ein Seil gespannt; wer kann darüber steigen, unten durchkrabbeln? Mit dem Seil werden Figuren gelegt, zuerst ein Oval, dann eine Schlangenlinie und dann ein Kreis und eine Acht.

Das Kind hält die Seilenden in den Händen und versucht, vorwärts und rückwärts über die Seilschlinge zu steigen.

Die Mutter bekommt das Seil um den Leib gebunden und zieht das Kind hinter sich her. Die Rollen werden getauscht.

4. Luftballons:

Die leichten, schwebenden Ballons werden auf der flachen Hand gehalten, so lange balanciert bis sie herunterfallen.

Die Mutter tippt den Ballon zum Kind und dieses muß ihn fangen.

Das Kind liegt auf dem Rücken und soll den herabschwebenden Ballon mit den Händen oder den Füßen wieder fortstoßen.

Aus der Bauchlage wird der Ballon fortgeblasen – unter dem Stuhl hindurch in die bereitstehende Schachtel.

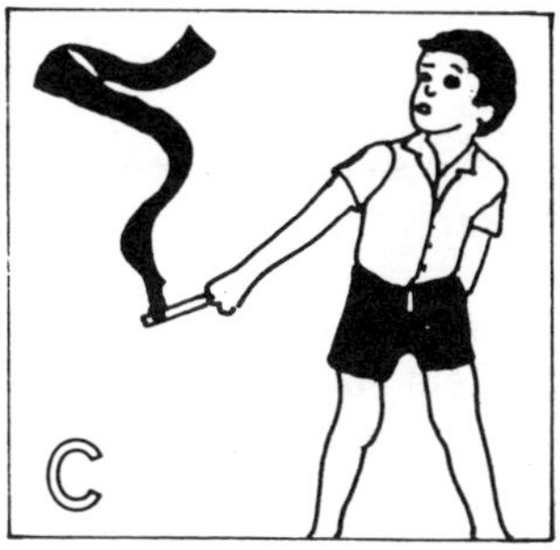

5. Tücher und Fahnen:

Das rote Tuch wird auf dem Fußboden ausgebreitet. Das Gelbe kommt daneben. Dann wird das Rote einmal eingeschlagen, das Gelbe zweimal.

Die Mutter hängt das Tuch dem Kind über den Kopf und lockt es, sie zu fangen und zu suchen. Es geht blind durch die Wohnung, die Mutter dirigiert es mit Worten.

Das Tuch wird wie eine Fahne geschwenkt, zuerst mit einer Hand, dann in jeder Hand eines.

Die Tücher werden an Stäbe geheftet und die so entstandenen Fahnen im Takt und Rhythmus der Musik geschwenkt.

Ein Fahnenzug entsteht: Voraus marschiert das Kind, dann folgt die Mutter, den Abschluß bildet der Vater. Handposaunen werden geblasen, Trommeln werden geschlagen. Es entsteht ein Mordsspektakel.

6. Holzstäbe:

Die Mutter legt zwei Holzstäbchen über Kreuz, formt ein Viereck oder eine lange Straße. Kann das Kind dieses nachmachen?

Die Stäbchen werden vorsichtig über die senkrecht stehenden Rundhölzer gelegt oder entlang dem Holzreifen.

Mit den Holzstäbchen werden Motive und Figuren nachgelegt.

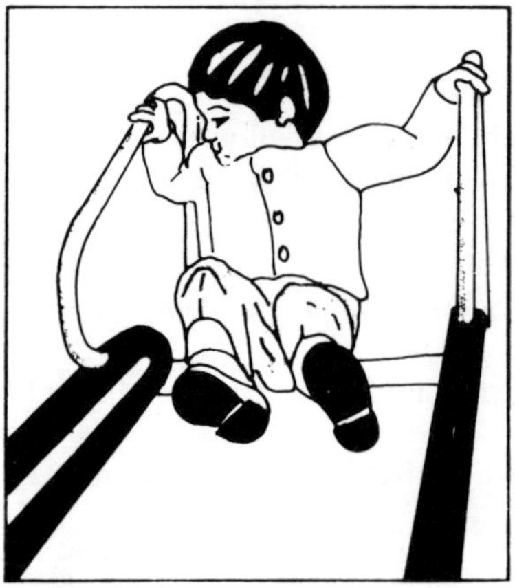

Der Kinderspielplatz

Eine willkommene Abwechslung finden die Kinder auf dem Spielplatz. Wenn sie zwanzig-, dreißigmal von den Bänken hopsen, wenn sie unaufhörlich die Sprossen der Rutschbahn hinaufklettern und dann auf dem Po oder Bauch hinunterrutschen, wenn sie auf einem Baumstamm balancieren, wenn sie an den Klettergerüsten herumtollen dürfen, werden sie kräftig und stärken ihren Mut und ihr Selbstvertrauen.

Die Rutsche wird schrittweise erkundet und ausprobiert:

- Mutter und Kind schauen den anderen Kindern zu, beobachten, was die dort tun. Sie sprechen darüber.
- Die Mutter setzt das Kind auf den unteren Abschnitt der Rutschfläche und läßt es ein kleines Stückchen herunterrutschen. Sie freut sich, lacht das Kind an und lobt es.

  Während des Herunterrutschens steht sie seitlich und hält das Kind am Arm.
- Nach mehreren Versuchen mit der abgekürzten Rutschbahn darf es ganz hinaufsteigen. Das Kind geht voraus, die Mutter hinterher, damit sie es bei einem Fehltritt abfangen kann.

  Mutter und Kind rutschen gemeinsam herunter.
- Jetzt darf das Kind alleine herunterrutschen, aber die Mutter steht noch so lange daneben, bis sie sicher sein kann, daß das Kind die Technik des Rutschens beherrscht.

Benötigt das Kind diese schrittweise Anleitung nicht, genügt ihm zu sehen, was und wie es die anderen Kinder machen, beschränkt sich die Hilfestellung der Eltern auf ein Mindestmaß.

Diese Entwicklungsphase ist auch so recht die Zeit der Dreiräder, der Kettcars, der Roller. Eines der erwähnten Kinderfahrzeuge sollte das Kind besitzen, denn der Umgang mit ihnen fördert in einem hohen Maße die motorische Entwicklung. Das Kind „automatisiert" nach und nach bestimmte Bewegungsabläufe, es führt die Bewegungen „im Schlaf" aus. Dadurch kann es sich gleichzeitig einer anderen Sache, die wieder andere Muskelgruppen oder Sinne beansprucht, widmen: Es tritt in die Pedale seines Dreirades und schaut sich währenddessen die Blume am Gehweg an. Es weicht durch geschicktes Steuern einem Hindernis aus. Diese „Mehrfachbeanspruchung" der verschiedensten Körperteile und Muskel- oder Organgruppen geschieht für das Kind in einer lustbetonten Art und Weise.

- Die Mutter zieht ein Seil hinter sich her und ermuntert das Kind, das Seil zu fangen, indem es auf das Seilende tritt. Die Geschwindigkeit wird langsam gesteigert.

  Jetzt schlängelt die Mutter das Seil hin und her. Ist das Reaktionsvermögen des Kindes schon so weit entwickelt, daß es das Seilende mit dem Fuß trifft?

  Das Seil wird in sehr niedriger Höhe zwischen zwei Stühle gespannt. Mutter und Kind steigen einmal von rechts und dann von links darüber.

  Mit dem Seil lassen sich Figuren legen, z.B. ein Kreis. Jeder sitzt in seinem Kreishäuschen. Auf Kommando wird gewechselt. Alle tragen in ihr Kreishäuschen einige Spielsachen und bewachen sie.

- Zwerg und Riese: Die Mutter kauert sich kniend zu einem kleinen Paketchen und sagt, daß sie ein kleines Zwerglein sei, bald werde sie aber wachsen und wachsen und ein großer Riese sein.
  Während des Sprechens steht sie langsam auf und streckt sich so weit sie kann.
  Nun ist das Kind an der Reihe.

- Stuhlträger: Kann das Kind schon den Stuhl hochheben und eine kleine Strecke weit tragen? Das sind kleine Kraftproben und steigern das Selbstwertgefühl. – „Ich kann das!" –

- Mutter und Kind stehen sich gegenüber. Die Mutter faßt das Kind fest an den beiden Händen und zieht es leicht nach oben. Sie ermuntert es, mit seinen Füßen an ihren Beinen, über ihren Bauch bis zu ihrer Brust hochzuklettern.

  Diese Übung trainiert vor allen Dingen die Griffigkeit der Füße.

- Zum Schluß noch einmal der Besenstiel. Das Kind liegt bäuchlings vor der knienden Mutter. Diese hält einen Rundstab waagerecht in halber Höhe und fordert das Kind auf, danach zu greifen.

  Das Kind muß, wenn es die Übung richtig ausführt, seine Arme strecken und die Brust vom Boden abheben. Das Hochrecken kräftigt die Bauch- und Rückenmuskulatur.

  Bei der zweiten Übung soll sich das auf dem Bauch liegende Kind an dem senkrecht vor ihm stehenden Rundstab hochhangeln. Die Hände müssen jeweils übereinander fassen.

  Zum Abschluß bekommt das Kind den Rundstab zur freien Verfügung. Stolz geht es von dannen.

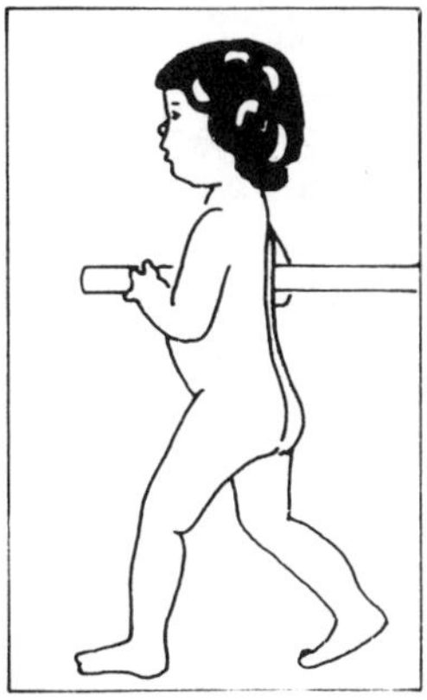

- Im Sommer zieht das Kind während des Waldspaziergangs einen Zweig hinter sich her. Dieser raschelt, wirbelt Staub auf und hinterläßt eine Spur.

  Am Wegrand liegt ein Baumstamm (Vorsicht bei Rutschgefahr!). Der Vater steigt darüber, streckt seine Hand dem Kind entgegen und fordert es auf, ebenfalls über den Baumstamm zu klettern.

  Am Bach wirft die Familie Steine und Stöckchen ins Wasser. Die Steine plumpsen ins Wasser und gehen unter, die Stöckchen fallen auf die Wasseroberfläche und schwimmen davon.

An einem verregneten Sonntagnachmittag

- Im Kinderzimmer oder im Wohnzimmer wird von den Eltern eine Hindernislandschaft aufgebaut. Alle nur möglichen Gegenstände und transportierbaren Möbelstücke werden zu Hindernissen erklärt: ein zusammengerollter Teppich, zwei umgekippte Stühle, drei hintereinander gestellte Hocker, Waschpulvertrommeln, Kissen und vieles andere mehr.

  Die Aufgabe für alle Familienmitgleider heißt: von einer Ecke zur anderen laufen, kriechen, springen, hüpfen. Der Vater macht den Anfang. Alle sind gespannt, ob er mit seinem Bauch durch die Verpackungsschachtel wird kriechen können.

  Gymnastik und Bewegungsschulung soll Spaß und Freude bereiten. Lachen hält Leib und Seele zusammen.

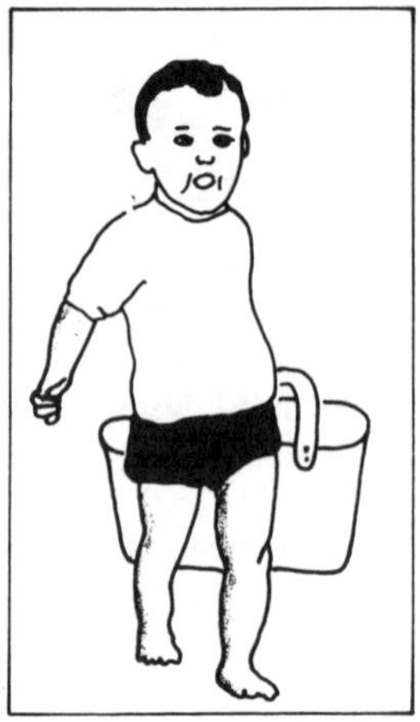

- Das Kind sieht bei den Erwachsenen, wie sie die verschiedensten Dinge in Taschen, Körben, Koffern, Kisten umhertragen. Es möchte sie nachahmen. Dies ist für den Vater eine hochwillkommene Gelegenheit, das Kind Dinge in Taschen vom Kinderzimmer in die Küche tragen zu lassen. Der Vater sucht alle erreichbaren Taschen, Körbe, kleine Säcke zusammen und füllt sie mit Dosen, Haushaltspäckchen, Kissen, Holzscheiten. Das Kind soll beim Tragen seinen Körper, den freien Arm und den Kopf als Gegengewicht und Balance einsetzen.

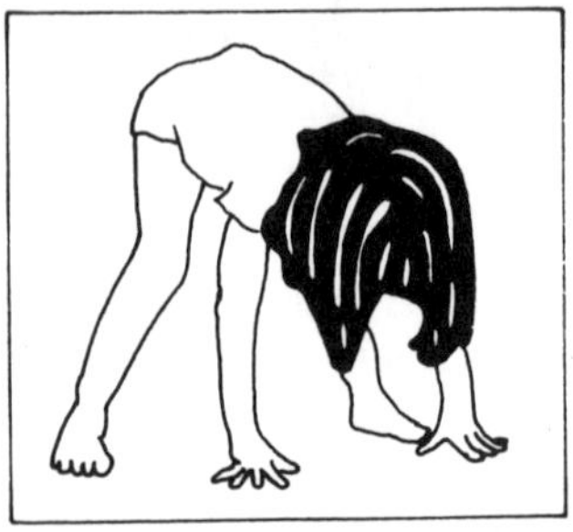

- Wieder ist der Vater gefragt. Er bewegt sich im Bärengang langsam und schwerfällig über den Fußboden, das nächstemal kriecht er flink von einer Ecke zur anderen.

  Das Kind wird Freude an den unterschiedlichen Bewegungsformen haben und nach der notwendigen Ermunterung den Vater nachzuahmen versuchen. Vielleicht stimmt der Vater das Kind für eine bestimmte Fortbewegungsart durch eine kleine Tiergeschichte ein.

- Die Treppe ist ein hauseigenes und jederzeit zur Verfügung stehendes Turngerät. Der Reiz für das Kind, eine Treppe hinaufzuklettern ist außerordentlich groß, doch birgt die Treppe auch Gefahren in sich.

  Die Eltern sollten immer in der Nähe sein, wenn das Kind sich an der Treppe zu schaffen macht, ansonsten müssen Sicherheitsvorkehrungen getroffen werden. Das Kind klettert zunächst auf allen Vieren die Treppen hinauf. Die Mutter steht immer dahinter. Beim Hinabsteigen steht sie zwei Stufen tiefer.

  Die Treppe ist eine Kullerbahn von hohem Range. Das Kind sitzt auf der obersten Stufe neben der Mutter und läßt Bälle, leere Schachteln, Dosen und Perlen hinunterkullern – ein Mordspektakel für das Kind.

- Geschicklichkeit, Ausdauer und Mut erwerben die Kinder nicht, wenn sie still in einer Ecke sitzen oder sich im Laufställchen befinden. Die Eltern sollen ihr Kind immer wieder ermuntern, sich zu bewegen, neue Bewegungsformen und -muster zu wagen und zu erproben. Klettert das Kind nicht von selbst auf den weichen Sessel, das Sofa und später auf den Stuhl, werden die Eltern es dazu anleiten.

  Sie stellen es vor den Sessel, beugen ein Knie des Kindes, schieben dieses auf den Sesselrand und drücken den Körper des Kindes leicht auf den Sessel zu. Bei genügender Gewichtsverlagerung und Gewichtsübernahme auf das gebeugte Bein, wird das zweite nachgezogen.

- Mutter und Tochter liegen nebeneinander rücklings auf der Turnmatte. Die Mutter hebt ein Bein und fordert das Kind auf, ebenfalls ein Bein – und zwar das gleiche – zu heben. Auf diese Weise werden mehrere *synchrone* Bewegungen ausgeführt, bis am Ende das „Parallel-Radfahren" möglich ist.

- Das Kind soll nach einem hin- und herschwingenden Ball greifen. Entweder steht das Kind mit dem Vater unter dem Balkon und die Mutter schwingt einen Ball an der Schnur hin und her, oder die Mutter stellt sich auf einen Stuhl und läßt den Ball pendeln.

- Der Vater besorgt sich zwei 1 bis 1,50 lange Rundstäbe (Besenstiel):

  a) Der Rundstab wird senkrecht auf die Erde gestellt, und das Kind rennt im Kreis darum herum.

  b) Der Rundstab wird über zwei Stuhllehnen gelegt, und das Kind übt den Klimmzug.

  c) Das Kind balanciert – während der Erwachsene es noch an der Hand führt – auf dem auf dem Boden liegenden Stab.

  d) Der Rundstab wird von Vater und Kind wie die Pleuelstange (später 2) einer Lok verwendet. Jeder hält den Stab an einem Ende. Auf die Stange werden Lasten gehängt und wegtransportiert.

- Das Kind soll unter verschieden hohen Hindernissen hindurchkrabbeln.

  Zunächst stellt sich die Mutter breitbeinig hin und fordert das Kind auf, durch ihre Beine zu krabbeln. Allmählich geht sie immer mehr in die Hocke, damit der „Durchschlupf" niedriger wird.

- Die Mutter schneidet aus alten Teppichresten doppeltgroße Normalfußsohlen aus, verteilt sie auf dem Fußboden und schreitet von einer Sohle zur anderen. Vielleicht muß die Mutter das Kind zuerst an der Hand führen.

  Die Abstände zwischen den Markierungen werden weiter oder enger gestaltet, die Laufspur erhält andere Formen: eine Acht, einen Kreis, eine Wellenlinie und eine Zickzackspur. Oder die Fußspuren führen zu einem Versteck.

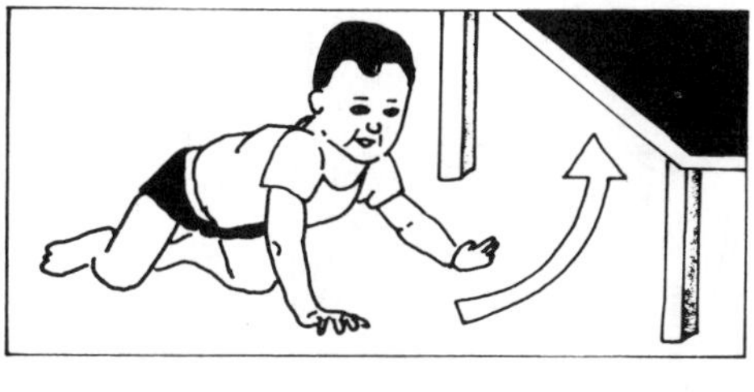

Übungs- und Beschäftigungsprogramm für Schwerstbehinderte

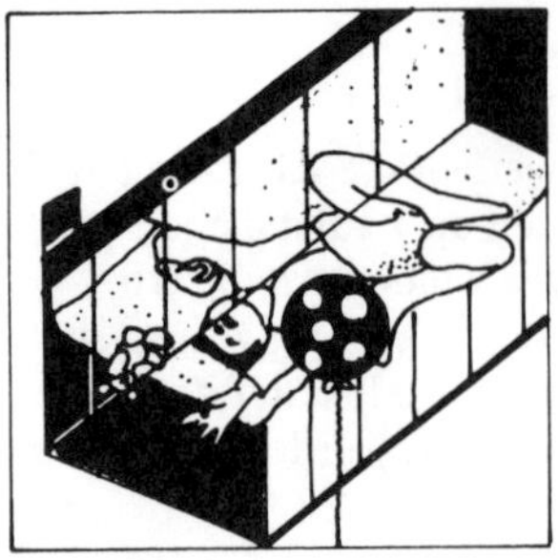

Es wird immer Kinder geben, für die die Übungen des „Lehrprogramms“ zu schwierig sein werden, die trotz eines fortgeschrittenen Lebensalters auf einer kleinkindlichen Entwicklungsstufe stehen geblieben sind. Es mag auch sein, daß die bisherigen Förder- und Entwicklungsangebote zu gering oder falsch gesetzt waren. Bei diesen Kindern kann das Sonderprogramm angewendet werden.

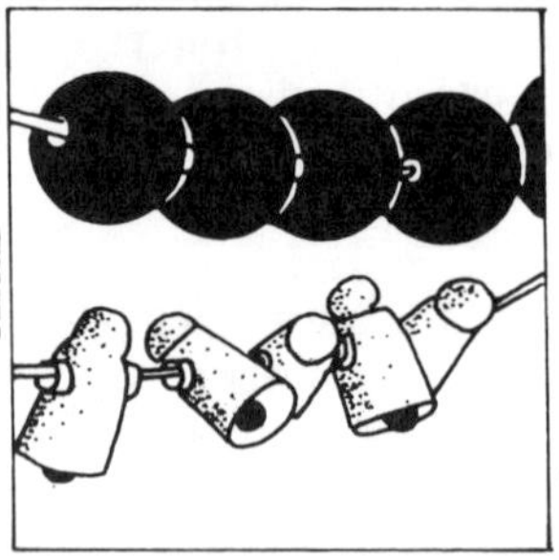

A. Kinder, die die meiste Zeit des Tages im Bett verbringen

Ein Kind, das tagaus, tagein im Bett liegt und nichts außer die Gitterstäbe des Bettes und die leere, weiße Wand sieht, wird wahrscheinlich keine aufmerksame und kontaktsuchende Haltung entwickeln können. Dem Kind soll ein ganzes Spektrum von Reizen und Empfindungen geboten werden. In der ersten Woche wird über den Bettrand ein rotes, in der zweiten Woche ein gelbes und in der dritten ein blaues Handtuch gehängt. Dann folgen gemusterte und mit Figuren versehene Tücher, Bettbezüge, Überzüge.

Über das Bett in Greifnähe des Kindes werden Rasseln, Kugeln, Glocken und dergleichen gehängt. Die farbigen Gebilde lassen sich auf einer robusten Gummikordel hin- und herschieben, baumeln auf einer Leine quer über das Bett und geben Geräusche und Laute beim Drehen und Schaukeln von sich.

Bei im Handel erhältlichen Ausführungen sind oft zusätzliche Ringe und Trapeze angebracht, damit das Kind sich daran festhalten und seine Arm- und Schultermuskulatur trainieren kann.

Eine Variante sähe so aus: Zwischen die Gitterstäbe spannt die Mutter in vertikaler Richtung Gummibänder und befestigt Korken, Pappringe, Plastikkugeln, Knöpfe, Holzstäbe, Joghurtbecher und dergleichen daran. Das Gummibund ist elastisch. Es gibt beim Greifen, Ziehen und Zupfen nach.

Die Materialien vermitteln unterschiedliche Tastqualitäten und erzeugen verschiedene Geräusche. Nach einer gewissen Zeit werden die Bänder ausgetauscht.

In der Regel wird es so sein, daß die Mutter oder der Vater die Hand des Kindes an die Dinge führen, daran ziehen, mit den Gebilden spielen und das Kind mehrere Male am Tage auf die Beschäftigungsmöglichkeiten aufmerksam machen müssen.

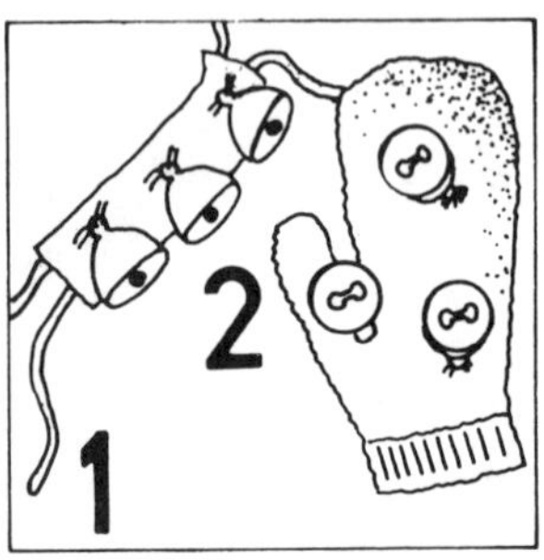

Am Bettrand hängt eine aufziehbare Spieluhr mit einer angenehmen Melodie und eine Spielkugel, die sich immer wieder aufrichtet. Sie kann auch in die Badewanne mitgenommen werden.

Hat das Kind Freude an Geräuschen und Klängen, näht die Mutter an einen Handschuh zwei oder drei Glöckchen, zieht dem Kind den Handschuh an und singt „Backe, backe Kuchen . . “

Das abgebildete Glockenband wird um das Handgelenk gebunden.

Beim bettlägerigen Kind ist der Blickwinkel und der Wahrnehmungshorizont sehr begrenzt. Aus der Rückenlage schaut das Kind nach oben und leicht nach rechts und links im Winkel von 45 Grad. Dinge, die außerhalb seines Gesichtskreises angeheftet oder angeboten werden, kann das Kind nicht wahrnehmen. Aus diesem Grunde sollen die Fördermaterialien so angebracht sein, daß sie vom Kind gesehen und ertastet werden können.

Tast- und Greifvorhang:

Über das Bett, den Laufstall oder die Liegematratze wird ein durchsichtiger Vorhang, der an beiden Enden an der Wand, an Stuhllehnen und dergleichen befestigt ist, gespannt. An den Vorhang werden die unterschiedlichsten Greif-, Tast- und Geräuschdinge gebunden: eine Plastiktasse, ein Lockenwickel, eine Handbürste, ein Kamm, eine Rassel, ein Spiegel, ein Schlüssel usw.

Es wird nicht immer und jederzeit eine betreuende Person um das Kind sein können, doch kann ihm mittels des Vorhanges eine große Auswahl von Beschäftigungsmaterial angeboten werden.

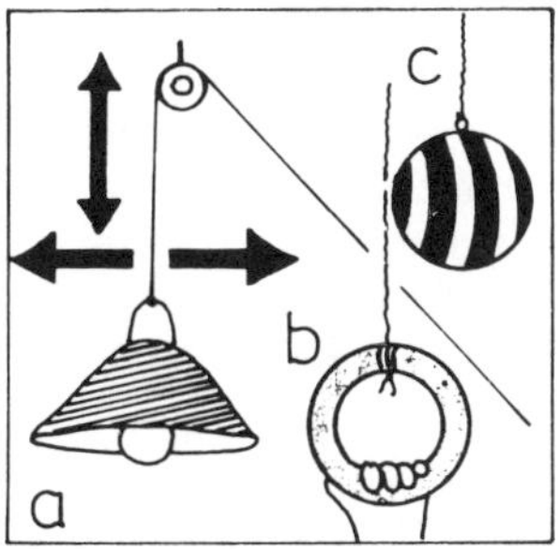

Tastkissen:

An ein Kissen, das an die Gitterstäbe des Bettes, an eine Stuhllehne gebunden wird, können tastintensive Gegenstände geheftet werden.

Farbenspiel:

Über dem Bett des Kindes hängt eine Lampe. Jede Woche wird ein andersfarbiges Transparentpapier um den Schirm gebunden. Wenn der Lampenschirm über einer Laufrolle hängt, kann in das Farbenspiel zusätzlich Bewegung gebracht werden.

Auf gleiche Weise werden Bälle, Ringe an der Decke befestigt, damit das Kind danach greifen und schauen kann.

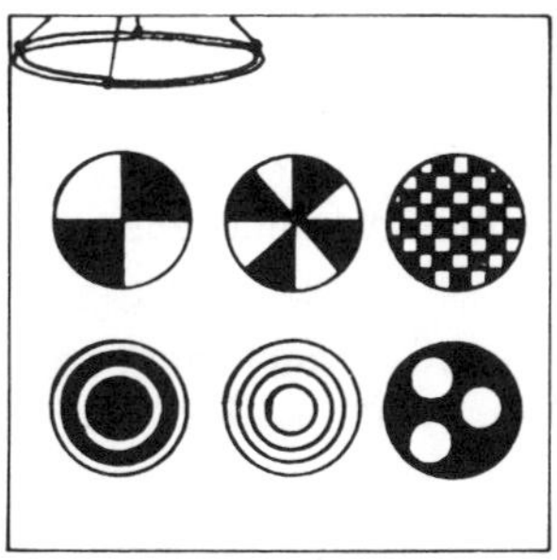

Formenreifen:

Ein Gymnastikreif wird jede Woche mit einer anders gemusterten Pappscheibe beklebt, an vier Schnüren aufgehängt und über dem Bett hin- und her-, auf- und abbewegt. Die Formen und Konturen ändern sich, je nach dem, wie der Reif bewegt wird.

Wer keine Gelegenheit hat, solch einen Reif an der Decke zu befestigen, hängt abwechselnd die Formen- oder Farbenkreise neben dem Bett an die Wand, so daß das Kind sie betrachten kann.

Geräuschgehänge:

Fünf oder sechs bunte Plastikflaschen werden verkorkt und an Schnüren an einem Haken über dem Bett aufgehängt.

Gleiches geschieht mit bunten Kreppapierstreifen. Jeder Luftzug und jeder kleine Stoß bringt das Gehänge in Bewegung. Es entsteht ein raschelnder oder klirrender Ton. Das Kind lenkt seine Aufmerksamkeit den Dingen zu. Es soll aus seiner möglicherweise apathischen Haltung herausgeholt werden.

Pendel und Zieharrangements:

In Greif- und Sichtnähe des Kindes werden verschieden große und farblich unterschiedliche Formelemente aufgehängt. Dies kann ein Ball in einem Netz sein, der beim Antippen hin- und herschwingt, es können mehrere buntbemalte Styroporkugeln oder ein Seil mit Glöckchen sein. Die Farbe, das Geräusch, die Tastqualität sollen das Kind zum Greifen und Hinschauen motivieren.

Glitzerreif:

An einem Gymnastikreif werden lange, bunte Metallfolienstreifen (Silber- Goldpapier) befestigt. Im abgedunkelten Raum wird der sich drehende und schwingende Reif mit einer Nachttisch- oder Taschenlampe angestrahlt. Das Geglitzer und Gefunkel zieht den Blick und die Aufmerksamkeit des Kindes an. Diese Übung ist besonders für die Kinder geeignet, die keinen oder nur schwachen Blick- und Dingkontakt aufnehmen.

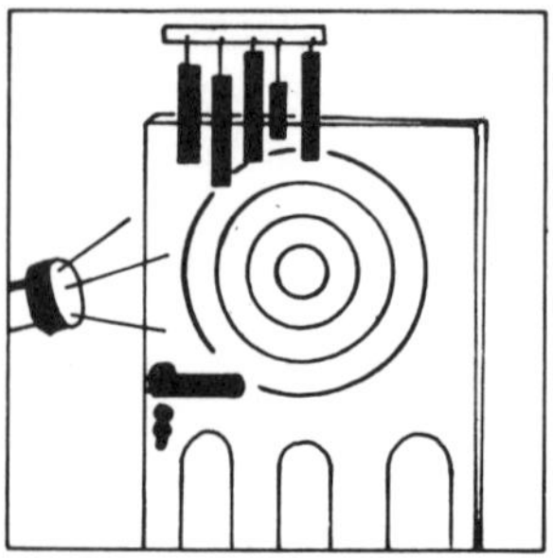

Lichtorgel:

Der „Diskothekeneffekt" wird zu Hause mit Hilfe einer Taschenlampe und farbigen Kreppapierstreifen erzeugt. An die Türe werden mit Tesakrepp Spiralen, Wellenlinien Zickzacklinien und dergleichen aufgeklebt. Das Kind sitzt im abgedunkelten Raum und schaut dem Strahl der Taschenlampe nach, wie er sich an den Linien entlangschlängelt. Nach einigen Durchgängen wird auf das Glas der Taschenlampe ein rotes oder grünes Transparentpapierteil geklebt. Wieder läuft der bunte Strahl den Linien und Figuren entlang. Findet das Kind Spaß an dem „Wahrnehmungstraining, darf es selbst die Taschenlampe führen.

Über der Türe hängt ein Windspiel. Jedesmal, wenn die Türe aufgeht, ertönt ein leises Geklirr. Das Kind merkt auf und schaut in Richtung der Türe.

Klingender Kleiderbügel:

An einem Kleiderbügel werden Yoghurtbecher mit je einer freihängenden Perle befestigt. Beim Rütteln und Schütteln geben sie ein helles Geräusch von sich.

Werden an einem zweiten Kleiderbügel unterschiedlich lange und starke Nägel oder Metallröhrchen gehängt, besitzt das Kind das schönste Glockenspiel.

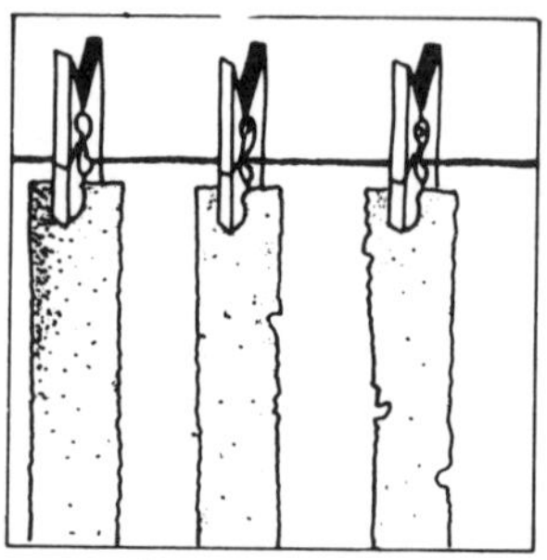

Papierstreifen:

Die bis jetzt aufgeführten Tastgegenstände waren fest mit einer Halterung verbunden. Nun werden in Greifhöhe und -nähe des Kindes mehr oder weniger lange Papierstreifen mit Wäscheklammern an einer Leine aufgehängt.

Das Kind soll danach greifen und solange ziehen, bis es alle Streifen von der Leine heruntergerissen hat.

Diese Übung eignet sich für Kinder, deren Hand- und Fingermuskulatur gestärkt werden soll oder deren Muskelspannung zu gering ist.

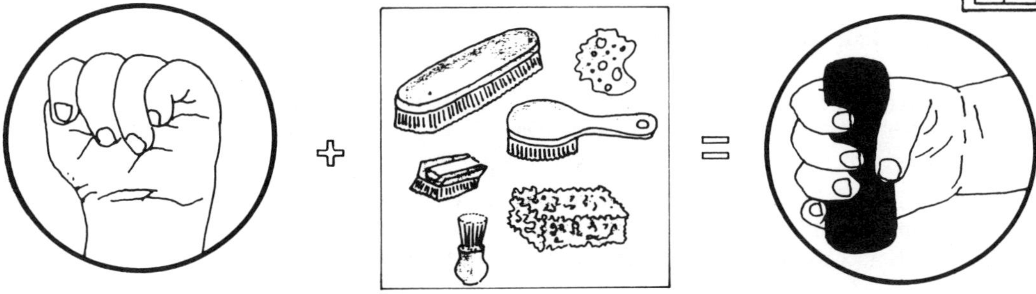

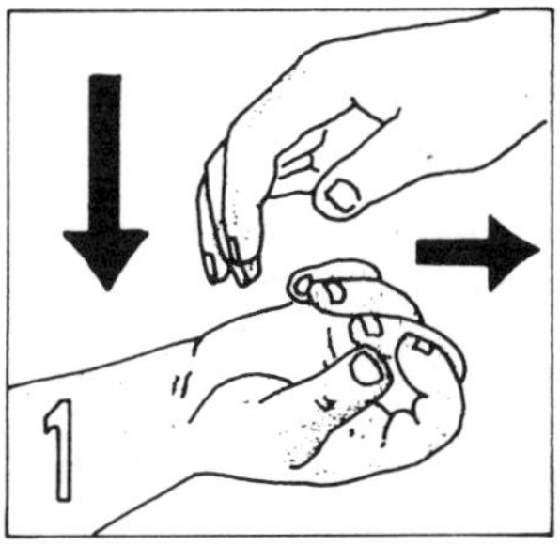

Viele schwerer behinderte Kinder reagieren nicht auf dargebotenes Spiel- und Beschäftigungsmaterial. Dies kann zum einen dadurch bedingt sein, daß sie noch nichts mit ihrer Hand, mit ihrem Greiforgan anzufangen wissen, daß sie noch nicht über genügend Tastqualitäten verfügen und daß sie zum anderen dem Gegenstand kein Interesse abgewinnen können. Die Spielmöglichkeiten, die in dem Material liegen, werden nicht erkannt oder können von den Eltern nicht deutlich genug zum Ausdruck gebracht werden.

Auf drei Hauptschwierigkeiten beim Greifen soll hier hingewiesen werden.

1. Das Kind macht die Faust nicht auf

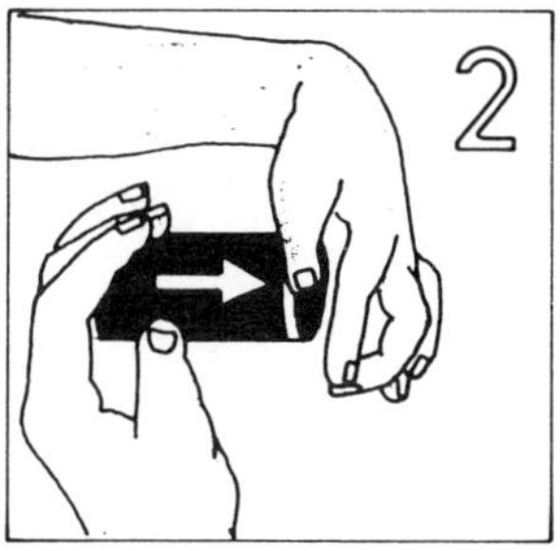

a) Die Eltern nehmen die Faust des Kindes in ihre Hand und klopfen leicht auf den Hand- und die Fingerrücken.

b) Die Hand des Kindes wird sachte und sanft geöffnet. Wieder wird auf die Handinnenfläche geklopft, gestrichen und gerieben (im warmen Wasser öffnet sich die Hand leichter).

c) Die Eltern besorgen sich ein Bürstensortiment und einige Schwämme und bürsten die Hände innen und außen. Die Arme werden ebenfalls in das Behandlungskonzept aufgenommen.

d) Die geöffnete oder offen gehaltene Hand wird mit Seifenschaum, Rasierschaum eingerieben, geföhnt mit warmer und kalter Luft, mit Frotteetüchern abgerieben.

Die Hände werden während des Badens unter den mehr oder weniger stark fließenden Wasserstrahl gehalten. Das Wasser ist einmal kalt, dann lau und schließlich warm.

Das Kind erhält die unterschiedlichsten Sinneseindrücke.

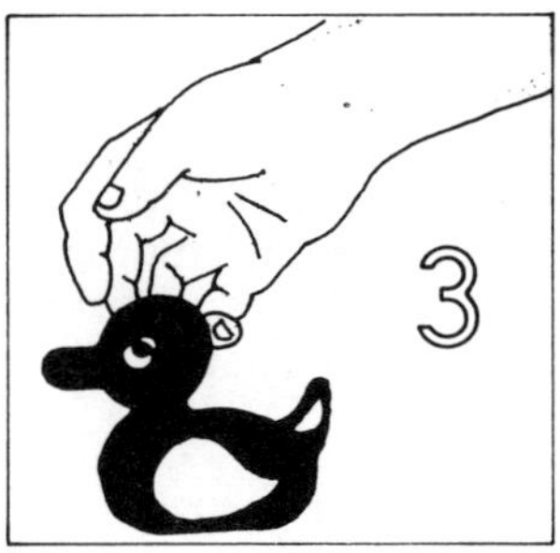

e) Die Mutter legt die offene Hand des Kindes auf ihre und drückt, massiert und knetet dieselbe.

f) Das Kind soll in einem Kasten oder einer Schüssel mit Greifmaterial wühlen (Bohnen, Steine, warmer Sand, Schaumstoffteile, Plastik- oder Holzperlen).

2. Das Kind behält nichts in der Hand

a) Die Eltern füllen ein ca. 10 cm langes und 3 – 4 cm breites Stoffsäckchen locker mit Bohnen und binden dieses in die Handinnenfläche. Das Kind kann auf diese Weise die Hand nicht mehr ganz schließen und erhält zusätzliche Tasteindrücke.

Ebenso wird mit leicht greifbarem Material verfahren. So wird beispielsweise eine Stabrassel in die Hand gebunden. Das Kind hat das Gefühl, etwas in der Hand zu haben und kann durch Hin- und Herschwenken der Hand ein Geräusch erzeugen.

b) Die Eltern sammeln in einer Schachtel alles Material, das eine erkennbare und erfühlbare Oberflächenstruktur hat (Tannenzapfen, Fell, Folienreste, Tennisbälle, Tischtennisbälle, Gummibälle, Holzkugeln, Styroporkugeln, Radiergummi, Holzteile mit glatter, rauher Oberfläche, Watte, Knet, Steine, Torf usw.). Dieses Material legen sie dem Kind auf die Handfläche, reiben das Material auf der Haut und versuchen, dem Kind so viel wie möglich Tasteindrücke zu vermitteln.

c) Greift das Kind schon ganz leicht nach einem Gegenstand, werden sie behutsam versuchen, den Gegenstand wieder ein wenig wegzuziehen. Der leichte Zug erhöht die Greifkraft und den Greifwillen.

d) Wenn auf der Handfläche des Kindes ein Gegenstand liegt, drücken die Eltern mit dem Daumen oder Zeigefinger kurz und kräftig auf die Handinnenfläche des Kindes und schließen die Hand um den Greifling. Der kräftige Druck bewirkt einen kurzen andeutungsweisen Handschluß.

e) Die Eltern rühren eine nicht zu große Menge Hefeteig an und lassen das Kind damit und darin kneten. Der Teig bleibt an den Handflächen haften, das Kind möchte sich befreien und führt unterschiedliche Handbewegungen aus (warmer, angerührter Tapetenkleister erfüllt eine ähnliche Funktion).

f) Die Materialien, die das Kind in die Hand bekommt, sollten für es interessant und anregend sein.

3. Das Kind greift nicht aktiv

a) Die zu greifenden Gegenstände werden unmittelbar vor die Hand des Kindes gelegt. Die Hand des Kindes soll sie vorerst nicht berühren, jedoch soll das Hinlangen für das Kind nur ein „kleiner Schritt" sein.

b) Die Hände des Kindes werden auf die Spiel- und Beschäftigungsmaterialien gelegt.

c) Die Spielmaterialien werden versuchsweise an der Hand des Kindes befestigt. Wenn das Kind seine Hände oder den Arm bewegt, geht das Spielzeug mit.

Beim Anbahnen des Greifens müssen von den Eltern immer zwei Aspekte mitbedacht werden. Das Greifen ist ein motorischer Vollzug, die hierzu notwendigen Muskeln und Muskelgruppen müssen trainiert, die Nervenbahnen intakt sein. Das Greifen ist aber auch ein Willensakt. Das, was nicht interessiert, was nicht begehrenswert ist, besitzt keinen Aufforderungscharakter zum Greifen. Beide Aspekte sind trainierbar.

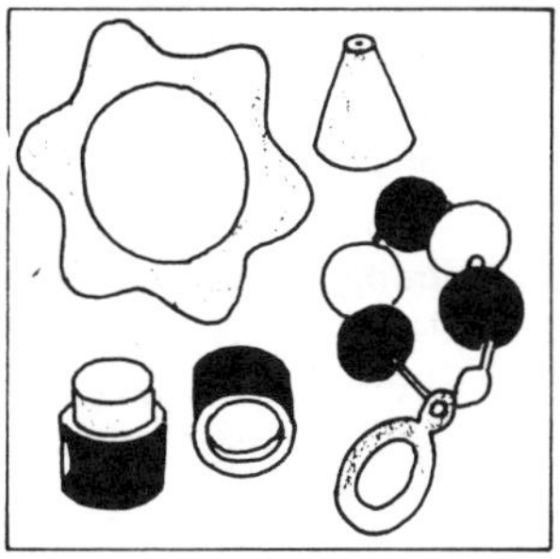

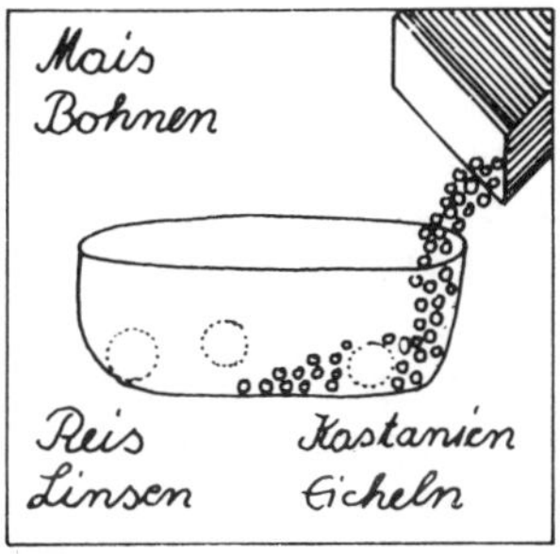

B.

Die Kinder, die aus medizinischen Gründen nicht immer im Bett liegen müssen, sollen jeden Tag für eine bestimmte Zeit auf einer Matte, einem Teppichbodenrest oder dergleichen gelagert werden. Hier können sie sich, soweit das die motorische Beeinträchtigung zuläßt, vom Rücken auf den Bauch drehen oder sich rollend fortbewegen. Der Aktionsradius ist größer.

Übungsbogen:

Der Behindertenfachmann F. Morgenstern hat eine Serie von Übungsbögen für die Schulung der Handmorotik und die Hand-Augen-Koordination entwickelt. In einer Standplatte ist beispielsweise ein metallener Halbbogen befestigt. Die nicht abnehmbaren Kugeln können mit einer Hand oder auch mit beiden Händen hin- und hergeschoben werden. Auf der Höhe des Bogens werden die Kugeln losgelassen. Sie fallen von alleine zurück.

Der abgebildete Übungsbogen eignet sich insbesondere zum Üben des Greifens und des Loslassens.

Babyspiele:

Viele Spiel- und Beschäftigungsmaterialien, die für das Babyalter angeboten werden, eignen sich auch für die ersten Aktivitätsspiele des schwerer behinderten Kindes.

Der glatte Rahmen des Spiegels mit seinen wellenförmigen Einbuchtungen kann zum Tasten und Beißen verwendet werden. Das eigene Spiegelbild fasziniert Kinder immer.

Die fünf farbigen Plastikkugeln, die durch einen Beißring und eine Schnur zusammengehalten werden, erzeugen beim Hin- und Herschwingen Geräusche, sie können ertastet und in den Mund gesteckt werden.

Die drei abgebildeten Geräuschspielsachen erzeugen durch Drücken, Rollen und Schütteln leise Rassel-, Quiek- und Pfeiftöne.

Spielmatratze:

Über eine alte Matratze werden karoartig Schnüre oder Gummistreifen gespannt. An einigen Kreuzungspunkten der Schnüre werden begehrte und beliebte Spielsachen befestigt.

Wenn das Kind auf der Matratze liegt, kann es mit den Dingen spielen, ohne daß sie immer wieder fortrollen.

Wühl- und Tastwanne:

Das Kind wird bäuchlings über einen Schaumstoffkeil gelegt (siehe Abbildung unten). Diese Position ermöglicht es dem Kinde, die Hände für Aktivitäten frei zu bekommen und das Gesicht den Spielobjekten zuwenden zu können.

In eine Plastikschüssel oder Wanne werden Erbsen, Bohnen, Mais, Reis, Makkaroni, Linsen, Kastanien und noch vieles mehr geschüttelt. Das Kind wühlt mit seinen Händen darin herum.

Später wird ein kleiner Ball unter den Linsen versteckt. Das Kind soll den Ball ertasten und in eine seitlich stehende Dose werfen.

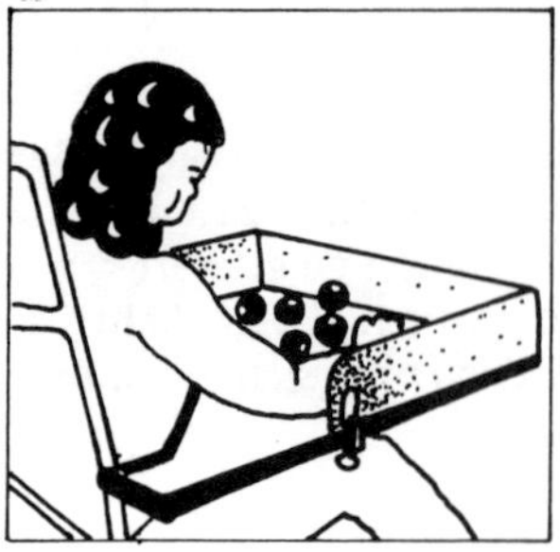

Das schwerer behinderte Kind soll in gewissen Abständen immer wieder in eine sitzende Position gebracht werden. Zum einen ist der Wahrnehmungshorizont im Sitzen um vieles größer und weiter als im Liegen, zum anderen ist das Spiel- und Beschäftigungsangebot in dieser Position reichhaltiger und schließlich können die Dinge und Gegenstände intensiver und sicherer ertastet werden.

Kann das Kind ohne fremde Hilfe nicht alleine sitzen, bieten sich Spezialstühle mit Halte- und Stützgurten an oder das Auspolstern und Abstützen des sitzenden Kindes mit Kissen und Keilen.

Eine ausgesprochen gute Sitzgelegenheit für diese Kinder ist der sogenannte „Knautschsack", eine Kunststoffhülle ist mit körnerartigem Material gefüllt. Diese schmiegsame Polsterung paßt sich jeder Körperhaltung an. Den Eltern sei diese Sitzhilfe sehr empfohlen (s. Firmenverzeichnis).

Ist der Beistelltisch nicht mit einer Randerhöhung versehen, kann diese im Fachhandel bezogen oder nötigenfalls selbst hergestellt werden. Ist beides nicht möglich, geben die Eltern die Greifgegenstände in eine Schachtel mit halbhohem Rand. Beide Male soll die Erhöhung das Herunterfallen verhindern.

Kuller- und Windrassel:
In einer durchsichtigen Kugel, die an einer Spindel mit Saugnapf befestigt ist, befinden sich drei farbige, lose Kugeln. Das stabile Plastikspielzeug wird auf der glatten Tischplatte oder an dem Rand der Badewanne festgedrückt. Schon die geringste Berührung bringt die Kugeln ins Rollen und Schwingen. Die festgesaugte Spindel regt zum beidhändigen Greifen an.

Bei der Windrassel drehen sich bei Berührung die Kugeln wie bei einer Windmühle. Beiden Spielzeugen ist der „Stehauf-Effekt" gemeinsam. Das umgebogene Oberteil richtet sich immer wieder von alleine auf.

Spieltafel: An einer Holztafel sind jeweils zwei Kugeln, Walzen, Glocken so mit einer Schnur verbunden, daß die Gegenstände von der einen wie von der anderen Seite herausgezogen werden können. Das Kind greift nach einer Walze, zieht an ihr und hört, wie die Gegenwalze an die Rückwand des Brettes schlägt. Diese einfachen motorischen Vollzüge bereiten Kindern auf einer bestimmten Entwicklungsstufe sehr viel Spaß.

Activitiy-Center: Der kofferähnliche „Spielapparat" bietet eine Fülle von Möglichkeiten und Angeboten. Auf der vorderen Seite des tragbaren Koffers sind eine Reihe von Dingen zum Drehen, Drücken Schieben, Krach-machen, Anschauen, Hören und Fühlen angebracht:
1. Hupe mit Klingel, 2. Drehwalze, 3. Drehball, 4. Bilder-drehen, 5. Farben-mischen, 6. Telephon-Wählscheibe, 7. Farbkreisel, 8. Spiegel, 9. Schildkröte und Hase-schieben, 10. Springendes Bild.

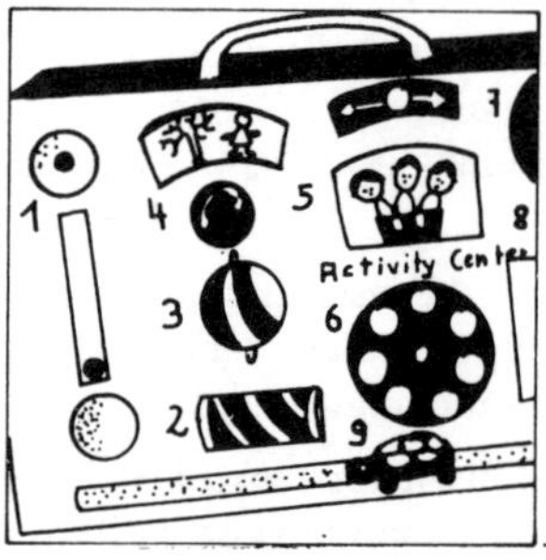

Mit diesem Aktivity-Center kann auf lustvolle und abwechslungsreiche Art und Weise die Wahrnehmungsfähigkeit geschult werden. Grobmotorik, Akustik, Optik, Feinmotorik – alles ist in dem Universalspiel- und Lerngerät enthalten.

Mit einer besonderen Vorrichtung kann das Activity-Center auch am Gitterbett und am Laufstall befestigt werden.

Die in diesem „Lehrprogramm" beschriebenen Spiele und Beschäftigungsmaterialien sind von den im Anhang angegebenen Firmen zu beziehen.

Anhang

Spielzeug für das erste Lebensjahr

Helles Stückchen Stoff über dem Bettchen
Mobile
Bunte Ringrasseln aller Art
Spiegel
Glöckchen
Glockenspiel
Gummiquietschpuppe
Gummiklötze mit Glöckchen
Beißringe
Gummitiere
Dicker Zelluloid-Schwimmball
Schwimmtiere
Hopserschaukel
Plastikwürfel zum Ineinanderstecken
Becher und Löffel
Gummiklötze zum Beißen
Runde und würfelförmige Klötzchen in Farben
Stehaufmännchen
Stoffpuppe
Plüschbär

Spielzeug für das zweite Lebensjahr

Karren, der sich beladen
und ziehen läßt
Spielzeug zum Ziehen
Würfelpyramide
Farbige Plastikteile
zum Ineinandersetzen
Bauklötze
Schachteln
Kästchen zum Öffnen
und Schließen
Schwimmtiere
Weiche Tiere aus Wolle
oder Stoff
Stoffpuppen
Bälle aller Art und Größe
Alte Töpfe und Kochlöffel
Hammerspiel
Formensteckbox
Eisenbahn
Schraubfäßchen
Schraubspindel
Bilder

3

Spielzeug für das dritte Lebensjahr

Autos, Lastwagen
Konstruktionsbausteine
Baukasten
Puppenwagen
Puppenstube
Bilderbücher
Kaufladen
Schaukelpferd
Tiere für Zoo, Bauernhof
Farbstifte zum Kritzeln
Ton zum Kneten
Tee- oder Kaffeeservice
Hampelmann
Kasperpuppe
Nachziehtier
Sandeimer und Förmchen
Schaufel und Rechen
Formensteckbox
Formensteckbrett
Dominospiele
Erste Lottospiele
Kugelbahn
Blasinstrumente
Großes Rutscherauto
Bildkarten
Leporello

Herstellerverzeichnis bzw. Bezugsquelle für Spiel- und Beschäftigungsmaterial, für Lernmittel und für Förderprogramme

1. Dusyma
   7061 Miedelsbach

2. Eibe
   Industriestraße 1
   8701 Röttingen

3. Eichhorn
   Postfach
   8621 Schnei

4. Fisher-Price
   Sürther Straße
   5040 Brühl

5. Haba
   Habermaas & Co.
   Postfach
   8634 Rodach

6. Kiddicraft
   Vertrieb Bébé-Comfort
   Postfach 60
   5024 Puhlheim

7. Lego
   Itzehoer Straße 31/33
   2354 Hohenweststedt

8. Otto Maier
   7980 Ravensburg

9. Meistergilde
   4778 Möhnesee-Wamel

10. Mertens
    Postfach 7228
    7400 Fullingen

11. Middelhauve
    Wiener Platz 2
    5000 Köln

12. Lehrmittelhaus E. Riedel
    Haydnstr. 17
    7410 Reutlingen

13. Playskool
    Waldstraße 49
    8510 Fürth

14. Schildkröt AG
    Eisenbahnstraße
    6800 Mannheim

15. A. Schadinger
    Schwanenberg 15
    8500 Nürnberg

16. F. X. Schmid
    Residenzstraße 27
    8000 München 1

17. Selecta
    Postfach 1105
    8150 Holzkirchen

18. Stanecker
    Karl-Brennstuhlstr. 14
    7400 Tübingen

19. Turm
    (Steufgen und Sohn)
    Schloßstraße 18
    4000 Düsseldorf 1

20. F. C. Weber
    Allacherstr. 230 c
    8000 München 50

21. Wehrfritz
    August-Grosch-Straße 30–38
    8634 Rodach

22. Widmaier
    Waldstraße
    7307 Aichschieß

Herstellerverzeichnis bzw. Bezugsquelle für Hilfsmittel

Rollstühle, Spezialstühle, Tische, Eßhilfen, Toilettensitze, Badehilfen

1. Baby-Buggy
   Thomas Hilfen
   Walkmühlenstr. 1
   2140 Bremervörde

2. Hauenstein (Hasi)
   Freienfeldstraße 209
   8000 München-Neuaubing 60

3. C. und H. Leuthäusser
   (Leuwico)
   8631 Coburg-Wiesenfeld

4. Knickmann
   Mittelweg 13
   2000 Hamburg 13

5. Mayer
   Postfach 163
   4973 Vlotho/Weser

6. Orthopädia
   Salzredder 2
   2300 Kiel-Dietrichsdorf

Baby- und Kleinkinderartikel

1. Baby-Walz
   7967 Bad Waldsee

2. Chicco-Babyausstattung
   Industriestraße 5
   8034 Germering 1

3. Baby-Björn
   Riedbergstraße
   6000 Frankfurt 56 – Kalbach

4. Baby Butt
   Buttstraße 2
   8851 Buttenwiesen

5. Mothercare
   Cherry Tree Road
   Watford WD 2 5 SH
   England

Eltern- und Behindertenverbände, die Rat und Auskunft geben

Arbeitsgemeinschaft e. V.
Hydrocephalus und Spina bifida
Kaiserstr. 4
5750 Menden

Bekämpfung der Muskelkrankheiten e. V.
Friedrichsring 20
7800 Freiburg

Bundesverband der Eltern körpergeschädigter Kinder e. V.
(Contergankinder-Hilfswerk)
Deutzer Freiheit 68
5000 Köln-Deutz

Bundesverband für spastisch Gelähmte und andere Körperbehinderte e. V.
Kölner Landstr. 375 – Postfach 8132
4000 Düsseldorf

Bundesverband zur Förderung Lernbehinderter e. V.
Manf.-von-Richthofen-Str. 49
4400 Münster

Bundesvereinigung „Lebenshilfe für geistig Behinderte e. V."
Barfüßertor 25
3550 Marburg

Bund zur Förderung sehbehinderter Kinder e. V.
Ährenstr. 7
4100 Duisburg-Rahm-West

Deutsche Gesellschaft zur Bekämpfung der Mucoviscidose e. V.
Universitätsklinik – Loschgestr. 15
8520 Erlangen

Deutsche Gesellschaft zur Förderung der Hör-Sprachgeschädigten e. V.
Bernadottestr. 126
2000 Hamburg 52

Deutsche Hämophiliegesellschaft zur Bekämpfung von Blutungskrankheiten e. V.
Rathausgasse 7
8000 München

Deutsche Ileostomie-Kolostomie-Vereinigung e. V.
Weisenstr. 8
6201 Breckenheim

Deutsche Multiple Sklerose Gesellschaft e.V.
Kaiserstr. 61
6000 Frankfurt

Deutsche Sektion der Internationalen Liga gegen Epilepsie e.V.
Landstr. 1
7642 Kork bei Kehl

Deutscher Blindenverband e.V.
Bismarkstr. 30
5320 Bad Godesberg

Freundeskreis Camphill e.V.
Scheurenstr. 26
4000 Düsseldorf

Bundesverband Hilfe für das autistische Kind e.V.
Postfach 1306
5880 Lüdenscheid

Schutzverband f. Impfgeschädigte e.V.
In der Herrenwiese 5
5912 Hilchenbach/Sieg

Sozialhilfe, Selbsthilfe Körperbehinderter e.V.
7109 Krautheim/Jagst

Vereinigung der Kehlkopflosen der Bundesrepublik Deutschland e.V.
Gontardstr. 42
6800 Mannheim

Alle die obengenannten Verbände haben sich in einer „Bundesarbeitsgemeinschaft" zusammengeschlossen

Bundesarbeitsgemeinschaft
„Hilfe für Behinderte" e.V.
Kirchfeldstr. 149
4000 Düsseldorf

Literatur, die die Entwicklung und Förderung nichtbehinderter Kleinkinder zum Inhalt hat:

1. G. Bürkner u.a. „Beschäftigung des Kleinkindes“
   G. Kallmeyer Verlag, Wolfenbüttel

2. U. Diekmeyer „Das Elternbuch 1 bis 3“
   rororo Taschenbuch, Rowohlt Verlag

3. „Elternbriefe vom 1. bis zum 8. Lebensjahr des Kindes“
   Arbeitskreis Neue Erziehung e.V., Kurfürstendamm 67, 1 Berlin 15

4. Fischer Flick Flack „Seht, was meine Hände alles können“
   Fischer Taschenbuch Verlag, Frankfurt

5. B. Jeitner „Das große Ravensburger Buch der Kinderbeschäftigungen“
   O. Maier Verlag, Ravensburg

6. R. Krenzer „Spiel und Beschäftigung im Kleinkind- und Vorschulalter“
   Kemper Verlag Heidelberg

7. G. Painter „Baby-Schule“
   Mosaik Verlag München

8. „Peter-Pelikan-Brief“ – Herausgegeben von der Mental-Health-Gruppe München e.V.,
   Widenmayerstr. 28, 8 München 22

9. H. Sinnhuber „Spielmaterial zur Entwicklungsförderung“
   verlag modernes lernen Dortmund

10. J. Stöhr u.a. „von 0 – 3“
    mvg – Moderne Verlags GmbH München

Literatur, die die Entwicklung und Förderung des behinderten Kleinkindes zum Inhalt hat:

1. H. Bach „Früherziehungsprogramme“ – C. Marhold Verlag Berlin

2. N. Finnie „Hilfe für das cerebralgelähmte Kind“
O. Maier Verlag Ravensburg

3. R. Krenzer „Spiele mit behinderten Kindern“ – Kemper Verlag Heidelberg

4. J. Liljeroth u.a. „Praktische Bildung für geistig Behinderte“
Beltz Verlag Weinheim

5. A. Löwe „Sprachfördernde Spiele für hörgeschädigte Kleinkinder“
C. Marhold-Verlag Berlin

6. J. Michels „Frühe Spracherziehung für hörgeschädigte und sprachentwicklungsgestörte Kinder“ – C. Marhold Verlag Berlin

7. C. von Oy u.a. „Lehrbuch der heilpädagogischen Übungsbehandlung“
O. Maier Verlag Ravensburg

8. A. Peter „Anregungen für die Hauserziehung geistig behinderter Kinder“ –
C. Marhold Verlag Berlin

9. F. Rathke u.a. „So helfe ich dem spastisch gelähmten Kind im Alltag“ –
G. Thieme Verlag Stuttgart

10. E. Schmitz „Elternprogramm für behinderte Kinder“
E. Reinhardt Verlag München

11. I. Thomae „Risiko-Kinder“ bf Sachbuch – Benzinger Verlag Zürich

12. Verband ev. Einrichtungen für geistig und seelisch Behinderte e.V.
„Trainingsprogramme für geistig Behinderte“, o. Anschrift

13. Zeitschriften für Eltern:
„Elternbriefe“ – Herausgeber Lebenshilfe e.V. Marburg
„Das behinderte Kind“ – Rehabilitationsverlag Bonn-Bad Godesberg
„Eltern“ – Gruner und Jahr AG und Co – München
„spielen und lernen“ – Velber Verlag, 3016 Seelze 6

Anmerkung:

Aus den vier obengenannten Zeitschriften konnten wir für das „Lehrprogramm“ viele Anregungen entnehmen. Den Eltern seien diese Zeitschriften sehr empfohlen.

Literatur, die die Bewegungserziehung bei behinderten und nichtbehinderten Kleinkindern und Kindern zum Inhalt hat:

1. E. Kiphard „leibesübung als therapie"
Verlag L. Flöttmann KG Gütersloh

2. J. Neikes „Scheiblauer Rhythmik"
A. Henn Verlag Wuppertal-Ratingen

3. D. Neumann-Neurode „Säuglingsgymnastik"
Quelle und Meyer Verlag Heidelberg

4. J. Palm „Unsere Kinder wollen turnen"
Bertelsmann Ratgeberverlag, R. Mohn, Gütersloh

5. R. Theile „Förderung geistigbehinderter Kinder –
Psychomotorische Übungsbehandlungen und rhythmische Erziehung"
C. Marhold Verlag Berlin

6. H. und M. Vorderwülbecke „Gymnastik und Spiel mit unseren Kleinen",
dtv – Deutscher Taschenbuch Verlag München

7. G. Ohlmeyer „Frühförderprogramme für behinderte Kinder (0–6), verschiedene Förderbereiche umfassend
verlag modernes lernen, Dortmund

Kinderlieder, Reime, Verse

1. H. Goertz „Kinderlieder, Kinderreime"
   C. Ueberreuter Verlag Wien

2. M. Neunhäuser „Zaubernotenfibel"
   M. Diesterweg Verlag Frankfurt

3. R. Rilz „Kunterbunter Liedergarten"
   Loewes Verlag, Bayreuth

4. R. Rilz „Kunterbunte Kinderreime"
   Loewes Verlag, Bayreuth

5. R. Kirnmeyer „Wir kleinen Sänger"
   Bayerischer Schulbuch Verlag, München

6. E. Seifriz „Ringel, Ringel, Reihe – Die ersten Lieder, Spiele und Reime",
   O. Maier Verlag Ravensburg

7. G. Wirsching u.a. „Unser Liederbuch"
   E. Klett Verlag Stuttgart

8. H. Bull „Alle meine Entchen"
   W. Fischer Verlag Göttingen

9. R. Hetzner u. a. „Mein Bulldog, der macht dog, dog, dog"
   Don Bosco Verlag München

10. R. Sieler „Kindertänze und Rhythmikspiele"
    Edition Wilhelm Hansen, Frankfurt

Anmerkung:

Die in dem „Lehrprogramm" aufgeführten Lieder und Reime wurden den obigen Büchern entnommen, soweit sie nicht Allgemeingut der Früherziehung sind und der Verfasser nicht ermittelt werden kann.

Literatur, die die theoretische, organisatorische Seite der Früherziehung behinderter Kinder und Fallbeispiele zum Inhalt hat:

1. Lebenshilfe e.V. Marburg „Frühe Hilfen – Wirksamste Hilfen“
   Schriftenreihe der Lebenshilfe Band 1

2. R. Schamberger „Frühtherapie bei geistig behinderten Säuglingen und Kleinkindern“ –
   Beltz Verlag Weinheim

3. O. Speck „Frühförderung entwicklungsgefährdeter Kinder“
   E. Reinhardt Verlag München

Literatur, die die Stufenfolge der Entwicklung und Entwicklungsdaten des nichtbehinderten Kindes zum Inhalt hat:

1. Th. Hellbrügge u.a. „Die ersten 365 Tage im Leben eines Kindes“
   T R Verlagsunion, München

2. Ch. Bühler, H. Hetzer „Kleinkindertests“
   Springer Verlag, Berlin

3. E. Kiphard „Wie weit ist ein Kind entwickelt?“
   verlag modernes lernen, Dortmund

4. T. Bower „Die Wahrnehmungswelt des Kindes“
   Klett-Cotta Verlag, Stuttgart

5. J. Dumm „Lust und Unbehagen bei Kleinkindern“
   Klett-Cotta Verlag, Stuttgart

6. R. Schaffer „Mütterliche Fürsorge in den ersten Lebensjahren
   Klett-Cotta Verlag, Stuttgart

Konzentrations-Bücher

Rechnen macht Spaß

Rechenspiele für 5–6jährige

Mit den "Rechenspielen" lernt das 5–6jährige Kind den Zahlenraum von 1 bis 10 auf der Grundlage einer schrittweise vorgehenden und entwicklungspsychologisch fundierten Methode kennen. Die "Rechenspiele" bestehen aus 60 kindgemäß gestalteten Übungs- bzw. Anregungsblättern, die zum einen den Anstoß für neue Spiele und zum anderen der Zusammenfassung und Überprüfung des schon Gelernten dienen. Alle Einzelblätter können und sollen bunt ausgemalt werden.

von Wolfgang Vater
Bestell-Nr. 8088 Preis 16,– DM

Arbeitsbuch – Buchstaben-, Wörter-, Zahlen-Malbögen

Großformat DIN A 4 mit 52 einseitig bedruckten Bildbögen nebst Anleitung.
Das Buch geht über ein einfaches Bilderlexikon weit hinaus, weil alle Seiten ausgemalt werden können. Da alle Bogen nur einseitig bedruckt sind, können die einzelnen Bilder auch ausgeschnitten und als wichtiges Arbeitsmittel (Bilder- und Wörterkartei, Demonstrationsmittel, Zuordnungsspiele usw.) in variabler methodisch-didaktischer Weise im Einzel- und Gruppenunterricht eingesetzt werden.

von Annemarie Moll
Bestell-Nr. 8117 Preis 10,– DM

Konzentrations-Spiele

für Kinder im Vorschulalter

Sammlung und Zusammenstellung von Konzentrationsspielen für konzentrationsschwache und lerngehemmte Kinder im Vorschulalter. Durch entwicklungsgemäße Techniken und Methoden werden die Kinder befähigt, sich mit einer Aufgabe intensiver und konzentrierter auseinanderzusetzen. Das Schneiden, Kleben, Malen, Falten, Umranden usw. zielt auf die Spiel- und Funktionslust der Kinder und bietet die Gewähr des spielerischen Umgangs mit den Arbeitsmaterialien.

von H. u. W. Vater
Bestell-Nr. 8063 Preis 16,– DM

Konzentrations-Spiele

für Kinder der 1. Grundschulklasse

Mit Hilfe der Techniken des Ausmalens, Verbindens, Einkreisens, Nachfahrens, der Unterschiede finden, Gleiches entdecken, können die Kinder in spielerischer Weise ihre Aufmerksamkeitshaltung steigern und ihr Gedächtnis schulen.

von W. Vater
Bestell-Nr. 8064 Preis 13,– DM

Arbeitsmappe "Konzentrationsspiele"

Kinder in der 1. Grundschulklasse haben oft Konzentrationsschwierigkeiten. Dieser Art von negativer Störung des Lernverhaltens kann durch spezielle, systematisch angewandte Lernspiele konsequent entgegen gewirkt werden. Sie zeigen den Kindern rein spielerisch, ohne langweiliges und ermüdendes Lernen, wie man mit mehr Freude Aufgaben leichter bewältigen kann. Diese neue Arbeitsmappe enthält 27 ausgewählte und erprobte, klar und einfach gestellte Aufgaben, die vor allem das Interesse der Kinder ansprechen.

von A. Vogelbacher
Bestell-Nr. 8042 Preis 8,– DM

Konzentrationstraining Teil I

ein Schritt zur Leistungssteigerung für behinderte und gesunde Kinder

Konzentration ist kein statischer Prozeß, sondern eine Möglichkeit, in der neben dem "Wollen" noch viele andere Bedingungen angesiedelt sind. Deshalb ist dieses Trainingsheft in sich differenziert aufgebaut. Es fördert neben so banal erscheinenden Fähigkeiten wie "Genauigkeit" im Nachmalen gleichzeitig die visuelle Differenzierung und durch die Arbeit mit dem Programm die Fähigkeit sich konzentrierter und aufmerksamer mit der Umwelt zu befassen.

von M. Hirschfeld
Bestell-Nr. 8016 Preis 8,– DM

Konzentrationstraining Teil II

ein weiterer Schritt z. Leistungssteigerung für Schüler vom 2. bis zum 10. Schuljahr

Durch Anheben des Schwierigkeitsgrades gegenüber dem Teil I werden die Bereiche Konzentration, Aufmerksamkeit, Feinmotorik und visuelle Differenzierungsfähigkeit verstärkt und gesichert. Die Verschiedenartigkeit der einzelnen Übungen trainiert die Verbindung verschiedener Hirnregionen und führt zu einer Verbesserung der Reizaktionen und der Verbindung unterschiedlicher Wahrnehmungsfelder der Großhirnrinde. Die damit vergrößerte Leistungsbereitschaft fördert gleichzeitig die Freude am Lernen und hilft so Lernstreß abzubauen. Als neuer Schwerpunkt ist die Förderung des Aufgabenverständnisses hinzugenommen worden, weil sich gezeigt hat, daß eine Verbesserung des Aufgabenverständnisses direkt die Konzentrationsfähigkeit erhöht. Bei konsequenter Arbeit mit diesem Programm (mindestens 2 x wöchentlich 10 bis 15 Minuten) ist nach einem halben Jahr eine deutliche Verbesserung der angesprochenen Bereiche feststellbar.

von Malte und Monika Hirschfeld
Bestell-Nr. 8017 Preis 8,– DM

Konzentrations-Spiele

für Kinder der 2. und 3. Grundschulklasse

Die "Konzentrationsspiele III" sind die dritte Fortsetzung einer aufbauenden Übungsreihe und bieten auf dem Niveau der 2. und 3. Grundschulklasse 64 Konzentrationseinheiten in ansprechender und motivierender Weise für die Selbsterarbeitung an. Buchstaben- und Zahlenkenntnisse werden vorausgesetzt.

von Heike und Wolfgang Vater
Bestell-Nr. 8065 Preis 12,– DM